W0046822

Barentssee

20, 22,
24, 40,
136, 150

130

146

2

Schwarzes
Meer

Kaspisches Aralsee
Meer

110

ttelmeer

120

120

Rotes
Meer

AFRIKA

68

Madagaskar
92

Indischer
Ozean

Kap der
Guten
Hoffnung

118

ASIEN

Ochotskisches
Meer

Japanisches
Meer

JAPAN

130

34

142

50

50

CHINA
152

102

138

82

Arabisches
Meer

Golf von
Bengalen

154

Sumatra

86 Borneo

Java

Neu-Guinea

Pazifischer
Ozean

AUSTRALIEN
66

84

Neuseeland

VERENA WINIWARTER / HANS-RUDOLF BORK

GESCHICHTE UNSERER UMWELT

Chidher

Chidher, der ewig junge, sprach:
»Ich fuhr an einer Stadt vorbei,
Ein Mann im Garten Früchte brach;
Ich fragte, seit wann die Stadt hier sei?«
Er sprach und pflückte die Früchte fort:
»Die Stadt steht ewig an diesem Ort
Und wird so stehen ewig fort.«
    Und aber nach fünfhundert Jahren
    Kam ich desselbigen Wegs gefahren.

Da fand ich keine Spur der Stadt;
Ein einsamer Schäfer blies die Schalmei,
Die Herde weidete Laub und Blatt;
Ich fragte: »Wie lang' ist die Stadt vorbei?«
Er sprach und blies auf dem Rohre fort:
»Das eine wächst, wenn das andre dorrt;
Das ist mein ewiger Weideort.«
    Und aber nach fünfhundert Jahren
    Kam ich desselbigen Wegs gefahren.

Da fand ich ein Meer, das Wellen schlug,
Ein Schiffer warf die Netze frei;
Und als er ruhte vom schweren Zug,
Fragt' ich, seit wann das Meer hier sei?
Er sprach und lachte meinem Wort:
»So lang' als schäumen die Wellen dort,
Fischt man und fischt man in diesem Port.«
    Und aber nach fünfhundert Jahren
    Kam ich desselbigen Wegs gefahren.

Da fand ich einen waldigen Raum
und einen Mann in der Siedelei,
Er fällte mit der Axt den Baum;
Ich fragte, wie alt der Wald hier sei?
Er sprach: »Der Wald ist ein ewiger Hort;
Schon ewig wohn' ich an diesem Ort,
Und ewig wachsen die Bäum' hier fort.«
    Und aber nach fünfhundert Jahren
    Kam ich desselbigen Wegs gefahren.

Da fand ich eine Stadt, und laut
Erschallte der Markt vom Volksgeschrei.
Ich fragte: »Seit wann ist die Stadt erbaut?
Wohin ist Wald und Meer und Schalmei?«
Sie schrien und hörten nicht mein Wort:
»So ging es ewig an diesem Ort
Und wird so gehen ewig fort.«
    Und aber nach fünfhundert Jahren
    Will ich desselbigen Weges fahren.

Friedrich Rückert

VERENA WINIWARTER / HANS-RUDOLF BORK

GESCHICHTE UNSERER UMWELT

Sechzig Reisen durch die Zeit

Die Deutsche Nationalbibliothek verzeichnet diese Publikation in der Deutschen Nationalbibliografie;
detaillierte bibliografische Daten sind im Internet über
http://dnb.d-nb.de abrufbar.

Das Werk ist in allen seinen Teilen urheberrechtlich geschützt.
Jede Verwertung ist ohne Zustimmung des Verlags unzulässig.
Das gilt insbesondere für Vervielfältigungen, Übersetzungen,
Mikroverfilmungen und die Einspeicherung in und Verarbeitung
durch elektronische Systeme.

Der Primus Verlag ist ein Imprint der WBG.

© 2014 by WBG (Wissenschaftliche Buchgesellschaft), Darmstadt
Die Herausgabe des Werkes wurde durch die Vereinsmitglieder der WBG ermöglicht.
Lektorat: Christiane Martin, Köln
Layout und Satz: Katrin Kleinschrot und Karin Hauptmann, Stuttgart
Einbandabbildung und -gestaltung: Peter Lohse, Heppenheim
Gedruckt auf säurefreiem und alterungsbeständigem Papier
Printed in Germany

Besuchen Sie uns im Internet: www.wbg-wissenverbindet.de

ISBN 978-3-86312-069-6

Elektronisch sind folgende Ausgaben erhältlich:
eBook (PDF): 978-3-86312-070-2
eBook (epub): 978-3-86312-071-9

INHALTSVERZEICHNIS

1 / EIN ZEITREISEFÜHRER ——————————————— **8**

2 / SECHZIG REISEN DURCH DIE ZEIT —————————— **14**

2.1 Leben mit der Dynamik der Natur —————————— **14**

»Heut bin ich über Rungholt gefahren« ————————— **18**
Sturmfluten und Küstenschutz an der Nordsee

Das Magdalenenhochwasser —————————————— **20**
Mitteleuropa vom 19. bis 25. Juli 1342

Umweltwandel durch den Schwarzen Tod ——————— **22**
Die Pestpandemie in Mitteleuropa 1347 bis 1351 und ihre Folgen

Tod und Verderben in Europa ——————————————— **24**
Vulkanausbrüche auf Island 1783/1784

Die Herrscher im Sahel und die Dürre ————————— **26**
Gesellschaftlicher Umgang mit Klima und Wetter

2.2 Mensch und Natur in Agrargesellschaften —————— **28**

Aus Gärten und Bergen: Salz ——————————————— **32**
Überlebenswichtig für Ackerbaugesellschaften

3500 Jahre nachhaltige Bodennutzung ————————— **34**
Der Norden Chinas

Umweltschonende Landnutzung ————————————— **36**
Spanien seit dem Neolithikum

Terra Preta do Índio im Amazonastiefland ——————— **38**
Eine präkolumbianische Erfolgsgeschichte

Die Teichwirtschaft in Europa ——————————————— **40**
Von der Römischen Republik bis in das Spätmittelalter

Die Wässerwiesen von Grönland ————————————— **42**
Landwirtschaft in Eis und Schnee?

1000 Jahre Kampf gegen nasse Füße ——————————— **44**
Die Umweltgeschichte der Niederlande

Steine gegen den Kollaps ————————————————— **46**
Die verborgenen Gärten der Osterinsel

Schaden durch Schutz ——————————————————— **48**
Der Kampf der Venezianer um ihre Wälder

In den Nachttopf geblickt ————————————————— **50**
Wasser und Fäkalien in japanischen Städten

2.3 Transport, Handel und Umwelt ——————————— **52**

Baumwolle erobert die Welt ———————————————— **56**
Die Faser der Industriellen Revolution

Viehhandel und Viehseuchen ——————————————— **58**
Risikomanagement im frühneuzeitlichen Europa

Vögel, Fische und Experten ———————————————— **60**
Die Geschichte der Guanoproduktion in Peru

Galápagos: Tourismus und invasive Arten ——————— **62**
Empfindliche Ökosysteme im Zeitalter der Globalisierung

Schutz und Vertreibung im Nationalpark ——————— **64**
Mit der Eisenbahn in die Wildnis von Banff, Kanada

Importe nach Australien mit Nebenwirkung ——————— 66
Invasive Spezies von Kaninchen bis Kröte

Transformation des Victoriasees ——————— 68
In kolonialer und postkolonialer Zeit

Ballast und blinde Passagiere ——————— 70
Ökologische Folgen des globalen Transports

2.4 Koloniale Wirtschaft und Umwelt ——————— 72

Fiebrige Süße ——————— 76
Zuckerplantagen und die Ökologie tropischer Krankheiten in der Karibik

Die Mine des Todes ——————— 78
Quecksilber aus den peruanischen Anden

Silbernes Waldsterben in Mexiko ——————— 80
Holzkohle, indigene Völker und die spanische Gier nach Edelmetall

Langfristige Folgen der Ausbeutung ——————— 82
Die Britische Ostindien-Kompanie im nordindischen Doab

Wie eine Insel auf den Hund kam ——————— 84
Die britische Strafkolonie auf Van-Diemens-Land

Unterseekabel und Tropenwald ——————— 86
Die Geschichte der Guttapercha

Monokultur und Massengeschmack ——————— 88
Die Panamakrankheit der Banane

Reis im Südosten Nordamerikas ——————— 90
Technologietransfer und Landschaftsveränderung

Naturwald oder Savanne? ——————— 92
Zur Rechtfertigung kolonialer Politik in Afrika

Kakaoanbau auf São Tomé und Príncipe ——————— 94
Abhängigkeit bis in die Unabhängigkeit

2.5 Die vielen Gesichter der industriellen Lebensweise ——————— 96

Der wahre Preis der Metalle ——————— 100
Swansea und der Kupferrauch

Vergiftet im Namen des Fortschritts ——————— 102
Die Minamata-Krankheit

Die Gefahr lauert im Dunkeln ——————— 104
Nachtluft und Malaria

Der Kampf gegen den Kohlerauch ——————— 106
Luftverschmutzung in Großbritannien und den USA von 1860 bis 1914

Heilbutt im Atlantik ——————— 108
Die kurze Geschichte einer Ausrottung

Von der Anbetung zur Ausbeutung ——————— 110
Die Ölquellen von Baku

Der brennende Fluss von Cleveland ——————— 112
Was macht Umweltverschmutzung sichtbar?

Wessen Versagen? ——————— 114
Ölunfälle zwischen menschlicher Schwäche und lobbygesteuerten Regierungen

Die Baustelle als Habitat ——————— 116
Malaria am Panamakanal

Stalins »Großbauten des Kommunismus« ——————— 118
Diktatorische Hybris im Umgang mit Natur

Megatalsperren ——————— 120
Vermeintliche Siege des Menschen über die Natur

Das ökologische Erbe der Menschheit ——————— 122
Wendepunkte der Bodenbearbeitung

Die Plagen agroindustrieller Lebensweisen ——————— 124
Von »Schädlingen« und »Unkräutern«

»Zurück zur Natur!« —————————————————— 126
Lebensreform und Zivilisationskritik als Reaktionen auf die industrielle Transformation

Wertstoffe am falschen Ort —————————————— 128
Eine Geschichte von Sparsamkeit und Verschwendung

Beherrschbare Kernkraft? ————————————————— 130
Three Mile Island – Tschernobyl – Fukushima Daiichi

2.6 Natur und Politik ————————————————————— 132

Warum schützen wir Natur? ———————————————— 136
Wurzeln und Entwicklung des Naturschutzes in Deutschland

Bau einen Zaun, so wird Natur daraus! ——————————— 138
Das Lhalu-Feuchtgebiet in Tibet

Von bösen zu guten Eichen —————————————————— 140
Wissenschaft und Weideland in Kalifornien

Diplomatische Verwicklungen unter Wasser ———————— 142
Der Kampf um den Gelben Quakfisch

»Kein Strom oder Fluß, also auch nicht der Rhein, hat mehr als
ein Flußbett nötig« ——————————————————————— 144
Johann Gottfried Tulla und die Bändigung des wilden Rheins

Kampf auf dem Wasser gegen Eis und Wind ——————————— 146
Die Donau als Kriegsschauplatz im 18. Jahrhundert

Dünger im Frieden – Grundstoff des Kriegs ————————— 148
Die Geschichte der Salpeternutzung

Vom »Ewigen Wald« zum Konzentrationslager ——————— 150
Nationalsozialismus und Natur

Der »Große Sprung« in den Hunger —————————————— 152
In der Volksrepublik China

Agent Orange und der Vietnamkrieg ——————————————— 154
Die Natur als Gegner

Earth Day ————————————————————————————————— 156
Umweltschutz als Reaktion auf den amerikanischen Imperialismus

3 / AUF DEM WEG ZUR VORSORGENDEN GESELLSCHAFT? —— 158

Literatur- und Quellenverzeichnis ——————————————— 166
Abbildungsnachweise ————————————————————————— 182
Danksagung ——————————————————————————————— 183
Kurzglossar ——————————————————————————————— 184
Register ————————————————————————————————————— 185

1 / EIN ZEITREISEFÜHRER

Liebe Leserin, lieber Leser!

Danke, dass Sie in dieses Buch hineinblicken. Wir laden Sie ein, darin zu lesen. 60 in sich abgeschlossene Geschichten führen Sie von Peru bis nach Kanada, vom Gambia bis an den Ganges, vom Gelben Meer bis zum Atlantik – kurz gesagt, um die Welt. Jede Doppelseite ist für sich allein lesbar, die Reihenfolge bleibt Ihnen überlassen. Interessieren Sie sich gleich zu Beginn für den wissenschaftlichen Hintergrund der Auswahl und die von uns angebotene »Moral der Geschichte«? Dann sind diese Einleitung und der Schluss die geeignete Lektüre. Aber vielleicht wollen Sie zunächst einmal einige unserer überraschenden Zeitreisen lesen? Wir wünschen Ihnen jedenfalls anregende Stunden!

Herzlich, Ihre Verena Winiwarter & Hans-Rudolf Bork

WENN JEMAND EINE REISE TUT, SO KANN ER WAS VERZÄHLEN.[1]

»Das Reisen bildet sehr, es entwöhnt von allen Vorurteilen des Volkes, des Glaubens, der Familie, der Erziehung«, schrieb Immanuel Kant in seiner Physischen Geographie. Der österreichische Schriftsteller Franz Grillparzer sah in einer Reise »ein vortreffliches Heilmittel für verworrene Zustände« (GRILLPARZER, [1853] 2012: 101). Wenn schon das Reisen allein solche positiven Effekte hat, um wie viel mehr könnten wir von forschenden Zeitreisen profitieren? Dazu bedarf es allerdings einer offenen Haltung. Wer sein Vorverständnis, seine Interpretationen und seine Vorurteile auf Reisen mitnimmt, findet sie flugs bestätigt. Reisen allein reicht also nicht, man muss auch das Beobachtete und vor allem sich selbst nachdenklich betrachten. Wissenschaftliche Forschung will das, zwar oft genug erfolglos – wie Beispiele in diesem Buch zeigen –, aber wir versuchen es mit dem Optimismus eines relativ jungen Wissenschaftszweigs dennoch: Dank der interdisziplinären Wissenschaft Umweltgeschichte sind Zeitreisen in vergangene Umwelten inzwischen virtuell möglich. Illustrierte Forschungsreiseberichte von Tibet bis zur Osterinsel, von Grönland bis in den Sahel, von der Jungsteinzeit bis (fast) zur Gegenwart bilden den Kern dieses Buches. Wir verstehen diese Reisen als Zeitreisen nach Utopia – in eine ferne gewünschte Zukunft. Wohin die Reise geht, zeigt die Weltkarte im Vorsatz des Buches, auf der Symbole den Weg zu den sechs großen Forschungsreisethemen weisen.

1 Matthias Claudius (1998): aus dem Gedicht »Urians Reise um die Welt« [1786] In: Der Mond ist aufgegangen. Gedichte Frankfurt am Main und Leipzig (Insel) 161 ff.

Diese Forschungsreisen bieten Material zur Beantwortung großer Fragen. Wie ist es dazu gekommen, dass zu Beginn des 21. Jh. über 7 Milliarden Menschen die Erde bevölkern, von denen der überwiegende Teil in Armut lebt? Wie ist es dazu gekommen, dass wir die Vielfalt des Lebens mit einer eigenen Biodiversitätskonvention der Vereinten Nationen schützen müssen – vor uns selbst? Waren menschliche Gesellschaften früher anders? Gab es je die vielbeschworene Harmonie mit der Natur, das »Paradies auf Erden«? Die Hoffnung auf ein dauerhaft harmonisches Miteinander von Natur und Menschen fängt das moderne Schlagwort der »nachhaltigen Entwicklung« ein. Umwelthistorikerinnen und -historiker werden gefragt, ob es jemals eine Zeit gegeben hat, in der die Menschen vorsorgend handelten und nachhaltig wirtschafteten. Am Ende der Reise wird sich zeigen, dass der Blick in die Vergangenheit oft unerwartete Antworten auf diese Fragen ermöglicht.

»Das Reisen bildet sehr, es entwöhnt von allen Vorurteilen des Volkes, des Glaubens, der Familie, der Erziehung. Es gibt den humanen, duldsamen Sinn, den allgemeinen Charakter. Wer dagegen nichts sah, was ihn in der Sphäre, worin er lebt, umgibt, hält leicht alles für notwendig und einzig in der Welt, weil es in seiner Heimat dafür gilt.« (Immanuel Kants Physische Geographie (1778–1793). Hrsg. von D. Friedrich Theodor Rink. Königsberg, 1802, Bd. 1: 3)

NACHHALTIGE ENTWICKLUNG ALS QUADRATUR DES KREISES?

Alle wollen nachhaltig sein. Der Weg dorthin ist aber alles andere als klar. Komplexe Modelle und nicht zuletzt Bildung und Bewusstseinsentwicklung sollen der Verwirklichung von Nachhaltigkeitsstrategien dienen. Doch die Vielzahl der Angebote und Möglichkeiten erzeugt Verwirrung. Der Brundtland-Bericht aus dem Jahr 1987 macht deutlich, dass wir für das Wohlergehen künftiger Generationen Verantwortung tragen. Eine »dauerhafte Entwicklung ist Entwicklung, die die Bedürfnisse der Gegenwart befriedigt, ohne zu riskieren, daß künftige Generationen ihre eigenen Bedürfnisse nicht befriedigen können« (WELTKOMMISSION, 1987: 51) – so definieren die Autorinnen und Autoren das Ziel, dem sich die Menschheit verschreiben sollte. Im Fokus stehen internationale und intergenerationale Gerechtigkeit sowie die gleichberechtigte Mitwirkung aller Akteure, die Partizipation.

Poetischer ausgedrückt findet sich derselbe Gedanke in einem Leitspruch der Umweltbewegung der 1970er-Jahre:

»Wir haben die Erde von unseren Kindern nur geliehen.« Wertet der amerikanische Umwelthistoriker Donald Worster das Reden von nachhaltiger Entwicklung zu Recht als Ausflucht? Wir würden alle gemeinsam, so Worster, auf gleicher Höhe um einen Berg gehen, weil das wenig anstrengend sei, und einander dabei gegenseitig versichern, dass wir auf dem richtigen Weg zum Gipfel seien (WORSTER, 1995). Oft ist »Nachhaltigkeit« zum Schlagwort verkommen. Doch ist die Idee grundsätzlich zu wichtig und richtig, um sie deswegen ad acta zu legen.

Der Nachhaltigkeitstrichter (Abbildung unten) verdeutlicht, dass die Umsetzung einer umwelt- und sozialverträglichen sowie zugleich wirtschaftlich tragfähigen Entwicklung wohl die größte Herausforderung der Menschheit ist. Die Zahnräder im Trichter machen auf Zusammenhänge von Umwelt, sozialem und wirtschaftlichem Handeln aufmerksam. In einer geplünderten, verschmutzten und degradierten Umwelt ist positive sozialverträgliche wirtschaftliche Entwicklung unmöglich. Eine von massiver Ungleichheit geprägte Gesellschaft ist gegenüber Umweltveränderungen sehr empfindlich und neigt dazu, natürliche Ressourcen ohne Rücksicht auf eine nachhaltige Zukunft zu nutzen. Reichtum und Macht, aber auch Zugang zu Natur und die Belastung durch Umweltschäden sind ungleich verteilt und werden, ob aus Mangel oder Überfluss, nicht nachhaltig genutzt (vgl. Kap. 2.6. Natur und Politik, S. 132). Doch würden alle drei Zahnräder direkt ineinandergreifen, führte dies zu einer gegenseitigen Blockierung. Das herrschende ökonomische System beruht auf Steigerung der Wohlfahrt und ist auf Wachstum ausgerichtet; die Erde aber wächst nicht. Schon deswegen greifen die Räder nicht ineinander. Erst ein Rad der (formalen wie informellen) Nachhaltigkeitspolitik in der Mitte der drei anderen Räder würde das gemeinsame Laufen aller Räder ermöglichen. Können wir also mit der Wahl unseres Lebensstils Einfluss auf die Möglichkeit einer nachhaltigen Entwicklung nehmen? Kann die Schaffung neuer gesellschaftlicher Organisationsformen entscheidend dazu beitragen, das Ziel der Nachhaltigkeit zu erreichen?

Die Erde ist niemals ruhig, sie wirbelt mit unvorstellbarer Geschwindigkeit durchs Weltall. Riesige Gesteinsplatten sind in steter Bewegung. Beständig entstehen neue Arten, andere verschwinden. Flüsse verlagern ihr Bett, Böden entwickeln sich in nacktem Gestein. Eisen rostet, Kupfer überzieht sich mit Patina, Pflanzen nehmen Nährstoffe aus dem Boden auf und werden später von Mikroorganismen zersetzt. Nichts hat Bestand, alles bewegt sich in kürzeren oder längeren Zyklen. Die Menschen tragen das ihre zu dieser Dynamik bei (vgl. Kapitel 2.1. Leben mit der Dynamik der Natur, S. 14). Die Strategie »Europa 2020« der Europäischen Union nennt die Wandlung von Klima und Lebenswelten unter dem Einfluss von Menschen gemeinsam mit der Sicherung von Energie und Ernährung unter den großen Herausforderungen, auf die die Politik der EU Antworten finden soll. Das Ziel ist eine gerechtere Welt, in der es dauerhaft gute Lebensqualität für alle gibt. Um eine solche Welt zu erreichen, müssen Ungleichheiten minimiert und der demographische Wandel gestaltet werden. Wie kann eine lebenswerte Welt für alle geschaffen werden? Aus früheren Phasen nachhaltiger Entwicklung, aber auch aus den Fehlern der Vergangenheit lässt sich hierzu einiges lernen. Da wir Langzeitexperimente nicht abwarten können, müssen wir die Geschichte als solche verwenden.

LEBEN IM UNGEWISSEN

Die sich wandelnde Erde und die Menschen, die sie zu gestalten versuchen, sind ein komplexes, grundsätzlich nicht vollständig zu verstehendes und schon gar nicht berechenbares System. Der österreichische Kybernetiker Heinz von Foerster (1911–2002) hat dies schon früh mit der Metapher der »nichttrivialen Maschine« ausgedrückt. Damit verweist er darauf, dass von ihren inneren Zuständen abhängige Systeme unbestimmbar sind (von FOERSTER, 1993: 153 ff.). Menschen und Gesellschaften können nicht nach den Lehren der Mechanik begriffen werden, so verlockend dies sein mag. Daher ist der sicherste Wegweiser in die Zukunft die Lehre aus der Vergangenheit und nicht die modellierte Prognose. Von Foerster formulierte aus der Kenntnis der Komplexität einen ethischen Imperativ: »Handle stets so, dass die Anzahl der Wahlmöglichkeiten größer wird!« Wie aber wissen wir a priori, welche unserer Hand-

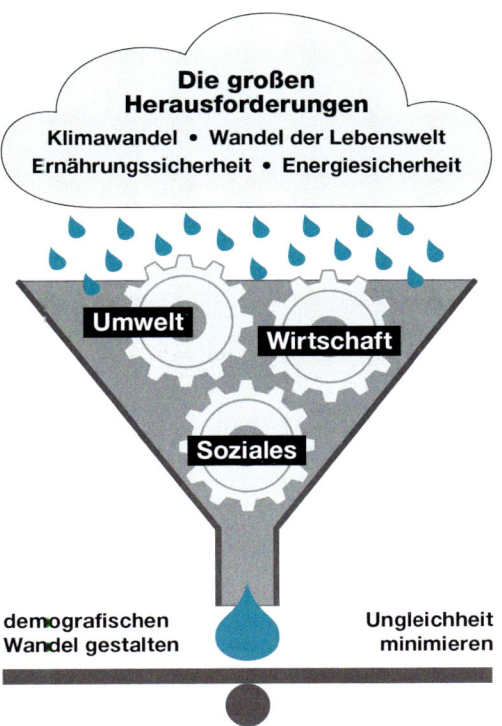

Langfristig gute Lebensqualität für Alle

Die Herausforderung nachhaltiger Entwicklung, dargestellt als **NACHHALTIGKEITSTRICHTER**. Soziales, Umwelt und Wirtschaft sind miteinander verbunden. Für eine dauerhaft gute Lebensqualität für alle bedarf es der gemeinsamen Verarbeitung der großen Herausforderungen, die oberhalb des Trichters dargestellt sind. Wir könnten den demografischen Wandel sogar nutzen, um Ungleichheit zu minimieren.

lungen die Anzahl der Möglichkeiten vergrößern wird – insbesondere dann, wenn wir akzeptieren, dass das Verhalten von Menschen und Erde nicht vorhersehbar ist? Es wäre schon ein großer Schritt in Richtung dauerhaft akzeptabler Lebensqualität für alle, wenn wir jene Handlungen vermeiden lernen würden, durch die wir die Wahlmöglichkeiten sicher einschränken.

Allerdings gerät das uns vertraute Denken in einfachen Ursache-Wirkung-Beziehungen schnell an seine Grenzen. Schwellenwerte, bei deren Überschreitung ein System in einen neuen Zustand gerät, der keine lineare Weiterentwicklung des alten ist, überraschen uns. Auch die Einbeziehung von Rückkopplungen in unsere Vorstellungen von Natur und Menschen fällt oft schwer. Die Abholzung großer Waldflächen in Mexiko ab dem 16. Jh. hat zu einer dauerhaften Veränderung des lokalen Klimas geführt. Rückkopplungsprozesse bewirken auf den kahlen Berghängen mit erodierten Böden, dass dort keine Waldvegetation mehr wächst: Bäume beschatten die Erde, verteilen Nährstoffe, bieten Aufenthaltsräume für Tiere, verhindern Erosion, weil ihre Blätter starke Regentropfen abbremsen und im Laub langsam versickern lassen. Werden Bäume flächig gefällt, kann der Boden so heiß und trocken werden, dass neue Bäume keine Wachstumschance haben. Nahezu alle Forschungsreiseberichte enthalten Hinweise auf Nebenwirkungen: Komplexe Systeme verändern sich aufgrund vieler Faktoren, die gleichzeitig wirken und einander gegenseitig beeinflussen. Daher sind Nebenwirkungen der Regelfall. Sie können gravierend sein und erschweren ein Handeln mit dem Ziel vermehrter Wahlmöglichkeiten auch bei aller Einsicht und Zuversicht.

Wenn der Umwelthistoriker Rolf Peter Sieferle und der Chemiker Ulrich Müller-Herold recht haben, dann sind wir allerdings einer »Risikospirale« ausgesetzt, die sich nicht so einfach beseitigen lässt. Jede Intervention in natürliche Systeme hat neben den erwünschten oder zumindest vorhergesehenen Folgen auch unbeabsichtigte Wirkungen, von denen die gesamte Menschheitsgeschichte gekennzeichnet ist (SIEFERLE & MÜLLER-HEROLD, 1996). Wie wirkt sich die Risikospirale aus? Schon früh wurden Vorräte angelegt: ein gutes Mittel gegen das Risiko schwankender Ernteerträge. Mit der Vorratshaltung wandelten sich Mäuse, Ratten und Insekten, denen gelagerte Nahrungsmittel willkom-

menes Futter sind, zu Vorratsschädlingen – ein neues Risiko war entstanden. In trockenen Gebieten mit fruchtbaren Böden schien Bewässerung Probleme zu lösen. Bereits in den alten Hochkulturen Mesopotamiens wurden Bewässerungssysteme angelegt. Der Nachteil? Flusswasser, das auf Felder geleitet wird, enthält viel mehr gelöste Salze als Regenwasser. Wird der bewässerte Boden nicht regelmäßig gespült, lagert sich in ihm mehr und mehr Salz ab und er wird unfruchtbar. Bis heute sind die Böden Mesopotamiens durch diesen Eingriff vor vielen Jahrtausenden sehr viel unfruchtbarer, als sie einmal waren. Dieser Effekt wurde bereits in den 1950er-Jahren beschrieben (JACOBSEN & ADAMS, 1958). Auch die zur Gewinnung fruchtbaren Ackerlands vorgenommene Trockenlegung niederländischer Moore hatte Nebenwirkungen, mit denen das Land bis heute kämpft. Die Risikospirale verdeutlicht, dass die auf den ersten Blick erfolgreiche Bewältigung eines Risikos häufig neue, unbekannte Risiken birgt.

KONZEPTUELLE WEGWEISER FÜR EINE KOMPLEXE WELT

Jede Gesellschaft, die mit der Komplexität ihrer Welt umgehen und sie ordnen will, muss eine Grenze ihres eigenen Verantwortungsbereichs ziehen. Dafür wird ein Gegenüber definiert, vor dem das Eigene Kontur gewinnt, dieses »Außen« ist die in der Menschheitsgeschichte lange Zeit als unbegreiflich empfundene und mythologisierte, danach zunehmend erforschte Natur. Diese wird, ob durch Mythos oder durch Forschung abgebildet, der für selbst gestaltet gehaltenen Sphäre der Kultur und Gesellschaft gegenübergestellt, wie die britische Anthropologin Mary Douglas (1921–2007) beschrieben hat. Sie sah bei allen Kulturen ein Ordnungsbedürfnis für die Welt, das ein Außen schafft. Dieses Außen hält sie für notwendig, um der kulturellen Konstruktion eine Grenze zu geben. Erst über diese Differenz wird geklärt, was das »Innen«, die Kultur, ausmacht.

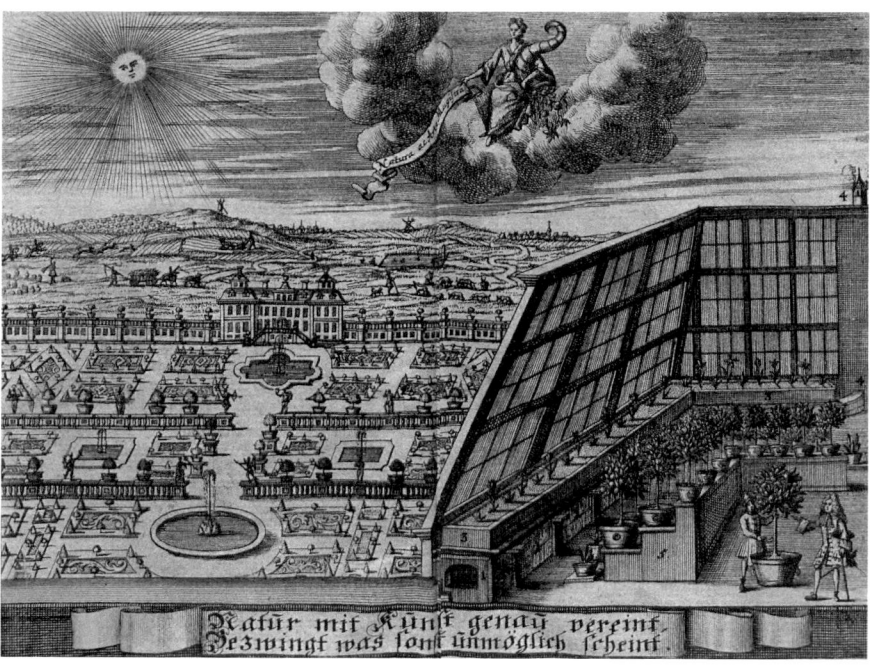

Frontispiz eines **LANDWIRTSCHAFTLICHEN HAUSBUCHES** aus dem 18. Jahrhundert Unterhalb der intensiv genutzten Kulturlandschaft ist zu lesen: »Natur mit Kunst genau vereint, bezwingt was sonst unmöglich scheint.«

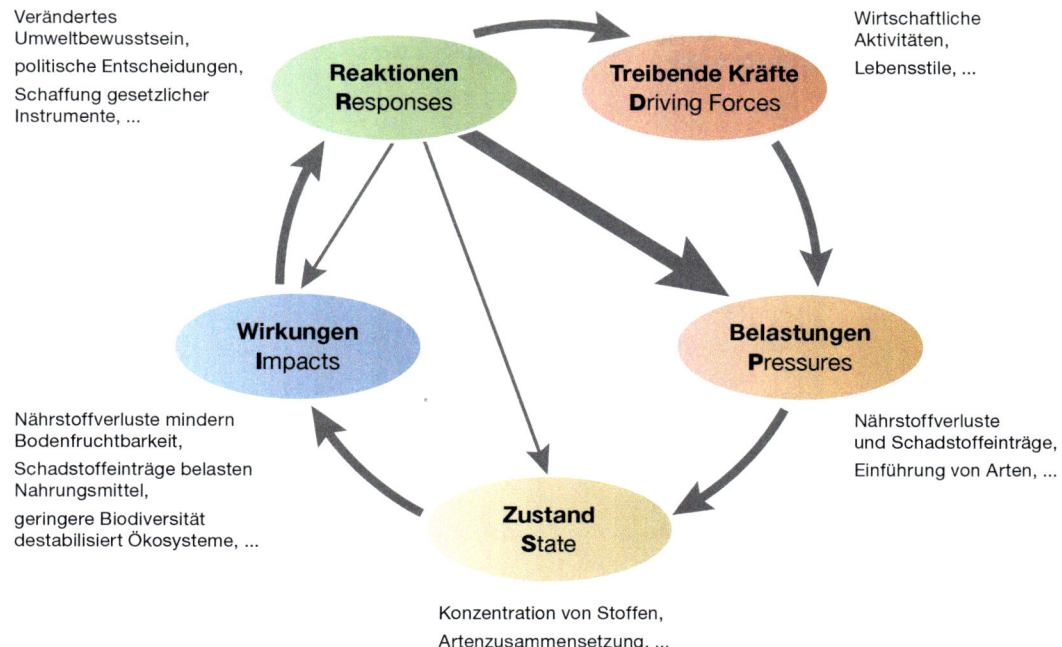

Das **DPSIR-KONZEPT.** In den 1990er-Jahren von der OECD entwickelt, dient es als eine Grundlage der europäischen Umweltpolitik.

Es geht darum, wie Douglas sagt, eine grundlegende Ordnung in das Chaos der Wahrnehmungen einzuziehen (DOUGLAS et al., 1985). Wir brauchen also das Konstrukt eines Außen, der Natur, um uns von ihr unterscheiden und damit auf uns konzentrieren zu können.

DIE ZEIT SEIT 1850 – EIN UMWELTHISTORISCHER SONDERFALL

Heute leben wir im Zeitalter der Globalisierung. Niemals vorher konnten Rohstoffe, andere Waren und Menschen in solchem Umfang und über solche Distanzen transportiert werden, wie heute (vgl. Kapitel 2.3 Transport, Handel und Umwelt, S. 52). Nie zuvor waren einige Menschen so einflussreich und mit so vielen Gütern ausgestattet. Niemals zuvor wurden natürliche Systeme so sehr verändert und unter Druck gesetzt. Diesen Zusammenhang hat die Europäische Umweltagentur, aufbauend auf der OECD, in das **»DPSIR«**-Konzept gegossen, das den Regelkreis von wirtschaftlichen Aktivitäten, natürlichen und sozialen Systemen beschreibt. Wirtschaftliche Antriebskräfte (**D**riving **F**orces) bewirken Umweltbelastungen (**P**ressures), verändern den Zustand der Umwelt (**S**tate), was wiederum auf Gesellschaft und Wirtschaft wirkt (**I**mpact) und deren Reaktionen (**R**esponses) hervorruft (KRISTENSEN, 2004). Das Modell ist einflussreich und für die Politik wichtig. Allerdings beruht es auf linearen Ursache-Wirkung-Beziehungen, sein Erklärungswert ist dadurch eingeschränkt.

Erst die unbeherrschte und scheinbar unbegrenzte Nutzung fossiler Energieträger – der schnelle Verbrauch von über Jahrmillionen angesammelter und zersetzter Biomasse – ermöglicht das extreme Ausmaß an Eingriffen in die Systeme der Erde. Entsprechend groß sind die Nebenwirkungen. Schon vorher haben Menschen lokal und regional massiv in die Natur eingegriffen. Viele Geschichten dieses Buches zeigen, dass unsere Umweltprobleme nicht mit der Industriellen Revolution angefangen haben (vgl. Kap. 2.2. Mensch und Natur in Agrargesellschaften, S. 28). Sie werden mit dem absehbaren Ende des fossilen Zeitalters auch nicht plötzlich enden. Die auf fossiler Energie basierende Technologie hat uns kurzfristig beispiellose vorwiegend wirtschaftliche Erfolge ermöglicht. Der erfolgreiche Kampf gegen Krankheiten und die immer besser beherrschte Kunst, Energie zu gewinnen, sind zweifelsohne großartige Leistungen. Doch auch hier gibt es Rückkopplungen und unerwünschte Nebenwirkungen.

Seit den 1970er-Jahren wird versucht, den menschlichen Gesamteinfluss auf die Umwelt messbar zu machen, dafür »Indikatoren« zu entwickeln, um feststellen zu können, ob unsere Schutzmaßnahmen die gewünschte Wirkung haben. Der US-amerikanische Biologe und Umweltpolitiker Barry Commoner (1917–2012) schlug 1972 vor, den menschlichen Einfluss auf die Umwelt als Produkt der Anzahl der Menschen, ihres Reichtums und ihrer Technologie zu messen. Diese »IPAT«-Formel ist viel kritisiert worden, hat aber den Vorteil, die historische Entwicklung sichtbar zu machen. Seit 1900 hat sich unser Einfluss auf die Umwelt mehr als vertausendfacht (siehe Abb. Seite 12).

Können wir von der Technik, die uns dahin gebracht hat, wo wir heute stehen, Lösungen erwarten? Menschen entwickeln und nutzen Technik. Sie haben damit die Möglichkeit und die Verantwortung, über ihren Einsatz zu entscheiden. Der technikkritische Philosoph Günter Anders hat bereits 1956 darauf aufmerksam gemacht, dass Technologie eine immer größere Kluft (»prometheisches Gefälle«) zwischen Menschen und den von ihnen hergestellten Pro-

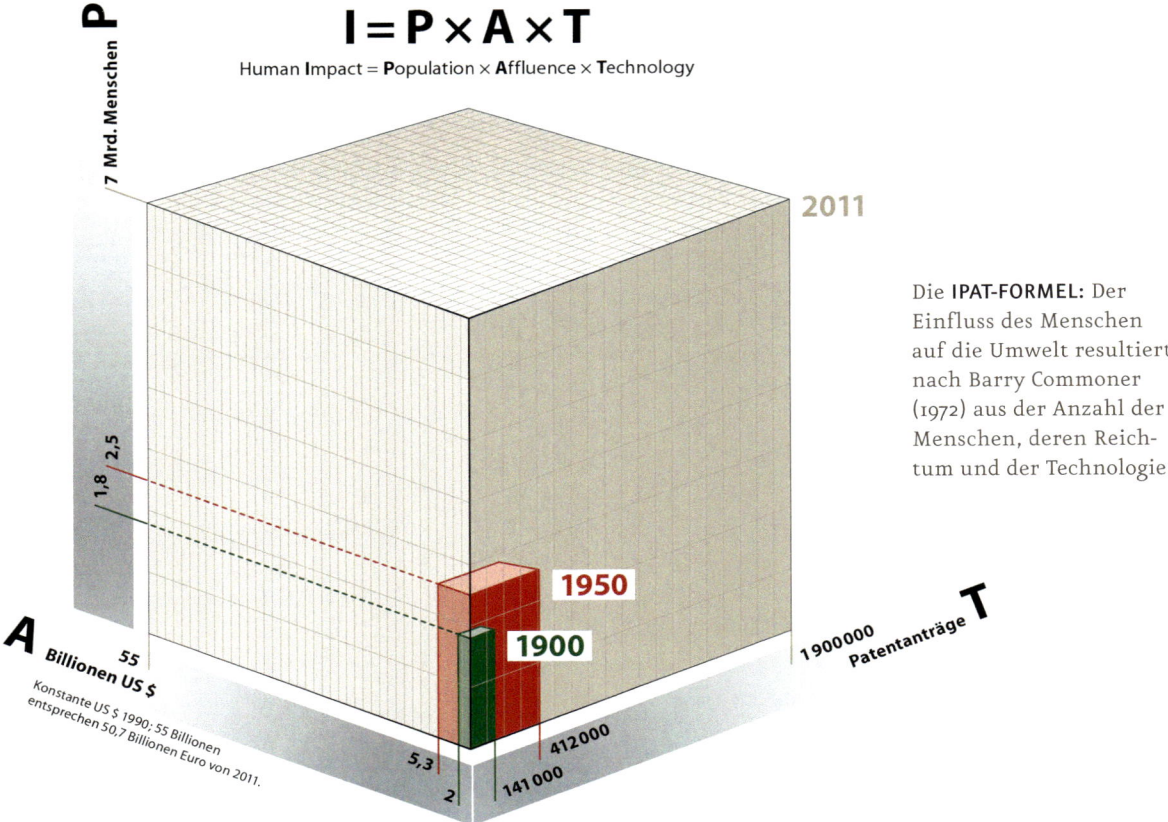

$$I = P \times A \times T$$

Human **I**mpact = **P**opulation × **A**ffluence × **T**echnology

P

7 Mrd. Menschen

2011

A

Billionen US $

55

Konstante US $ 1990; 55 Billionen
entsprechen 50,7 Billionen Euro von 2011.

1,8 2,5

5,3

2

1950

1900

141 000

412 000

1900000 Patentanträge **T**

Die **IPAT-FORMEL**: Der Einfluss des Menschen auf die Umwelt resultiert nach Barry Commoner (1972) aus der Anzahl der Menschen, deren Reichtum und der Technologie.

dukten schafft. Die Kluft zwischen den Fähigkeiten des Denkens, Wissens und Herstellens sowie den möglichen Konsequenzen des individuellen und kollektiven Handelns von Menschen wird immer größer. Wir können viel mehr herstellen, als wir nutzen und verantworten können (AN-DERS, 1956). Haben Menschen etwas geschaffen, können sie es nicht mehr folgenlos beseitigen – ob es nun Atombomben oder Spurengase in der Atmosphäre sind. Heute ist schon vieles für die Zukunft vorentschieden. Der Blick in die Geschichte lehrt, wie viel (vgl. Kap. 2.5. Die vielen Gesichter der industriellen Lebensweise, S. 96).

Fossile Energie treibt Gesellschaften an. Die Verteilung der Lasten und des Nutzens ist jedoch sehr unterschiedlich. Der lächelnde Plantagenarbeiter, der französischen Kindern eine Bananenstaude bringt – als ideale Nahrung, wie der erläuternde Text zu dieser Postkarte betont – steht für die Ausbeutung von Menschen überall dort, wo sie sich nicht wehren (können) und gezwungen sind, sich für den Reichtum Weniger opfern zu lassen (vgl. Kap. 2.4. Koloniale Wirtschaft und Umwelt, S. 70). Und so schließt sich der Kreis zur Nachhaltigkeit: Die sozialen, wirtschaftlichen und Umweltprozesse müssen in eine Balance gebracht werden, wollen wir dauerhaft eine ausreichende Lebensqualität für alle Menschen ermöglichen.

EIN FORSCHUNGSREISEFÜHRER

Umweltverschmutzung, Proteste dagegen, die Staubstürme im Amerika der 1930er-Jahre – denen die betroffene Region ihren Namen Dust Bowl (Staubschüssel) verdankt –, die Zerstörung von Urwäldern und das Aussterben von Spezies

la banane aliment idéal de l'enfant

CPB
11, rue Tronchet
PARIS

S.N.P

WERBEPOSTKARTE für **FRANZÖSISCHE BANANEN** des 1932 gegründeten »Comité interprofessionnel bananier pour la défense de la banane des colonies françaises«. Auf der Rückseite ein Rezept für Bananenmilch als Kindernahrung.

waren früh Themen der Umweltgeschichte. Wichtige Fragen wurden behandelt: Wie funktionierte die Landwirtschaft vor der Industriellen Revolution? Gab es eine Holznot im 13. oder im 19. Jh.? Sind die Quellen zu Holzknappheit und Waldfrevel Ausdruck einer realen Knappheit oder eines Expertenstreits? Welche Maßnahmen wurden in den verschmutzten und unhygienischen Städten des 19. Jh. gesetzt, um gesündere Lebensbedingungen und eine sauberere Umwelt zu schaffen? Welche Änderungen haben Menschen über die Jahrhunderte an einem Flusssystem wie dem Columbia River in den USA vorgenommen, und wie wurde über die verschiedenen, einander ausschließenden Nutzungen verhandelt? Wie hat sich das Klima in Europa seit dem Mittelalter entwickelt und wie kann Klimarekonstruktion in Kombination natur- und geisteswissenschaftlicher Methoden unternommen werden? (WINIWARTER & KNOLL, 2007)

Umweltgeschichte ist auch eine Geschichte der Macht über Ressourcen und des Konflikts um Nutzungen. Gerade die Geschichte der Kolonien handelt von Ausbeutung und Zerstörung – von Brasilien bis Indonesien, von Peru bis Lesotho, von Massachusetts bis Sibirien (vgl. Kap. 2.4. Koloniale Wirtschaft und Umwelt, S. 73). Die thematische Breite der englischsprachigen Umweltgeschichte und die Menge an Monographien, Sammelbänden und Zeitschriftenbeiträgen sind inzwischen sehr groß. Neuere Themen, die sich gerade erst in Entwicklung befinden, sind die Umweltgeschichte der Kriege, die Umweltgeschichte des Bodens, die Umweltgeschichte der (Natur-)Katastrophen sowie umwelthistorische Untersuchungen zum Mittelalter.

Die Umwelteffekte menschlicher Eingriffe treten manchmal schleichend und manchmal sehr schnell ein. Sie wirken auf alle Umweltsysteme und damit auf alle Lebewesen. Überraschungen sind normal. Wir vermögen ausgestorbene Tiere nicht wieder lebendig zu machen. Können wir verhindern, dass weitere aussterben? Wir vermögen die Natur früherer Zeiten nicht wiederherzustellen. Können wir aber für ihre und damit unsere Zukunft Vorsorge tragen? Dafür müssen wir über frühere Nutzungen und den Zustand vergangener Landschaften Bescheid wissen. Umweltgeschichte ist die Wissenschaft von der Beziehungen zwischen Menschen und ihrer Umwelt in der Vergangenheit für die Zukunft. Wir wünschen eine gute (Forschungs-)Reise!

Natur, Kultur und Umwelt

Wir verwenden in diesem Buch »Natur« oder »Umwelt« nahezu synonym, denn auch »Umwelt« verweist auf ein »Außen«, um das wir uns bemühen und sorgen. Während der Begriff Natur in Europa seit der Antike verwendet wird, ist die Begriffsgeschichte des Wortes Umwelt weit kürzer. In der deutschen Sprache wurde es 1800 erstmals als Begriff genutzt (WINIWARTER, 1994). Für das Verhältnis der beiden Wörter haben die deutschen Historiker Wolfram Siemann und Nils Freytag die folgende Konstellation vorgeschlagen: Der Mensch sei auf Natur angewiesen, diese wiederum werde durch Existenz und Einwirkungen des Menschen zur Umwelt, die ihn umgibt, aber auch formt (SIEMANN & FREYTAG, 2003: 12 f.).

Wie hängt Kultur mit Natur zusammen? Natur wird zweifelsohne durch Menschen als das Gegenstück zur Kultur konstruiert und durch das Ziehen der Grenze zum Anderen, dem Außen, konstituiert. Das Außen gilt als ungekocht, roh, ungezähmt, wild, nicht kultiviert, wenngleich vielleicht kultivierbar. Erst diese Abgrenzungsarbeit erlaubt die Konstitution eines »Innen«, der Heimat, der Kultur. Ohne die Natur als das Außen, für die angelsächsische Welt insbesondere »die Wildnis«, ist Kultur nicht denkbar. Das Außen ist demnach bedeutungsvolle und notwendige Voraussetzung für ein Innen (HAZELRIGG, 1995). Jenseits der Konstruktion tritt uns die fundamentale Natur etwa als Vulkanausbruch oder Wirbelsturm doch ebenso als innere Natur unserer Eingeweide oder als neurobiologisches Substrat unserer Kognition entgegen.

Ob wir »böse« oder »gute« Natur sehen, hängt unmittelbar mit Machtverhältnissen in einer Gesellschaft zusammen (STEINBERG, 2002: 25 ff). Eine historisch besonders wirkmächtige Form dieser Zuschreibung ist die Naturalisierung von fremden Gesellschaften als »edle Wilde« oder aber »unzivilisierte Barbaren«. Für beide Zuschreibungen ist die angenommene Naturnähe der Fremden (früher daher der Begriff »Naturvölker«) konstitutiv, deren Bewertung aber diametral verschieden. Die Frage, was Natur ist und sein sollte, wurde erst in der Industriegesellschaft explizit zum Thema politischer Auseinandersetzungen (BÖHME, 1996: 86). Die Zuschreibung zu »Natur« oder »Kultur« ist allerdings seit langer Zeit eine politische Frage, mit der Machtansprüche verbunden sind (STAUBER, 1995: 103–123). Der US-amerikanische Geograph Clarence Glacken (1909–1989) hat in einem ideengeschichtlichen Überblick zur europäischen Literatur gezeigt, dass es bis zum Ende des 18. Jh. drei dominante Naturkonzepte gab. Das erste geht davon aus, dass der Planet für die Menschen gemacht ist; eine klare Hierarchie ist die Folge. Das zweite Konzept korreliert Umweltfaktoren mit individuellen und kollektiven Eigenschaften von Menschen, es wird auch als »Umweltdeterminismus« oder »Naturdeterminismus« bezeichnet. Das dritte fokussiert auf die Rolle des Menschen als aktivem Beeinflusser der Natur, als Kultivator von Natur. Die Rolle des Menschen als Zerstörer von Natur wird – von wenigen Ausnahmen abgesehen – erst seit dem 19. Jh. thematisiert (COLLINGWOOD, 2005; GLACKEN, 1967 und 1988: 158–190).

Umwelthistorikerinnen und -historiker entwickelten ein Interaktionsmodell, in dem die Konstruktion »Natur« als selbstorganisiertes System konzeptualisiert wird, das mit dem ebenso selbstorganisierten System der Kultur in Wechselwirkungen steht (SIEFERLE, 1997, FISCHER-KOWALSKI & WEISZ, 1999). Ein solches System reproduziert sich in ständigen, nicht zielgerichteten Prozessen immer wieder selbst. Das »Tun« und »Sein« eines solchen Systems ist nicht voneinander zu unterscheiden; das Produkt des funktionalen Zusammenwirkens seiner Bestandteile ist genau jene Organisation, die die Bestandteile produziert.

Die Systeme Natur und Kultur entwickeln sich beide unabhängig voneinander und evolutionär, das heißt ungerichtet aufgrund von unabhängigen Mechanismen der Variation und der Selektion. Festzustellen ist eine Tendenz zu höherer Komplexität, die vor allem durch höheren Differenzierungsgrad (etwa der sinnlichen Wahrnehmung) gekennzeichnet ist. Ist ein solches, der Unabhängigkeit der beiden Systeme Rechnung tragendes Modell entwickelt, können Wechselwirkungen (Interaktionen) benannt und erforscht werden.

La Crue de la Seine, 30 Janvier 1910
48. - Neuilly. ~ Boulevard Bineau

« L'Abeille »

oben **ÜBERSCHWEMMUNG DER SEINE** am 30. Januar
1910 in Neuilly, Frankreich. *(Postkarte)*
rechts **STURMFLUTMARKEN** im Hafen von Tönning
unten rechts Vor und nach dem **BERGRUTSCH** vom
22.4.1935 bei Oberaudorf, Bayern. *(Postkarte)*
unten links **UNWETTERKATASTROPHE** am 8. Juli 1927
in Berggießhübel, Sachsen. *(Postkarte)*

Walter Schubert

Blick nach dem sächsischen Haus

Unwetterkatastrophe am 8. 7. 1927 in Berggießhübel (Gottleubatal)

Blick nach der
Apotheke

54433

Vor dem Bergrut

Geschichte unserer Umwelt

2.1 Leben mit der Dynamik der Natur

Der britische Wirtschaftswissenschaftler Thomas Robert Malthus (1766–1834) veröffentlichte 1798 seine nationalökonomische Bevölkerungstheorie. Er ging davon aus, dass mit steigender Ressourcenverfügbarkeit die Bevölkerungsdichte exponentiell zunehmen würde. Da Ressourcen dagegen selbst bei intensiver Bewirtschaftung nur linear und nicht exponentiell anwachsen, würden sie bei mehr Essern wieder knapp; die Bevölkerung würde verarmen und durch Krieg, Hunger und Seuchen reguliert, wenn dies nicht durch vorbeugende Einschränkung des Bevölkerungswachstums durch Verhütung (damals im Wesentlichen Enthaltsamkeit) verhindert würde. Entweder käme es zur Erhöhung der Sterberate oder man müsse dieser Entwicklung durch Senkung der Geburtenrate vorbeugen, so Malthus. Er zog daraus den fatalen Schluss, dass die Unterstützung von Armen unterbleiben sollte, um ihre Vermehrung zu vermindern. Malthusianisches Denken ist bis heute verbreitet.

Die dänische Agrarökonomin Ester Boserup widersprach allerdings in den 1960er-Jahren der malthusianischen Theorie. Bevölkerungswachstum führt nach ihren Untersuchungen in Entwicklungsländern zur Intensivierung des Anbaus. Ungenutztes Land wird kultiviert, Brache durch permanenten Ackerbau ersetzt, verstärkte Düngung und Bewässerung bewirken höhere Flächenerträge. Damit wird eine wachsende Bevölkerung ernährbar.

Malthus sah Katastrophen als Folge von Überbevölkerung an. So lassen sich die Hungersnöte, die 1783 bis 1784 in Europa wüteten, nachdem der isländische Laki-Vulkan ausgebrochen und seine Asche- und Gasemissionen zu einem extrem kalten Winter und zu einem feuchten und kühlen Sommer 1784 geführt hatten, aber nicht erklären. Auch das verheerende Hochwasser von 1342, bei dem innerhalb einer Woche das Relief und die Böden Mitteleuropas dauerhaft verändert wurden, hat seine Ursachen nicht allein in den Handlungen von Menschen, sondern auch in der Dynamik der Natur.

Mit dieser Dynamik zu leben und sie aktiv zu nutzen, war notwendige Voraussetzung für das Überleben. Menschen sind Teil der Natur und von Ökosystemen[1], die sie durch Eingriffe oft in einer (nicht erwarteten) Weise verändern, die ihnen mehr Schaden als Nutzen bringt. Natürliche Systeme verändern sich ständig. Ein längerfristiger, langsamer Wandel wie der nacheiszeitliche Meeresspiegelanstieg mit den resultierenden Küstenveränderungen ist schwer wahrzunehmen; Reaktionen setzen daher oft erst verzögert ein. Die kleinen Lebewesen, mit denen wir in den Ökosystemen leben, sind hingegen oft schneller als Menschen – jedes Jahr entstehen neue Infektionskrankheiten, gegen die neue Impfstoffe entwickelt werden müssen. Der Spanischen Grippe erlagen von 1918 bis 1920 mindestens 25 Millionen der vom Krieg geschwächten und teils mangelhaft ernährten Menschen. Wie viele Opfer Infektionskrankheiten insgesamt forderten, ist kaum festzustellen. Die Pestpandemie in der Mitte des 14. Jh., die als »Schwarzer Tod« bezeichnet wird, wütete insbesondere unter der städtischen Bevölkerung. Und doch: Am Verlauf von Grippe- und Pestepidemien waren die Menschen beteiligt: Durch Handel und Transport verbreiteten sie die Erreger. Auch die Wirkungen von Hochwassern und Dürren hängen davon ab, wie Gesellschaften organisiert sind und wie sehr die herrschenden Eliten die Dynamik der Natur in ihre Pläne einbeziehen.

Nach dem Bergrutsch

1 Dieser und zahlreiche weitere Begriffe werden im Internet-Glossar erläutert. Es ist auf der Homepage des Verlags unter *www.wbg-wissenverbindet.de* und hier im Bereich Service – Downloads zu finden.

Dresden, Elb-Klondyke 1904
Grösster Tiefstand der Elbe seit 1800. 227 cm unter Null

Goldsucher am Kronenpfeiler

oben »ELB-KLONDYKE«. Tiefster Wasserstand der Elbe seit 1800, 227 cm unter Null. Goldsucher am Kronenpfeiler im Flussbett der Elbe, Juli 1904 Dresden (Sachsen). (*Postkarte*)

links HOCHWASSER am 9. Februar 1909 in Nürnberg, Bayern. (*Postkarte, gelaufen am 22.4.1910*)

unten Stich der ÜBERSCHWEM-MUNG am 12. März 1879 in Szeged, Ungarn. (*Postkarte*)

Szeged   Árvíz 1879 márczius 12
(Rausnitz festménye után).

Geschichte unserer Umwelt

STORM AT GREAT YARMOUTH.

Der **STURM** vor der Küste von **GREAT YARMOUTH** (UK) trieb 1902 Wassermassen
gegen den Ort – so wie auch im Jahr 2013. *(Postkarte, gelaufen 1903)*

Schäden des großen **KANTŌ-ERDBEBENS** vom 1.9.1923 in **YOKOSUKA**, Japan. *(Postkarte)*

潰滅したる横須賀市街

Left : Street in Yokosuka.

横須賀鎮守府軍需部裏の山崩れ（この下に百餘名埋没）

Right : Landslide at the rear of commissariat of Yokosuka Garrison
Headquarters. (over 100 victims buried here)

»HEUT BIN ICH ÜBER RUNGHOLT GEFAHREN«

Sturmfluten und Küstenschutz an der Nordsee

Das Leben an der Küste hat gewichtige Vorteile: Zugang zu den Ressourcen des Meeres, die Möglichkeiten des Handels sowie fruchtbares Marschland für Ackerbau und Viehhaltung. Daher wurden an der niederländischen und der deutschen Nordseeküste auch sturmflutgefährdete Gebiete erschlossen und besiedelt. Dazu war ein hoher technischer Aufwand nötig. Die ersten Deiche dienten zunächst dem Schutz vor dem mittleren Tidenhochwasser. Hohen Wintersturmtiden vermochten sie aufgrund ihrer steilen Außenböschungen und unzureichenden Höhe noch nicht standzuhalten. Sturmfluten richteten daher immer wieder Schäden an. Am 29. September 1014 waren zahlreiche Todesopfer an der flandrisch-holländischen Küste zu beklagen und am 2. Oktober 1134 verschlang das Meer ganze Dörfer an den Küsten der Grafschaften Brabant und Walcheren. Die Menschen wichen der Gefahr nicht. Sie begannen, sich durch bessere Bauten zu schützen.

> »In jenen Tagen, als Konrad eben zur höchsten Stufe des Priestertums befördert war und sich noch beim Erzbischof in der Harburg aufhielt, die am Ufer der Elbe liegt, brach im Monat Februar, und zwar am 17. [Februar 1164], ein großes Unwetter mit heftigen Stürmen, grellen Blitzen und krachendem Donner los, das weit und breit viele Häuser in Brand setzte oder zerstörte; überdies entstand eine Meeresflut so groß, wie sie seit alters unerhört war. Sie überschwemmte das ganze Küstengebiet in Friesland und Hadeln sowie das ganze Marschland an Elbe, Weser und allen Flüssen, die in den Ozean münden; viele Tausend Menschen und eine unzählige Menge Vieh ertranken. Wie viele Reiche, wie viele Mächtige saßen abends noch, schwelgten im Vergnügen und fürchteten kein Unheil, da aber kam plötzlich das Verderben und stürzte sie mitten ins Meer« (HELMOLD VON BOSAU, *Slawenchronik*, 2008[7]: 339, Zeilen 24–35).

Ab der Mitte des 12. Jh. ließen adelige Grundherren in den Marschen des Rhein-Maas- und des Schelde-Deltas jeweils etwa einen Quadratkilometer umfassende Flächen um die Siedlungen eindeichen. 100 Jahre später waren bereits größere Gebiete der Deltas durch miteinander verbundene Ringdeiche geschützt. In den Poldern wurde Getreide für die Stadtbewohner Flanderns angebaut. Deichverbände organisierten die Instandhaltung der Küstenschutzbauten; aktiver Sturmflutschutz wurde auf kommunaler Ebene betrieben. Danach begann die Anlage küstenparalleler Deiche in Holland und Flandern. Doch auch sie vermochten nicht, die Verwüstungen durch Sturmfluten entscheidend zu mindern: Das Ausmaß der Schäden der Julianenflut

übertraf nach Auffassung der Chronisten am 17. Februar 1164 alles Dagewesene. Eine Marcellusflut zerstörte am 16. Januar 1219 Deiche in Friesland und am 1. Januar 1287 brach die Luciaflut weit in das Land am Unterlauf der Ems ein. Die Clemensflut zerstörte am 23. November 1334 Deiche an der englischen Kanalküste, an der Themse, in Flandern, Holland und Friesland. Die einzelnen Sturmfluten trafen jeweils unterschiedliche Küstenabschnitte. Dutzende Sturmfluten bewirkten so große Zerstörungen, dass sie in historischen Berichten Erwähnung finden. Doch zumeist hielten die Deiche und bestätigten, dass dem Meer Siedlungsraum abgewonnen werden konnte. Langfristig erwies sich dies in vielen Gegenden aber dennoch als Irrglaube.

STURMFLUTABLAGERUNGEN am alten Hafen der Hallig Langeneß in Nordfriesland.

Die auch als Grote Mandränke bezeichnete Flut am Marcellustag, dem 16. Januar 1362, zerriss an der deutschen Nordseeküste viele Deiche und drang tief in das Sietland ein. Besonders groß waren die Landverluste in den nordfriesischen Uthlanden. Überreste von Warften, Wegen und Deichen, Brunnen, Ackerstreifen und Torfstichen, die die Flut zerstört oder überdeckt hatte, bezeugen noch heute im Watt, dass fruchtbare Landschaften mitsamt wohlhabender bäuerlicher Familien untergegangen waren. Sagenumwoben ist das Schicksal des Ortes Rungholt in der nordfriesischen Edomsharde.

Warum hat diese Flut derart verheerende Schäden angerichtet? War die natürliche Fluthöhe außergewöhnlich? Oder hatten Menschen die dramatischen Schäden mit zu verantworten? Waren die Deiche zu niedrig und zu instabil gewesen? Durch Entwässerung was das Land abgesunken.

Denn wenn Marschland trocken gelegt wird, kommt es zur Torfzehrung. Auch zuvor wasserreiche Sedimente hatten sich dadurch gesetzt. So vermochten die Grote Mandränke 1362 und nachfolgende Sturmfluten in den durch anthropogene Eingriffe tiefer liegenden Tälern Priele einzureißen und die Uthlande zu teilen. Weiter südlich wurde Eiderstedt vorübergehend vom Festland abgeschnitten und die Insel Strand bildete sich. Positiv waren die Veränderungen für einige nunmehr nah an der vorgerückten Küste liegenden Orte – Husum konnte sich als Hafenort etablieren.

Nach dieser Marcellusflut verheerten schadensreiche Sturmfluten vorerst andere Küstenräume. Die Menschen blieben auf dem eingeschlagenen Weg, immer höhere Schutzbauten zu errichten; sie glaubten an die technische Machbarkeit.

»Heute bin ich über Rungholt gefahren
Die Stadt ging unter vor fünfhundert Jahren
Noch schlagen die Wellen da wild und empört
Wie damals, als sie die Marschen zerstört
Die Maschine des Dampfers schütterte, stöhnte
Aus den Wassern rief es unheimlich und höhnte:
Trutz, Blanke Hans.«
Auszug aus dem Gedicht »Trutz, Blanke Hans« des Pellwormer Hardesvogtes Detlef Lilienchron aus dem Jahr 1882
(MEIER, 2005: 110)

Am 11. Oktober 1634 suchte mit der Burchardiflut die zweite große Katastrophe die Reste der Uthlande und der südlich angrenzenden Gebiete heim. Die etwa 220 km² große Marschinsel Strand zerriss in zwei kleine Teile. Pastor Lobedantz bilanzierte die Schäden der einen Nacht für die Insel Strand: 6123 Tote (etwa drei Viertel der Bevölkerung), 1336 zerstörte Häuser, sechs beschädigte Kirchen, 28 umgefallene Mühlen und etwa 50 000 tote Pferde, Rinder, Schafe und Schweine (MEIER, 2005: 128 ff.).

Die großen Mandränken bewirkten 1362 und 1634 zwar die größten Verluste an Menschen und an fruchtbarem Marschland, doch auch die Weihnachtsflut 1717 und die Februarflut 1825 verliefen in einzelnen Küstenabschnitten dramatisch.

Im 19. und im 20. Jh. waren die Deiche an der niederländischen Küste weiter ausgebaut worden. Allerdings waren sie durch deutsche Bombardierungen während des Zweiten Weltkriegs und Beschädigungen durch die Niederländer zur Beeinträchtigung der deutschen Besatzung in einem schlechten Zustand. Sie wurden in den ersten Jahren nach dem Krieg instand gesetzt.

Am 31. Januar 1953 warnte das königliche niederländische meteorologische Institut um 11 Uhr per Fernschreiben nur jene Gemeindeverwaltungen, die den Wetterbericht abonniert hatten, vor einem Sturm mit gefährlichem Hochwasser. In den 18-Uhr-Nachrichten des Rundfunks wurde ein schwerer Sturm angekündigt – allerdings ohne Warnungen. Nachts sendete der Rundfunk nicht; Notfallprogramme mit Informations- und Evakuierungsplänen gab es nicht. In den frühen Morgenstunden wurden Wasserstände von mehr als 4 m über dem niederländischen Nullpegel NAP gemessen. Vor allem an der Südwestküste der Niederlande brachen an mehr als 80 Abschnitten die Deiche und binnen weniger Stunden wurden mehr als 130 000 Hektar Kulturland geflutet. Viele Menschen wurden im Schlaf überrascht, 1835 starben. Tausende Häuser wurden zerstört, Zehntausende beschädigt. In den Folgejahren wurde der Küstenschutz in den Niederlanden erfolgreich reorganisiert und hocheffektiv ausgebaut.

In Deutschland waren nach der Hollandflut zuerst die Deiche an Weser und Ems verbessert worden. Die noch vergleichsweise schlecht geschützte Stadt Hamburg wurde in der Nacht vom 16. auf den 17. Februar 1962 von einer katastrophalen Sturmflut heimgesucht. Fast ein Sechstel der Stadtfläche wurde geflutet; mehr als 300 Menschen starben. Die Bemessungsgrenzen wurden danach auf 100-jährliche Sturmtiden ausgelegt. So richtete die am 3. Januar 1976 in Hamburg noch höher auflaufende Sturmflut des Orkans Capella kaum Schäden an.

Seit mehr als zwei Jahrtausenden kämpfen Küstenbewohner mit immer ausgefeilteren technischen Verfahren gegen die Wirkungen des »Blanken Hans«. Heute stehen nicht nur Naturschutzinteressen neuen Eindeichungen an der deutschen Nordseeküste entgegen. Die Eindeichungen reduzierten die Speicherräume und bewirkten vor allem in den Flussmündungen höher auflaufende Fluten.
(MEIER, 2005; BEHRE, 2008)

Überfluteter Bahndamm der Strecke Schleswig-Friedrichstadt

Dichtungsarbeiten großer Durchbruchstellen am Eiderdeich

Folgen der **STURMFLUT** vom 6. November 1911 an der nordfriesischen Nordseeküste. (*Postkarte*)

DAS MAGDALENENHOCHWASSER

Mitteleuropa vom 19. bis 25. Juli 1342

Gelegentlich ziehen Tiefdruckgebiete vom zentralen Mittelmeer über die Adria und den Balkan vorbei an den Alpen nach Österreich, Tschechien und Deutschland. Meteorologen bezeichnen diese Tiefdruckstraße nach der Systematik des deutschen Meteorologen Wilhelm Jacob van Bebber (1841–1909) als Vb-Zugbahn und die Wetterlage als Vb-Großwetterlage. In heißen Sommern transportieren solche Mittelmeertiefs manchmal große Wassermassen über die Vb-Zugbahn nach Mitteleuropa; anhaltend starke Niederschläge in einem ungewöhnlich großen Raum sind die Folge. Binnen Stunden werden dann die oberflächennahen Bodenspeicher aufgefüllt, und ein Teil des Regenwassers beginnt über die Oberfläche vegetationsarmer Äcker hang- und talabwärts zu fließen. Auch von versiegelten Flächen strömt dann Wasser in die Oberflächengewässer. Starke, lang anhaltende Hochwasser resultieren daraus. So lösten starke Vb-Niederschläge 1997, 2002 und 2013 unter anderem an Oder, Elbe und Donau sehr starke Überschwemmungen aus. Viele weitere extreme Hochwasser wurden in den vergangenen Jahrhunderten von Tiefdruckgebieten hervorgerufen, die vom Mittelmeer über Österreich und Tschechien nach Deutschland und Polen zogen.

Außergewöhnlich hohe Wasserstände traten an der oberen Donau, an Mittel- und Niederrhein, Weser, Elbe und zahlreichen Nebenflüssen während der Magdalenenflut im Juli 1342 auf. Zeitgenössische Quellen erlauben eine zeitliche Rekonstruktion des Ereignisses: Am 19. Juli erreichten die heftigen Niederschläge Franken und Thüringen. Die Front zog in den folgenden Tagen langsam weiter nach Nordwesten und am 22. Juli über die deutsche Nordseeküste. Von der oberen Donau bis nach Nordfriesland, vom Rhein bis zur Oder »fiel Regen auf die Erde wie im 600. Jahre von Noahs Leben« (Michaelis de Leone Canonici Herbipolensis annotata historica, BORK, 1988).

Der extrem starke Abfluss vermochte im Juli 1342 selbst in kleinen Tälern verheerende Schäden anzurichten. So riss der Reiherbach im Dorf Winnefeld im südniedersächsischen Solling mehrere am Talrand errichtete Gebäude fort. In der Aue finden sich talabwärts im Schotterkörper des Juli 1342 Tausende Keramikbruchstücke und Ziegelfragmente. (BORK & BEYER, 2010) An Main und Lahn, an Werra, Fulda und Weser, an der Elbe und ihren Nebenflüssen sowie an der oberen Donau riss das Magdalenenhochwasser Brücken und Gebäude ein; viele Menschen ertranken. Die Abflussmengen des Juli 1342 übertrafen diejenigen der Oderflut 1997 und der Elbfluten 2002 und 2013 um das Dreißig- bis Hundertfache (BORK, 1988; BORK et al., 1998, 2006).

Diese Ereignisse im Jahr 1342 gelten als »Naturkatastrophe«, doch diese Einschätzung hält einer genauen Untersuchung nicht stand, menschliche Landnutzung hatte entscheidenden Anteil. In mehreren langen hochmittelalterlichen Phasen der Klimagunst und des Bevölkerungswachstums war ein massiver Landesausbau erfolgt: Die Wälder Mitteleuropas waren weitgehend gerodet und in Acker- und Dauergrünland umgewandelt worden. Durch die Art des Pflügens waren viele Wölbäcker entstanden. Während zu Beginn des Frühmittelalters noch fast 90 % der Oberfläche Deutschlands von Wäldern bedeckt waren, schrumpfte die Waldfläche bis 1300 auf unter 15 %: Nur noch Teile der Alpen, der höheren Lagen der Mittelgebirge, Feuchtstandorte in Auen und nährstoffarme Standorte in Norddeutschland waren waldreich. So trafen die Extremniederschläge im Juli 1342 auf kaum durch Vegetation geschützte Landschaften mit oftmals ausgelaugten Böden.

In den wasserdurchlässigen Böden der norddeutschen Restwälder versickerte der Niederschlag vollständig. Unter Wald waren selbst in den Mittelgebirgen Abflussbildung und Bodenerosion gering. Auf bereits abgeernteten hängigen Äckern und im Sommergetreide vermochte der sich rasch bildende Oberflächenabfluss jedoch große Massen von Bodenpartikeln fortzureißen. Die wertvolle Krume wurde oft flächenhaft abgetragen. Der Abfluss strömte in Dellen zusammen und floss konzentriert in Bahnen hang- und talabwärts. Hier entstanden zunächst kleine Rillen, die sich binnen weniger Stunden verbreiterten und vor allem vertieften. Bis zu mehreren Kilometern lange und bis zu vielen Metern tiefe, verzweigte Schluchtensysteme waren das Resultat. Besonders dramatisch war die Zerschluchtung in hügeligen Lösslandschaften mit Wölbackerbau in Gefällerichtung. Dort strömte der Oberflächenabfluss in die Furchen zwischen die Wölbäcker und von dort talwärts. Der Abfluss in den Furchen fiel am unteren Ende einer Wölbackerflur in die dort soeben im Tal einreißende große Schlucht. Der über die Schluchtwand

Eisen-, Keramik- und Ziegelbruchfunde aus dem **SCHOTTERKÖRPER DER FLUT** wohl vom 22./23. Juli 1342 in Winnefeld (Niedersachsen).

Geschichte unserer Umwelt

Von einem Hochwasser am
8. Juli 1927 im Kurort Berggießhübel (Sachsen) angeschwemmte
VIEHKADAVER. *(Wohlfahrtspostkarte)*

hinunterstürzende Abfluss riss dann in der Furche zwischen zwei Wölbäckern eine schmale Schlucht furchenaufwärts ein. Die Wölbäcker waren danach nicht mehr bearbeitbar und fielen wüst. Die Schluchten stürzten in den auf den Starkniederschlag folgenden Tagen und Wochen zusammen, die Rutschmassen blieben oft bis heute erhalten. In den folgenden Jahrzehnten brachte der Abfluss schwächerer Starkniederschläge Sediment in die verstürzten Wölbacker-schluchten, das sich in den Hohlräu-men der Rutschmassen und später auf ihnen ablagerte. Schließlich waren die schmalen Wölbackerschluchten so-weit verfüllt, dass wieder gerodet und Ackerbau aufgenom-men werden konnte.

Manche Gemarkung verlor durch flächen- und linien-hafte Bodenerosion während dieses kurzen Ereignisses einen erheblichen Teil ihres Ackerlandes. In den sandrei-chen Lockersedimenten Norddeutschlands dauerte es nur wenige Jahrhunderte, bis sich unter Wald neue humose Bö-den gebildet hatten, die dann ackerbaulich genutzt werden konnten. In den tieferen Lagen der Mittelgebirge wurden jedoch die dort häufig flachgründigen Böden im Juli 1342 manchmal bis zur Obergrenze des Festgesteins abgetragen. Hier wird erst die nächste Kaltzeit mit Permafrost die Standorte mit neuem Lockergestein überziehen, in denen sich dann in der darauffolgenden Warmzeit wieder acker-baulich nutzbare Böden bilden können – das könnte in etwa 120 000 Jahren der Fall sein.

Ohne Eingriffe der Menschen wären die Landschaften Mitteleuropas mit Ausnahme der höheren Alpen und be-sonders nasser Standorte fast vollständig bewaldet. Auch stärkste Niederschläge würden dann – abgesehen von Mit-tel- und Hochgebirgsstandorten mit geringmächtigen Bö-den – zwischengespeichert und langsam über die Boden- und Grundwasserpfade in die Oberflächengewässer sowie über die Verdunstung in die Atmosphäre geführt werden. Starke Hochwasser sind also außerhalb der alpin beein-flussten Gewässer durch Menschen ermöglicht.

Das Desaster von 1342 erzwang durch den Bodenverlust eine Extensivierung der Landnutzung. Das kann als Selbst-regulation des Systems verstanden werden, doch war diese mit großem Leid für viele verbunden. Heute – besonders nach den Oder-, Elb- und Donaufluten von 1997, 2002 und 2013 – versuchen staatliche Institutionen zumindest die Zwischenspeicherung von Abflusswasser durch die Schaf-fung von neuen Retentionsräumen in den Auen zu ermög-lichen und damit die Situation der Unterlieger zu verbes-

Eine **FLUTWELLE** riss wahrscheinlich am **22./23. JULI 1342** im Dorf Winnefeld im Solling (Niedersachsen) eine Dorfstraße fort. Schnitt durch die östliche Flanke der fortgerissenen Straße mit dem Schotterkörper vom Juli 1342 und darüber jüngeren Ablagerungen.

sern. In größerem Umfang ist dies nur in kaum besiedelten Auenabschnitten möglich, nur sehr eingeschränkt an Rhein und Donau. Also gilt es, zukünftig die Abflussbil-dung zu mindern. Von Äckern sollte auch bei stärksten Niederschlägen kein Wasser abfließen – eine vor allem durch Flureinteilung und Fruchtfolgewahl sowie durch weniger die Böden verdichtende Techniken realisierbare Forderung. Niederschlagswasser, das auf versiegelte Flä-chen trifft, müsste vor Ort vollständig versickern, statt dass es so rasch wie möglich in die Oberflächengewässer geleitet wird. Die Umsetzung dieser Forderung bedingt ei-nen erheblichen finanziellen und technischen Einsatz. Am schwersten umzusetzen ist die einfachste Lösung: die Ver-meidung weiterer Versiegelung und der Rückbau versiegel-ter Flächen. Hier ist ein Umdenken dringend erforderlich, Vb-Großwetterlagen sind ein übliches Wetterphänomen. Es liegt an den Menschen, wie sie sich auswirken.
(BORK et al., 1998, 2006; BORK & BEYER, 2010)

Die Pestpandemie in Mitteleuropa 1347 bis 1351 und ihre Folgen

Nach 1351 verdreifachte sich der Waldanteil Mitteleuropas innerhalb von weniger als zwei Jahrhunderten. Um 1300 hatte der Bewaldungsgrad unter 15 % gelegen; umfängliche Rodungen hatten zur geringsten Waldbedeckung der letzten 10 000 Jahre geführt. Was führte zur Umkehrung dieser Entwicklung? War die Landwirtschaft so effektiv geworden, dass ausgedehnte Flächen nicht mehr für den Ackerbau benötigt wurden? Hatten sich die Ernährungsgewohnheiten geändert? Nein, die Bevölkerungsdichte war wesentlich zurückgegangen. Am Ende des Jahres 1351 lebten in Mitteleuropa nur noch gut halb so viele Menschen wie 50 Jahre zuvor. Kalte Winter und Frühjahre, Bodenerosion und Überschwemmungen hatten wiederholt zu gravierenden Ernteausfällen und Hungersnöten geführt. Allein im Jahr 1315 soll jeder zehnte Bewohner Mitteleuropas verhungert sein – Zahlen aus dieser Zeit sind immer nur Schätzungen, doch sie zeigen die Dynamik.

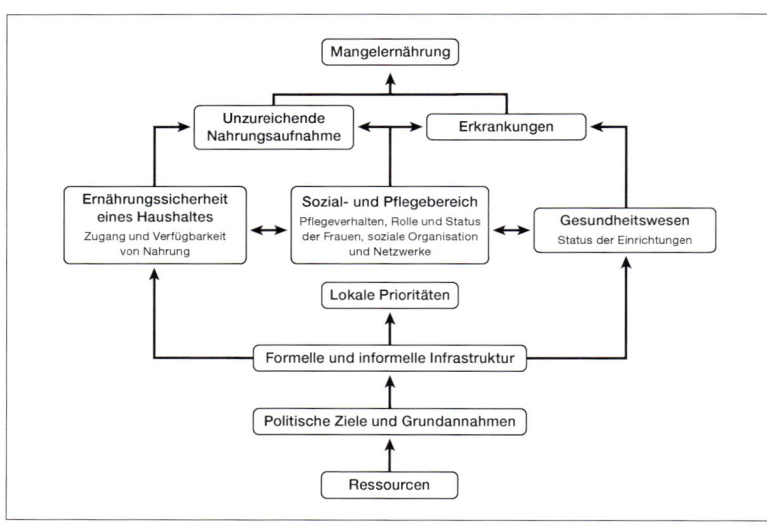

Die Ursachen von **UNTERERNÄHRUNG** und **STERBLICHKEIT**.
Verändert nach WHO, UNICEF 1992.

Mitte des düsteren 14. Jh. kam es bei der durch Hunger geschwächten Bevölkerung zu einem Massensterben. Unmittelbare Ursache war die Pest, der »Schwarze Tod«. Beginnend in den 1330er-Jahren im Osten Chinas erreichte sie über die Seidenstraße und südasiatische Handelsrouten 1347 Damaskus, Athen, Neapel, Sardinien, Korsika, Genua, Marseille und Dubrovnik. Im Jahr darauf hatte sie sich nach dem östlichen Spanien, nach Frankreich, Südengland, Italien und Südosteuropa ausgebreitet. 1349 kam sie in Portugal, Mittelengland und Irland, Westdeutschland, Österreich und Ungarn an, 1350 in Schottland, Ost- und Nordostdeutschland, in Dänemark, West- und Südskandinavien und den Baltischen Staaten sowie 1351 in Nord-

schweden, Finnland und Russland. Nur küstenferne Teile Polens, Teile von Sachsen-Anhalt, Thüringen, Sachsen und Brandenburg sowie Mailand und ein Abschnitt der nördlichen Pyrenäen blieben weitgehend verschont.

Etwa 60 bis 80 % der Menschen in den von der Pest betroffenen Regionen infizierten sich, 75 bis 90 % der Erkrankten starben. Die Pest suchte hauptsächlich die Bevölkerung der Städte heim. Ihre Ausbreitung begann oft in Häfen. In Europa starb wohl ungefähr ein Drittel der gesamten Bevölkerung, Schätzungen gehen von etwa 25 Millionen Menschen aus. In vielen Gebieten dauerte es mehr als anderthalb Jahrhunderte, bis die Bevölkerungszahlen der Zeit vor 1347 wieder erreicht worden waren. Die gesellschaftlichen Auswirkungen der Pestpandemie der Mitte des 14. Jh. waren dramatisch. Schuldige wurden gesucht; Menschen jüdischen Glaubens wurden verdächtigt, die Epidemie gezielt, insbesondere durch die Vergiftung von Brunnenwasser, ausgelöst zu haben. Judenpogrome resultierten.

Doch wodurch wurde die Pest wirklich ausgelöst? Welche Krankheitsbilder und welche Ausbreitungsmechanismen besitzt sie? Das überaus anpassungsfähige Bakterium *Yersinia pestis* löst die hochansteckende Infektionskrankheit aus, die allgemein als »Pest« (lateinisch: *pestis*, übersetzt: Seuche) bezeichnet wird. Das Bakterium kommt bei den Wüstenrennmäusen in Asien endemisch vor; sie erkranken üblicherweise nur leicht. Beißen Insekten (vorwiegend Flöhe) diese Nager, können diese das Bakterium danach auf zahlreiche weitere Säugetierarten übertragen – auch auf den Menschen. Die wichtigsten Überträger von Pestepidemien beim Menschen sollen in der Vergangenheit infizierte schwarze Hausratten, braune Wanderratten und untergeordnet auch Hausmäuse gewesen sein. Epidemiologische Studien legen einen Zusammenhang zwischen der Massenvermehrung von Ratten und der Pestepidemie beim Menschen nahe. Wurde das Pestbakterium durch Flohbisse erst einmal auf den Menschen übertragen, so konnte sich die Krankheit durch Tröpfcheninfektion sehr rasch weiter ausbreiten.

Bereits vor der Pest in der Mitte des 14. Jh. hatte es zahlreiche verheerende Seuchenzüge gegeben, die ebenfalls mit der Pest in Verbindung gebracht werden. So trat eine bedeutende Pestepidemie um 541/42 n. Chr. nahezu im gesamten Mediterranraum auf (die Justinianische Pest). Es folgten Pestwellen unter anderem in den Jahren 544/545 in Irland, 590, 593, 680, 749/750 in Italien, 664 bis 666 und 684 bis 687 in England. Auch nach 1351 erreichte die Pest in Europa Dutzende Male epidemische Ausmaße. Frankfurt a. M.

war 1356 erneut betroffen sowie norddeutsche, dänische, niederländische und englische Städte durch verschiedene Epidemien von 1358 bis 1362. Im frühen und im späten 15. Jh. führten zwei Pestpandemien zum Tod von etwa der Hälfte der Bevölkerung Islands. Die Große Pest von London forderte 1665/1666 allein in der englischen Hauptstadt etwa 70 000 Todesopfer. Von 1709 bis 1711 starben in Polen, Litauen und Ostpreußen mehr als 200 000 Menschen an der Pest – um nur einige Beispiele zu nennen. Aufgrund katastrophaler hygienischer Zustände gingen von Konstantinopel auch noch in der frühen Neuzeit wiederholt Pestepidemien aus. Nach 1771 gab es keine Pestepidemien mehr in Europa. In einigen Regionen der Erde tritt die Pest bis heute auf, ist aber bei geeigneter Antibiotikagabe beherrschbar.

Die Ursachen der Pest

Seit der Entdeckung des sehr ansteckenden Pestbakteriums Yersinia pestis im Jahre 1898 ging man davon aus, dass es auch für die Pestpandemie Mitte des 14. Jh. verantwortlich war. In jüngster Zeit gab es jedoch Zweifel an der Letalität der von Yersinia pestis hervorgerufenen Erkrankung, am Infektionsweg und an der Bedeutung des Zwischenwirtes Ratte. Für die Mitte des 14. Jh. liegen kaum Berichte über Rattenplagen vor und eine hohe Nagetierdichte scheint eine wichtige Voraussetzung für die Übertragung zu sein. Auch für andere der Pest zugeschriebene Epidemien in der Antike und im Frühmittelalter war kein Kausalzusammenhang zur Massenausbreitung von Ratten eindeutig nachweisbar. Dennoch wurde bereits im Altertum das massenhafte Auftreten von Nagetieren als Vorbote der Pest angesehen. In der biblischen Überlieferung zu den Philistern wird die Opferung von Mäusen zur Abwehr der Pest beschrieben (I Sam. 5,6 ff). Ein Team um die Archäologin und Forensikerin Verena Schünemann und die Anthropologin Kirsten Bos konnte durch Analysen alter DNA kürzlich eine bislang unbekannte und heute nicht mehr existente Variante des Pestbakteriums Yersinia pestis an gut erhaltenen Skelettresten von Pestopfern nachweisen, die 1348 bis 1350 in einem Massengrab auf dem East-Smithfield-Friedhof in London bestattet worden waren (SCHÜNEMANN et al., 2011). Damit ist das Pestbakterium Yersinia pestis erstmals an einem Ort eindeutig als Verursacher der Pest in der Mitte des 14. Jh. nachgewiesen worden.

Können besondere Umweltbedingungen zur Ausbreitung der Pest beigetragen haben? Ein Kausalbezug ist (noch) nicht nachgewiesen. Die spätantiken und frühmittelalterlichen Pestwellen wie die Pestpandemie der Jahre 1347 bis 1351 traten vorwiegend in Zeiträumen mit ungünstiger Witterung, insbesondere in Jahren mit niedrigen Temperaturen und hohen Niederschlägen, mit Überschwemmungen und Missernten auf. Unterernährte Menschen, die in feuchten Häusern lebten, waren immunologisch geschwächt und damit wohl besonders anfällig.

Der umgekehrte Kausalzusammenhang – die Umweltwirkung von Pestpandemien – ist hingegen nachweisbar. So resultierten die eingangs geschilderten drastischen Landschaftsveränderungen zweifellos vor allem aus dem Massensterben durch die Pest der Jahre 1347 bis 1351 in Mitteleuropa. Eine besonders starke Dynamik erfasste aufgrund der Wiederbewaldung ausgedehnter Gebiete die regionalen Energie-, Wasser- und Stoffhaushalte. Die Grundwasserstände fielen und viele Feuchtgebiete trockneten aus. So änderte sich auch das regionale Klima. Der mittlere Abfluss der großen Flüsse reduzierte sich nach Modellrechnungen um bis zu ein Viertel. Die Hochwasser vieler Fließgewässer wurden seltener und weniger stark. Die Waldvegetation schützte die Böden; dort trat fast keine Bodenerosion mehr auf. Mit dem rasch nachlassenden Nutzungsdruck auf die Landschaften Mitteleuropas konnten sich auch die Ernährungsgewohnheiten der überlebenden Menschen ändern. Vor 1347 konnte der größte Teil der Bevölkerung fast nur über Getreideprodukte und Gemüse ernährt werden, mit der Folge zeitweilig starker Mangel- und Unterernährung. Das energetisch aufwendiger zu produzierende, teure Fleisch stand fast nur der Oberschicht zur Verfügung. Mit der Wiederbewaldung wuchsen die Wildtierbestände und gewann die Haltung von Schweinen und Rindern in Wäldern an Bedeutung. Der Fleischkonsum der Menschen nahm zu. Die Pest hatte also nicht nur das Sozialsystem und die Umwelt verändert, sondern sogar die Ernährungsgewohnheiten der Menschen in Mitteleuropa. (GRASSL, 1982; BORK et al., 1998; COHN, 2002; WINIWARTER & KNOLL, 2007; HOFFMANN, 2010)

Im Jahr 1679 floh Kaiser Leopold I vor der Pest aus Wien. Zum Dank für die Rettung der Stadt ließ er eine **PESTSÄULE** erbauen. Das 1693 geweihte Monument steht im Herzen der Innenstadt Wiens.

TOD UND VERDERBEN IN EUROPA

Vulkanausbrüche auf Island 1783/1784

Die Skaftáfeuer erleuchteten tags wie nachts den Himmel. Dazu kamen ohrenbetäubendes Donnern und grelle Blitze, Ascheniederschlag und übelriechende Gaswolken, die seit Wochen die Menschen im Süden Islands verängstigten. Zeitweise schossen Dutzende Lavafontänen entlang einer mehr als 20 km langen Spalte wohl bis mehrere Hundert Meter in die Höhe. Lava wälzte sich die Täler hinab, fruchtbare Weiden für Jahrtausende verschlingend. Auf Einzelgehöften in den betroffenen Tälern wohnende, verängstigte Menschen flohen zu Nachbarn und Verwandten. Am fünften Sonntag nach Trinitatis, dem 20. Juli 1783, bewegte sich ein Lavastrom unaufhaltsam auf eine kleine Kirche im südisländischen Kreis Kirkjubæjar zu. Es gab offenbar keinen sicheren Platz mehr für die hier lebenden Menschen, weshalb sich Pastor Jón Steingrímsson mit seiner Gemeinde in der Kirche Kirkjubæjarklaustur versammelte, um nach etlichen Jahren des Wohlstands gottergeben den sicheren Tod zu erwarten. Der Gottesdienst endete und die Laven hatten die Kirche immer noch nicht zerstört. Einige Männer prüften draußen, wie lange es noch dauern werde. Doch der Lavastrom war während des Gottesdienstes keinen Meter näher gekommen, die Lava hatte sich oberhalb Schicht für Schicht aufgetürmt und so die nachfließenden Laven umgelenkt. Die nunmehr fröhliche Gemeinde verließ die Kirche in größter Dankbarkeit (STEINGRÍMSSON, 1788 [1998]: 48ff.).

Blick auf **KRATER**, der vom 8. Juni 1783 bis zum 7. Februar 1784 durch die **AUSBRÜCHE AN DER ISLÄNDISCHEN LAKI-SPALTE** entstanden.

Dieses außergewöhnliche Ereignis gab Jón Steingrímsson Anlass, nicht nur die Geschehnisse vom 20. Juli 1783 niederzuschreiben, sondern die am 8. Juni 1783 beginnenden und am 7. Februar 1784 endenden Ausbrüche des isländischen Vulkans Laki mit ihren verheerenden Folgen detailliert zu erläutern (STEINGRÍMSSON, 1788 [1998]: 27f.): Das streng riechende Regenwasser war manchmal gelblich, manch-

mal bläulich. Die Menschen litten unter Atembeschwerden und verloren gelegentlich fast das Bewusstsein. Die Zugvögel waren geflohen und die zurückgelassenen Eier aufgrund ihres Gestankes und des schwefligen Geschmacks kaum mehr essbar. Desorientierte Pieper, Zaunkönige und Bachstelzen wurden beobachtet und schließlich ganze Scharen tot aufgefunden. Eisen wurde rostrot und der schwefelreiche Niederschlag färbte Holz grau. Das grüne und saftige Gras bleichte aus und verwelkte. Männer versuchten die Asche von den Weiden zu rechen, damit die Rinder das Gras erreichen und fressen konnten. Einige Bauern mähten und wuschen das Gras, um es dann an die Rinder zu verfüttern. Aber alles war vergebens, wenn nicht altes Heu eingemischt wurde. Der Milchertrag sank. Die Säuren des Niederschlags ätzten Brandflecken in das Fell der Schafe. Niemand hatte vorhergesehen, dass es am besten gewesen wäre, die Schafe zu schlachten, als sie noch viel Fleisch auf den Knochen hatten.

Über eineinhalb Jahre hatte diese zu den größten Vulkanausbrüchen der jüngeren Erdgeschichte gehörende Eruption auf Island angedauert. Die Lava bedeckte im Februar 1784 schließlich eine Fläche von 565 km². 14,7 km³ Laven und Tephra waren eruptiert. Mehr als 100 Millionen Tonnen Schwefeldioxid, 15 Millionen Tonnen Fluorwasserstoff und 7 Millionen Tonnen Chlorwasserstoff wurden freigesetzt. Etwa 10 000 Menschen, ein Viertel der Bevölkerung Islands, kamen zu Tode. 187 000 Schafe (79 % des Bestandes) und 27 000 Pferde (76 % des Bestandes) verendeten.

Die Auswirkungen waren auch in Europa spürbar; im Juni 1783 häuften sich Erwähnungen der in zeitgenössischen Quellen als »Herrauch«, »Höhenrauch« oder »Höhennebel« bezeichneten Aerosolwolke der Laki-Eruptionen. Im Schönberger Kirchenbuch ist zu lesen: »Anno 1783 war in den Monaten Juni, Juli und August in dem ganzen Deutschland, ja fast in ganz Europa, ein sonderbarer trockener Nebel, von den Gelehrten ein Herrauch genannt. Bei dem heitersten Wetter konnte man die Sonne von morgens 7 bis abends 7 Uhr nicht sehen; wenn sie durch den Nebel hervorbrach, war sie blutrot. Die Blätter aus vielen Bäumen versengten, und wenn die Bäume wieder Laub getrieben hatten, geschah das bei nicht wenigen zum andern, ja wohl zum 3. Male, so daß sie abstarben. Einige wollten das der Kälte in einigen Nächten zuschreiben« (CLASEN, 1898: 122).

Menschen in ganz Europa klagten im Sommer 1783 über Kopfschmerzen und Atembeschwerden. Die schwefelreichen Gase und die indirekt ebenfalls auf die Vulkanausbrüche in Island zurückzuführende extreme Witterung erhöhten die Mortalität in einigen Regionen Europas offenbar deutlich. So waren im August und im September 1783 sowie

VULKANITE der Ausbrüche an der Laki-Spalte
1783/84 (Süd-Island).

im Januar und Februar 1784 in England insgesamt etwa 20 000 zusätzliche Todesopfer zu beklagen.

Die vulkanischen Aktivitäten an der Laki-Spalte beeinflussten über mehrere Jahre das nordhemisphärische Klima stark. So folgte in Mitteleuropa auf den heißen und trockenen Sommer 1783 ein außergewöhnlich strenger und schneereicher Winter mit kurzen Warmlufteinbrüchen. In Wien fielen die Temperaturen auf − 27 °C und in Heidelberg auf − 30 °C. In Köln wurden Schneehöhen von 150 cm und in Würzburg von 180 cm verzeichnet. Einer der niederschlagsreichen Warmlufteinbrüche führte Ende Februar 1784 zu einer plötzlichen Schneeschmelze, zu starker Abflussbildung und damit zu einer der verheerendsten Überschwemmungskatastrophen der Neuzeit. Die Eisdecke riss vom 26. bis 28. Februar 1784 auf den mitteleuropäischen Flüssen nahezu gleichzeitig auf. Die Flüsse schwollen rasch an. Eisschollen stauten sich an Brücken. Mitgerissene Baumstämme wirkten als Stoßkeile. Am 27. Februar 1784 wurden Brücken über die Werra in Hannoversch-Münden, jene über die Lahn in Weilburg und über die Regnitz in Bamberg durch Eisgang und Hochwasser zerstört. Einen Tag später waren Brücken über der Main in Würzburg, über die Donau in Regensburg und in Linz sowie die Karlsbrücke in Prag betroffen. Am 1. März wurden die Elbbrücken in Dresden und in Meißen beschädigt. An der Elbe gingen am Rittergut Tauschwitz 600 Faschinen verloren, 16 Dämme wurden zerstört. Zahlreiche flussnahe Häuser wurden eingerissen. Der 13-jäh-

rige Ludwig van Beethoven flüchtete erfolgreich mit seinen Eltern in den ersten Stock des Hauses seiner Gastfamilie in Bonn. Viele andere starben. (GLASER, 2008: 233–238; NEBEL, 2011)

Gärten, Äcker und Wiesen wurden mit Sediment bedeckt. Diese Bodenmassen stammten von ackerbaulich genutzten Hängen, auf denen das Schmelz- und Regenwasser die Krume oftmals flächig fortgespült und gelegentlich auch tiefe Schluchten eingerissen hatte. Im Osten Brandenburgs bewirkte flächenhafte Erosion auf einigen Hängen der Märkischen Schweiz eine derart starke Abnahme der Bodenfruchtbarkeit, dass sie aufgeforstet werden mussten. Die Vernichtung von Ackerland förderte, wie Berichte aus Südwestdeutschland belegen, sogar die Auswanderung. (BORK et al., 1998)

Heute kann schon ein schwacher Vulkanausbruch auf Island (wie etwa derjenige des Eyjafjallajökull von März bis April 2010) erhebliche ökonomische Auswirkungen nicht nur in Nord- und Mitteleuropa haben. Ein Vulkanausbruch, der im Hinblick auf die Masse und Zusammensetzung der ausgestoßenen Partikel sowie die Hauptwindrichtung mit dem an der Laki-Spalte in den Jahren 1783 und 1784 vergleichbar wäre, würde heute enorme Schäden verursachen. Zwar wären die Schäden auf vielen ackerbaulich genutzten Standorten zum Beispiel durch den Anbau von Zwischenfrüchten geringer. Jedoch führten die Verdichtung der Ackerböden durch das Befahren mit schweren Fahrzeugen und insbesondere die dramatische Versiegelung unserer Landschaften durch befestigte Wege und Straßen, Gebäude und Parkflächen zu sehr viel mehr Abfluss als noch im späten 18. Jh. Die Hochwasser wären schneller und damit auch höher. Schließlich haben wir mittlerweile viele Gebäude in Auen errichtet, die wir nur zum Teil schützen können. Vulkanausbrüche wie diejenigen an der Laki-Spalte 1783/84 sind Teil der geologischen Dynamik der Erde. Der nächste kommt bestimmt …

(THORARINSSON, 1969; STOTHERS, 1996; BORK et al., 1998; THORDARSON & SELF, 2003; WITHAM & OPPENHEIMER, 2007; GLASER, 2008; BRÁZDIL et al., 2009)

AUSBRUCH DES VESUV im
April 1906. (Postkarte)

DIE HERRSCHER IM SAHEL UND DIE DÜRRE

Gesellschaftlicher Umgang mit Klima und Wetter

Niemand kann das Klima und seine Entwicklung mit den Sinnen wahrnehmen, doch sind die natürlichen Ökosysteme an das jeweilige Klima angepasst und die Produktionssysteme des Menschen auf das jeweilige Klima zugeschnitten. So reicht etwa das Verbreitungsgebiet der Tsetse-Fliege (*Glossina* sp.), die die Schlafkrankheit überträgt, von den westafrikanischen Tropen aus nur so weit nach Norden, bis der mittlere Jahresniederschlag unter etwa 1000 mm sinkt.

Wie gehen Menschen mit der kurzfristigen Dynamik des Wetters und der mittelfristigen der Witterung, insbesondere mit extremer Trockenheit, Feuchte, Hitze oder Kälte um? Welchen Einfluss haben Dürren und Hungersnöte auf politische Systeme? Zerbrechen Staaten an Dürren oder wird Zentralmacht gar gestärkt? Ein Herrscher oder eine politische Elite, die durch das Anlegen von Vorräten oder auch durch Raubzüge bei Nachbarn Extreme abfedern konnten, wurde früher durch Dürren und andere klimatische Extreme eher gestärkt. Die folgende Frage ist schwerer zu beantworten. Sind Wirkungen von Witterungs- und Klimadynamiken auf menschliche Gesellschaften wirklich nachweisbar? Diese Frage kann ohne Berücksichtigung der sozialen Differenzierung nicht beantwortet werden. Das zitierte Gedicht ist das Klagelied einer Tuareg-Frau. Witterungsbedingte Ernteausfälle und andere Kalamitäten trafen immer zunächst die Ohnmächtigen: Angehörige der Unterschicht, Frauen, Kinder. Die Wirkungen von Klimaänderungen hängen also nicht nur von deren Ausmaß, sondern auch vom sozialen Status der Menschen ab. Hinsichtlich der Wirkung von Klimaextremen auf Konflikte erweist sich, dass vorwiegend klimabedingte Konflikte über knapper werdende Ressourcen von solchen Konflikten, die durch Druck auf das Nahrungssystem etwa durch Bevölkerungswachstum oder Migration verursacht wurden, kaum unterschieden werden können. Konflikte gibt es eindeutig, ohne dass Klima oder Wetter eine Rolle spielen. Zuletzt ist zu berücksichtigen, dass kriegerische Auseinandersetzungen Nahrungssysteme ruinieren oder zumindest schwer beeinträchtigen. Marodierende Soldaten plündern Felder und Ställe, Panzer fahren durch Felder, Landminen machen Bewirtschaftung unmöglich. Dieser Zusammenhang fand sogar sprachlichen Niederschlag: Nicht umsonst nennt man besonders üble Situationen »verheerend«.

Klima und Konflikte können also durchaus kausal zusammenhängen, aber Ursache und Wirkung sind schwer zu differenzieren. Bis in das frühe 20. Jh. waren Ackerbaugesellschaften durch Mangelernährung, saisonale Knappheit und Hungerzeiten, aber höchstens kurzzeitig durch Überfluss geprägt. Schwankungen waren normal. Dies lässt sich an einem afrikanischen Beispiel veranschaulichen. Hunger und Dürre wurden in der öffentlichen Meinung Europas und Nordamerikas in den 1970er-Jahren mit Bildern aus der Sahelzone, der im Süden an die Sahara angrenzenden niederschlagsarmen Region, verknüpft – als ob es sich um eine besondere Katastrophe handelte. Erklärungen folgten einem Modernisierungsnarrativ oder der romantischen Vorstellung von den durch brachiale Kolonialpolitik in ihrem Einklang mit der Natur gestörten »edlen Wilden«.

Lag es am veränderten Klima, dass die Menschen im Sahel verhungerten? Der Blick in die Geschichte sollte helfen, die Katastrophe besser zu verstehen. Klimaforscherinnen und -forscher konnten zwar langfristige Trends für den Sahel zeigen; aus Mangel an Quellen war eine Verknüpfung mit bestimmten historischen Ereignissen aber kaum möglich. Allerdings, soweit geht der Konsens, ist Hunger im Sahel keine direkte Folge von Dürre. Mangelernährung und Hunger bereiten den Weg für Krankheiten, Menschen verhungern selten; viel öfter fallen sie geschwächt Epidemien zum Opfer. Malaria, Pocken, Gelbfieber, Schlafkrankheit und Cholera sind in der Region endemisch; durch Handel und Pilgerfahrten verbreiteten sie sich. In Krisenzeiten gingen Menschen vermehrt auf Wanderschaft, um bessere Lebensbedingungen zu suchen. Mit ihnen breiteten sich die Krankheiten aus. Ob jemand hungert, ist zudem keine Frage potenziell vorhandener Nahrung, sondern hängt davon ab,

Seit der Mond des Monats Djir-mouhden am Himmel erschienen ist,
seid ihr Krieger auf einer Razzia, wir dagegen sind im Tahaft-Tal,
ohne uns zu rühren.
Wenn ihr lebt, so sind wir tot.
Der sarat-Monat ist wieder da,
er, den wir für immer abwesend glaubten.
Alles, was ihr von den Frauen kennt, ist mager wie bei einem Tier.
Sie sind nackt, wie wenn sie durch die Feinde ausgeraubt worden wären.
Mein Abendessen besteht aus trockenem Holz,
ich sterbe vor Hunger.
Der Hunger hat das Fleisch von unseren Knochen genommen, ohne etwas
übrig zu lassen;
Er hat unser Mark ausgekratzt, unsere Knochen sind nackt und leer;
Gott hat ihm nur unser Leben verweigert.
(CASAJUS, 1997: 220; Übersetzung Gerd Spittler, SPITTLER, 2000)

ob die Person Zugang zu Nahrung hat, sie bezahlen und erreichen kann.

Die Landwirtschaft des Sahel unterliegt seit jeher langfristigen raum-zeitlichen Veränderungen. So lagen die drei Zonen der Kamelhaltung, der Rinderhaltung und des Regenfeldbaus um 1600 etwa 200 bis 300 km weiter nördlich als um 1850. Die Rinderhaltungszone des Sahel hatte sich damit nach Süden in früher agrarisch genutzte Gebiete verschoben. Die Zone, in der die Tsetse-Fliege Viehhaltung unmöglich macht, bewegte sich in entgegengesetzter Richtung: Sie hat sich in den letzten zwei Jahrtausenden um rund 200 km nach Norden verschoben und damit nicht nur die Zone der Rinderhaltung beeinflusst, sondern auch das militärische Kräfteverhältnis verschoben; berittene Soldaten konnten in einem größeren Raum operieren, ohne dass sie befürchten mussten, ihre Pferde mit der Schlafkrankheit zu infizieren.

Die islamischen Reiche, die sich im 16. Jh. herausbildeten und die zum Teil bis ins 20. Jh. bestanden, waren offenbar erstaunlich resilient gegen Klimaveränderungen. Zentrifugale und zentralistische Kräfte hielten einander die Waage; doch gelang es den Herrschern, das Ausmaß ihrer auf einem starken Militär beruhenden Kontrolle durch Tribute, Steuern und Zwangsarbeit zu steigern. Die ökologische Diversität wurde aktiv in Austauschbeziehungen genutzt. Sklaverei war verbreitet. Der innerafrikanische Sklavenhandel war ebenso wie der atlantische in dieser Zeit besonders umfangreich. Alle diese Entwicklungen fanden vor dem Hintergrund sich verstärkender Trockenheit statt.

Das Klima des Sahel ist durch eine hohe interannuelle Variabilität der Niederschläge gekennzeichnet, in unregelmäßigen Rhythmen folgen Serien von Trockenjahren auf Jahre mit niederschlagsreicheren Sommern. Diese klimatische Situation macht die Abgrenzung von Dürren schwer. Trotz der hohen Witterungsvariabilität kann mithilfe des Wasserspiegels des Tschadsees mit einiger Sicherheit rekonstruiert werden, wann es besonders trocken war. Die trockensten Perioden waren demnach die Mitte des 15. Jh., die Jahre 1565 bis 1590, die Zeit um 1680, das Ende des 18. Jh., die Jahre von 1830 bis 1840 und von 1900 bis 1915.

Die in den 1970er-Jahren im kollektiven Gedächtnis noch präsente Hungersnot von 1913/1914 fällt in eine Trockenperiode; doch ebenso bedeutsam für ihre Effekte war die innenpolitische Situation, die nach dem plötzlichen Tod eines starken Herrschers durch interne Konflikte und kriegerische Auseinandersetzungen gekennzeichnet war. Auch die Hungerkatastrophen des 19. Jh. sind in einem Kontext von Gewalt und Krieg verortet, das erklärt auch ihre begrenzte lokale Ausdehnung.

Der vorkoloniale Sahel war durch Diversität in den Produktionsweisen, Verteilungsmechanismen und Nahrungsgewohnheiten und hohe Wandlungsfähigkeit gekennzeichnet. Mischkulturanbau ebenso wie regelmäßige Wanderungen waren und sind adaptive Strategien, die Änderungen der natürlichen ebenso wie der politischen Rahmenbedingungen abfedern können. Diese Mechanismen brachen zusammen, wenn Krieg und Gewalt das Land überzogen.

Klima und Gesellschaft sind in einem komplexen Zusammenhang von natürlicher und gesellschaftlicher Dynamik miteinander verknüpft. Um sich an wechselnde Bedingungen anzupassen, muss niemand das Klima als solches wahrnehmen. Seine Effekte auf Landwirtschaft, Viehzucht und Insektenpopulationen nahmen die Menschen im Sahel aber sehr wohl wahr und reagierten mit Vorsorge und Nutzung von Chancen, so wie überall auf der Erde. Wanderungen waren eine von mehreren Strategien. Fixierte Grenzen ebenso wie mit Entwicklungshilfe gebaute Brunnen machen diese Strategie weitgehend unmöglich. Auch dies senkt die Resilienz. Die Dürrekatastrophe der 1970er-Jahre kann im Licht historischer Kenntnisse als durch politische Bedingungen und klimatische Extreme gleichermaßen verursacht gelten.

(MEIER, 2007)

Die Austrocknung des **TSCHAD-SEES** von 1963–2000. Die Wasserfläche schrumpfte durch Wasserentnahme für Bewässerung und wahrscheinlich auch aufgrund des Klimawandels um ca. 95 %. Aufnahmen der NASA.

2000

1968

Zwei **BÄUERINNEN** pflanzen im Land der Konso mit dem **GRABSTOCK** Sorghum (Süd-Äthiopien).

NASSREISANBAU in Vietnam. (*Postkarte um 1950*)

A 5 TON CATCH OF ALBACORE, WITH ROD & REEL. (TIME ONE HALF DAY.)
PACIFIC COAST.

Avalon, Catalina Island,

An nur einem halben Tag fingen Sportfischer zu Beginn des 20. Jahrhunderts **5 TONNEN THUNFISCH**, Santa Catalina Island vor Südkalifornien, USA. (*Postkarte versandt am 3.6.1905*)

HAMA (Syrie) Grande Roue servant à puiser de l'eau sur l'Oronte

2.2 Mensch und Natur in Agrargesellschaften

»Alle glücklichen Familien sind einander ähnlich; aber jede
unglückliche Familie ist auf ihre besondere Art unglücklich«
(Leo Tolstoi, Anna Karenina, 1878 [2009]: 1).

Alle Agrargesellschaften ähneln einander; sie optimieren
die Nutzung von Nährstoffen und den Einsatz ihrer Arbeitskräfte und entwickeln risikominimierende Portfolios.
Die Herausforderungen, die sie in ihren individuellen Na-
turräumen zu bewältigen haben, machen sie andererseits
sehr divers. Diese Diversität zeigen zehn Besuche bei Agrargesellschaften von den Tropen bis zur Subarktis, die in den
folgenden Geschichten beschrieben werden.

Böden sind überall eine zentrale Ressource. Der Erhaltung der Bodenfruchtbarkeit wird großes Augenmerk ge-
schenkt und viel Arbeitszeit gewidmet. Agrargesellschaften beruhen auf der Nutzung von Sonnenenergie, die
hauptsächlich in Form von Biomasse verfügbar ist. Dazu
kommt der Wind, der Segelschiffe und Mühlen antreibt sowie Wasser, dessen Energie vielfältig genutzt wird. Energie
und Anbaufläche sind direkt voneinander abhängig. Daher
haben Angehörige von Eliten meist ausgedehnten, fruchtbaren Landbesitz.

Viele Gesellschaften verbinden Ackerbau und Viehhaltung. Vieh dient der Erhaltung der Bodenfruchtbarkeit,
der Bereitstellung von Nahrung und von Rohstoffen für
das Handwerk und leistet landwirtschaftliche Arbeit. Für
die Viehhaltung und die Haltbarmachung von Fleisch wird
Salz benötigt. In Salzgärten wurde es direkt mit Sonnen-
wärme gewonnen; bei bergmännisch gewonnenem Salz
war Holz nötig: Das führte lokal zu Entwaldung und
Nachnutzungen, wie sie heute noch in der Lüneburger
Heide konserviert sind. Hielt man kein Vieh, wurde das
Sammeln menschlicher Fäka-
lien zur Rückführung von
Nährstoffen in die Böden nötig.
Um Nachttopfinhalte konnte
durchaus Streit ausbrechen,
wie wir aus Japan wissen.

Böden sind in menschlichem
Zeitmaß nichterneuerbare Res-
sourcen, ihre Bildung dauert
Tausende Jahre. Umfängliche
Boden schützende Eingriffe
wie der Bau von Terrassen sind

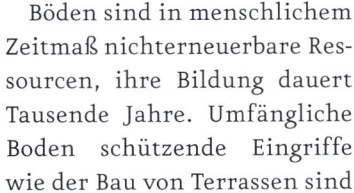

links **WASSERRÄDER** im
Orontes im syrischen Hama.
(Postkarte, frühes 20. Jh.)

nebenstehend **HEIDELAND-
SCHAFT** bei Müden an der
Örtze, Niedersachsen.

weltweit bezeugt. Der Kampf gegen Erosion verlief gerade
dort, wo fruchtbare Ablagerungen durch Wind (Löss) die
Landwirtschaft begünstigten, nicht immer erfolgreich. An
Terrassen im chinesischen Lössplateau lassen sich lange
Phasen, in denen Menschen Erosion erfolgreich kontrollierten, von solchen mit dramatischem Bodenverlust unterscheiden. Der Besuch auf der Osterinsel macht mit der
Steinmulchung, einer ungewöhnlichen Form der Erosions-
bekämpfung, bekannt. Die steinreiche Oberfläche wurde
lange nicht als mühsames Menschenwerk erkannt, die
Landschaften fälschlicherweise für unfruchtbar gehalten.
Eine weitere Möglichkeit, Erosion zu verhindern, ist die
Nutzung von Wäldern zur Weide, die gerade bei Wasserknappheit vielfach positiv wirkt. Im Mittelmeerraum war
diese Nutzungsform langfristig erfolgreich.

In tropischen Böden ist der Mangel an Nährstoffen ein
Problem. Die indigene Bevölkerung im Amazonastiefland
lernte, nährstoffarme Böden durch Zugabe von Tonscherben und Holzkohle in die fruchtbare »Terra Preta do Índio«
zu verwandeln.

Die Nahrung von Jägern und Sammlerinnen war durch
Fleisch und Fisch eiweißreich. Agrargesellschaften dagegen versorgten sich hauptsächlich mit Kohlehydraten, dem
Hauptbestandteil von Getreide. Tierisches Protein war wegen der geringeren Flächeneffizienz der Tierhaltung selten
und kostbar. Fischteiche bereicherten den Speisezettel um
eiweißreiche Nahrung, die zudem ermöglichte, religiöse
Fastengebote einzuhalten. Vielerorts wurde zur Erhöhung
der Erträge be- oder entwässert. In Grönland war es nur
möglich, in der durch Trockenheit und lange Winter ge-
kennzeichneten Subarktis zu überleben, wenn genug Heu
für die Herden zur Verfügung stand. Kanalsysteme zur
Wiesenbewässerung waren eine Voraussetzung für die
400-jährige Erfolgsgeschichte der in Grönland siedelnden
Wikinger. Ihr Fortgang sollte nicht als »Kollaps« gewertet
werden.

Eingriffe in Ökosysteme haben nicht nur beabsichtigte,
sondern oft auch unerwünschte Wirkungen. In den Niederlanden führte der Kampf gegen das Wasser zu langfristigen Nebenwirkungen. Für den Anbau von Brotgetreide in
den moorigen, flachen Landschaften wurde entwässert.
Die Moore schrumpften. Die dadurch tiefergelegte Oberfläche musste eingedeicht und das Grundwasser beständig abgepumpt werden. Der Abbau von Torf verstärkte das Problem. Diese Wirkungskaskade beschäftigt die Niederländer
bis heute. Die venezianischen Eichenwälder Oberitaliens
belegen, dass durch Schutzmaßnahmen Schaden entstehen
kann. Je mehr die für den Schiffsbau nötigen Eichen geschützt wurden, desto weniger Eichen wuchsen.

Einsicht in ökologische Zusammenhänge war und ist für
Agrargesellschaften entscheidend, aber nicht leicht zu erhalten. Heute finden wir in den Quellen vergangener Gesellschaften Informationen, aus denen wir vieles für eine
nachhaltige Zukunft lernen können.

Nordseebad Borkum.

WALKNOCHEN aus der Zeit der Grönlandfahrten im 18. Jh. auf Borkum, Niedersachsen. (*Postkarte versandt am 4.6.1916*)

REISIGTRÄGERIN in der Auvergne, Frankreich. (*Postkarte, 1905*)

oben **PFLÜGEN** im trockengelegten Wieringermeer, Niederlande. (*Postkarte, nach 1930*)

unten Transport auf dem Wasser: **BLOECHERTRIFT** im Bayerischen Wald. (*Postkarte versandt am 25.8.1902*)

Werbepostkarte mit **DÜNGUNGSEMPFEHLUNGEN** (Ausschnitt).

Werbepostkarte für **ELSÄSSISCHES KALI** (Anfang 20. Jh.).

Werbepostkarte
»**TOD DEM UNKRAUT
DURCH DÜNGUNG
MIT KALKSTICKSTOFF**«
(vor 1939).

**SCHAFMILCHSCHWEINE-
KUHPFERD** als Zuchtziel der
Deutschen Landwirtschaft,
Werbepostkarte für die land-
wirtschaftliche Ausstellung
in Düsseldorf (1907).

AUS GÄRTEN UND BERGEN: SALZ

Überlebenswichtig für Ackerbaugesellschaften

Speisesalz ist für den Menschen lebensnotwendig. Vor dem Neolithikum mussten die Menschen, die von der Jagd lebten und sich wesentlich von Fleisch und Milch ernährten, ihre Nahrung nicht salzen. Die Nahrung enthielt meist mehr als die benötigte Mindesttagesdosis von zwei bis fünf Gramm Natriumchlorid (NaCl, Speisesalz). Mit dem Aufkommen der Tierhaltung und des Ackerbaus änderte sich die Versorgungssituation grundlegend. Tierhalter benötigten Salzlecksteine für das Vieh, von dem sie sich ernährten. Mit dem allmählich zunehmenden Verzehr von pflanzlichen Produkten nahm zudem die Versorgung der Menschen mit Speisesalz ab. Salzmangel aber kann Störungen von Kreislauf und Nervensystem, Übelkeit und Ermüdung, Kopfschmerzen und Muskelkrämpfe sowie eine gefährliche Austrocknung auslösen. Vor der Möglichkeit, Lebensmittel durch Kühlung haltbar zu machen, war außerdem die Behandlung mit Salz eine der wichtigsten Techniken, um Nahrung zu konservieren.

Die Bereitstellung von Natriumchlorid wurde also mit dem Aufkommen von Tierhaltung und Ackerbau für Menschen und Haustiere lebensnotwendig. Die Suche nach Salz begann. Die gezielte Verdunstung von Meerwasser ist dabei ein bedeutendes, seit Jahrtausenden vor allem in Gebieten mit Trockenzeiten praktiziertes Verfahren. Meerwasser, das auch NaCl enthält, wird verdunstet. Da die verschiedenen Salze im Meerwasser verschieden gut löslich sind, können sie in Kaskaden von Verdunstungsbecken voneinander getrennt werden. Sorgfältige Arbeit führt zu nur geringen Verunreinigungen mit anderen Salzen und kleinsten Mineralen (Tonmineralen) im Umfang von wenigen Prozent. Dieser Betrieb von Salzgärten in Trockengebieten hatte – abgesehen von den kleinräumigen Relief- und Bodenveränderungen an den Anlagen – wohl keine relevanten negativen Umweltwirkungen.

Auch an einigen niederschlagsreichen Flachküsten kann Salz oberflächennah gewonnen werden. So enthalten zeitweilig von Meerwasser überflutete Torfe an der Nordseeküste Salz. Salzsieder wuschen es aus dem Torf, fingen das salzreiche Wasser auf und erhitzten es in Siedepfannen, um es anzureichern. In Mittelalter und Frühneuzeit war dies ein gängiges Verfahren der Salzgewinnung an den Küsten der Niederlande, Deutschlands und Dänemarks. Die Bezeichnung »Halligen« für die Siedlungshügel in der nordfriesischen Marsch resultiert aus der Salztorfnutzung durch die Bewohner (Hal = mittelhochdeutsch für Salz). Heute wird nur noch auf der dänischen Insel Læsø als besondere Attraktion für Besucher Salz aus Torf gewonnen (MIETH & BORK, 2009). Die Salztorfgewinnung hinterließ in den Märschen zahllose kleine, mit Grund- oder Meerwasser teilweise gefüllte Hohlformen und damit stark veränderte Böden. Archäologische Untersuchungen weisen nach, dass die Technik der Salzsiederei von Südosteuropa kommend in Mitteleuropa Einzug hielt. Menschen der frühneolithischen Lengyel-Kultur im heutigen Polen und im Mittelneolithikum lebende Menschen der Bernburger Kultur im heutigen Sachsen-Anhalt, der Wartberg-Gruppe in Hessen und der Schönfelder Kultur in Niedersachsen siedeten Speisesalz (FRIES-KNOBLACH, 2002: 5).

Bestimmte Gesteinsschichten enthalten Steinsalzlagen. In Mitteleuropa entstanden in der Zeit des Zechsteins vor etwa 255 Millionen Jahren mächtige Salzlager. Die hohe Auflast der seitdem ablagerten Gesteine verflüssigte die Zechsteinsalze und ließ sie in riesigen Salzdomen manchmal bis zur Oberfläche aufsteigen. Grundwasser löste dort Natriumchlorid, das in Bäche und Flüsse gelangte. Menschen schmeckten das salzige Wasser und begannen nach den Steinsalzlagern zu suchen, um sie dann unter Tage abzubauen. Nach dem Zechstein bildeten sich weitere Salzlager. Auch sie wurden später aufgepresst, unter anderem am nördlichen Rand der Alpen.

oben **BAHNHOF DER 710 METER SOHLE** des Kali- und Steinsalzbergwerkes der Bergwerksgesellschaft Mariaglück in Höfer bei Celle (HELMCKE, 1930, S. 589).
unten Nachbau eines **SALZSIEDEOFENS** der Latènezeit (ca. 500 bis 50 v. Chr.) im Keltenpavillon in Bad Nauheim.

Geschichte unserer Umwelt

Bad Münster am Stein und Rheingrafenstein. Saline und Kinderspielplatz

In einigen mitteleuropäischen Landschaften mit oberflächennah anstehendem Steinsalz setzte der untertägige Abbau von trockenem Steinsalz früh ein. Im Jahr 1838 hatte Johann Georg Ramsauer, Leiter des Hallstätter Salzbergwerks im oberösterreichischen Salzkammergut, bei Grabungen in einem Gräberfeld im Hallstätter Hochtal ein Hirschgeweihfragment gefunden. Es war offenbar als Pickel am Hallstätter Salzberg verwendet worden. Moderne Untersuchungen mittels Radiokohlenstoffdatierung ergaben ein Alter der Hirschgeweihhaue von etwa 7000 Jahren, somit ist auch die Salzgewinnung mindestens so alt.

Während der Bronzezeit und der Vorrömischen Eisenzeit drangen Menschen tief in den Hallstätter Salzberg ein, um Salzsteine abzubauen. Murenabgänge, deren Auftreten wahrscheinlich durch die intensive bergbaubedingte Waldnutzung entscheidend begünstigt wurde, verschütteten um etwa *2300 v. Chr.*[1] die Eingänge des Salzbergwerks; wiederholt eindringendes Wasser brachte Stollen zum Einsturz und beendete vorübergehend den Salzbergbau. Im ersten vorchristlichen Jahrhundert wurde der Abbau wieder aufgenommen. Prächtige römische Villen am Fuß des Salzberges bezeugen, dass die Salzgewinnung und der überregionale Salzhandel in den folgenden Jahrhunderten eine neue Blüte erreichten. Die negativen Auswirkungen des Salzabbaus und der Salzverarbeitung auf den Zustand der benachbarten Wälder und die Qualität der Fließgewässer im Tal werden beträchtlich gewesen sein.

Im frühen Mittelalter war der Bergbau zurückgegangen. Im Hoch- und Spätmittelalter sowie in der frühen Neuzeit brachten ausgereiftere Abbau- und Verarbeitungstechniken schwere und gefährliche Arbeit für viele Menschen und Wohlstand für einzelne in die Salzorte der Ostalpen wie Hallstatt, Bad Ischl, Hallein und Hall in Tirol. Landesfürstliche und klösterliche Betriebe lösten zunehmend die kleinen Familienbetriebe, die »Mitsieder«, ab. Die nasse Salzgewinnung ersetzte den über sechs Jahrtausende praktizierten trockenen Bergbau. Menschen gruben Höhlen in die Salzlagerstätten, fluteten sie und führten die entstandene salzreiche Lösung durch Holzrohrleitungen in die Täler, wo die Sole in großen Sudpfannen bis zur vollständigen Verdampfung des Wassers und der Kristallisierung des Salzes erhitzt wurde. Holzknechte schlugen das als Brennstoff benötigte Holz. Ausgefeilte Forstordnungen regelten Zugang und Nutzung zu Holz. Raubbau sollte verhindert werden. Schon in der frühen Neuzeit begannen damit die Bemühungen um eine Minimierung der negativen Wirkungen von Bergbau und Salzsiederei auch auf den Wasserhaushalt und auf die Intensität von Murenbildung und Erosion (SONNLECHNER & WINIWARTER, 2002). Der Bedarf nach Salz hatte organisatorische wie technische Innovationen zur Folge, aber auch Auswirkungen auf die Fiskalpolitik. Regierungen der frühen Neuzeit führten Salzmonopole ein, die zum Teil bis heute bestehen. Frankreich schuf bereits 1286 die Gabelle, eine verhasste Salzsteuer. Sie wurde erst mit der Französischen Revolution 1790 abgeschafft.

Salz wurde über Salzstraßen und Flüsse transportiert und zu den Verbrauchern gebracht. Schon im 9. Jh. wurde Hallstätter Salz über die Traun verschifft. Auf der Donau war Salz zeitweise die bedeutendste Fracht. (BAMBERGER & MAIER-BRUCK, 1967: 986) Die frühe Entwicklung von Venedig und Chioggia ist mit der Salzgewinnung verbunden, das in der Lagune hergestellte Salz begründete ihren Reichtum. Das mittelalterliche Königreich der Mali war auf dem Austausch von Salz und Gold aufgebaut. Salz fand sich in ausgetrockneten Seen in der Wüste und wurde mit Karawanen weit transportiert, es wurde in Gold aufgewogen, wie Montesquieu in seinem Werk über den Geist der Gesetze beschrieb: »So haben die Mauritanischen Karavanen, welche zu Tombouktou, am äußersten Ende Arabiens, Gold gegen Salz eintauschen, bei ihrem Handel kein Geld nötig. Der Mauritanier schüttet sein Salz auf einen Haufen, der Neger seinen Goldstaub auf einen anderen, und von beiden Seiten wird so lange zugelegt und abgenommen, bis man des Tausches einig ist« (MONTESQUIEU, [1748] 1804, 2: 291). Die Fußnote zu dieser Ausführung belegt eindrucksvoll, wie wichtig Salz war: »Wegen der häufigen Salznoth, die in Tombouktou entstehet, hat das Salz dort meistens einen hohen Preis und machet den vorzüglichsten Gegenstand des Handelverkehrs aus«(ebd.).

Heute macht sich eine gewisse Besorgnis breit, dass künftig Kriege wegen des Zugangs zu Ressourcen wie Wasser geführt werden könnten. Doch Macht ist nicht erst seit Beginn des 3. Jahrtausends mit dem Zugang zu strategisch wichtigen Ressourcen wie Salz verknüpft. Ressourcen bestimmten schon seit der Antike das Schicksal von Völkern.

---

1 Kursive Zeitangaben beziehen sich auf den Radiokohlenstoffkalender, vgl. Glossar in diesem Buch.

3500 JAHRE NACHHALTIGE BODENNUTZUNG

Der Norden Chinas

Terrassen sind gebaute Kulturgeschichte. Nicht selten sind in ihnen ganz besondere Geheimnisse verborgen. Terrassen werden an Hängen vieler Landschaften der Erde oftmals seit Jahrhunderten, in seltenen Fällen nachweisbar seit Jahrtausenden garten- oder ackerbaulich genutzt. Manche Terrassen wurden von Menschen angelegt. Andere entstanden allmählich durch die Ablagerung von Bodenpartikeln, die Starkregen oberhalb abgespült hatten.

GARTEN IM NORDCHINESISCHEN LÖSSPLATEAU. Der verlagerte Löß wird durch Regentropfen verschlämmt, die feste, wenig wasserdurchlässige Kruste, die beim Trocknen entsteht, muss von Frauen in Handarbeit immer wieder aufgehackt werden.

Im nordchinesischen Lössplateau liegt etwa 300 km nördlich der alten Kaiserstadt Xi'an bei Yan'an eine Terrasse, die die Landnutzungsgeschichte der Region während der vergangenen fünf Jahrtausende exemplarisch widerspiegelt. Die Abtragung hat hier in das ehemalige Lössplateau bis zu 300 m tiefe Täler eingeschnitten. Zwischen ihnen liegen langgezogene Rücken mit steilen Hängen, in denen der Löss gelegentlich sichtbar ist. Inmitten der aus dem Pleistozän stammenden größten und mächtigsten Lössablagerungen der Erde entwickelte sich am Oberhang des Zhongzuimao, eines langgezogenen Rückens, eine schließlich 8 m hohe Terrasse.

Geoarchäologische Untersuchungen belegen, dass Mitglieder der frühneolithischen Yanshao-Kultur die natürliche Vegetation rodeten und größere Gärten anlegten. Damals lag an der Geländeoberfläche ein etwa anderthalb Meter mächtiger intensiv roter, lehmiger Boden. Er wurde in der früh- und mittelneolithischen Phase des Gartenbaus über mehrere Jahrtausende hinweg durch viele Starkregen

vollständig abgetragen. Der unter dem Boden liegende hellgraue, kalkhaltige Löss gelangte dadurch an die Oberfläche. Er ist zwar nährstoffreicher, sein Wasserhaltevermögen ist jedoch geringer. Damit waren die in den Gärten gedeihenden Kulturpflanzen nach dem Abtragen des roten Bodens stärker der Trockenheit ausgesetzt. Die trockenheitsbedingte Grenze des Regenfeldbaus verschob sich durch die Bodenerosion nach Südosten in die etwas niederschlagsreicheren Gebiete.

Gesellschaftlicher Wandel in China

Wahrscheinlich schon vor mehr als 3500 Jahren entwickelte sich das chinesische Feudalsystem. Die Grundbesitzer, die ihr Land selbst nutzten oder verpachteten, blieben über lange Zeit in ihren Dörfern weitgehend autonom. Spuren früher harmoniegeleiteter Philosophie und Religion, insbesondere eines Ahnenkults, sind nachweisbar. Aus diesen bildeten sich spätestens ab dem sechsten vorchristlichen Jahrhundert die Volksreligion des Daoismus und der mit einem strengen Sittenkodex verbundene Konfuzianismus. Ab dem zweiten nachchristlichen Jahrhundert fasste der Buddhismus in China Fuß. Im 7. Jh. wurde er neben dem Daoismus zur wichtigsten Religion.

Ein absolutistischer, von einem Kaiser regierter Zentralstaat mit einem auf gelehrter Bildung beruhenden Beamtenapparat löste das Feudalsystem ab. In der Kaiserzeit von 221 v. Chr. bis 1911 n. Chr. war der Konfuzianismus Staatsdoktrin. Grundherren und Bauern verloren ihre Freiheiten und wurden vom Zentralstaat abhängig. Missernten führten, wie in allen Agrargesellschaften, immer wieder zu Hungersnöten. Erst im 19. Jh. erschütterten europäische Kolonialmächte mit ihren ökonomischen Interessen das chinesische Kaiserreich. Im Jahr 1911 brach es schließlich zusammen. Eine krisenreiche republikanische Zeit folgte, die in Verbindung mit dem Überfall Japans und dem Zweiten Weltkrieg der Kommunistischen Partei Chinas den Weg ebnete. Am 1. Oktober 1949 rief Mao Zedong die Volksrepublik China aus. Ein vollkommen andersartiges Agrarsystem resultierte aus den Reformen der 1950er-Jahre.

Etwa um 3000 v. Chr. änderte sich die Landnutzungsstruktur. Die Gärten wurden wesentlich verkleinert. Ein Garten war nur noch etwa 600 m² groß. Die Grenzen zwischen den neuen, kleineren Gärten lagen entlang der Höhenlinien als schmale, von Gräsern und Kräutern bedeckte, ganz leicht erhöhte Säume. Oberhalb abgespülte Bodenpartikel lagerten sich an der Gartengrenze ab, da das Gefälle hier geringer war. So wuchs dort allmählich eine Terrasse auf. Vor etwa 4700 Jahren riss der konzentrierte Abfluss eines sehr heftigen Regens eine anderthalb Meter breite, kastenförmige Schlucht in diese Terrasse. Die Menschen konnten zunehmend auch mit den Abflüssen extremer Starkregen umgehen. Sie warfen per Hand Löss in die Schlucht, stampften diesen und häuften einen flachen Wall auf. Damit verhinderten sie, dass sich eine neue Schlucht in der Füllung der alten bilden konnte.

Über 3500 Jahre und alle gesellschaftlichen Wandlungen hinweg bis zum Beginn der kommunistischen Zeit wurde an der Terrasse auf dem Zhongzuimao nahezu unverändert Gartenbau betrieben. Der Boden wurde mit der Hand bearbeitet, bis in die 1950er-Jahre wurde kein Pflug eingesetzt. Die Terrasse wuchs langsam und beständig. Mitte des 20. Jh. erreichte sie eine Höhe von 7 m und eine Breite von 80 m. Die Terrassenentwicklung belegt, dass die beschriebenen gesellschaftlichen Veränderungen keinen bedeutenden Einfluss auf den Landbau hatten. Kein einziger der zahlreichen extremen Starkregen tiefte über 3500 Jahre auch nur eine Rille ein. Die anthropogen geprägte Landschaft hielt stand, wahrlich eine erfolgreiche nachhaltige Bodenbewirtschaftung.

Diese nachhaltige Bewirtschaftung des Bodens im Lössplateau endete 1958 mit der Massenkampagne »Großer Sprung nach vorne« der Kommunistischen Partei Chinas. 99 % der Bauernfamilien wurden in Volkskommunen reorganisiert, riesigen Agrarstaatsbetrieben mit Tausenden bis Zehntausenden Mitgliedern (vgl. S. 152).). Das neue Agrarsystem führte zu einer Vergrößerung der Schläge und zu verminderter Aufmerksamkeit für Maßnahmen des Bodenschutzes. Die Bodenerosion explodierte erstmals im Sommer 1959. Von 1959 bis 2002 lagen in der Umgebung des Zhongzuimao die Bodenerosionsraten – ohne eine signifikante Erhöhung der Starkregenhäufigkeiten und -intensitäten – um das 50- bis 200-fache über denjenigen der Jahrhunderte vor 1959. (BORK & DAHLKE, 2006)

Um den Weitertransport des erodierten fruchtbaren Lösses und Schäden durch Ablagerung am Unterlauf des Gelben Flusses und an der Küste des Gelben Meeres zu mindern, wurden in den Auen der kleinen Flüsse unterhalb des Zhongzuimao (und in vielen weiteren Auen im Lössplateau) Erddämme ohne Durchlass oder gesicherten Überlauf angelegt. Ein großer Teil des abgetragenen Materials setzte sich in den Stauräumen oberhalb der Erddämme ab. Manche Reservoire füllten sich innerhalb von nur zwei bis drei Jahren. Dann wurden die Dämme überflutet und durch Erosion zerrissen. Neue, höhere Dämme wurden errichtet. Die Vorgänge von Verfüllung, Überflutung und Zerstörung wiederholten sich. Ein Erddamm unterhalb des Zhongzuimao war schließlich 17 m hoch. Immer wieder wurde versucht, die aufwachsenden ebenen Reservoirböden ackerbaulich zu nutzen. Doch fast jedes Jahr vernichteten die Abflüsse einen Teil der Kulturpflanzen in den Reservoiren.

Vor anderthalb Jahrzehnten begannen schließlich nationale Bemühungen um einen effektiven Bodenschutz. In der Umgebung des Zhongzuimao wurden ortsferne, schlecht zugängliche Oberhänge aufgeforstet und deren Beweidung untersagt – nicht immer erfolgreich. Wege wur-

oben Durch **NACHHALTIGEN GARTENBAU** über mehr als 4000 Jahre aufgewachsene **TERRASSE** bei Yanjuangou im nordchinesischen Lößplateau.

unten **INTENSIVE BEWEIDUNG IN STEILLAGEN** fördert starke Bodenerosion im nordchinesischen Lößplateau.

den zu anderen, besser erreichbaren Oberhängen geschoben, um mit Maschinen hohe Terrassen für den Gartenbau anlegen zu können. Hier treten seitdem an den instabilen unbewachsenen Terrassenwänden neben Bodenerosion auch Rutschungen auf. An Mittelhängen etablierte Obstbaumkulturen bieten keinen Bodenschutz, da die Oberfläche vegetationsfrei gehalten wird. In der Bilanz haben diese Maßnahmen die Bodenzerstörung weiter gefördert. Wie könnte sie gemindert werden? Eine an die lokalen Bedingungen angepasste Ausbildung in Bodenschutz für Bäuerinnen und Bauern, die dann die Verantwortung für ihren Boden übernehmen, könnte längerfristig die dramatische Bodenzerstörung mindern und eine neue Phase nachhaltiger Nutzung einleiten.

UMWELTSCHONENDE LANDNUTZUNG

Spanien seit dem Neolithikum

Geschichte unserer Umwelt

Die Iberische Halbinsel wurde ab dem Neolithikum vielfältig genutzt. Zuerst dominierte Tierhaltung mit Ackerbau, danach wurden Ackerbau und Tierhaltung betrieben sowie Bäume genutzt. Diese Integration von Bäumen in die Landnutzung bereicherte entscheidend. In Abhängigkeit von der Lage und den lokalen Standortbedingungen wurden Eichen gefördert, Weinstöcke, Oliven-, Walnuss- oder Kastanienbäume gepflanzt. Die dreigliedrige Subsistenzstrategie erforderte eine komplexe Organisation und erhöhte zugleich die Ernährungssicherheit – Witterungsextreme wie Starkregen, Dürren und ungewöhnliche Nässe schädigten meist nur ein oder zwei Komponenten. (BUTZER, 2005: 1775)

In guten Jahren konnten die Oliven- und Weinerträge den Subsistenzbedarf übertreffen. Nach der Einführung der Ölpresse und von Techniken zur Herstellung von Wein konnten die Produkte, die nunmehr länger als Getreide haltbar waren, auch vermarktet werden. Das dreigliedrige System brachte damit neben einer Risikominderung ökonomische Vorteile. Die Voraussetzungen für die Entwicklung komplexer, strukturierter Gesellschaften mit Spezialisierung sowie (über-)regionalem Handel und Urbanisierung waren gegeben. Wein und Öl aus Palästina wurden bereits um 3200 v. Chr. in versiegelten Gefäßen vom ägyptischen Hof importiert – in einer Zeit starken Bevölkerungs- und ökonomischen Wachstums. Im 14. vorchristlichen Jahrhundert entstand ein vergleichbares Produktions- und Handelssystem in Griechenland. (BUTZER, 2005: 1775 f.)

Überschüsse an Getreide, Wein oder Olivenöl in Verbindung mit Bergbau und Metallverarbeitung sowie die Verfügbarkeit von Holz für den Schiffsbau in einzelnen Regionen wurden die Grundlage eines Seehandels, der sich über das Mediterrangebiet und bis Indien erstreckte. Die dreigliedrige mediterrane Landnutzungskultur mit regional unterschiedlichen Produkten war Teil eines überregionalen ökonomischen Informations-, Produktions- und Handelssystems geworden, das auf der ungleichen räumlichen Verteilung von natürlichen und humanen Ressourcen beruhte. Soziale Ungleichheit war eine weitere Voraussetzung. Sklaverei und andere Formen von Zwangsarbeit waren Teil des Systems.

Längere Blütezeiten um 3000 v. Chr., 1300 v. Chr. und 100 n. Chr. wurden von Phasen des Niedergangs unterbrochen. Städte und Siedlungen wurden verlassen, die Agrartechnologie wurde wieder einfacher, die Kulturflächen kleiner. Entsprechend war auch das politisch-ökonomische System schlichter organisiert. Diese Entwicklung ist an vielen Orten nachweisbar. Die Zyklen waren menschgemacht, durch Kriege, Zerstörungen und Unruhen verursacht. (BUTZER, 2005: 1775 ff.)

In günstig gelegenen Landschaften des Mittelmeerraumes mit fruchtbaren Böden begann bereits im Neolithikum oder in der Bronzezeit mit Waldrodungen und anschließender agrarischer Landnutzung ein gravierender Rückgang der Artenvielfalt und starke, bald ertragsmindernde Bodenerosion. Die weniger bekannte Entwicklung in Spanien zeigt, dass sich langfristig nachhaltige Tierhaltungssysteme auch sekundär bilden können, und ist daher besonders interessant. In den neolithischen agro-pastoralen Kulturen dominierte die Weidewirtschaft, Ackerbau hatte nur ergänzende Funktion. Pollen- und Holzkohleanalysen belegen, dass im späten Neolithikum und in der Bronzezeit mit der Beweidung eichenreicher Wälder, die auf Standorten mit geringer Bodenfruchtbarkeit wuchsen, und der Entnahme anderer Gehölzarten begonnen und die ursprüngliche Waldvegetation dadurch wesentlich verändert wurde. Bis zur Römerzeit besaßen die intensiv beweideten lichten, immergrünen Eichenwälder große Bedeutung. In der Spätantike ging die Bevölkerungsdichte in der Extremadura und im westlichen Andalusien zurück. Sukzession führte zu neuen geschlossenen Wäldern. (STEVENSON & HARRISON, 1992; CLÉMENT, 2008).

Ab 711 n. Chr. kamen große Teile der Iberischen Halbinsel unter arabische Herrschaft – aus Al Andalus kennen wir

komplexe Bewässerungssysteme und eine hoch entwickelte gartenbauliche Bewirtschaftung; Flachs und Getreide sind neben Oliven vielfach nachgewiesen. Nach der Rückeroberung des südwestlichen Spaniens von den Mauren in der ersten Hälfte des 13. Jh. durch die Christen wurde die waldreiche Extremadura wieder besiedelt. Die spanische Krone überließ den Ritterorden von Alcántara, Calatrava und Santiago, die sich bei der Rückeroberung Verdienste erworben hatten, fast 20 000 km² Land. Diese nutzten es vorwiegend als Waldweide. König Alfonso X. vergab weitreichende Privilegien an den 1273 gebildeten »Ehrenwerten Rat der Mesta«, eine Vereinigung von Schafzüchtern. Sie durften ihre Schafherden in sämtlichen Wäldern des Königs weiden lassen, ein Wanderweidesystem (Transhumanz) etablierte sich. Gegen Ende des 15. Jh. stellten sich die Territorien des »Ehrenwerten Rates der Mesta« als umhegte, parkartig beweidete Wälder mit etwa 2,7 Millionen Schafen dar. Im Sommer weideten sie im Norden, im Winter im Süden. Wolle war das wichtigste Produkt. In den eichenreichen Wäldern war ein silvo-pastorales Wirtschaftssystem entstanden. Es wird in Spanien als Dehesa und in Portugal als Montado bezeichnet. (CLÉMENT, 2008: 72 ff.).

In weiten Abständen wachsende Korkeichen (*Quercus suber*) oder Steineichen (*Quercus ilex*) mit breiten Kronen dominierten; zwischen ihnen gediehen Gräser und Kräuter. Isoliert stehende Eichen produzieren bis zu zehnmal mehr Eicheln als in geschlossenen Wäldern wachsende. Von großer Bedeutung waren die Jagd und die Beweidung mit Ziegen, Schafen, Rindern und Schweinen. Trüffel und Honig wurden gesammelt, Feuerholz und Blattgrünfutter durch die regelmäßige Beschneidung der Eichen und die Entfernung aufkommender Gehölze gewonnen. Ein Teil des Holzes wurde verkohlt. Bis in das späte 20. Jh. war die Nutzung der Korkrinde ertragreich. In größeren Zeitabständen wurden, auch zur Beseitigung aufkommender Gehölze, in manchen Bereichen der parkartigen Eichenwälder Weizen, Gerste, Hafer oder Roggen angebaut. (PLIENINGER et al., 2003; PLIENINGER et al., 2004; SCHAICH et al., 2004)

Der in den 1950er-Jahren beginnende sozioökonomische Wandel erfasste auch diese Hutewälder. Verbraucher ernährten sich anders; Importwaren verdrängten einheimische Produkte. Mit dem Verfall des Wollpreises verlor die Schafhaltung an Bedeutung. 1957 wurde die Afrikanische Schweinepest nach Portugal und Spanien eingeschleppt, mit gravierenden Folgen für die traditionelle Schweinehaltung. Die Einführung modernen Hochleistungsrassen, die in intensiver Weise gehalten werden, verhindert heute die Regeneration der Eichen weitgehend. Die zunehmende Versorgung mit Elektrizität und Gas beendete die Brennholz- und Holzkohlenutzung. Besser bezahlte Arbeitsplätze in den Industriegebieten Spaniens und der Europäischen Gemeinschaft begünstigten die Abwanderung und damit die Aufgabe landwirtschaftlicher Nutzung an Marginalstandorten, die sich wieder bewaldeten. Die Rodung von Eichenwäldern wurde in Spanien zeitweise staatlich gefördert. Der Anbau von Getreide und Gemüse für den internationalen Markt wurde durch Mechanisierung und neue Bewässerungssysteme ausgeweitet. Diese Anbauform ist aufgrund des hohen Wasserverbrauchs problematisch. (SCHAICH et al., 2004: 117; CLÉMENT, 2008)

EICHENHUTEWÄLDER im Süden Spaniens.

TERRA PRETA DO ÍNDIO IM AMAZONASTIEFLAND

Eine präkolumbianische Erfolgsgeschichte

Im Amazonastiefland gibt es hochwasserfreies festes Land »Terra firme« und regelmäßig überflutete Flussauen »Várzea«. In der Terra firme sind intensiv verwitterte und extrem nährstoffarme Böden weit verbreitet. Bis in die Mitte des 19. Jh. glaubte man, dass in der Terra firme die äußerst geringe Bodenfruchtbarkeit und in der Várzea Überschwemmungen das Aufkommen nachhaltig produktiver Ackerbaukulturen verhindert hätten. Berichte spanischer und portugiesischer Expeditionen, die seit dem späten 16. Jh. den Amazonas und seine Nebenflüsse befahren hatten, bestätigten diese Auffassung. Sie fanden in den Tieflandregenwäldern nur wenige Menschen.

Frühere Aufzeichnungen des spanischen Dominikanermissionars Caspar de Carvajal (ca. 1500–1584) wurden dagegen als wenig glaubwürdig eingestuft. Carvajal hatte die Expedition des Konquistadors Francisco de Orellana 1542 als Kaplan begleitet. Orellana und seine Besatzung durchfuhren auf der Suche nach Zimtbäumen und nach El Dorado, dem sagenhaften Goldland, als erste Europäer das Amazonastiefland von Westen nach Osten. Carvajal beschrieb Kriegstaktiken, Rituale und Gegenstände der vorgefundenen Kulturen. Er erwähnte kilometerlange Siedlungen mit jeweils Tausenden Bewohnern auf hochwassersicheren Flussterrassen – das klang wie ein Märchen. Auch die Schilderungen der Mitglieder einer zweiten spanischen Expedition, die der mordend durch Amazonien ziehende Lope de Aguirre im Jahr 1561 anführte, geben Kenntnis von intensiv genutzten Kulturlandschaften. (DENEVAN & WOODS, 2007; CLEARY, 2001: 80 f.)

Der US-amerikanische Naturforscher James Orton (1830–1877) erwähnte 1870 in Amazonien existierende schwarze und sehr fruchtbare Böden. Der kanadische Naturkundler Charles Frederic Hartt (1840–1878) skizzierte 1874 schwarze, von Menschen gemachte Böden im Raum Santarém. Hartts Assistent Herbert Smith beschrieb fünf Jahre später eine 30 Meilen lange, fast durchgängige Zone fruchtbarer schwarzer Böden mit viel Keramikbruch an der Oberfläche, die durch Abfälle Tausender Küchen über lange Zeit entstanden sei. Der böhmisch-österreichische Geologe und Mineraloge Friedrich Katzer (1861–1925) schließlich erklärte 1903 die schwarze Farbe mit dem hohen Humusgehalt und Holzkohlebeimischungen. Auch er nahm eine anthropogene Entstehung an. Seit den 1960er-Jahren wird zwischen schwarzer Terra Preta aus Siedlungsabfall und dunkelgraubrauner Terra Mulata, deren Bildung auf langanhaltende agrarische Nutzung zurückführen ist, unterschieden. Manche Terra-Preta-Areale sind mehrere Quadratkilometer groß, andere kaum einen Hektar. Terra Preta nimmt wohl etwa 0,1 bis 1 % der Fläche des Amazonastieflandes ein und liegt damit zwischen der Größe von Luxemburg und Bel-

gien. (SOMBROEK, 1966; SMITH, 1980; SOMBROEK et al., 2002; GLASER & WOODS, 2004; WOODS, 2005; DENEVAN & WOODS, 2007)

In den 1990er-Jahren begann die intensive Erforschung der Terra Preta und der untergegangenen Kulturen Amazoniens. In den vergangenen zwei Jahrzehnten wurden wesentliche Geheimnisse der Terra Preta gelüftet. So wissen wir heute, dass die dunkelsten, bis über 2 m mächtigen, mit Holzkohle und Tonscherben durchsetzten Terra-Preta-Vorkommen Reste großer Abfallhaufen in Siedlungen sind, die über längere Zeiträume entstanden. Ausgedehnte Flächen mit bis zu etwa 60 cm mächtiger Terra Mulata umgeben oftmals diese Terra Preta. Auch die Relikte der Terra Mulata sind durch die Düngung mit Holzkohle in präkolumbischer Zeit bis heute fruchtbar. In den Terra-Mulata-Gärten wurde wahrscheinlich hauptsächlich Maniok angebaut. Das Geheimnis der Fruchtbarkeit liegt im Gehalt an organischem Kohlenstoff. Während Terra Preta davon 9 % enthalten kann, sind im umgebenden Boden Gehalte von etwa 0,5 % üblich. (FRASER & CLEMENT, 2008; WOODS & MCCANN, 1999)

Wie entstand Terra Preta? In einer sauerstoffarmen Umgebung schwelen Pflanzenteile bei niedrigen Temperaturen langsam zu Kohle. Diese bindet im Boden Nährstoffe, die ansonsten rasch durch Regen ausgewaschen worden wären. Und sie bietet Mikroorganismen langfristig ein vorzügliches Habitat. Die Zugabe von Holzkohlepulver kann den Ertrag von Sorghum um mehr als das Achtfache stei-

An einer Straße bei Iranduba (Manaus, Brasilien) ist die dunkle **TERRA PRETA** gut zu erkennen.

Geschichte unserer Umwelt

TERRA PRETA wird in einer Bananenplantage bei Hatahara archäologisch untersucht (Amazonas, Brasilien).

gern im Vergleich zu Flächen, auf denen nur Mineraldünger, nicht aber Holzkohle zugegeben wird. (STEINER et al., 2004: 191)

Eine These geht von einem ausgeklügelten Nutzungssystem aus, das zur Bildung von Terra Preta führte (PIEPLOW, 2010): Möglicherweise wurden Fäkalien, Siedlungsabfälle und Holzkohle in große Tongefäße gefüllt und für die Fermentation luftdicht verschlossen; Milchsäure konservierte die organische Substanz. Um das fermentierte Substrat reifen zu lassen, wurden nach der Öffnung Bodenlebewesen in die Gefäße eingebracht – man impfte mit einer Handvoll schon fertiger Terra Preta. Die Töpfe wurden anschließend eingegraben und bepflanzt. Die pflanzliche Kohle bietet Mikroorganismen einen optimalen Nährboden. Mykorrhizapilze, die mit den Feinwurzeln der Kulturpflanzen in Symbiose leben, erschließen die Nährstoffe, deren Auswaschung durch die Nutzung von Gefäßen minimiert wird.

Die Entwicklung von Terra Preta durch Menschen der Tieflandkulturen Amazoniens begann – so schätzt man heute – vor etwa 7000 Jahren. Bis zum frühen 16. Jh. hatten sich auf Basis der von Menschen erhöhten Fruchtbarkeit strukturierte, Ackerbau treibende Gesellschaften etabliert. Als die ersten Spanier 1542 und 1561 n. Chr. das Gebiet durchfuhren, lebten dort wohl etwa 5 bis 10 Millionen Menschen. Vor allem die von den Europäern mitgebrachten Krankheitserreger rafften in kürzester Zeit die meisten Einheimischen dahin, sodass Expeditionen ab dem späten 16. Jh. nur noch Wald und wenige Menschen antrafen. (ROOSEVELT, 1996; DENEVAN, 1998)

Lässt sich die Erfolgsgeschichte der Terra Preta wiederholen? Ein großräumiger Einsatz der Terra-Preta-Technik würde aufgrund höherer Erträge erlauben, mit kleinerer Anbaufläche auszukommen. Erforderlich ist ein Pflanzenkohlegehalt von etwa 20 bis 30 % in den Oberböden. Die Kohle kann auch aus pflanzlichen Abfällen wie den Schalen von Kokos- oder Erdnüssen gewonnen werden. (BALLIETT, 2007; GLASER, 2007)

Ein Hektar mit einen Meter mächtiger Terra Preta kann etwa 250 Tonnen Kohlenstoff speichern – im Vergleich zu ungefähr 100 Tonnen eines normalen Bodens aus demselben Ausgangsgestein. Allein die Differenz von 150 Tonnen ist größer als der Kohlenstoffgehalt der Pflanzen, die in einem Hektar Regenwald wachsen. Terra Preta ist demnach eine hocheffektive Kohlenstoffsenke. In einer Zeit erhöhter Kohlendioxidkonzentration in der Atmosphäre interessiert der dadurch mögliche Entzug von Kohlenstoff aus der Atmosphäre. Der deutsche Bodenchemiker Johannes Lehmann berechnete, dass mit Terra-Preta- und Biotreibstoff-Projekten bis zum Ende des 21. Jh. jährlich etwa 9,5 Milliarden Tonnen Kohlenstoff gebunden werden könnten – mehr als heute durch die Nutzung fossiler Brennstoffe emittiert wird. Bislang fehlen allerdings technische Systeme, die eine preiswerte Großproduktion von Terra Preta ohne schädliche Beimengungen ermöglichen (GLASER et al, 2001; LEHMANN et al., 2006; MARRIS, 2006).

Terra Preta war in den Händen der lokalen Bevölkerung eine langfristige, in eine regionale Ökonomie eingebettete Erfolgsgeschichte. Vielleicht hat ihre Fortsetzung schon begonnen. Aber Sorgfalt tut not, will man lokal angepasste Verfahren in weltweitem Maßstab betreiben – allzu leicht kann es zu bislang unbekannten Nebenwirkungen kommen.

DIE TEICHWIRTSCHAFT IN EUROPA

Von der Römischen Republik bis in das Spätmittelalter

Fisch war in der römischen Antike ein wichtiges Nahrungsmittel. Im 2. vorchristlichen Jahrhundert zogen römische Bauern Fische in kleinen, mit Süßwasser gefüllten Becken. Meeresfische wurden ab dem ersten vorchristlichen Jahrhundert als Speise wohlhabender Römer in befestigten Becken mit Meerwasser an den mittelitalienischen Küsten gezüchtet. In die Wände der Bassins wurden Tongefäße eingemauert, um bestimmten Fischarten Schatten und damit Schutz vor der intensiven Sonneneinstrahlung zu bieten. Gehalten wurden wohl unter anderem Seebarsche, Muränen, Plattfische und Meeräschen. Mit bronzenen Gittern versehene, ausgereifte Zu- und Ableitungssysteme sorgten für ausreichend Frischwasser.

Ab der Mitte des ersten vorchristlichen Jahrhunderts ließen einige exzentrische Mitglieder der römischen Oberschicht wertvolle Zierfische in Becken mit Meerwasser halten. Der Censor Marcus Licinius Crassus soll als erster Muränen gezähmt haben, die er mit Schmuck verzierte. Dafür wurde er später von konservativen Mitgliedern der Oberschicht als dekadent verachtet. Doch hielt sich die Mode der Zierfischhaltung mehr als ein Jahrhundert. Die Teichwirtschaft hatte die Oberflächenformen, die oberflächennahen Gesteine und die Böden an den flachen, sandigen Abschnitten vorübergehend und an den felsigen Abschnitten der mittelitalienischen Küsten langfristig verändert. Die Kenntnisse der Römer zur Nutz- und Zierfischhaltung gerieten allerdings bald in Vergessenheit. (SCHMÖLCKE & NIKULINA, 2008)

In der späten Römischen Kaiserzeit und in den ersten Jahrhunderten des Frühmittelalters nahm die Bevölkerungsdichte nördlich der Alpen – befördert durch häufig kühle, feuchte und damit für den Ackerbau ungünstige Witterung – durch Seuchen und Migration wesentlich ab. In Mitteleuropa begann damit die letzte Phase ausgedehnter naturnaher Waldentwicklung. Der hohe Wasserverbrauch der sich ausbreitenden Gehölze ließ die Grundwasser- und Seespiegel sinken. Der mittlere Abfluss nahm ab und extreme Hochwasser wurden sehr selten. Anthropogene Kontaminationen betrafen nur noch die verbliebenen Siedlungsstandorte. Klares, sauberes Wasser bewegte sich in vielen Bächen und Flüssen meerwärts. Störe (*Acipenser sturio*), Alsen (*Alosa alosa und Alosa fallax*), Forellen (*Salmo trutta*), Flussbarsche (*Perca fluviatilis*), Hechte (*Esox lucius*) und andere Fischarten eroberten ihren Lebensraum von Ost- bis Westeuropa zurück. Viele Vogel- und Säugetierarten folgten ihnen als Prädatoren. Und die Menschen vermochten die Subsistenzfischerei zu intensivieren – mit der Christianisierung stieg der Fischkonsum an Freitagen und in der Fastenzeit an.

Illegalen Muschelfischern, die nach Perlen suchten, drohte die auf der Warntafel dargestellte drakonische Strafe. Spätestens 1641 waren derartige **WARNTAFELN** an den Ufern von Schwienau und Gerdau angebracht. Nur beamtete Perlenfischer im Auftrag des Herzogs von Braunschweig-Lüneburg durften hier Muscheln ernten. (*Kloster Ebstorf*)

Im 8., 9. und 10. Jh. begann die Bevölkerung zunächst in Gebieten mit ertragreichen Böden zu wachsen. Die verbliebenen Wälder wurden weiträumig gerodet, um Ackerbau zu betreiben. Im Hochmittelalter wurden auch Standorte mit sandigen oder tonig-lehmigen Böden und in den tieferen Lagen der Mittelgebirge nördlich der Alpen intensiver genutzt. Hinzu kam dort die Grünlandnutzung. Im 14. Jh. nahm die Zahl der Menschen in Mitteleuropa durch ungünstige Witterung sowie durch Erosions- und Überschwemmungskatastrophen mit Ertragsausfällen und Hungersnöten sowie vor allem durch die Pestpandemie Mitte des 14. Jh. wohl um fast die Hälfte ab. (BORK et al., 1996; vgl. S. 20 und S. 22)

Die Ausbreitung intensiver Landnutzung im Laufe von Früh- und Hochmittelalter ließ die Grundwasserspiegel steigen, erhöhte den mittleren Abfluss und ermöglichte häufigere und stärkere Überschwemmungen. Gravierende Bodenerosion auf den steilen Hangabschnitten bedingte Ablagerungen auf den Unterhängen und in den Auen. Die Wasserqualität verschlechterte sich erheblich. Dessen ungeachtet blieb die Nachfrage nach Fisch hoch.

Eine Erfindung der Spätantike, die Mühle, begann begann im 10. Jh. ihren Erfolgszug von England und Frankreich über Deutschland, Italien und Polen bis nach Osteuropa. Sie ermöglichte eine starke Ausdehnung der Fischzucht. Zehntausende Wassermühlen zum Mahlen von Getreide wurden mitsamt der wasserzuführenden Mühlengräben und Mühlenstaus errichtet. Bäche und Flüsse wurden dabei stark verändert. Neue Habitate entstanden in den Mühlengräben mit langsam fließendem Wasser und in den Teichen der Mühlenstaue. Die Durchlässigkeit für flussaufwärts oder flussabwärts zu ihren Laichgebieten wandernde Fischarten endete mit dem Mühlenbau. Bald darauf klagen Chronisten über den Mangel an Lachsen in Schottland und am Niederrhein. Der Eintrag von Fäkalien, die Abwässer von Walkmühlen, Gerbereien, Brauereien und Flachsbearbeitung sowie die Schlachtung von Tieren an Ufern verschlechterten die Lebensbedingungen auch vieler stationärer Fischarten in den meisten Fließgewässern dramatisch. Zwar konnten sich viele arme Menschen kaum Fisch leisten; sie lebten hauptsächlich von Getreideprodukten. Vor allem Adlige, Mönche und Nonnen konsumierten regelmäßig Fisch. Der in vielen zeitgenössischen Quellen erwähnte, durch die Eingriffe bewirkte Niedergang der Binnenfischerei traf jedoch die zahlreichen Fischerfamilien hart.

Bereits im 8. Jh. waren in Mitteleuropa einzelne Teiche angelegt worden. Im 11. und 12. Jh. nahm die Bedeutung der Fischzucht in Teichen vor allem in den dicht besiedelten Regionen Europas zu. Die Nutzung von Mühlteichen und vor allem die Neuanlage von Teichen zur Fischzucht und ihre Bewirtschaftung durch erfahrene Fischer lösten die entstandenen Versorgungsprobleme. Fischarten, die in nährstoffreichen, warmen stehenden Gewässern zu laichen und gut zu wachsen vermochten, wurden in Mitteleuropa bevorzugt vermehrt. Fischteiche wurden im Hochmittelalter hauptsächlich auf Land eingerichtet, das weltlichen und geistlichen Grundherren ge-

hörte. Aufgestautes Quell- oder Bachwasser oder abgeleitetes Flusswasser speiste diese Teiche. Nicht selten wurden nährstoffreiche Latrinenabwässer in die Teiche geleitet. Die Zu- und Abflüsse konnten spätestens ab dem 13. Jh. kontrolliert werden. Drei bis fünf Jahre nach dem Ansetzen von Laich oder dem Einbringen kleiner Fische wurde geerntet. Dazu wurde das Teichwasser abgelassen, der Schlamm beseitigt und der Teich eine Saison trocken liegen gelassen.

Die besten Teichbewirtschafter hielten Karpfen und Hechte: Zunächst wurden junge Karpfen einer Altersklasse eingebracht, die in den wenigen noch existierenden Wildflüssen gefangen oder als Brutbestände gezüchtet worden waren. Dann wurden Hechte eingesetzt, die die Nachkommen frühreifer Karpfen fraßen, ehe die Brut mit ihren Eltern um die Nahrung konkurrieren konnte. So waren in Mittel- und Westeuropa während des hohen Mittelalters unter Umgehung kontaminierter natürlicher Fließgewässer und Seen unzählige kleine, ertragreiche Stillwasserökosysteme durch Menschenhand entstanden. Manche wurden unter Konservierung der Formen im Laufe der Neuzeit mit Sedimenten vollständig überdeckt; sie sind im Verborgenen erhalten geblieben, manche existieren bis heute. (HOFFMANN, 1996)

Innenansicht der **GROTTE DI PILATO** (Höhlen des Pilatus). **MURENARIO** (Muränenfarm) auf der Insel Ponza im Tyrrhenischen Meer (1. Jh. n. Chr.). Vier aus der Steilküste gehauene Becken sind über kleine Tunnel verbunden, gegen das Meer sind sie über dem Meeresspiegel offen; unter diesem liegen verschließbare Kanäle.

DIE WÄSSERWIESEN VON GRÖNLAND

Landwirtschaft in Eis und Schnee?

Waren die aus Island stammenden Grönländer im Mittelalter unfähig, sich an ihre neue Umwelt dauerhaft anzupassen? War die erstarkende Hanse daran schuld, dass keine Schiffe aus Norwegen mehr anlegten, um Eisen und andere dringend benötigte Ressourcen zu liefern - Ressourcen, ohne die die kleine Wikingerkolonie schwerlich auskommen konnte? Warum endete die europäische Besiedlung der arktischen Insel um das Jahr 1410? Jared Diamond (2011) hat dem Kollaps von Gesellschaften ein ganzes Buch und Grönland ein Kapitel gewidmet. Darin erklärt er das Ende der europäischen Besiedlung mit der Unfähigkeit der Siedler, sich wie die Inuit an die Umweltbedingungen erfolgreich anzupassen. Stur seien sie bei Ackerbau und Viehhaltung verblieben, die bei immer kälterem Klima immer schwieriger wurden – statt wenigstens Angelhaken zu schnitzen und ihre Subsistenz aus dem Wasser zu holen. Themen wie das Aussterben der Dinosaurier oder der »Kollaps« der Kultur der Maya auf Yukatan oder eben der europäischstämmigen Grönländer im frühen 15. Jh. üben auf viele Menschen eine große Faszination aus. Die Geschichte der europäischen Besiedlung Grönlands ist jedoch alles andere als eine Untergangsgeschichte.

Erik der Rote segelte um 985 n. Chr. mit einer Flotte von 25 Schiffen von Island nach Grönland. Einige erlitten Schiffbruch, andere kehrten um; immerhin 14 erreichten ihr Ziel. Sie fanden im Süden der größten Insel der Erde von Moosen bedeckte Landschaften mit Birken, Weiden und Mooren vor. Die Situation war ähnlich wie in ihrer Heimat. Die Kolonisten gründeten in einem südgrönländischen Fjord die Siedlung Garðar (heute Igaliku), die später

auf 400 Häuser anwachsen sollte. 1124 wurde sie zum Bischofssitz mit Kathedrale. Der erste Bischof traf 1126 ein, der letzte bekannte, Alfur, starb 1378. Die letzte schriftliche Quelle aus Garðar ist ein Heiratsaufgebot aus dem Jahr 1409. Es gelang der kleinen Siedlergemeinschaft, mehr als vier Jahrhunderte unter harten Bedingungen durchaus gut zu (über-)leben. Die Neugrönländer bezahlten ihren Zehnten an die Kirche in Luxusgütern wie Walrosselfenbein, Häuten und Pelzen. Der Stall des Bischofssitzes konnte 100 Stück Vieh beherbergen.

Die Mär von der Weigerung der aus Island stammenden Grönländer, Fisch zu essen, ist widerlegt; archäologische Untersuchungen brachten Fischreste zutage; eine der Küstensiedlungen hat, so ist zu vermuten, besonders dem Kabeljaufang gedient. Die Wikinger hätten ohne die Nutzung des Kabeljaureichtums kaum so lange auf Grönland überleben können. Wie in Island und Norwegen üblich, trockneten sie den im Mai und Juni gefangenen Kabeljau zu Stockfisch. Diese lang haltbare Nahrung ergänzten sie mit Kulturpflanzen und Produkten von Rindern, Schafen und Ziegen. Sie kultivierten Flachs und Wurzelgemüse; Getreide reifte jedoch nicht. Auf Seehunde und Karibus machten sie Jagd. Die Überwinterung des Viehs erforderte eine aufwendige Heuwirtschaft. Die rasche Rodung der Birken und Weiden in der Umgebung der Siedlung Garðar zugunsten von Weiden und Wiesen ist archäobotanisch nachgewiesen.

Für die Ländereien des Bischofs lässt sich dank archäologischer, pollenanalytischer und paläoentomologischer Untersuchungen trotz fehlender Schriftquellen gut rekonstruieren, wie die Heuernte maximiert wurde. Wie jede an-

dere von der Bodenfruchtbarkeit abhängige Gesellschaft mussten die Grönländer die dem Boden durch Heu entzogenen Nährstoffe wieder zuführen, um eine Abnahme der Erträge zu vermeiden. Wie andere Viehhalter düngten sie ihre Wiesen offenbar mit allem, was zu finden war: nachweisbar mit den Exkrementen ihrer Nutztiere und dem Abfall, der in den Häusern gesammelt wurde, und wohl auch mit Fischeingeweiden. Dank der ausgezeichneten Erhaltungsbedingungen kann durch den Fund von Fliegenmaden, bearbeiteten Holzstückchen und anderen archäologischen Kleinfunden die These erhärtet werden, dass Material aus Haus und Stall auf die Wiesen gebracht wurde. Der Fund spezialisierter Parasiten erlaubt zudem den Rückschluss auf die Ausbringung von Abfällen der Wollproduktion und menschlicher Exkremente. Die Bodenfruchtbarkeit wurde vermutlich auch erheblich erhöht, weil die Siedler Plaggen (Grassoden mitsamt humosem Boden) an Hängen abgestochen und an Feuchtstandorten in der Nähe der Gehöfte aufgebracht haben. Diese Plaggenwirtschaft ermöglichte den Grönländern eine wohl meist ausreichende Heuproduktion, um die Herden über den Winter zu bringen und sie hinterließ eindeutige Zeugnisse im Boden. Viele Befunde weisen darauf, dass die Wiesen des Bischofs ausgezeichnet mit Nährstoffen versorgt wurden; zudem waren sie im Sommer oft sehr feucht. Einige sommertrockene Standorte mit guten Böden wurden bewässert. Bereits zu Beginn des 20. Jh. waren Reste von Dämmen an einem Wasserlauf gefunden worden, der die Siedlung Garðar durchzieht. Das Grabensystem der bischöflichen Wiesen konnte ebenfalls teilweise rekonstruiert werden.

Warum mussten aber auf Grönland Standorte bewässert werden? Sommertrockenheit ist ein Merkmal der Hänge des subarktischen Ökosystems Südgrönlands und ein stark limitierender Faktor der Heuproduktion. Auf feuchten Wiesen kann erheblich mehr pflanzliche Biomasse erzeugt werden als auf trockenen. Da mit der Sense geerntet wurde, störte die erzeugte Nässe nicht. Weder niedrige Temperaturen noch eine kurze Vegetationsperiode begrenzten den

Heuertrag, sondern der Mangel an Wasser im Sommer. Dem wurde mit Bewässerung abgeholfen.

Das komplexe System von Düngung und Bewässerung war wahrscheinlich keine Erfindung der Siedler im Süden Grönlands. Die Norweger hatten schon zuvor ähnliche Verfahren entwickelt. Mit dem ersten Bischof kam diese Innovation nach Grönland. Er war auch imstande, die nötige Arbeitskraft aufbringen zu lassen, denn die Erhöhung der Produktivität wurde mit beträchtlichem Arbeitsaufwand erkauft. Davor wurde, auch das zeigen die Bodenprofile, an dieser Stelle eher Torf gewonnen als Heuernten maximiert.

Auch die grönländische Viehwirtschaft beruhte auf der Kombination verschiedener Landnutzungsweisen. Eine so arbeitsaufwendige Bodenbearbeitung wie auf den Wiesen des Bischofs war nicht an vielen weiteren Standorten möglich. Rodungen in Tasiusaq, 20 km nördlich von Garðar, und die nachfolgende Landnutzung führten zur Abnahme der Verdunstung, zur Vernässung und Torfbildung an Talstandorten. Palynologische und paläoentomologische Untersuchungen belegen dort die Beweidung einer Fläche, die jedoch weder bewässert noch zusätzlich gedüngt wurde. Gelegentlich mag Heu geschnitten worden sein. Diese Nutzung war wohl typisch für weit vom Hof entfernte Flächen. Die Bodenprofile lassen zudem auf Torfgewinnung schließen, da die Torfe bestimmter Zeitabschnitte fehlen. Die Befunde aus Bischofssitz und Bauernhof ergänzen einander und belegen die Vielfalt der Nutzungsweisen.

Ebenso plötzlich wie gezielte Düngung und Bewässerung begonnen hatten, hörten sie wieder auf, wie der Aufbau der Bodenprofile zeigt. Ob aus dem plötzlichen Ende der intensiven Landwirtschaft auf das abrupte Ende der Besiedlung geschlossen werden kann, ist unklar. Vielleicht segelten die Nachfahren der ersten Siedler mit dem Hochzeitspaar von 1409 zurück nach Island. Ihre Spur verliert sich. Dass sie hilflos und elend zugrunde gegangen wären, darf bezweifelt werden. Vielleicht lockte grüneres Gras anderswo. Der Handel mit Walrosselfenbein war durch den steigenden Import von afrikanischem Elfenbein nach Europa vermutlich weniger lukrativ geworden; damit mag die ökonomische Basis sich verschlechtert haben. Die Witterungsverhältnisse waren bereits seit dem frühen 14. Jh. ungünstiger für Ackerbau und Tierhaltung; dennoch gelang über ein Jahrhundert offenbar eine ausreichende Anpassung. Beweise für kriegerische Auseinandersetzungen, Seuchen oder witterungsbedingte Hungersnöte fehlen. Die Nachfahren der aus Island stammenden Grönländer sind ausgewandert – ohne Nachricht zum Warum und Wohin zu hinterlassen. Dieses Rätsel hat zu vielen Theorien geführt. Interessanter als der Niedergang ist das lange Überleben der Isländer auf Grönland, das sie auch ihrer avancierten und gut an die besonderen lokalen Standortbedingungen angepassten Bewirtschaftungstechnik verdankten.

Die Siedlung Garðar, die über so lange Zeit Hunderte Familien ernährt hatte, wurde im 18. Jh. wieder entdeckt und neu besiedelt.

(BUCKLAND et al., 2009; DUGMORE et al., 2007; PANAGIOTAKOPULO et al, 2012; PANAGIOTAKOPULO et al, 2012; PANAGIOTAKOPULO und BUCKLAND, 2012; PERREN et al., 2012)

links Hausfundamente der ehemaligen **WIKINGER-SIEDLUNG** Brattahlíð im Süden Grönlands.

rechts **THJODHILDS KIRCHE.** Rekonstruktion der Kapelle bei Brattahlíð. Die Kapelle war vermutlich das erste christliche Kirchengebäude in der Neuen Welt.

1000 JAHRE KAMPF GEGEN NASSE FÜSSE

Die Umweltgeschichte der Niederlande

Vor etwa 5000 Jahren erreichte der Meeresspiegel fast seine heutige Höhe. An flachen Küsten wie der niederländischen verlagerte sich die Küstenlinie in den folgenden Jahrtausenden immer wieder. Menschen, die hier hauptsächlich vom Jagen, Fischen und Sammeln lebten, hatten sich an diese Dynamik angepasst. Neben den großen Flussmündungen von Rhein, Maas und Schelde und den Ausgleichsküsten mit aufgesetzten Dünen prägten ausgedehnte Moore die niederländischen Küstenlandschaften. Hochmoore entwickelten sich kissenförmig bis zu 5 m hoch auf den Ablagerungen der Flüsse

De nieuwe vervening. 1.

Maschine zum Anlegen von **ENTWÄSSERUNGSGRÄBEN**, Ost-Groningen, Niederlande. (*Postkarte, 1920er-Jahre*)

Frühe Küstensiedlungen wurden dort errichtet, wo das Land etwas höher lag – seit den ersten nachchristlichen Jahrhunderten auch auf eigens geschaffenen Hügeln, den Wurten oder Warften. Die Römer, zu deren Imperium zwischen 50 und 400 n. Chr. der südlichste Teil der Niederlande gehörte, hatten dort erste Kanalbauten angelegt und im Wesentlichen die ausgedehnten Rheinauen als natürliche Grenze genutzt. Ab dem 9. Jh. kam es dann zu den Eingriffen, deren Nebenwirkungen die Niederlande bis in die Gegenwart prägen sollten. Unter dem Einfluss fränkischer Oberschichten begannen die Friesen, die das Gebiet zunächst für Vogelfang, Fischfang und ein wenig Viehhaltung genutzt hatten, mit dem Getreideanbau. Dafür wurden Moore trockengelegt. Hochmoore wachsen im humiden gemäßigten Klima langsam, aber stetig. Ihr innerer, höchster Teil ist unfruchtbar, nährstoffarm und hauptsächlich von Moosen bewachsen. Die Ränder sind etwas nährstoffreicher, hier wachsen Birken und Sträucher. Werden die Moorränder entwässert, entsteht dort mäßig fruchtbarer Ackerboden. Dafür braucht es keine großen

technischen Bauten, weil das Wasser aus den hohen Moorkissen durch Schwerkraft abfließt. Da Moore zu etwa 90 % aus Wasser bestehen, schrumpft bei der Trockenlegung ein Meter Torf auf nur zehn Zentimeter. Dieser Rest schrumpft fortan, weil die organische Substanz, die unter Luftabschluss im Moor in ihrer Struktur weitgehend erhalten bleibt, unter Sauerstoffeinfluss zu Mineralen abgebaut wird.

Die niederländischen Moore wurden dabei nicht von Anfang an bis zur ihrer Basis drainiert und so rasch um viele Meter geschrumpft. Vielmehr sanken sie durchschnittlich um etwa 1 cm pro Jahr, damit in einem Jahrhundert um 1 m. Die langsam versinkenden Niederländer mussten sich zunehmend durch Deiche vor den drohenden Sturmfluten schützen. Die Sturmflut von 1953 ist in das kollektive Gedächtnis als besonders dramatisch eingegangen, doch gab es in Abständen von einigen Jahrzehnten immer wieder bedrohliche Fluten. Schon im 14. Jh. wurden vielerorts Deiche und Schleusen gebaut. Die dafür nötigen organisatorischen Strukturen, die späteren Deichgenossenschaften, blieben bis weit in das 20. Jh. für die Erhaltung der Anlagen zuständig. Die Niederländer lernten viel über den Umgang mit dynamischem Wasser. Sie wurden in ganz Europa zu gesuchten Wasserbauexperten.

Die mittelalterlichen Eindeichungen waren durchaus erfolgreich. Bis ins 15. Jh. konnte etwa Holland, die zentrale Provinz der Niederlande, die Bevölkerung mit eigenem Getreide ernähren. Um 1500 aber waren die ehemaligen Hochmoore soweit abgesunken, dass sie das Grundwasserniveau erreichten – an nassen Standorten gedeihen aber weder Getreide noch Vieh. Die Nordsee, deren Wasserspiegel langsam weiter anstieg, lag schon fast auf gleicher Höhe wie die ehemals hohen Moore. Das führte dazu, dass bestehende Deiche erhöht und weitere gebaut werden mussten. In ihrer Ausdehnung schwankende Torfseen wurden zu wichtigen Landschaftsbestandteilen. Besonders heftige Stürme zu Beginn des 16. Jh. bewirkten südlich von Amsterdam eine Verbindung mehrerer großer Torfseen (im Niederländischen als »Meer« bezeichnet) zu einer riesigen Wasserfläche, dem Haarlemermeer. Dieses hatte durchaus malerischen Charakter. Flämische Landschaftsmaler wie Jan van Goyen verewigten das Miteinander von Wasser und Land.

Für die Bevölkerung war es aufgrund des zunehmenden Landmangels nach 1500 problematisch geworden, sich durch Landwirtschaft zu ernähren. Eine massive Abwanderung in die Städte folgte; damit war der Bedarf an Heizmaterial rapide gewachsen und Torf stand als Brennstoff zur Verfügung. Auch Bierbrauer, Ziegelöfen und Textilhersteller brauchten Torf, der zudem nach Antwerpen und in andere Städte in Flandern exportiert wurde. Viele Gemeinden hingen nunmehr ökonomisch völlig vom Torfabbau ab.

VORSCHNEIDEN DES BACKTORFES

Herstellung von **TORFZIEGELN**. (*Postkarte nach 1928*)

Nachdem die Zentren der Moore, in denen der Torf mit dem besten Heizwert lag, abgebaut waren, kamen die weniger geeigneten Randgebiete an die Reihe. Zudem wurden zum Torftransport immer mehr Kanäle gebaut, die auch Deiche und Dämme durchstachen. Eine Kombination aus Sorglosigkeit, technischen Fähigkeiten und ökonomischer Marktlogik hatte trotz Verboten, Gerichtsverfahren und anderen Ordnungsversuchen zum Zusammenwachsen der Torfseen zum Haarlemermeer geführt. Die Stürme waren nur auslösend und nicht verantwortlich dafür.

Der steigende Meeresspiegel und das Absinken des Landes führten dazu, dass die Grundwasserspiegel an oder gar über der Landoberfläche lagen: Seen und viele Flüsse flossen nur mehr ab, wenn der Wind in die richtige Richtung wehte. Die neuen Wasserflächen dienten der Entsorgung von Fäkalien und anderen Abfällen, damit drohten bei Regen gesundheitlich gefährliche Überschwemmungen. Daher wurde ab 1500 vermehrt mit den seit der Mitte des 15. Jh. errichteten Windmühlen, die heute zum touristisch geschätzten Bild der Niederlande gehören, Wasser abgepumpt. Der Wind war zum wichtigsten Helfer gegen die anthropogen bedingten Wasserprobleme geworden. Er wehte und weht in den Niederlanden verlässlich, allerdings zumeist vom Meer: Während die Gemeinden am Westufer der

anthropogenen Wasserflächen einigermaßen sicher waren, wurden die Siedlungen am Ostufer der weichrandigen Torfseen von Erosion bedroht, einem Phänomen, das die Niederländer als »Waterwolf«, Wasserwolf, bezeichnen.

Viele Torfseen wurden trockengelegt und durch Eindeichung zu Poldern umgewandelt. Der erste, der Zijpepolder, wurde schon 1597 angelegt, das Gros folgte im 19. und 20. Jh. Bis zur Trockenlegung der Polder profitierten die Niederländer von einer positiven, nicht intendierten Wirkung der Seen: Diese boten Aalen gute Lebensbedingungen; Schleusen erwiesen sich als ideale Einrichtungen zum Fang der Fische. Wo es keinen Torf mehr gab, boten Aalfang oder die Heringsfischerei auf hoher See Einkommensquellen. Doch als die freien Niederlande nach der Abspaltung vom Habsburgerreich eine Handelsmacht wurden, gefährdete dies die Aale. Die Flotte der Niederländer brauchte Stoff für Segel. Daher wurde der Anbau von Flachs und Leinen forciert – Faserpflanzen, die erst durch Einweichen in Wasser verarbeitungsfähig werden. Fische können in dadurch verschmutzem Wasser nicht überleben. Die Segeltuchproduktion konkurrierte mit der Nutzung von Fisch und ein weiteres Konfliktfeld mit Regelungsbedarf entstand. Heute liegt ungefähr die Hälfte der Niederlande weniger als einen Meter über, rund ein Viertel des Landes unterhalb des Meeresspiegels. Die Deiche haben heute eine Länge von etwa 3000 km.

Die Geschichte der Niederlande ist lehrreich: Je mehr Natur wir in gesellschaftliche Verantwortung übernehmen, desto mehr Aushandlungsprozesse zwischen Interessensgruppen sind die Folge. Technisch war und ist vieles machbar; Politik und Ökonomie lassen Praktiken klug erscheinen, deren ökologische Konsequenzen teuer und bedrohlich werden können. Häufig bringt gerade die auf den ersten Blick erfolgreiche Bewältigung eines Risikos unbekannte Risiken mit sich. In der Umweltgeschichte nennt man diesen Zusammenhang die »Risikospirale.«
(WOLFF, 1992; TE BRAKE, 2002; VAN TIELHOF und VAN DAM, 2006; VAN ASSELEN et al., 2009)

Die **UMWELTGESCHICHTE DER NIEDERLANDE** auf einen Blick: Von 1000 n. Chr. bis heute stieg der Meeresspiegel um etwa 1 m an, während die Landoberfläche der in den westlichen Niederlanden verbreiteten Torfe durch Entwässerung, Moorsackung und Torfabbau im gleichen Zeitraum im Mittel um etwa 4,5 m sank. Seit etwa 1600 n. Chr. liegt die mittlere Landoberfläche in den Moorgebieten unter dem Tidenniedrigwasser. Permanentes Abpumpen des Oberflächenwassers und seine Einleitung in das höhere Meer sind seitdem dort erforderlich. Dazu wurden zunächst Windmühlen und später maschinengetriebene Pumpwerke eingesetzt. Verändert nach VAN ASSELEN et al. (2009).

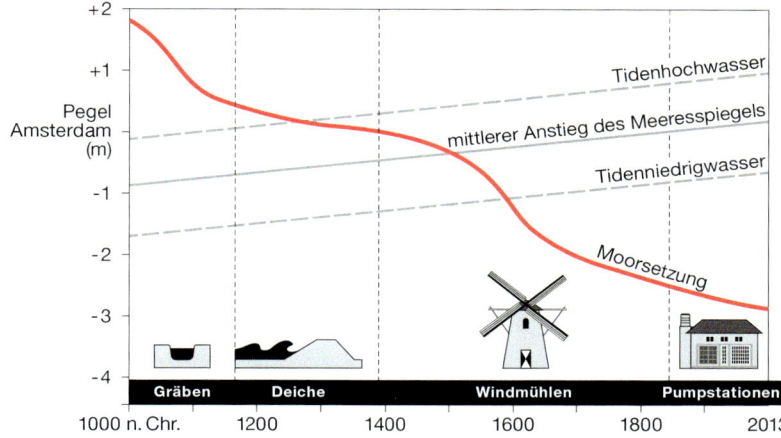

STEINE GEGEN DEN KOLLAPS

Die verborgenen Gärten der Osterinsel

Mitglieder der drei ersten europäischen Expeditionen, die Rapa Nui (»Osterinsel«) 1722, 1780 und 1784 besuchten, beschrieben die einsam im Ostpazifik liegende Insel als steinig und karg. Trotz einiger Aufforstungen im 20. Jh. vor allem mit Eukalyptus vermittelt die Osterinsel noch heute den Eindruck eines steinreichen, wenig fruchtbaren Graslandes. Hebt man jedoch zum Beispiel im Süden der Insel einige der zahlreichen Steine auf, so offenbart sich das Gegenteil: Fruchtbare Böden sind dort und anderswo großflächig verborgen. Offenbar irrten sich die frühen und auch spätere europäische Besucher, die meist nur wenige Tage auf der Insel blieben und lediglich einen oberflächlichen Eindruck mitnahmen.

Wie gelangten aber mehr als eine Milliarde faust- bis kopfgroßer Steine auf die Böden der Gärten? Vulkanismus als Quelle scheidet aus; in den vergangenen Jahrtausenden gab es hier keine Vulkanausbrüche. Fließendes Wasser oder andere natürliche Prozesse können die manchmal kopfgroßen Steine nicht auf die flachen Unterhänge gebracht haben, denn Abroll- und Abriebspuren fehlen. Forschungsgrabungen brachten weitere Überraschungen: Die fruchtbaren, stark humosen Böden unter der Steindecke besitzen eine oft halbkugel- bis zylinderförmige Untergrenze. Es handelt sich um ineinander verschachtelte Pflanzgruben, die zusammen Gartenböden bilden. Sie wurden von den polynesischen Bewohnern über Jahrhunderte geschaffen. Zwischen den aus Pflanzgrubensystemen bestehenden Gartenböden liegen meist im Horizontalabstand von 2 bis 4 m runde Bereiche mit Durchmessern von bis zu 2 m, die nicht gartenbaulich genutzt worden waren. Sie bestehen oben aus einer Holzkohlelage und darunter aus stets viele Meter in die Tiefe reichenden Palmwurzelröhren. Es sind die Relikte von Palmen.

Diese und zahlreiche weitere geoarchäologische Befunde belegen eine einzigartige Kultur- und Nutzungsgeschichte. Beginnen wir mit den ersten polynesischen Siedlern. Die polynesische Kolonisation hatte wahrscheinlich zwischen etwa 400 und 800 n. Chr. die östlichste und einsamste besiedelbare Insel Ozeaniens erreicht, die seit 1722 von Europäern als Osterinsel und von den Einheimischen als Rapa Nui bezeichnet wird. Die Polynesier fanden eine dicht bewaldete Insel vor. Im oberen Stockwerk des Waldes dominierten Palmen mit kleinen Nüssen, vergleichbar den chilenischen Honigpalmen der Art *Jubaea chilensis*. Zwischen den dicht stehenden Palmen wuchsen kleinere Bäume und Sträucher. Die Ankömmlinge beseitigten zunächst nur lokal in Küstennähe die zwischen den Palmen stehenden Gehölze und begannen im Palmenschatten die mitgebrachten Kulturfrüchte anzubauen: zahlreiche Varietäten hauptsächlich von Taro, Jams, Zuckerrohr und Banane. Der An-

Eine **TARO-PFLANZE** wächst durch die **STEINMULCHUNGSDECKE** bei Akahanga (Osterinsel).

bau vollzog sich – in Abhängigkeit von der spezifischen Durchwurzelung der einzelnen Kulturpflanzenarten – in unterschiedlich großen Pflanzgruben. Als Werkzeug diente der Huki, der polynesische Grabstock.

Die polynesischen Siedler hatten selbst in den küstennahen Gunstlagen vorwiegend wenig bis mäßig fruchtbare vulkanische Verwitterungsböden vorgefunden. Zum Überleben war es dringend erforderlich, die Bodenfruchtbarkeit rasch und nachhaltig zu erhöhen. Die erhaltenen Relikte der frühen Gartenbaukulturen beweisen nachdrücklich, dass dies eindrucksvoll gelang. Die Einheimischen hatten in erheblichem Umfang organisches Material in die Pflanzgruben eingebracht. Sie erhöhten damit über viele Jahrzehnte den Humusgehalt und damit die Erträge ganz erheblich. Fruchtbare Gartenböden entstanden. So war für ausreichend Nahrung und eine prosperierende Gesellschaft gesorgt, die nun begann, zahlreiche steinerne Zeremonialplattformen mit monumentalen Steinstatuen zu errichten und zu nutzen.

Ein besonderes Merkmal der Insel machte sich aber mit der wachsenden Bevölkerung zunehmend negativ bemerkbar: Auf der gesamten Insel gab es keine dauerhaften Fließgewässer. Als Wasserreservoire dienten drei Süßwasserseen, der Rano Kau (Rano ist das polynesische Wort für See) im Südwesten, der am höchsten gelegene Rano Aroi im Zentrum und der Rano Raraku im Südosten, sowie wenige, von Salzspray kontaminierte, küstennahe Grundwasseraustritte. Zwar boten die drei Seen reichlich Wasser; mit dem Wachstum der polynesischen Bevölkerung war die Insel aber unter den Clans aufgeteilt worden und wahrscheinlich hatte nicht jeder unbegrenzten Zugang zu Frischwasser. Großvolumige Zisternen wurden nicht angelegt. Wasser, das sich in kleinen Vertiefungen auf dem Gestein sammelte, wurde wohl vorwiegend für rituelle Zwecke genutzt.

Gab der lokale Wassermangel Anlass für die systematische Rodung der Palmenwälder der Insel nach 1200 n. Chr.? Jeder der über etwa vier Jahrhunderte abgeschlagenen 16 Millionen Palmstämme enthielt einige Hektoliter einer süßlichen Flüssigkeit, den Palmsaft. Über diesen Zeitraum hätten also jedem Rapanui täglich mehrere Liter nahrhaften Palmsafts zur Verfügung gestanden. Mit dem Ende der Rodungen versiegte die wohlschmeckende Palmsaftquelle. Die Rapanui waren wieder alleine auf das Wasser der drei Seen und das salzhaltige Quellwasser angewiesen.

Die Palmen wurden kurz über der Geländeoberfläche abgeschlagen, die Stümpfe verblieben im Boden. Sie wurden systematisch genutzt, um Nahrung zuzubereiten: Unmittelbar am Rand der Stümpfe wurden Gruben angelegt und zuunterst mit schützenden, großen Blättern, in der Mitte mit Kulturfrüchten wie Taro und Jams, mit Fisch und Huhn sowie darüber mit Blättern gefüllt. Die Gruben wurden mit Erde abgedeckt und die Stümpfe mithilfe von getrocknetem Gras angezündet. Das Kochgut am allmählich verkohlenden Stamm garte langsam und schonend. Vermutlich waren also die Nutzung des Palmsafts als gehaltvolles Getränk und der Palmstümpfe als Energiequelle zur Nahrungszubereitung Anlass für die vollständige Vernichtung der Wälder der Insel von etwa 1200 bis 1600 n. Chr.

Die Rodungen lösten Prozesse aus, die den Einwohnern unbekannt waren: Häufige Starkniederschläge trugen an einigen Ober- und Mittelhängen die fruchtbaren Gartenböden ab, spülten sie hangabwärts in Senken oder gar bis in das nahe Meer. Nunmehr auf den Hängen exponierte, wenig fruchtbare Verwitterungsprodukte der vulkanischen Gesteine wurden erodiert und auf den verspülten Gartenbodenresten in den Senken abgelagert. Der Gartenbau endet hier zwangsläufig – nur wenige Jahrzehnte nach der Rodung.

Hätte sich diese Entwicklung ungehindert fortgesetzt, so wäre die kleine Population der Inselbewohner in ihrer Existenz bedroht gewesen. Doch sie fanden eine intelligente, hocheffektive Lösung zum Überleben. Sie nutzten ein Produkt, das auf der Insel im Übermaß vorhanden war: oftmals angewittertes vulkanisches Gestein. Sie begannen bald nach dem Einsetzen der starken Erosion, Steine an den Rändern der Lavadecken abzuschlagen und auf die nächstgelegenen, noch nicht erodierten Gartenböden zu legen. Oft in geringer Dichte, gelegentlich mehrlagig und somit mehrere Dezimeter hoch. Was für eine faszinierende Innovation, eine perfekte Überlebenssicherung! Wir bezeichnen diese effektive Bodenschutzmaßnahme heute als Steinmulchung. Die Steine schützten die Böden vor Wind- und Wassererosion; die dunkle Steindecke erwärmte die Gartenböden stärker und bis in die Abendstunden. Die Rapanui schätzten die Steindecke auch, weil sich nur die kräftigsten Kulturpflanzen gut zu entwickeln vermochten. Möglicherweise bewirkte die Verwendung angewitterter Basalte und Porphyre längerfristig eine mineralische Düngung. Steine vermögen also Reichtum zu verbergen!

Die kleine Population der Osterinsel ist nicht, wie Jared Diamond (2011) in seinem Bestseller »Kollaps« irrtümlich ausführt, selbstverschuldet kollabiert. Heute können wir den indigenen Kollaps widerlegen. Dennoch hat es einen Kollaps auf der Osterinsel gegeben. Etwa die Hälfte der Inselbevölkerung wurde in den Jahren 1863 und 1864 von Europäern und Südamerikanern nach Peru entführt und dort versklavt. Nach diplomatischen Interventionen kehrten die 15 noch lebenden Sklaven zurück nach Rapa Nui, wo sie die dort Verbliebenen – vor allem Kinder, Frauen und alte Menschen – mit Krankheiten ansteckten, gegen die die Inselbevölkerung keine Abwehrstoffe hatte (vgl. S. 70). Von etwa 4000 bis 4500 Bewohnern im September 1863 lebten einige Jahre später nur noch 110.

Die indigene Rapa-Nui-Kultur hat gravierende Umweltveränderungen nicht nur überlebt, sondern sehr erfolgreich gemanagt. Erst ein massiver externer Eingriff, die Versklavung, hat die einzigartige Kultur weitgehend zerstört und so auch die Steinmulchung beendet.
(BORK et al., 2004; MIETH & BORK, 2012)

STEINGÄRTEN bei Akahanga im Süden der Osterinsel.

SCHADEN DURCH SCHUTZ

Der Kampf der Venezianer um ihre Wälder

Ohne Wald ging gar nichts im vorindustriellen Europa. Bauern brauchten den Wald für die Gewinnung von Streu und Brennholz und als Waldweide; aus bäuerlichen Niederwäldern kamen Haselstecken für Zäune, Hopfenstangen und Weinberge. Bergwerke und Eisenhütten benötigten Brennholz ebenso wie Salz- und Seifensieder, Glasmacher oder Ziegelhersteller. Ohne Holz kein Bier, keine bunten Stoffe, keine Fahrzeuge. Holz war zudem eine strategische Ressource, ganz besonders für Staaten, die eine Flotte unterhielten. Das beste Holz wuchs sehr langsam: Eichen, die sehr haltbares Holz liefern, erntete man frühestens im Alter von 150 bis 200 Jahren.

Die Archive Europas enthalten zahlreiche Regelungen, Gerichtsakten und gelehrte Abhandlungen über die Nutzung und Vermehrung des Holzes. Waldordnungen zählen zu den wichtigsten Rechtsdokumenten der Vergangenheit. Während Regeln für die Nutzung erlassen werden konnten, Waldfrevel mit strengen Straften bedroht wurde und sich im 18. Jh. die Förster als eigene Expertengruppe konstituierten, wuchs der Wald nach seinen Gesetzen; die Steuerung des Waldwachstums durch Menschen erforderte entsprechend spezifisches, ökologisches Wissen.

Die Geschichte der Republik Venedig erlaubt einen Einblick in die Schwierigkeiten, vor die eine langfristige Holzverwaltung Regierungen stellte. Venedig steht auf Millionen Pylonen aus Eichen- und Lärchenholz; in zwei großen

Speicherbauten hielt die Stadt – unter ständigen Schwierigkeiten – Feuerholz für die etwa 140 000 Einwohner vorrätig. Auch auf der Glasmacherinsel Murano wurden große Mengen Brennholz benötigt. Mit der Modernisierung des Militärwesens nach dem Ende der mittelalterlichen Ritterkämpfe stieg außerdem der Materialeinsatz der Heere beträchtlich. Für den Rumpf eines einzigen Kriegsschiffs wurden 80 Eichen verwendet.

Die Venezianer versuchten ihren Holzbedarf durch Regulierung des Markts zu sichern. Schon im Jahr 1350 wurde dem Arsenal, der militärischen Werft, das Vorkaufsrecht auf alle Eichen auf dem Markt eingeräumt; der Holzpreis wurde reguliert. Ab 1372 wurden Kapitäne bestraft, wenn sie mit gebrochenen Rudern in den Hafen zurückkamen. Ruder wurden aus Buchenholz hergestellt – aus einem besonders guten Buchenstamm konnten geschickte Handwerker gerade einmal sechs Ruder herstellen; schon eine kleine Galeere benötigte aber 180 Ruder. Holz war also knapp, der Bedarf riesig.

Seit dem 14. Jh. vergrößerte sich die Venezianische Republik durch Gebiete auf dem italienischen Festland, die Terraferma. Nun hatte Venedig erstmals eigenen Waldbesitz, den es zunächst ausschließlich über die Regulierung des Markts verwaltete. Der Markt reagierte auf den Bedarf: In großem Stil wurde abgeholzt, besonders entlang der Flüsse, wo der Transport am einfachsten war. Die Venezianer wurden rodungsbedingt mit einer Zunahme an Hochwassern und stark vermehrter Sedimentablagerung in der Lagune konfrontiert. Die Flüsse, auf denen Holz hätte transportiert werden können, wurden durch Sedimentation unpassierbar. Dies, so schrieb schon 1442 der Patrizier Marco Cornaro (1412–1464) in seiner Abhandlung über die Lagune, sei eine Ursache für die Knappheit an Feuerholz in Venedig. Er empfahl – wie schon

EICHENWALD bei **CROCETTA DEL MONTELLO** am Fluss Piave in den Domini di Terraferma in Oberitalien, die vom 15. Jh. bis 1797 zur Republik Venedig gehörten. (*Karte aus dem 17. Jh.*)

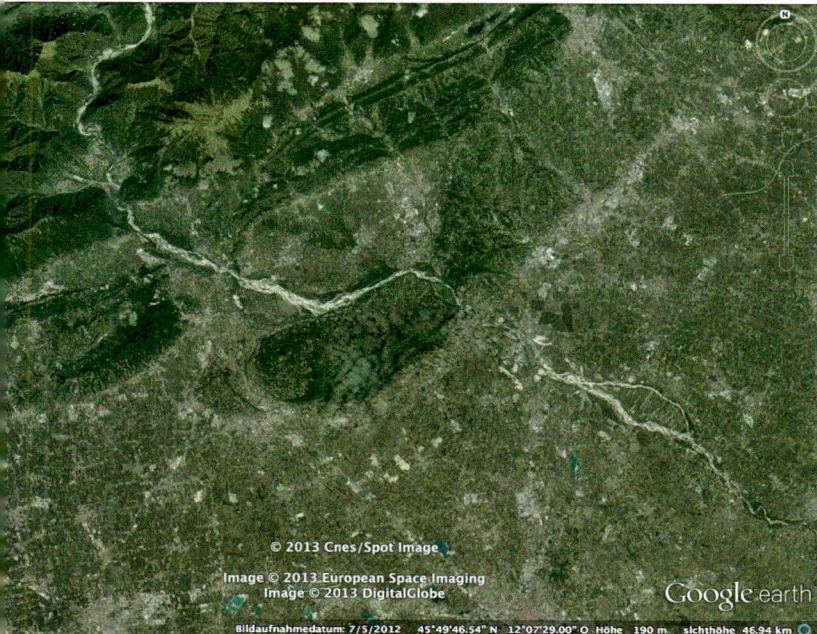

RESTWÄLDER bei CROCETTA DEL MONTELLO
am Fluss Piave im östlichen Oberitalien.
(Google Earth, 2013)

Mehr als 200 Jahre nach der ersten Forstordnung und nach weiteren Verschärfungen der Regulierung – sogar das Sammeln von Totholz war inzwischen verboten worden – kamen die Beamten der Signoria, dem »Ministerium« des Dogen, zum Schluss, dass sie in den Forsten nicht mehr, sondern weniger Ertrag an Eichen erzielten. Sie schoben die Schuld auf die Bauern, die die Wälder entgegen den Verboten genutzt hätten. Diese Ansicht vertrat etwa Leonardo Mocenigo in seinem Lehrbuch der Forsteinrichtung von 1704. Das Gegenteil war der Fall, wie der Vergleich staatlicher und kommunaler Wälder zeigt. Solange die Bauern bei der Nutzung des Waldes als Weide oder zur Feuerholzsammlung Unterholz und Bäume von geringerer Qualität entfernt hatten, war mehr Platz für einzelne Eichen, die dann zu den gesuchten großen Bäumen heranwachsen konnten. Hielten sie sich strikt an die Verbote, sank der Ertrag an Eichen.

Doch auch die Venezianer selbst spielten für den Eichenwald eine Rolle, die sie nicht erkannten. Solange das Arsenal der Venezianer genug Eichen verbrauchte, war der Eichenertrag noch einigermaßen akzeptabel; sobald der Bedarf nachließ, verblieben Unterholz und dünne Stämme, die bei der Eichenernte routinemäßig mit entfernt worden waren, im Wald und erstickten den Nachwuchs junger Eichen, die zu Bäumen für den Schiffsbau herangewachsen hätten können. Je mehr die Venezianer an Eichen sparten, umso schlechter sah es mit dem Nachwuchs aus.

Die immer sorgfältiger geschützten Staatswälder produzierten immer weniger Eichen, während die durch die Regelungen gegen Raubbau geschützten, aber vielfältiger Waldnutzung ausgesetzten kommunalen Wälder mehr Eichen liefern konnten. Die lokalen Administratoren verstanden die ökologischen Zusammenhänge überraschend gut. Bereits 1574 ist in einem Bericht des venezianischen Statthalters von Belluno, Marc'Antonio Miani, an den Senat zu lesen, dass eine Durchforstung nötig sei, weil Stämme minderer Qualität den guten den Raum zum Wachsen nähmen. Miani empfahl, daraus Holzkohle herzustellen und berechnete sogar, wie viel Steuereinnahmen dies erbrächte. Doch sein Wissen und das vieler anderer vor Ort wurde von der zentralen Behörde und den Gesetzgebern nicht zur Kenntnis genommen. Denn dies hätte bedeutet, in den Wäldern des Arsenals anderes als Schiffsbauholz zu ernten – das schien undenkbar. Wie so viele Zentralbehörden in der Geschichte der Nutzung natürlicher Ressourcen waren auch die Venezianer unfähig, lokale ökologische Erkenntnisse für ihre zentralistischen Überlegungen wertzuschätzen.
(APPUHN, 2000)

eine Generation vor ihm ein anonymer Autor – das Ausheben der Wasserwege und die gezielte Aufforstung. Schon 1410 hatte der Doge die Erhebung einer Sondersteuer für die Reparatur von Dämmen und Schleusen an der Livenza bei Legnano dekretiert, weil Hochwasser und Sedimentation sonst den (Holz-)Handel schädigen würden (APPUHN, 2000: 869).

Um die Versorgung mit den für den Schiffsbau unverzichtbaren Eichen zu sichern, richtete der Senat nach Anfängen 1438 im Jahr 1458 eine eigene Behörde ein. Diese »Provveditori ai boschi« sollten nicht nur Zölle erheben, sondern auch den Bootsverkehr überwachen. Gegen Ende des 15. Jh. wurden sie schließlich auch mit der Holzernte betraut. 50 Jahre später waren sie Teil einer großen Zentralbehörde, die auf umfangreichen Inspektionsreisen sogar eigene Kartenzeichner beschäftigte, um den Überblick über die Reserven zu bewahren. Die so mögliche »rationale« räumliche Aufteilung verschiedener Nutzungen sollte über die nächsten Jahrhunderte verfeinert werden. Ab 1569 wurde ein eigenes Eichenkataster geführt, das alle 20 Jahre jede einzelne Eiche verzeichnete.

Im Jahr 1463 wurde ein Teil der Wälder für das Arsenal reserviert und direkter staatlicher Kontrolle unterstellt. Den Kernbereich bildeten Eichenwälder bei Montello, Tannenwälder bei Pieve di Cadore in den Alpen und später auch ein Buchenwald bei Belluno; alle drei lagen verkehrsgünstig an der Piave.

1476 erließ der venezianische Senat dann sechs Regeln für die Nutzung der kommunalen Wälder in seinen Besitzungen auf der Terraferma, denn auch diese sollten Schiffsbauholz liefern. Der Senat verbot den Gemeinden die Waldweide, die Ernte von Feuerholz und das Legen von Feuern, um das Unterholz zu entfernen, und legte einen zehnjährigen Rotationszyklus für die Holzernte fest. Die bäuerliche Bevölkerung, die die kommunalen Wälder nutzte, wurde kriminalisiert, ohne dass die Maßnahmen aus der Sicht der Zentralbehörde Erfolg gezeigt hätten.

IN DEN NACHTTOPF GEBLICKT

Wasser und Fäkalien in japanischen Städten

Sein Regime sollte eine neue Hauptstadt haben. Der Gründer der Tokugawa-Dynastie in Japan, Shogun Ieyasu, befahl 1590 seinem Gefolgsmann Okubo Togoro Tadayuki, dafür eine adäquate Wasserversorgung bauen zu lassen. Tadayuki reiste zu einer kleinen Burg inmitten von Fischerdörfern, dem späteren Edo (heute Tokio), um die Lage zu erkunden. Er fand hier einen Platz in strategisch günstiger Lage – allerdings mit denkbar schlechten Ausgangsbedingungen für die Wasserversorgung. Die künftige Hauptstadt sollte sich auf sumpfigem Marschland am Meer ausbreiten. Doch er löste die schwierige Aufgabe mit Bravour: Das Kanda-System, das er bauen ließ, leitete das Wasser einer östlich der Stadt gelegenen Quelle über offene Aquädukte zur Stadtgrenze und von dort weiter in unterirdischen gemauerten oder hölzernen Leitungen – insgesamt über eine Länge von mehr als 66 km.

Über 3000 Versorgungsleitungen verteilten das Wasser der Inokashira-Quelle in der Stadt. Das großartige System erreichte aufgrund des außerordentlich starken, vom Shogun erzwungenen Bevölkerungswachstums von Edo bereits Mitte des 17. Jh. seine Kapazitätsgrenze. 1652 musste eine neue Leitung gebaut werden. Diesmal wurde der Fluss Tama angezapft. Über 80 km war das neue Leitungssystem lang, das bis zum Eingang des Shogun-Palastes mehr als 40 km Entfernung überwand (STEELE, 2000).

1657 brannten zwei Drittel der Stadt Edo ab. Beim Wiederaufbau wurden vier neue Wasserleitungen angelegt. Doch kehrte man bis zur Mitte des 19. Jh. zu den beiden alten Systemen zurück, wohl wegen der besseren Wasserqualität. Strenge Nutzungsregelungen sorgten für einen sparsamen Umgang mit dem kostbaren Gut. Das System war denjenigen anderer japanischer Städte weit überlegen. Edo ist auch deswegen ein Sonderfall, weil die Wasserversorgung vom Hof des Shogun gemeinsam mit der Stadtverwaltung geplant und gebaut wurde.

Menschen in Städten müssen stets aus dem Umland versorgt werden – es geht nicht ohne Trinkwasser, Nahrung und Heizmaterial. Sie brauchen auch eine verlässliche Entsorgung. Wird Wasser in eine Stadt geleitet, entsteht Abwasser, für dessen Ableitung eine eigene Infrastruktur nötig ist, wie auch die »Cloaca maxima« des antiken Rom zeigt.

Die ältesten archäologisch nachgewiesenen Toilettenanlagen in Japan stammen aus dem 8. Jh. n. Chr. Administrative Dokumente aus dieser Zeit belegen, dass es im Herrscherpalast Toiletten mit einer Art Spülung durch extra eingeleitetes Wasser gab; Gefangene mussten am Morgen nach regnerischen Nächten die angesammelten Fäkalien entfernen. Bereits aus dieser Zeit existieren Dokumente, die die Applikation von menschlichen Exkrementen auf 16 von 25 Gartenpflanzen des nördlichen Residenzgartens der damaligen Fujiwara-Hauptstadt belegen. Ab dem 13. Jh. ging man an vielen Orten dazu über, die Fäkalien systematisch als Düngemittel zu sammeln. Der Jesuit Luis Frois,

HANDARBEIT beim DRESCHEN VON REIS in Japan. (*Postkarte, vermutlich vor 1930*)

der im 16. Jh. Japan bereiste, berichtete, dass Bauern in die Städte kamen, um Exkremente zu sammeln. (MATSUI, 2003)

Am frühneuzeitlichen Osaka und Edo lässt sich der Kreislauf der Pflanzennährstoffe genauer verfolgen. Nur 15 % der Fläche der gebirgigen Insel Honshū sind überhaupt für Landwirtschaft geeignet, guter Boden und Dünger waren hier knapp. Je mehr Mieter im frühen 18. Jh. in einem Haus in Osaka lebten, desto weniger Gesamtmiete war für das Haus zu zahlen – ein für Mitteleuropäer vollkommen unerwarteter Zusammenhang, der sich jedoch aus dem Wert von Fäkalien erschließt. Der Eigentümer hatte das Recht auf die festen Ausscheidungen seiner Mieter. Zehn Haushalte erbrachten pro Jahr etwa einen halben Gold-Ryo – die Hälfte der Summe, die man für eine Jahresversorgung einer Person mit Reis oder anderem Getreide rechnete. Je mehr Mieter, desto mehr Ausscheidungen, desto geringer konnte die Gesamtmiete sein. Den Urin durften die Mieter selbst verwerten; er hatte trotz seines hohen Nährstoffgehaltes wegen der komplizierteren Handhabung geringeren Wert.

Abnehmer für die Fäkalien und den Urin kamen aus den umliegenden Dörfern. Zwischen den Einwohnern von Yamazaki und Takatsuki kam es im Sommer 1724 gar zum Kampf um das Recht, Fäkalien in Osaka zu sammeln. Das Recht der Entleerung der auf den Straßen aufgestellten Urinsammelbehälter vergab der Magistrat von Osaka an die Einwohner des weiter entfernten Watanabe, die trotz Sabotage und Kaufanboten auf ihrem Recht beharrten. Mitte des 18. Jh. waren Fäkalien in Osaka so wertvoll, dass ärmere Bauern sie sich kaum leisten konnten. Diebstähle nahmen trotz strenger Strafen zu.

Das Geheimnis hinter dieser verblüffenden Geschichte kann nur durch einen Blick in die Bauernhöfe gelüftet werden: In der japanischen Landwirtschaft gab und gibt es kaum Vieh. Dünger konnte daher fast nur aus menschlichen Exkrementen kommen. Daher war er so rar und kostbar. In den ersten Jahrzehnten nach der Gründung war die Situation in Edo offenbar nicht so dramatisch wie in Osaka. Die Fäkalien der Adelssitze in Edo wurden später jährlich an interessierte Bauern versteigert, gegen Naturalien oder Geld. Es war bekannt, dass die Nährstoffgehalte der Exkremente von der Nahrung abhingen, die Düngerverwendung wurde in Handbüchern beschrieben. Letztlich bestimmten die Transportkosten, wie weit städtische Exkremente über Land transportiert werden konnten. Eigene Fässer, von denen je zwei mit Stangen zusammengebunden auf der Schulter getragen werden konnten, dienten dem Transport. Bezahlt wurde von den Bauern meist mit Reisstroh und landwirtschaftlichen Produkten. Der Preis schwankte je nach Saison, im Winter waren die Exkremente am billigsten. (TAJIMA, 2007)

In der Hauptstadt Edo wurde aus ästhetischen Gründen der Urin der Spaziergänger nicht wie in Osaka in Behältern auf der Straße eingesammelt. Ein Geschäftsmann, der 1789 eine Petition für ein Sammelsystem einreichte, begründete es mit glasklarer ökonomischer Logik: Könnte man den Urin sammeln, der an Straßen versickerte, würde durch die gesteigerte Menge an Dünger dessen Preis sinken: Dann könnten Bauern mehr Dünger verwenden, die Ernten würden ansteigen und die Preise für Nahrungsmittel generell sinken. Der Mann sah im Urin eine Geschäftsidee.

Heute sehen wir die epidemiologischen Effekte: Cholera kam erst im 19. Jh. nach Japan. In Edo und Osaka gab es kein durch Fäkalien verschmutztes Trinkwasser, wie es in Europas Städten zu dieser Zeit gang und gäbe war. Zu dieser erfreulichen Situation trugen religiös motivierte Reinlichkeitsvorstellungen bei. Der portugiesische Jesuit João Rodrigues, in Japan »Tçuzu« (Übersetzer) genannt, beschrieb die Hygienevorrichtungen mit Bewunderung: Nach dem Aufsuchen des Abtritts, der nach jeder Benutzung gereinigt wurde, wusch man sich die Hände. (COOPER, 1973)

BODENVORBEREITUNG UND UMSETZEN VON REIS IN JAPAN
von menschlicher Hand. (*Postkarte, vermutlich vor 1930*)

Die Verwendung menschlicher Fäkalien hat allerdings eine negative Auswirkung: Parasiten werden ebenso im Kreislauf geführt wie Nährstoffe. Da japanische Bauern aber niemals frische Fäkalien verwendeten, weil diese als gefährlich galten, sondern sie mindestens einen Monat lagerten, konnte diese Nebenwirkung in Grenzen gehalten werden. Archäologische Ausgrabungen zeigen aber die weite Verbreitung von Parasiten wie dem Spulwurm bereits im 8. Jh. n. Chr. (MATSUI, 2003).

Im 17. und 18. Jh. war Edo mindestens so groß wie das damals größte urbane Zentrum Europas: London. Auch Osaka war mit über 400 000 Einwohnern Ende des 18. Jh. eine Metropole. Sanitär waren die japanischen Großstädte den europäischen weit überlegen. Die Gründe dafür sind aber nur zum Teil in den Städten zu suchen. Solange japanische Felder der Fäkalien der Menschen bedurften, gab es einen funktionierenden Markt. Der kostbare Dünger war viel zu wertvoll, um ihn in den Boden zu leiten. Daher blieb Trinkwasser aus Brunnen hygienisch unbedenklich. Diese Wirtschaftsweise kann nach heutigen Kriterien als wegweisend und nachhaltig gelten.
(HANLEY, 1987)

PICKING ORANGES IN FLORIDA—F102

Gustaf von Paykulls naturaliesamling transporteras till Stockholm 1820

WALL OX · SXBY

READY MADE FARMS IN WESTERN CANADA

GET YOUR HOME IN CANADA
FROM THE
CANADIAN PACIFIC

SPECIAL FARMS ON VIRGIN SOIL
NEAR THE RAILWAY
AND CLOSE TO SCHOOLS, MARKETS, CHURCHES &c.
ARE PREPARED EACH YEAR FOR
BRITISH FARMERS OF MODERATE CAPITAL
PAYMENTS IN EASY INSTALMENTS
FOR FURTHER PARTICULARS APPLY:—

oben **ORANGENERNTE IN FLORIDA.** Die Spanier brachten die Orange aus Asien bereits im 16. Jh. nach Florida. (*Postkarte, gelaufen 1947*)

rechts **GEBRAUCHSFERTIGE FARMEN** in West-Kanada. Werbeplakat der Canadian Pacific Eisenbahngesellschaft.

unten 1820 wird die große **NATURALIENSAMMLUNG** des schwedischen Freiherrn und Entomologen Gustaf von Paykull nach Stockholm zur Königlichen Schwedischen Akademie der Wissenschaften transportiert. Sie umfasste 80 Säugetierarten, 1362 Vogelarten und etwa 8600 Insektenarten. Gemälde von Gunnar Brusewitz. (*Naturhistorisches Museum, Stockholm*)

2.3 Transport, Handel und Umwelt

Von den vielen Technologien, die Menschen im Laufe der Jahrtausende erfunden haben, sind Transporttechnologien jene mit den größten Wirkungen auf Ökosysteme. So reisten mit den Europäern Tiere, Pflanzen und Mikroben über die Weltmeere. Diesen Handkoffer mit Lebewesen hat Alfred Crosby bereits 1972 als Grund dafür identifiziert, dass es »Neo-Europas« gibt. Aus Europa eingeschleppte Erreger von Pocken, Masern und weiteren Krankheiten dezimierten indigene Bevölkerungen Amerikas, Australiens und Neuseelands so sehr, dass die Nachkommen zunächst zahlenmäßig weit unterlegener europäischer Siedler heute dort die Mehrheit stellen.

Erreger von Viehseuchen waren ständig mit Nutztieren unterwegs. Schon im frühneuzeitlichen Europa wurde Vieh über weite Strecken gehandelt. Um die Ausbreitung von Seuchen zu verhindern, wurden Quarantänestationen errichtet und der Handel reglementiert. Der Aufwand dafür war beträchtlich und doch verbreiteten sich Viehseuchen immer wieder über Handelswege.

Eingeführte Pflanzen- und Tierarten prägen Kulturlandschaften. Die Geschichte der Baumwolle steht stellvertretend für viele. Ob Gummi, in dessen späterem Hauptanbaugebiet Malaysia der Anbau des aus Südamerika stammenden und über die Drehscheibe Kew Gardens (London) eingeführten Kautschukbaums erst Ende des 19. Jh. begann, oder Mais aus Amerika, ob ostasiatische Soja, die Ende des 18. Jh. in die USA gelangte, oder Kaffee, dessen Varietäten »Robusta« und »Arabica« aus Afrika kommen und von Menschen über die Tropen verbreitet wurden – sie alle veränderten die sozialen, ökonomischen und ökologischen Systeme, in die sie transportiert wurden.

Auf Galápagos ist der devastierende Effekt von invasiven, vom Menschen eingebrachten Tierarten besonders deutlich. In Australien wurden besonders viele Experimente mit eingebrachten Arten unternommen. Ein durch den Kontinent gezogener, letztlich wirkungsloser Kaninchenzaun ist sichtbarer Beweis für den Aufwand, den unbedachtes Freisetzen von Arten nötig machen kann.

Auch in Gewässern können eingebrachte Arten dramatisch wirken – gleich ob sie als blinde Passagiere unabsichtlich oder für den Handel absichtlich in Seen und Flüsse gelangen. Das Ökosystem des Victoriasees in Zentralafrika wurde durch den Besatz mit Nilbarschen tief greifend verändert. Endemische Arten starben aus, Wasserhyazinthen wuchsen ungestüm. Der See gilt als destabilisiert, die Lebensgrundlage der Bevölkerung ist gefährdet. Am Export verdienen nur wenige.

Der erste interkontinental gehandelte Dünger war peruanischer Vogelguano – nährstoffreiches Exkrement von Seevögeln auf Inseln vor der Küste Perus. Um durch Management der Vogelpopulationen die Bildung frischen Guanos zu steigern, wurden Experten von weither eingeladen. Nach anfänglichen Erfolgen brach die Seevogelpopulation zusammen, als mit der Einführung der Sardinenfischerei

Der größte Kran und das größte Schiff der Welt im **HAMBURGER HAFEN**. *(Postkarte, gelaufen am 21.2.1914)*

der Mensch zum Nahrungskonkurrenten der Vögel wurde. Da hatte synthetischer Mineraldünger den Guano aber bereits abgelöst.

Von 1985 bis 2011 wuchs die Tonnage im Weltseehandel um mehr als 230 %. Viele Schiffe fahren nur in eine Richtung mit Ladung. Um stabil zu bleiben, füllen sie ihren leeren Bauch mit Ballastwasser, das in dem Hafen, in dem sie neue Ladung aufnehmen, abgelassen wird. Die im Ballastwasser reisenden, oft konkurrenzstarken blinden Passagiere breiten sich in fremden aquatischen Ökosystemen, in denen sie nicht auf spezialisierte Feinde treffen, auf Kosten lokaler Arten aus.

Die mikrobielle Homogenisierung der Welt und die durch Transport und Handel verursachten Invasionen greifen in die Evolution ein. Sie verwandelten Ökosysteme; oft sind die Änderungen für Menschen nachteilig. Dieser Prozess begann mit der Ausbreitung von Getreide aus dem fruchtbaren Halbmond des Nahen Ostens im Zuge der Neolithisierung und wurde durch die koloniale Expansion europäischer Mächte in der frühen Neuzeit bereits massiv beschleunigt. Die Verfügbarkeit fossiler Energie für Eisenbahn, Dampfschiff, Pkw, Lkw und Flugzeug führte zu globalen Transfers in nie gekanntem Ausmaß und mit einer Geschwindigkeit, die heute auch sehr empfindlichen Arten weite Reisen ermöglicht.

Nicht nur der Gütertransport, auch Touristen bewirkten Transformationen an den Destinationen. Diesen zeigt das Beispiel der touristischen Umgestaltung von Landschaft und deren Einfluss auf Jagdpraxis und Leben der indigenen Bevölkerung am Banff-Nationalpark in Kanada.

Das **EISENBAHNNETZ** 1838, 1848 und 1858 im westlichen Gebiet des
Deutschen Zollvereins sowie 1875 im westlichen Deutschen Reich.

1838, 1848 und 1858
kräftig grün: Gebiet des Deutschen Zollvereins;
hellgrün: nicht zum Zollverein gehörende spätere Beitrittsgebiete

1875
Gebiet des Deutschen Reiches

Aus China kommend, wurden **SOJABOHNEN** (*Glycine max*) in Nachbarländer transferiert und um 1200 nach Indien. Sojabohnen trafen 1729 in Frankreich ein und wurden im Jardin des Plantes in Paris gepflanzt, 1790 in den Royal Botanic Kew Gardens (London). Ein pensionierter Seemann transferierte schon 1765 Sojabohnen nach Savannah in Georgia (Britisch-Amerika). Mitte des 19. Jh. sollen Sojabohnen als Futterpflanze von Indonesien über die Niederlande in den mittleren Westen der USA gelangt sein.

MAIS (*Zea mays*) ist eine einfach kultivierbare ertragreiche Kulturpflanze, die seit über 7500 Jahren in Mexiko angebaut wird. Bald nach der Entdeckung Amerikas brachten Spanier Mais in den Mittelmeerraum, in ihre Kolonien in Amerika und auf den Philippinen; die Portugiesen transportierten ihn nach Westafrika und später wohl auch nach Ostafrika und auf die Insel Réunion. Der ausgedehnte Anbau von Mais trug wesentlich zum starken Bevölkerungswachstum im 20. Jh. in Afrika bei.

Die **KAFFEE**art *Coffea arabica* stammt wahrscheinlich aus dem südäthiopischen Hochland. Von hier gelangte sie in das Hochland Jemens, wo die Kultivierung wohl schon im ersten Jahrtausend begann. Im 16. Jh. war Kaffee als Getränk auf der Arabischen Halbinsel, bis nach Kairo und Konstantinopel bekannt. Um 1600 kam Arabica-Kaffee in Indien und Sri Lanka an und vor 1700 in Niederländisch Ostindien (dem heutigen Indonesien). Die Venezianer führten Arabica-Kaffee in Europa ein. Nachdem er 1643 Paris erreicht hatte, entstanden dort binnen eines halben Jahrhunderts etwa 250 Kaffeehäuser. 1650 öffnete das erste englische in Oxford, 1685 das erste in Wien. Die Niederländer sandten Arabica-Kaffee in den Botanischen Garten von Amsterdam; ab 1718 kultivierten sie die Abkömmlinge eines Arabica-Kaffeestrauches aus Amsterdam in Surinam. Von dort wurde Arabica-Kaffee nach Französisch-Guayana, in die Karibik, nach Mittelamerika und in den Nordwesten Südamerikas gebracht. Ein erheblicher Teil der heutigen Kaffeeproduktion in der Neuen Welt verdanken wir den Nachkommen des Kaffeestrauches aus Amsterdam.

Die Art *Coffea canephora*, bekannt als Robusta-Kaffee, kommt ursprünglich aus dem Kongobecken und dem ostafrikanischen Tiefland. Nachdem Arabica-Plantagen im späten 19. Jh. verbreitet von Blattrost befallen worden waren, begann die kommerzielle Kultivierung und Verbreitung der gegen Blattrost resistenten Art *Coffea canephora* in Südamerika und Südost-Asien.

Bis in das frühe 20. Jh. wurde nahezu der gesamte weltweit genutzte **NATURGUMMI** wilden Kautschukbäumen (*Hevea brasiliensis*) im Amazonasbecken entnommen. Da Gummiprodukte für Elektrizitätsprodukte, Fahrräder und Autos unersetzlich waren, explodierte der weltweite Bedarf bald. In Kew Gardens aus brasilianischen Heveasamen gezogene Setzlinge wurden 1878 nach Sri Lanka, Singapur und Java gebracht. Bedeutende Pflanzungen von Kautschukbäumen begannen auf der Malaiischen Halbinsel und Singapur Ende des 19. Jh. Bald darauf wurde Malaya (heute Malaysia) zum bedeutendsten Kautschukproduzenten. Der Kautschukstrauch wird auch in einigen Ländern Afrikas angebaut, jedoch nur in Liberia mit gewissem Erfolg.
(Natural History Museum, 2013; http://www.nhm.ac.uk/nature-online/life/plants-fungi/seeds-of-trade/page.dsml?section=crops)

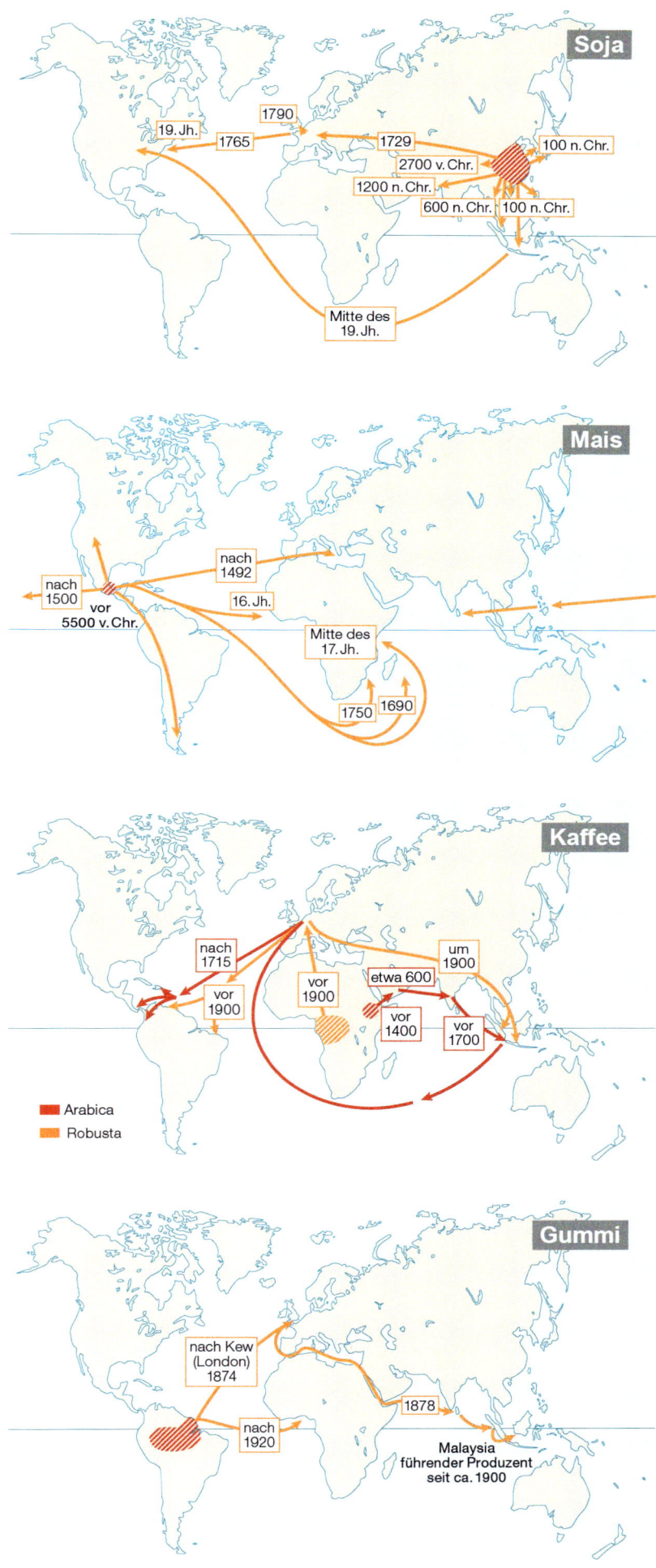

BAUMWOLLE EROBERT DIE WELT

Die Faser der Industriellen Revolution

Seit Jahrtausenden transportieren Menschen Pflanzensamen von Region zu Region. Gezielte Pflanzentransfers ermöglichten die polynesische Kolonisierung Pazifischer Inseln und später koloniale Eroberungen in Afrika, Asien und der Neuen Welt durch Europäer. In der zweiten Hälfte des 20. Jh. setzten international agierende Unternehmen wenige Hochleistungssorten in vielen Regionen der Erde durch; einheimische Sorten wurden so verdrängt. Drei Viertel der genetischen Diversität der Kulturpflanzen gingen verloren. Von etwa 30000 verzehrbaren Kulturpflanzenarten werden heute nur 30 Arten genutzt, um 95 % der Nahrungsmittelenergie für Menschen zu erzeugen. Mehr als die Hälfte davon kommt aus Reis, Weizen, Mais und Hirse. (IPBES, 2013)

Doch Pflanzen sind nicht nur Grundlage der Ernährung, sondern auch unserer Kleidung. Eine der Pflanzengattungen, deren Verbreitung erhebliche soziale und gesundheitliche Auswirkungen auf Menschen und bedeutende Umweltveränderungen zur Folge hatte, ist die Baumwolle, botanisch *Gossypium*. In den natürlichen Ökosystemen der Subtropen und Tropen gediehen mehrere Dutzend Baumwollarten. Es sind Kräuter oder Sträucher mit giftigen, kugeligen Samenkapseln, die etwa 1,5 bis 5 cm lange, zumeist weiß-graue Samenhaare enthalten: die Baumwollfasern. Diese bestehen aus zahlreichen gedrehten Zelluloselagen. Die längeren können zu dünnen, reißfesten, langlebigen und hautfreundlichen Baumwollfäden gesponnen werden, die Schmutz und ölige Flüssigkeiten aufnehmen und wieder abgeben können.

Schon früh erkannten Menschen den Nutzen der Faserpflanze. Mehrere Baumwollarten wurden offenbar unabhängig voneinander in Asien, Nord- und Südamerika domestiziert und als einjährige Pflanzen kultiviert. Wohl bereits um etwa 5000 v. Chr. bauten Menschen den Baumwollstrauch *Gossypium hirsutum* auf der Yucatán-Halbinsel in Mittelamerika und die ausdauernde Art *Gossypium barbadense* in den westlichen peruanischen Anden an. Spätestens um 3000 v. Chr. wurde in Indien *Gossypium arboreum* domestiziert. Schon um 650 v. Chr. gelangte sie von dort nach Vorderasien und weiter nach Nordostafrika und Südosteuropa.

Gossypium barbadense breitete sich im 17. Jh. von Peru bis Nordargentinien aus. Samen dieser Art wurden 1786 von Westindien nach South Carolina (USA) gebracht und hier zu der einjährigen Varietät »Sea Island Cotton« gezüchtet. Ihr Anbau erfolgte in den Küstenräumen von North und South Carolina, Georgia und Florida. *Gossypium barbadense* wurde auch aus der Karibik und von Ostbrasilien nach Westafrika gebracht, wo diese Art später die Basis des nigerianischen Baumwollanbaus bildete. Einige Pflanzen gelangten um 1820 – möglicherweise entlang von Sklavenhandelswegen – in den Sudan und in das ägyptische Niltal. 1850 wurden sie dort mit einjährigem »Sea Island Cotton« gekreuzt. So entstand eine haltbare einjährige Sorte, die bewässert werden konnte und einen höheren Preis erzielte als transatlantische Baumwolle. *Gossypium hirsutum* wurde dagegen bereits vor 1700 nach Westafrika eingeführt und südlich der Sahara verbreitet sowie um 1700 in die britischen Kolonien im Südosten Nordamerikas gebracht. Dort gedieh sie im Binnenland als »Upland Cotton« prächtig.

1793 entwickelte der Bauernsohn und Erfinder Eli Whitney offenbar mit Unterstützung der Plantagenbesitzerin Catherine Littlefield Green eine Entkörnungsmaschine (»Cotton Gin«), die den entscheidenden Engpass bei der Baumwollverarbeitung beseitigte und die Trennung der Baumwollfasern von den Samenkapseln und den Samen 50-mal schneller machte. Der Preis für Baumwolle sank daraufhin stark.

In England verbilligten mit Wasserkraft und später mit Dampfkraft betriebene Spinn- und Webmaschinen den Preis des Baumwolltuches der weltweit führenden englischen Textilindustrie weiter. Die nordamerikanischen und britischen Erfinder hatten derart günstige Verarbeitungsbedingungen geschaffen, dass ab 1840 mehr als die Hälfte des globalen Bedarfs an Baumwolltuch im englischen Lancashire unter Verwendung von Rohbaumwolle aus dem Südosten der USA produziert

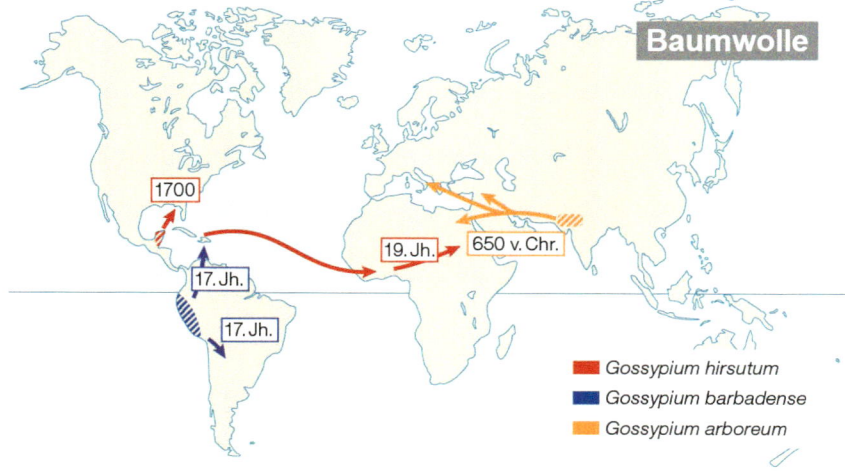

Baumwolle

Gossypium hirsutum
Gossypium barbadense
Gossypium arboreum

1700 · 17. Jh. · 17. Jh. · 19. Jh. · 650 v. Chr.

Geschichte unserer Umwelt

werden konnte. Diese Erfindungen waren zweifellos wichtig für die Massenproduktion von Baumwolltuch, es wird ihnen auch eine entscheidende Rolle bei der Industriellen Revolution zugesprochen. Doch ohne den massiven und brutalen Einsatz afroamerikanischer Sklaven auf den Baumwollfeldern hätte die Produktion im Südosten der USA nicht entscheidend gesteigert werden können. Der amerikanische Bürgerkrieg schnitt dann in den frühen 1860er-Jahren den Nachschub der US-Baumwolle nach England ab. Dadurch wurden Baumwollanbau und -verarbeitung in vielen anderen Gebieten der Erde stimuliert.

1892 wurde der Baumwollkapselkäfer (*Anthonomus grandis*) – von Mexiko kommend – zum ersten Mal in den USA gesichtet. 1920 waren alle Baumwollanbaugebiete in den USA infiziert; der Schädling breitet sich mit einer Geschwindigkeit von bis zu 190 km im Jahr aus. Die Ökonomie der Südstaaten war völlig auf Baumwolle zentriert. Der Schädlingsbefall hatte daher einen umfassenden Einfluss auf die sozialen und wirtschaftlichen Verhältnisse und veränderte die Region tief greifend. Doch kaum war nach dem Zweiten Weltkrieg das Insektizid DDT verfügbar geworden, wurde es in großem Stil auf Baumwollplantagen ausgebracht. Mitte der 1950er-Jahre war der Käfer dagegen resistent geworden, die Erträge sanken wieder. In den 1970er-Jahren entwickelte die amerikanische Regierung ein Programm der integrierten Schädlingsbekämpfung, in dem Pheromonfallen eine wichtige Rolle spielen. Mit diesen Pflanzenhormonen können Käfer angelockt werden. Dazu kommen chemische Schädlingsbekämpfungsmittel und das Unterpflügen der Baumwollpflanzenreste, um ein Überwintern der Insekten zu verhindern. Baumwollfelder werden heute in den USA genauestens überwacht, um bei Schädlingsbefall sofort eingreifen zu können. Die USA haben durch ihr integriertes Monitoringprogramm den Verbrauch an Schädlingsbekämpfungsmitteln drastisch gesenkt und in einigen Gegenden den Käfer praktisch ausgerottet. Das »International Cotton Advisory Committee« bemüht sich um Wissenstransfer und Empfehlungen, doch wird es immer wieder zu Schädlingsproblemen kommen, solange es großflächige Monokulturen gibt. (SMITH, 2007; LANGE & RHODE, 2009)

Etwa jede zehnte Tonne der Gesamtmenge weltweit produzierter Pestizide wird heute auf Baumwolle ausgebracht, vor allem zur Bekämpfung der Schädlinge. Einige mechanisierte Großbetriebe, die zum Beispiel in Texas niedrig wachsende und daher besser gegen Sturmschäden geschützte Sorten anbauen (»Storm Proof Cotton«), nutzen Entlaubungsmittel, um vor der Ernte das grüne Kraut abzutöten und so eine Ernte mit Pflückmaschinen zu ermöglichen. Geringe Lohnstückkosten gehen hier vor Qualität, da handgepflückte Baumwolle meistens bessere Qualität

aufweist als maschinengeerntete, die auch unreife, überreife und verschmutzte Samenkapseln enthält.

Baumwollverarbeitung um 1900 in Deutschland

Einen großen Aufschwung verzeichnete die Baumwolle verarbeitende Industrie in der zweiten Hälfte des 19. Jh. auch in Mitteleuropa. Im frühen 20. Jh. arbeiteten im Deutschen Reich Menschen an 236 000 Baumwollwebstühlen und mit etwa 10 Millionen Spindeln. 1906 wurden 447 243 Tonnen Rohbaumwolle in das Deutsche Reich eingeführt. (Meyers Großes Konversations-Lexikon, 1909)

Der industrielle Anbau von Baumwolle geht mit weiteren erheblichen Umweltbelastungen einher. Obwohl der Wasserbedarf von Baumwolle hoch ist, wird sie seit dem 19. Jh. auch in subtropischen Trockengebieten angebaut. Wasser des Nils wird auf ägyptische und sudanesische Baumwollfelder geleitet. Der von der Regierung der Sowjetunion verfügte Aufbau eines gigantischen Baumwollanbausystems auf bewässerten Großfeldern in den ehemaligen Sowjetrepubliken Usbekistan, Turkmenistan und Kasachstan bewirkte durch die Entnahme von Bewässerungswasser aus den Zuflüssen Amudarja und Syrdarja die dramatische Schrumpfung des Aralsees und erhebliche Veränderungen nicht nur des regionalen Klimas seit den 1960er-Jahren (vgl. S. 118). Etwa 60 000 Fischer mussten ihre angestammten Siedlungen am Ufer des Aralsees verlassen. Viele wurden mangels Alternativen auf den Baumwollplantagen tätig. (BAINES, 1835; WENDEL et al., 2010)

BAUMWOLLERNTE durch Afroamerikaner in den USA. (*Postkarte ca. 1915–1930*)

VIEHHANDEL UND VIEHSEUCHEN

Risikomanagement im frühneuzeitlichen Europa

In der traditionellen Landwirtschaft hatten Nutztiere viele Funktionen: Ihre Arbeitskraft war auf den Feldern ebenso nötig wie ihre Verdauungsprodukte, die als wertvoller Dünger unverzichtbar waren. Neben Nahrung lieferten sie auch viele Rohstoffe, etwa Wolle, Leder oder Horn. Tierseuchen waren daher eine große Bedrohung für die alteuropäischen Agrargesellschaften. Im Alten Testament (Ex. 9,1–12) ist als eine der ägyptischen Plagen eine Viehseuche beschrieben; der römische Dichter Vergil schilderte in den »Georgica« eine Tierseuche mit dramatischen Worten.

Der römische Dichter Vergil über eine schreckliche Viehseuche

Grimmvoll tobt und ans Licht aus stygischen Nächten gesendet,
Treibt vor sich die blasse Tisiphone Seuchen und Angst her,
Höher mit jedem Tag ihr gieriges Antlitz erhebend.
Jammergeblök der Herden und häufiges Brüllen erschallet
Ström' und trockene Ufer entlang und Flächen der Berge
Und schon wütet in Scharen die Würgerin; selbst in den Ställen
Häuft sie die Leichen empor, von gräßlichem Moder zerfallen,
Bis man mit Erde zu decken sie lernt und in Gruben zu bergen.
Denn nicht war zum Gebrauche die Haut und die Menge des Fleisches, ...
(VERGIL, Georgica, 3, 551–559)

Viehseuchen wirkten sich auf die wirtschaftliche Situation der Viehhalter massiv aus, da in den Herden ein Gutteil des agrarischen Kapitals gebunden war. Seuchen beeinflussten Handel und Gewerbe und bewegten deshalb die Gesellschaft. In der Frühen Neuzeit avancierte ihre Bekämpfung oder zumindest Eindämmung zu einem zentralen Anliegen vieler europäischer Staaten.

Magische Praktiken, Pülverchen und Tinkturen zweifelhafter Zusammensetzung – vom immerhin desinfizierend wirkenden, wenn auch giftigen Antimon über den Absud von Ameisenhaufen und Heusamen bis zu Bußen und Wallfahrten – sollten gegen die Viehseuchen helfen, deren Ursache bis zur Entdeckung der Krankheitserreger im Dunkeln blieb. Viele dieser Mittel blieben wirkungslos. Wie Kai Hünemörder zeigen konnte, war die Haltung der Obrigkeit zu diesen Praktiken keineswegs ablehnend: »In Norddeutschland wurden gegen die ›wahre Hornviehseuche‹ seit der ersten Seuchenwelle der 1710er-Jahre Hunderte überlieferter Hausrezepte erprobt. Die Landesadministrationen beförderten dies sogar noch, indem sie Rezepte sammeln und publizieren ließen. So empfahl Preußen 1745 in einem einzigen Avertissement gleich 26 verschiedene Rezepte. [...] Friedrich II. [setzte] 1000 Ducaten auf ein wirksames Heilmittel gegen die Rinderpest aus. Unter den zahlreichen Einsendungen, die vom Generaldirektorium und Collegium Sanitatis bewertet und getestet wurden, befanden sich keineswegs nur des Aberglaubens unverdächtige Mittel. Im Ergebnis gelang es niemandem, die Wirkung seines Wundermittels durch ›bewährte Proben‹ zu beweisen.« (HÜNEMÖRDER, 2007: 25)

Als wirksam erwiesen sich Viehbeschau, Quarantäne und Einfuhrbeschränkungen. Die »Nachfahren« der damals erstmals eingesetzten Experten sind die Amtstierärzte, zu deren Kernaufgaben es bis heute zählt, die Ausbreitung von Tierkrankheiten zu verhindern. Quarantäne, die Abschottung infizierter Personen oder Tiere, war eine erfolgreiche, wenn auch oft schwer durchsetzbare Maßnahme. Das Wort stammt vom italienischen »quaranta« (auf Deutsch: vierzig) – so viele Tage dauerte die Anhalteperiode für Personen, die unter dem Verdacht standen, eine infektiöse Krankheit einzuschleppen. Im Januar 1748 verfügte der Provveditore generale, der venezianische Gouverneur des norditalienischen Friaul, dass acht Patrouillenboote nachts den Isonzo absichern mögen. Niemand sollte im Schutz der Dunkelheit den Fluss überqueren. Soldaten sollten in Wald und Flur nach Anzeichen von Eindringlingen suchen, alle Straßen wurden blockiert. Ziel dieser Anordnungen war nicht etwa ein feindliches Heer, sondern Vieh aus Ungarn. Eine Atemwegserkrankung war unter den Rindern im Friaul ausgebrochen und der Verdacht richtete sich auf importiertes Vieh als Überträger. Auch im Land musste der Seuche, wenn möglich, Einhalt geboten werden. Die routinierten Beamten brauchten nur zwei Wochen, bis jeder Stall im Friaul auf kranke Tiere untersucht war, schließlich war Ähnliches schon 1710 und 1711 geschehen.

Bereits 1687 war eine große Viehseuche auf venezianischem Territorium ausgebrochen, alle fünf bis zehn Jahre traten danach Seuchen auf. Im venezianischen Hafen von Marghera und auf dem Lido, wo Viehmärkte stattfanden, musste jedes einzelne Tier von einem geschulten Beamten überprüft und freigegeben werden. In der Praxis versuchten die Händler allerdings, möglichst noch vor der Überprüfung zu verkaufen.

Im 18. Jh. hatte der weiträumige Viehhandel von Mitteleuropa nach Süden und Westen ein bis dahin nie gekanntes Ausmaß erreicht. Über Venedig lief der Fernhandel nach Süden. Vieh aus der ungarischen Tiefebene wurde bis nach Neapel gebracht. Gleich, ob die mit Graurindern bestückten Viehweiden der Puszta unter osmanischer oder habsburgischer Herrschaft standen, hier lag das Zentrum der Viehhaltung und von hier aus konnten sich auch Viehkrankheiten ausbreiten.

Venedig hatte damals etwa 120 000 Einwohner. Im Jahr 1792 verarbeitete der Schlachthof in San Giobbe zwischen

Geschichte unserer Umwelt

300 und 350 Rinder pro Woche, also rund 18 000 Tiere pro Jahr. Mehr als 40 000 Stück Vieh durchliefen die beiden venezianischen Quarantäneplätze auf dem Weg in die Küchen und Gewerbebetriebe Norditaliens. Davon kamen 35 000 von außerhalb venezianischen Gebiets, die meisten über den Landweg aus dem europäischen Viehzuchtzentrum Ungarn, der Rest erreichte Venedig auf dem Seeweg. Habsburgische Exporte nahmen den Weg über den Isonzo, osmanische kamen über den Hafen von Zadar nach Venedig. Auch über den Brennerpass durch die Grafschaft Tirol wurde viel Vieh nach Venedig getrieben. Vom Umgang mit Viehseuchen in der Drehscheibe Venedig hingen nicht nur Venedig und sein Hinterland ab, sondern ein Großteil Italiens. Vieh aus verschiedenen Regionen Europas traf in Venedig zusammen, damit waren alle Voraussetzungen für die Ausbreitung von Viehseuchen gegeben. Die »Rinderpest« (der damalige Sammelname für alle Rinderkrankheiten) war im venezianischen Gebiet im 18. Jh. zum immer wiederkehrenden Problem geworden, ein fester Bestandteil ländlichen Lebens, so wie auch in Frankreich, Deutschland und Großbritannien.

Krankheitserreger folgten überall den weiträumigen Bewegungen großer Herden; die zunehmend überregional organisierte Versorgung beförderte die Ausbreitung von Viehseuchen. In Italien gefährdeten diese aber nicht nur die Fleischversorgung. Die italienische Landwirtschaft stützte sich fast ausschließlich auf Rinder als Nutztiere. Daher bedrohte eine außer Kontrolle geratene Seuche nicht nur Fleischkonsum und Milchproduktion, sondern auch die Fähigkeit, das Grundnahrungsmittel Getreide herzustellen. Im Licht dieser zentralen Bedeutung ist es kein Wunder, dass Venedig und andere italische Staaten ein unmittelbares Interesse an der Kontrolle der Verbreitung von Zoonosen entwickelten. Gab es Seuchenverdacht, mussten venezianische Diplomaten im Ausland über den Zustand des dortigen Viehs berichten. Bei begründetem Verdacht wurde ein Handelsembargo ausgesprochen, Grenzen wurden dichtgemacht und das Militär für die Grenzsicherung verwendet.

Die Viehbeschau wurde immer mehr zentralisiert. Die Venezianer übertrugen dem Provveditore alla sanità, jenem Beamten, der für den Umgang mit Pest und anderen menschlichen Krankheiten zuständig war, auch die Aufgabe der Kontrolle von Viehseuchen. Rinder, die an einer Tierseuche gestorben waren, wurden behandelt wie Pestleichen: Die Kadaver mussten in einer nicht weniger als acht Fuß tiefen Grube begraben und mit mehreren Zentimetern Kalk bedeckt werden, ehe die Grube wieder abgedeckt wurde. Der Boden von Ställen, in denen sich tote Tiere befunden hatten, musste abgegraben und mit Kalk und neuer Erde bedeckt werden. Weiden, auf denen betroffene Tiere gegrast hatten, waren für gesunde Tiere bis zum Ende der Seuche tabu. Hygienemaßnahmen wie diese, Quarantäne und Abriegelung des Territoriums blieben wirksame, wenn auch aufwendige Maßnahmen gegen die Verbreitung der Viehseuchen, zu einer Zeit als es weder Impfungen noch Heilmittel gab.

Der Kampf gegen Seuchen war nötig geworden, weil die Ausweitung der Handelsvolumina und der Wege auch den Pathogenen neue Verbreitungsmöglichkeiten erschlossen hatte. Er beförderte administrative Zentralisierung und territoriale Abgrenzung. Wir haben es auch in diesem Fall mit einer gesellschaftswirksamen Nebenwirkung der Wechselwirkung von Natur und Menschen zu tun.
(APPUHN, 2010)

Ein typisches Rezept gegen Viehkrankheiten aus dem 18. Jahrhundert

»Man nimt 2 Pfund reife Wacholderbeeren, trocknet sie in einem ausgeheizten Ofen, auf Stroh oder einem Sieb, langsam und so gelinde, daß sie weder versengt noch verbrannt werden; dann stößt man sie zu Pulver, und siebt sie sorgfältig durch ein Haarsieb, damit keine groben Theile darunter kommen. Unter diese fein gestoßenen Beeren mischt man 1 Pfund pulverisirten grauen Roßschwefel, und 1 Pfund pulverisiertes Antimonium crudum. Diese Masse verwahrt man in einem glasirten Krug, oder in einer gut verkorkten Bouteille.« (OLOFSON, 1790: 477)

Costumbres Campestres - Remate Feria

Traf Vieh auf engem Raum zusammen, etwa bei **VIEHMÄRKTEN**, kam es immer wieder zur Übertragung von Viehseuchen (Argentinien). (*Postkarte, gelaufen am 18.4.1920*)

VÖGEL, FISCHE UND EXPERTEN

Die Geschichte der Guanoproduktion in Peru

Justus von Liebigs (1803–1873) revolutionäre Entdeckung der ertragssteigernden Wirkung von Mineraldünger machten 1840 Stickstoff, Phosphor und Kalium weltweit zu überaus begehrten Substanzen. Guano, ein trockenes Vogelexkrement, enthält diese Elemente in hohen Mengen. In sehr niederschlagsarmen Klimaten kann der Guano sich über Jahrtausende viele Meter hoch an den Landstandorten von Seevögeln anreichern, ohne dass die begehrten Stoffe ausgewaschen werden. Besonders ergiebige Guanovorkommen besaßen daher die südliche Pazifikküste Perus und die vorgelagerten kleinen Inseln. Hier fließt der kalte, nährstoffreiche Humboldtstrom entlang der Küste nach Norden, sein Fischreichtum ernährt viele Seevögel. Unmittelbar nach der Entdeckung Liebigs begann hier die Plünderung der Guanovorkommen. Nach nur vier Jahrzehnten war das »weiße Gold« 1880 weitgehend abgebaut und hauptsächlich nach England exportiert worden. Die Produktion brach zusammen und im Salpeterkrieg (1879–1883) wurden die Gewinne schnell verbraucht.

Nach diesem ökonomischen Desaster suchte die peruanische Regierung nach Wegen, die darniederliegenden Staatsfinanzen zu sanieren. Dafür sollte wiederum Guano dienen. Heute ist bekannt, dass die Zahl der Guanovögel im Wesentlichen vom Nahrungsangebot an Fischen abhängt. Deswegen sinkt ihre Zahl während El-Niño-Ereignissen, einem Klimaphänomen, das in Abständen von mehreren Jahren jeweils über neun bis zwölf Monate zur starken Erwärmung des Meerwassers vor Peru, zu erheblich geringeren Nährstoffgehalten und damit zu einem Abwandern der Fischschwärme und der Seevögel führt.

In der ersten Hälfte des 20. Jh. wurde von der peruanischen Regierung ein ausländischer Experte nach dem anderen beauftragt, Wege zu finden, die Guanoproduktion zu steigern. Deren Empfehlungen hatten weitreichende ökologische Konsequenzen. 1906 wurde der US-amerikanische, auf Austern spezialisierte Zoologe Robert E. Coker (1876–1967) eingeladen, wissenschaftliche Prinzipien zum Schutz und zur Reproduktion von Guanovögeln zu formulieren. Coker war sicher: Wenn die Peruaner aufhörten, sich wie Raubtiere gegenüber den Guanovögeln zu benehmen, und sie als »Haus- und Nutztiere« betrachteten, wäre die Produktion ausreichend. Coker empfahl ein staatliches Monopol. Alle Inseln an der Küste müssten in ein Vogelschutzgebiet umgewandelt werden, private Nutzung müsste verboten werden. Eine Schonzeit sollte eingeführt werden, um die Vögel nicht beim Brüten zu stören; die Inseln sollten maximal jedes zweite Jahr beerntet werden. Coker schätzte auch erstmals den Wert der Vögel ab: Je Brutpaar entstünde Guano im Wert von 15 US-Dollar pro Jahr.

Die lokalen Fischer hatten vorher geglaubt, dass es eine

Guano produzierender **BLAUFUSSTÖLPEL** auf der Galápagos-Insel Floreana.

Art »Abkommen« zwischen den Guanovögeln und den Seelöwen (*Otaria flavescens*) gäbe: Die Seelöwen griffen von unten an und trieben damit die Fische zur Oberfläche, wo die Guanovögel (und die Fischer) sie leicht erreichen konnten. 1896 hatte Peru aufgrund dieses Volksglaubens die Jagd auf Seelöwen verboten. Coker war der Ansicht, dass die Seelöwen keinen Einfluss hätten und daher aus der Sicht der Guanoindustrie keine Bedenken bestehen würden, ihre Häute, ihr Öl, Fleisch und ihre Barthaare ökonomisch zu verwerten. 1910 wurden die Jagd auf Seelöwen wieder erlaubt und in einer einzigen Saison 36 500 Seelöwen erlegt.

Weihnachten 1911 traf als nächster Experte der schottische Forscher Henry O. Forbes (1851–1932) ein. Er lieferte im Februar 1913 einen Bericht ab, der festhielt, dass El Niño, parasitische Insekten und Raubvögel Bedrohungen der Guano liefernden Vögel darstellten, wichtiger aber seien Fehler im Management. Küstenfischer und Guanoarbeiter würden Eier und Küken stehlen; die Ernte durch unabhängige Vertragsnehmer, die kurzfristigen Profit machen wollen, gefährde die Vögel. Eine bewaffnete Wächtertruppe mit Motorbooten sollte eine Sperrzone um die Inseln kontrollieren; die natürlichen Feinde der Guanovögel sollten systematisch vergiftet oder erschossen werden. Auch Empfehlungen aus dem »Forbes-Bericht« wurden umgesetzt. Es gab nun zwar keine Eindringlinge mehr, aber die Wächter selbst wurden zum Problem, denn sie wurden schlecht bezahlt und jagten zur Aufbesserung ihrer Ernährung die Vögel. Wirksam war dagegen der Kampf gegen Raubvögel: Allein im Februar und März 1917 wurden auf den südlichen Inseln mehr als 5000 Möwen geschossen, sie wurden ebenso wie andere Raubvögel systematisch bejagt.

Nach dem El-Niño-Ereignis von 1917 wurden dann die mikroskopischen Parasiten in den Blick genommen. Arbeiter warfen Tonnen von Steinen von den Inseln ins Meer, um Zecken, die unter den Steinen lebten und sowohl Arbeiter wie Vögel bissen, zu eliminieren. Es wurde vermutet, dass die Zecken über ihr Blut Parasiten weitergaben.

In den 1930er-Jahren wurde ein Ornithologe eingeladen, um die Guanoproduktion zu steigern: Der US-amerikanische Ornithologe William Vogt (1902–1968) interpretierte den klimatischen Einfluss von El-Niño-Ereignissen als Ursache von Nahrungsmangel. Die Vögel hungerten, da es weniger Fische gab.

Vogt evaluierte auch die Empfehlungen früherer Experten. Es gab, was er am eigenen Leib spürte, viele Zecken. Denn die Entfernung der Steine hatte auch den Unterschlupf von wesentlichen Räubern der Parasiten beseitigt: Spinnen und Eidechsen brauchen Steine, um ihre Körpertemperatur während des Tages zu regulieren. Er schlug nun vor, Hunderte kleiner »Betonschutzbauten« für die Fraßfeinde zu errichten, um die »natürliche Parasitenkontrolle« auf den Inseln zu unterstützen. Da Vogt auch festgestellt hatte, dass den Vögeln Wind gut tat, sprengte die verantwortliche Compañía Administradora del Guano (CAG) einige der Felsen, die den Wind abhielten. Das bei den Sprengungen abgelöste Gestein wurde zur Errichtung langer Trockenmauern verwendet, die durstige Küken davon abhalten sollten, sich ins Wasser zu stürzen (und darin umzukommen). Erwachsene Vögel sollten sich nicht mehr vom Klippenrand ins Meer stürzen können, da sie dabei ihre Exkremente abließen, die ins Meer fielen, und damit für die Guanoproduktion verloren waren.

Vogt hatte festgestellt, dass Nahrungsmangel und Konkurrenz um Nistplätze die wesentlichen begrenzenden Faktoren der Guanoproduktion waren. Während der El-Niño-Ereignisse zogen die meisten Vögel nach Süden, wo es allerdings keine guten Nistmöglichkeiten gab. Die CAG baute daraufhin von 1946 bis 1961 14 »Inseln«, indem sie Mauern um entsprechende Küstenstriche zog, die bereits von Guanovögeln benutzt wurden. Das wirkte sich aus: 1956 wurde die Rekordernte von 332 223 Tonnen frischen Guanos erreicht, der 6200 Tonnen Kalium, 31 600 Tonnen Phosphat und 47 000 Tonnen Stickstoff enthielt.

Der Zusammenbruch der Fischerei vor Kalifornien und der Glaube an den freien Markt bewirkten danach trotzdem ein schnelles Ende der Guanoindustrie. Der Internationale Währungsfonds und ein neoliberaler Ökonom, Pedro Beltrán, übernahmen 1959 die Planung der peruanischen Nationalökonomie. Der freie Markt sollte fortan über das Schicksal der marinen Umwelt Perus entscheiden; Fische waren mehr wert als Vögel. Fischereiausrüstung wurde nach dem Zusammenbruch der kalifornischen Fischbestände von dort nach Peru transferiert. Die peruanische Fischmehlindustrie erfuhr einen enormen Aufschwung. 1962 hatte Peru Japan als größten Fischmehlproduzenten abgelöst.

Nach einem starken El-Niño-Ereignis fiel die Vogelpopulation 1957 auf ein Drittel; tote Vögel wurden in Massen an den Strand gespült. Auch im Sommer 1965 führte ein El-Niño-Ereignis bei den nun knappen Fischressourcen zu einem massiven Vogelsterben, Tausende verhungernde Vögel stürzten sich auf Fische, die in Küstendörfern auf Marktständen zum Verkauf ausgelegt waren.

Der US-amerikanische Biologe Milner B. Schaefer (1912–1970) wurde in den 1960er-Jahren von der Fischereiindustrie beauftragt, Guanovögel in ein Populationsmodell der Anchoveta-Fischerei einzubeziehen. Er errechnete, wie viel Peru von einem Rückgang der Guanovögel profitieren würde. Die Mortalität von 1965 erklärte er mit dem El-Niño-Ereignis und bestritt, dass Nahrungskonkurrenz durch die Fischerei die Ursache sein könnte.

Mit seinen Berechnungen war das Schicksal der Vögel besiegelt. 1966 wurden alle Schutzregeln aufgehoben. Seitdem sind die Populationen der Guanovögel immer auf ähnlicher Höhe (wenige Millionen Individuen) geblieben. Die ehemalige Exportindustrie hat nur mehr Nischenbedeutung; das ökologische Erbe der Expertenempfehlungen ist allerdings weiterhin präsent.
(CUSHMAN, 2005; OLINGER, 1980)

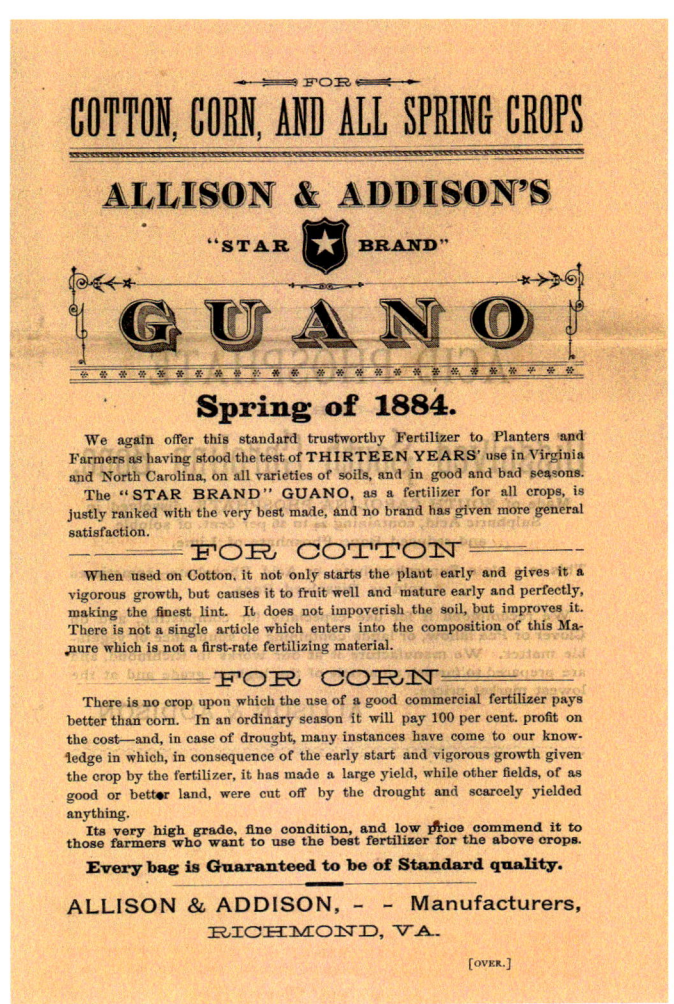

Werbung der Firma Allison & Addison (Richmond, Virginia) für GUANO als Dünger für Baumwolle und Getreide aus dem Jahr 1884

GALÁPAGOS: TOURISMUS UND INVASIVE ARTEN

Empfindliche Ökosysteme im Zeitalter der Globalisierung

Die vulkanischen Inseln des Galápagos-Archipels säumen im östlichen Pazifischen Ozean 900 bis 1200 km westlich von Südamerika den Äquator. Normalerweise fallen dort in den tieferen Lagen Jahresniederschläge von wenigen Hundert Millimetern. Die Witterung ändert sich dramatisch, wenn es zu einem El-Niño-Ereignis kommt, der Jahresniederschlag ist dann bis zu zehnmal höher. Alle drei bis zehn Jahre um den Jahreswechsel tritt El Niño auf und dauert einige Monate. Oberflächennah wird der Pazifik in solchen Jahren bis zu 8 °C wärmer als in »Normaljahren«. Diese Klimabedingungen ließen ein einzigartiges Ökosystem mit zahlreichen endemischen Tier- und Pflanzenarten entstehen, die sich nicht selten von Insel zu Insel auf Art- oder Unterartniveau unterscheiden. Die regelmäßigen Wechsel zwischen »Normal«- und El-Niño-Jahren wirken sich stark auf die Lebewesen aus. Der Meeresleguan (Amblyrhynchus cristatus) beispielsweise ernährt sich von einer Grünalgenart (Ulva lactuca), die an die kühlen Wassertemperaturen der Normaljahre angepasst ist und im warmen Wasser der El-Niño-Jahre abstirbt. Algenarten, die für Meeresleguane unverdaulich oder gar toxisch sind, vermehren sich im warmen Meer dagegen stark. So ging die Population der Meeresleguane während des El-Niño-Ereignisses 1982/1983 auf Galápagos um etwa 60 % zurück. In den folgenden Jahren wuchs sie wieder etwa auf die ursprüngliche Stärke an – ein typischer Lebenszyklus in diesem Ökosystem. Die auf den Inseln heimischen Arten sind an regelmäßig wechselnde Niederschlagsbedingungen angepasst. Greift der Mensch durch die Einbringung konkurrenzstarker Arten oder die Vernichtung endemischer Arten ein, verändert sich das Ökosystem dramatisch.

Touristen möchten das Außergewöhnliche erleben. Die Einzigartigkeit des Ökosystems des Galápagos-Archipels ist der Grund für seine Hauptgefährdung. Die erforderliche Tourismusinfrastruktur wurde geschaffen: Hotels, Restaurants, Geschäfte, Straßen und Hafenanlagen auf der Insel Santa Cruz, ein Flughafen auf der benachbarten Insel Baltra und auf zahlreichen Inseln Touristenpfade. Die Einwohnerzahl des Galápagos-Archipels erhöhte sich von etwa 1300 in den 1950er-Jahren auf 25 124 im Jahr 2010. Die Touristenzahlen wuchsen von etwa 2000 im Jahr 1969 auf 180 831 im Jahr 2012. Touristen verbrauchen Trinkwasser und erzeugen Abwasser und Abfall, doch nicht nur das.

Die Geschichte invasiver Tierarten auf den Galápagos-Inseln begann mit den ersten Europäern im 16. und 17. Jh. Ohne natürliche Feinde vermehrten sich eingeführte Tierarten explosionsartig, wodurch an vielen Standorten die ursprüngliche Vegetation weitgehend zerstört wurde.

Die Nationalparkverwaltung hat zwar eine starke Besucherlenkung und Beschränkung des Tourismus auf wenige Pfade erreicht. Dennoch stören Touristen trotz Begleitung durch ausgebildete Führer in Kolonien lebende Tierarten, die eine Hauptattraktion sind. Das langfristige Problem stellen aber die eingeschleppten Lebewesen dar. Nationalpark-Ranger versuchen, eingebrachte Arten unter Kontrolle zu bringen – in einem nahezu aussichtslosen Kampf, bei dem das Ökosystem zudem weiter verändert wird.

Wie etablieren sich von Menschen eingeführte Arten in einem fremden Ökosystem?

Etwa 90 % der Arten, die ein neues Gebiet erreichen, überleben nicht. Die spezifischen Ansprüche einer Art müssen mit den Standortbedingungen des neuen Ortes weitgehend übereinstimmen. Erfolg stellt sich ein, wenn sich eine ausreichend große Individuenzahl einer neuen Art (eine Brückenkopfpopulation) an einem Standort in dem für die Art neuen Gebiet etabliert hat. Einige neue Arten können jedoch stark invasiv werden und das eroberte Ökosystem dauerhaft wesentlich verändern. Sie sind durch Unempfindlichkeit gegen Störungen, eine hohe Reproduktionsfähigkeit sowie eine Plastizität des Genoms gekennzeichnet. Da es am neuen Ort keine auf diese Art spezialisierten Feinde gibt, können sie sich zu Lasten konkurrenzschwächerer einheimischer Arten stark vermehren. (BUNDESAMT FÜR NATURSCHUTZ, 2005: 12)

Durch natürliche Wanderungen gelangten Seevögel, Seelöwen und Seebären in den Galápagos-Archipel. Viele Pflanzenarten erreichten durch den Transport mit Wind und Wasser die Inseln. Andere wurden von Tieren herantransportiert (selbst Laich von Süßwasserfischen kann im Gefieder von Seevögeln über längere Strecken transportiert werden). Neben diesen Möglichkeiten natürlicher Verbreitung ist der Transport von Arten mit dem Menschen entscheidend für die Entwicklung von Ökosystemen geworden. Die Bekämpfung eingeschleppter Arten ist schwierig. Obgleich seit Jahrzehnten ihre verheerende Wirkung besonders auf Inselökosysteme bekannt ist, werden sie weiterhin gezielt oder aus Unüberlegtheit und Unkenntnis eingebracht. (vgl. S. 66)

Nachdem ein Rudel verwilderter Hunde 1970 in einer Bucht auf Isabela einen erheblichen Teil der Meeresleguane getötet hatte, wurden Hundelosungen auf Rückstände von Beutetieren untersucht (BARNETT 1986). Neben Meeresleguanen fanden sich Spuren endemischer Vogelarten und junger Seelöwen (SCHMANDT, 2010: 32). Verwilderte Katzen (die nur auf Baltra ausgerottet werden konnten) bedrohen unter anderem Blaufußtölpel (Sula nebouxii) und Galá-

Geschichte unserer Umwelt

rechts Verwildertes **RIND** im Hochland von Floreana.

ganz rechts Wilde **ZIEGE**, von den Bewohnern Floreanas zum Verzehr gefangen.

unten Die gefährdete **MEERECHSE** am Anleger von Puerto Velasco Ibarra auf der Insel Floreana (Galápagos).

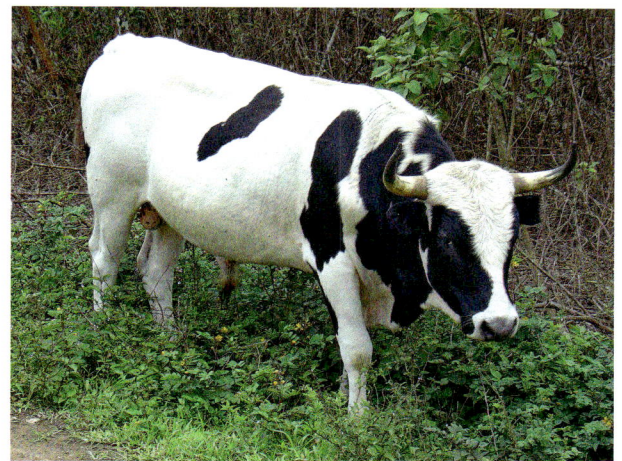

pagos-Pinguine (*Spheniscus mendiculus*). Sie fressen auch einheimische Reisfeldratten (*Rattus argentiventer*) und Eidechsen. So legten Ranger Giftköder aus, um Katzen und Hunde zu töten. In welchem Umfang dadurch auch einheimische Seevögel und Reptilien starben, ist unbekannt.

Große Bestände der Wanderratte (*Rattus norvegicus*), der Hausratte (*Rattus rattus*) und der Hausmaus (*Mus musculus*) gefährden bodenbrütende Vögel, endemische Wirbellose, Reptilien und Reisfeldratten. Das Aussterben einer endemischen Geckoart und von sieben Landschneckenarten wird auf Wander- und Hausratten zurückgeführt. Deren Ausrottung ist daher für den Artenschutz sehr wichtig.

Im Jahr 2006 wurde die in Afrika heimische invasive Buntbarschart *Oreochromis niloticus* im See El Junco entdeckt, der im Hochland von San Cristóbal liegt. Ihre Etablierung hat den Bestand an kleinen Ruderfußkrebsen, die eine Massenvermehrung von Algen verhindern können, in dem See bereits stark geschädigt. Die Buntbarsche wurden schließlich vernichtet.

Auch Wirbellose verursachen Probleme. Zur Beseitigung der 1982 eingeschleppten Australischen Wollschildlaus (*Icerya purchasi*), eines kosmopolitischen Pflanzenschädlings, wurde der Marienkäfer (*Rodolia cardinalis*) etabliert. Ist dies eine Erfolgsgeschichte biologischer Schädlingsbekämpfung? Zwar hat sich der Marienkäfer bislang nicht offensichtlich negativ auf einheimische Arten ausgewirkt. Die langfristige Entwicklung bleibt jedoch unklar.

Zwei aggressive Feuerameisenarten (*Solenopsis geminata* und *Wasmannia auropunctata*) – sie zählen nach der »International Union for the Conservation of Nature« zu den schlimmsten invasiven Arten – haben sich vor allem während niederschlagsreicher El-Niño-Ereignisse derart stark ausgebreitet, dass auch sie zur Bedrohung einheimischer Arten geworden sind. Sie verdrängten auf Española offenbar die endemische Ameisenart *Tetramorium bicarinatum*. (CAUSTON et al., 2005)

Besonders der Flugverkehr trägt zur Einschleppung von Wirbellosen bei. Im statistischen Mittel brachte jedes Flugzeug 0,71 wirbellose Tiere (Fliegen, Spinnen, Mücken, Ameisen, Motten, Küchenschaben und so weiter) auf den Archipel. Im ersten Halbjahr 2006 waren das mindestens 779 Wirbellose (CRUZ MARTÍNEZ & CAUSTON, 2007: 29). Auch mit Schiffen werden Arten zwischen den Inseln verschleppt. Touristen benutzen vorwiegend Jachten zum Inselhüpfen. So verbreiten sich eingeschleppte Arten selbst auf entfernte Inseln.

Im Fokus der Bekämpfung eingebrachter Arten durch die Verwaltung des 1959 eingerichteten Nationalparks stehen neben einigen weiteren teilweise verwilderten Haustierarten die Ziegen. Auf Santiago wurden in den Jahren 2004 bis 2006 etwa 85 000 und auf Isabela ungefähr 135 000 Ziegen geschossen. Sämtliche auf der Insel Santiago lebende Ziegen, Esel und Schweine wurden inzwischen getötet. Mehr als die Hälfte der Pflanzenarten des Archipels sind heute dennoch bedroht.

Fraß durch eingeführte Tiere reduzierte das Nahrungsangebot derart, dass viele endemische Riesenschildkröten verhungerten; vier von 15 Unterarten sind ausgestorben. Verwilderte Ziegen und Esel sind heute noch auf drei Inseln, Schweine, Katzen und Hunde auf vier sowie Wander- und Hausratten auf 25 Inseln verbreitet. Verwilderte Rinder (*Bos taurus*) leben nur noch auf Floreana und Isabela. Auch sie werden wahrscheinlich in den nächsten Jahren ausgerottet. Dann wird die aus Bonn stammende und seit 1932 auf Floreana ansässige Familie Wittmer den Touristen womöglich nicht mehr einen mit dem Fleisch geschossener wilder Rinder zubereiteten Rheinischen Sauerbraten anbieten können. Doch die Bekämpfung eingeführter Tiere wird höchstens schadensbegrenzend wirken. Das »ursprüngliche« Galápagos ist unwiederbringlich verloren. (CARRIÓN, 2009; SCHMANDT, 2010)

SCHUTZ UND VERTREIBUNG IM NATIONALPARK

Mit der Eisenbahn in die Wildnis von Banff, Kanada

An vielen Orten in der Welt wurden und werden die Interessen von indigenen Menschen, die jagend und sammelnd Landschaften nutzten und nutzen, den Interessen territorial denkender Kolonialherren geopfert. In der kanadischen Provinz Alberta im heutigen Banff National Park war die Vernichtung der Lebensgrundlage oder der rechtliche Ausschluss von der Nutzung natürlicher Ressourcen ausschlaggebend für den Verlust der Identität, der Kultur und damit auch des lokalen Umweltwissens der indigenen Stoney (Nakoda). In der Geschichte des Naturschutzes wird dieser Aspekt der Nationalparkeinrichtung oft im Dunkeln gelassen. Die Rolle der Eisenbahn als treibende Kraft des Wandels wird ebenso kaum gesehen.

Mit der kolonialen Eroberung seit dem 16. Jh. und später dem Bau der Eisenbahnstrecken in den nordamerikanischen Westen, quer durch die Great Plains, die Grasländer des Mittleren Westens, wurden indigene Stämme sukzessive vertrieben. Durch die Dezimierung der Bisonherden entlang der neu verlegten Eisenbahnlinien hatten die Stoney und andere indigene Nationen keine Möglichkeit mehr, ihren Nahrungsbedarf in der Ebene der Great Plains zu decken. Sie mussten im Gebirge jagen und Fallen stellen, um ihren Lebensunterhalt zu sichern. Seit den 1790er-Jahren hatten sich die Stoney in die Rocky Mountains zurückgezogen.

Der älteste kanadische Nationalpark, der Banff National Park, wurde 1887 eingerichtet. Er ist nach dem US-amerikanischen Yellowstone (1872) und dem Royal National Park (1879) in der Nähe von Sydney in Australien der drittälteste

der Welt. Der etwa 66 000 km² große Park wird heute jährlich von rund 4 Millionen Besuchern aufgesucht, die den Blick auf die Rocky Mountains genießen und sich an der »Wildnis« erfreuen. Diese Wildnis wurde für die »weiße« Bevölkerung konstruiert, die indigenen Einwohner mussten dafür vertrieben werden. Dabei ging es um die ökonomischen Interessen einflussreicher Touristen, um die Jagd und um die profitable Nutzung der neu erbauten Eisenbahnen.

Das Gebiet des Banff-Nationalparks war damals keineswegs unbewohnt. Dies galt – im Gegensatz zu heute – allerdings nicht als Problem. In neuen Parks wurden bis etwa 1930 sogar Siedlungen für Touristen errichtet. Im Banff-Park lebten 1887 etwa 650 Personen, 1911 waren es bereits 2000. 1904 wurde hier sogar nahe dem Minnewanka-See in Bankhead eine Kohlenmine eröffnet, die als Touristenattraktion angesehen wurde. Die Kohle wurde für den Betrieb der Eisenbahn – der Canadian Pacific Railway – benötigt. Die schlechte Qualität der Kohle und zahlreiche Streiks machten die Mine aber so unprofitabel, dass sie 1922 wieder geschlossen wurde. Heute ist Bankhead als Geisterstadt ein beliebtes Ausflugsziel. Der seit 1912 bestehende Stausee wurde 1941 durch einen neuen Damm vergrößert. Das 1888 am Ufer des viel kleineren, natürlichen Sees angelegte Dorf Minnewanka Landing ist ein beliebtes Ziel für Hobbytaucher.

Natürlichkeit und Menschenleere waren also in den ersten Jahrzehnten des Parks keineswegs ein Ziel der Parkverwaltung, vertrieben wurden nur ganz gezielt die Stoney.

Dabei spielte der Antagonismus zwischen Indigenen, die jagten, um zu essen, und Touristen, die für Trophäen jagten, eine gewichtige Rolle. Verträge, die die kanadische Kolonialregierung mit den Vertretern der Stämme abschloss, regelten die Jagdrechte. Der Vertrag mit den Stoney von 1877 hält fest, dass diese das Recht hätten, ihre Jagd weiterhin auszuüben – allerdings mit der Einschränkung, dass dieses Recht wegen Besiedlung, Bergbau, Handel oder anderen Interessen der Regierung jederzeit eingeschränkt werden konnte. 1886 wurde in einer Revision des »Indian Act« festgehalten, dass sich die indigene Bevölkerung an die Jagdgesetze zu halten habe – die an der Trophäenjagd orientierten Gesetze machten aber die Subsistenzjagd nahezu unmöglich. Zu dieser Zeit lebten die Stoney bereits in einer Reservation außerhalb des Nationalparks am östlichen Rand der Rocky Mountains. Hier gab es Weideflächen, aber kein für den Ackerbau geeignetes Land, daher blieb die Jagd wesentlich für ihre Subsistenz.

Als 1883 die Eisenbahn durch das Reservat fertiggestellt worden war, wurde Jagdwild ausgesprochen rar: Funkenflug durch die Eisenbahn und mit der Bahn anreisende Besucher verursachten zahlreiche Waldbrände. Aus dem Osten eintreffende Fallensteller auf Pelzjagd taten ein Übriges: Das Wild zog sich zurück; die Wege, die die Stoney zurücklegen mussten, verlängerten sich, ihre Lebenssituation wurde immer prekärer.

Die Eisenbahngesellschaft war auch hier – wie in den USA – die treibende Kraft der Einrichtung eines Nationalparks. Dabei ging es nicht so sehr um den Schutz der Wildnis, sondern um die Zentralisierung der Kontrolle über die ökonomische Verwertung der Landschaften in den Händen der Eisenbahnen. Die Parks waren als elitäre Tourismusprojekte gedacht. Die Gäste der Eisenbahn kamen vorwiegend aus mittleren bis höheren Einkommensklassen. Diese wohlhabenden Touristen waren bereit, erhebliche Summen für einen von allen Anzeichen menschlicher Eingriffe gesäuberten Blick auf die Berge zu bezahlen. Subsistenzpraktiken der indigenen Bevölkerung wurden als Störung empfunden.

George Stewart, ein Bauingenieur und Landschaftsarchitekt, war ab 1887 der erste Leiter des Nationalparks. In seinem ersten Jahresbericht schrieb er, es sei von großer Bedeutung, dass die »Indianer« möglichst aus dem Park ausgeschlossen würden. Sie vernichteten Wild und richteten Verwüstungen unter den Zierbäumen an; dies mache ihre viel zu häufigen Aufenthalte im Park sehr störend.

links Eine Ruine in der **GEISTERSTADT** Bankhead im Banff-Nationalpark.

rechts **HISTORISCHE PERSONENWAGEN** der Canadian Pacific Railway an der Bahnstation Lake Louise im Banff-Nationalpark (Kanada).

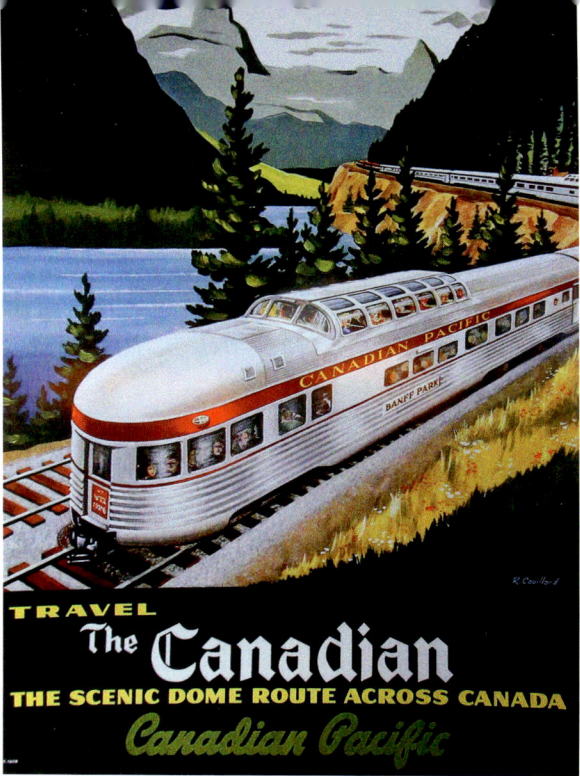

TOURISMUSWERBUNG von Canadian Pacific Railway.

Hinter der immer weitergehenden Einschränkung der indianischen Jagd standen »weiße« Jäger, nicht Naturschützer. Der ethische Kodex der Freizeitjäger war den Bedürfnissen derer entgegengesetzt, die um ihren Lebensunterhalt jagten: Sich vom Fleisch der Tiere zu ernähren, die Trophäen liegen zu lassen oder diese über von »Weißen« betriebene Souvenirläden an weniger begabte Jäger zu verkaufen – letzteres war inzwischen eine wichtige Lebensgrundlage der Stoney geworden –, galt als unfein. Die Freizeitjäger legten auf »Fairness« wert: Wild musste gescheucht werden, damit man es »sportlich« erlegen konnte, Vögel sollten im Flug geschossen werden. Fische in der Nacht mit Licht anzulocken galt ebenso als unfair wie der Abschuss von weiblichen Tieren oder die Jagd außerhalb der Saison.

Der Park, der ursprünglich rund um heiße Quellen angelegt worden war, wurde mehrfach erweitert, was die Situation der Stoney immer schwieriger machte. Statt die Ursache der Verminderung des Jagdwilds in der Eisenbahn und den damit verbundenen Umweltveränderungen zu suchen, war es einfach, die indigene Bevölkerung zu beschuldigen. Die Regierung sah einen erfreulichen Nebeneffekt darin, die ihrer Lebensgrundlage beraubten Stoney sesshaft zu machen und zur Landwirtschaft umzuerziehen. Innerhalb des Parks wurden manche, die ihre traditionelle Lebensweise aufgegeben hatten, als folkloristisches Element zu einer Touristenattraktion.

Wer nordamerikanische Nationalparks aufsucht, bekommt heute oft auch Spuren indigener Nutzung als Teil der Parkgeschichte präsentiert. Die Idee unberührter Wildnis ist dennoch nach wie vor konstitutiv für die Identität der von europäischen Siedlern abstammenden nordamerikanischen Bevölkerung.
(BINNEMA & NIEMI, 2006)

IMPORTE NACH AUSTRALIEN MIT NEBENWIRKUNG

Invasive Spezies von Kaninchen bis Kröte

Australien bietet die spektakulärsten Beispiele von absichtlich eingebrachten Spezies, die lokale Ökosysteme schwer schädigen. Dies hat mit der Naturgeschichte des Kontinents zu tun, der niemals eine Landbrücke nach Asien hatte. Wie sonst auf Inseln hat sich hier auf einer Landmasse, die in der Geologie als Sahul oder Meganesia bezeichnet wird und Australien mit Tasmanien sowie Neuguinea mit einigen weiteren Inseln umfasst, über lange Zeit eine spezifische Flora und Fauna entwickelt. Beuteltiere sind die bekannteste endemische Artengruppe auf dem erst ab 1788 von Briten besiedelten Kontinent.

Die Kaninchenplage, die von Thomas Austin im Jahr 1859 in Geelong, Victoria, durch absichtlich für die Jagd ausgesetzte Tiere verursacht wurde, betrifft heute fast ganz Australien. Austin war Mitglied der australischen Akklimatisationsgesellschaft, die sich, wie ihre Schwestervereine in anderen Siedlergesellschaften, um die Einführung von Spezies aus der alten Heimat bemühte. Die Sehnsucht nach Singvögeln, aber auch der Wunsch, traditionelle Nahrung und Vergnügungen zu ermöglichen, trieben die Eingewöhnungsversuche an. Nicht alle Freisetzungen waren so erfolgreich wie die der Kaninchen. Zehn Jahre nach der Aussetzung der ersten Paare wurden bereits 2 Millionen Kaninchen pro Jahr erlegt, ohne dass die Population darunter nennenswert gelitten hätte. Sie breiteten sich mit großer Geschwindigkeit (über 100 km pro Jahr) aus, fraßen das Land kahl und galten bald als Problem für Landwirtschaft und Viehzucht, dem man 1907 mit einem Zaun quer durch den Kontinent vergeblich Herr zu werden versuchte. Pflanzennahrung für Schafe wurde knapper, die Schafhaltung war ökonomisch gefährdet. Die Siedler hatten die Tragekapazität des Kontinents für Schafe ohnehin überschätzt, zudem fressen Schafe und Kaninchen ähnliche Nahrung; eine Lösung musste gefunden werden.

Die Suche nach einem biologischen Mittel zur Bekämpfung der Kaninchenplage führte nach Südamerika. Hier ruft die Kaninchenpest (Myxomatose) bei brasilianischen Waldkaninchen (Sylvagus brasiliensis) nur milde Krankheitserscheinungen hervor, weil Krankheitserreger und Wirt aneinander angepasst sind. Ende des 19. Jh. starben dagegen Laborkaninchen in Uruguays Hauptstadt Montevideo, die vermutlich durch Moskitos mit Myxomatose infiziert worden waren, reihenweise an der Krankheit. Bereits Ende der 1920er-Jahre wurde daher vorgeschlagen, australische Kaninchen mit dem nur für Kaninchen gefährlichen Virus zu infizieren. Erste Versuche schlugen fehl, weil die Experimentatoren nicht bedacht hatten, dass Myxomatose eine von Insekten übertragene Krankheit ist. Erst als man durch intensive entomologische Studien die wenigen Insektenarten identifiziert hatte, die als Vektoren infrage kamen, erzielte man Erfolge; diese aber waren nur von kurzer Dauer. Virus und Kaninchen veränderten sich genetisch. Jene Varianten des Virus, die Kaninchen zwar krankmachten, sie aber am Leben ließen, konnten sich besser verbreiten als virulentere Varianten, einfach weil der Zeitraum, der einem Moskito zur Verfügung stand, den Erreger von einem kranken Kaninchen aufzunehmen und zu verbreiten, länger war. Zudem waren jene wenigen Kaninchen, die eine Infektion überlebten, die Eltern eines Großteils der nächsten Generation: So breitete sich Resistenz bereits in den späten 1950er-Jahren aus. Dort, wo es wegen Trockenheit zu wenige Vektoren gab, war die Infektion von vorneherein nur durch Fangen von Kaninchen und händische Übertragung des Erregers möglich gewesen. Eine Ausrottung der Kaninchen durch Myxomatose hätte man bei Berücksichtigung der biologischen Merkmale der beteiligten Arten für gänzlich unmöglich halten müssen (RATCLIFFE, 1959).

Inzwischen ist für eine weitere Krankheit klar geworden, dass auch sie nicht zur Ausrottung der Kaninchen in Australien führen wird: Der Erreger der Chinaseuche (RHD) breitet sich seit 1984 ausgehend von China aus. Seine Anwendung wurde später legalisiert. Die Krankheit dezimierte die Kaninchenpopulation zwar, doch liegt diese immer noch bei über 200 Millionen Tieren. Kaninchenbaue werden heutzutage mit Bulldozern eingeebnet, die Tiere werden vergiftet und gejagt, sind aber aus dem Kontinent nicht mehr entfernbar.

Auch Raubtiere werden der Kaninchen nicht Herr. Bereits in den 1840er-Jahren wurde der Fuchs für die traditionelle englische Fuchsjagd eingeführt. Füchse jagen zwar auch Kaninchen, doch haben sie etliche einheimische Spezies ausgerottet und damit mehr ökologischen als ökonomischen Schaden angerichtet. Über 7 Millionen Füchse wurden deshalb mit vergifteten Ködern – sehr beliebt ist Natriumfluoracetat – und von Jägern getötet, ebenfalls ohne die Hoffnung, sie ganz ausrotten zu können. Die Regierung setzt inzwischen auf »Management«: Auf Füchse werden Preise ausgesetzt. Wissenschaftlerinnen und Wissenschaftler schlagen vor, Nahrungskonkurrenten des Fuchses wie den australischen Wildhund (Dingo) zu verbreiten.

Auch Mitte des 19. Jh. entlaufene oder freigelassene Pferde (»Brumbys«) verwilderten und vermehrten sich so stark, dass sie durch gezielte Abschüsse kontrolliert werden müssen. Dromedare, ebenfalls Mitte des 19. Jh. als Lasttiere eingeführt, verwilderten ebenso wie Ziegen, Katzen und Schweine. Dromedare und Ziegen werden vom Helikopter aus abgeschossen. Zäune sollen die verwilderten Hauskatzen eindämmen, was vielleicht auf kleineren Inseln, nicht aber auf dem Kontinent funktioniert.

Nach anfänglichen, vermeintlich positiven Erfahrungen in den Plantagen von Puerto Rico wurde 1935 die Aga-Kröte (*Bufo marinus*) nach Ostaustralien importiert, um Schadinsekten wie den Zuckerrohrkäfer in den Zuckerrohrplantagen unter Kontrolle zu bringen. Zuckerrohr war in den Küstengebieten Ostaustraliens in den 1860er-Jahren als Nutzpflanze eingeführt worden. Die Kröten kamen auf einen bis dato krötenfreien Kontinent. Sie verzehrten indes kaum Zuckerrohrkäfer und blieben so nahezu wirkungslos, wurden aber wie zuvor die Kaninchen zur Landplage.

Aga-Kröten wurden in mehr als 30 Ländern eingeführt, um Pflanzenschädlinge unter Kontrolle zu bringen. In Australien haben sie sich als besonders gefährlich erwiesen, da es keine anderen Tiere mit ähnlichen Giften gibt, an die lokale Raubtiere angepasst sein könnten. Bufo marinus, die ein Gewicht von fast drei Kilogramm erreichen kann, und damit eine der größten Amphibien ist, schützt sich durch einen potenten Giftcocktail vor Feinden. Mit diesem Beutetier haben die australischen Raubtiere keinerlei Erfahrung. Sie attackieren die Kröte, die sie aufgrund des Aussehens für einen Frosch halten, und vergiften sich. Schlangen, Eidechsen und räuberische Beuteltiere sind damit in eine evolutionäre Falle geraten (SCHLAEPFER et al., 2005).

Die einheimischen Spezies reagieren auf den evolutionären Druck; an der Rotbäuchigen Schwarzotter (*Pseudechis porphyriacus*) wurde dies genau untersucht. Diese Spezies könnte sich auf verschiedene Weise anpassen: Die Schlangen könnten gegen den Giftstoff unempfindlicher werden, sie könnten Kröten als Nahrung vermeiden oder ihren Körper so verändern, dass sie zumindest große Kröten nicht mehr schlucken und sich vergiften können. Letzteres scheint in nur 23 Generationen von Schlangen tatsächlich geschehen zu sein: Die Kieferweite der Schlangen hat sich verringert, große Kröten, die eine tödliche Dosis Gift enthalten, können sie nicht mehr zu sich nehmen (PHILLIPS und SHINE, 2006). Doch nicht alle Predatoren werden im evolutionären Wettlauf die Oberhand behalten. Mehr als die Hälfte der Süßwasserkrokodile (*Crocodylus johnstoni*) in der Region Victoria River im Northern Territory verendete durch den Fraß der Kröten.

Veränderungen der Landschaft durch Menschen spielen für die Verbreitung der Kröten eine wichtige Rolle, wie eine Studie an der »Invasionsfront« zeigte. In den 1930er-Jahren breiteten sie sich mit einer Geschwindigkeit von etwa 10 bis 15 km pro Jahr aus. Im Northern Territory, entlang der Nordküste des Kontinents, ist die Ausbreitungsgeschwindigkeit inzwischen auf 60 km pro Jahr angestiegen. Das hat mehrere Gründe. Kröten bewegen sich mit Vorliebe entlang von unbefestigten Straßen und Zäunen, an denen durch Viehtritt die Vegetation zurückgedrängt wird. Was Menschen die Bewegung ermöglicht, hilft auch den Kröten (BROWN et al., 2006; URBAN et al., 2008). Ökologisch bietet der tropische Norden bessere Bedingungen für die Kröten. An der Front ihrer Ausbreitung, wo sie kaum Nahrungskonkurrenz vorfinden und keine natürlichen Feinde haben, scheinen sie sich auch genetisch zu verändern: Längere Gliedmaßen erlauben ihnen eine raschere Fortbewegung, auch ihr Bewegungsverhalten hat sich geändert.

Blinde Passagiere mögen gefährlich sein (vgl. S. 70), in Australien hat sich die absichtliche Einführung von Tierarten als das weit größere Problem erwiesen. Die Einführung von Arten ist wie die Büchse der Pandora: Einmal geöffnet lässt sie sich nicht mehr schließen. Sind Arten einmal eingeführt, gibt es kaum Hoffnung, sie wieder loszuwerden. (AUSTRALIAN GOVERNMENT, 2005; FENNESSY und MYKYTOYCZ, 1974; GRIGGS, 2007; MARKULA et al., 2010)

Der erste, über 1800 km lange **KANINCHENSPERRZAUN** durch Westaustralien stammt von 1901, doch wurden im Folgejahr Kaninchen westlich davon gesichtet. Daher wurde 1905 ein zweiter, über 1100 km langer Sperrzaun gebaut. Die Originalaufnahme zeigt den Zaun nördlich von Burracoppin (Westaustralien) in den 1920er-Jahren.

TRANSFORMATION DES VICTORIASEES

In kolonialer und postkolonialer Zeit

Keiner der großen Süßwasserseen hat in den vergangenen 50 Jahren eine dramatischere Veränderung erfahren als der Victoriasee in Zentralafrika. Nach dem Oberen See in Nordamerika ist der auf rund 1130 m Höhe gelegene Victoriasee mit fast 69 000 km² der zweitgrößte Süßwassersee der Welt. Er ist durchschnittlich nur 45 m tief und damit relativ seicht. Kleine, flache Buchten und zahlreiche Feuchtgebiete säumen seine etwa 3500 km lange Küste. Der Victoriasee ist von entscheidender Bedeutung für den Lebensunterhalt von mehr als 30 Millionen Menschen, für Fischerei sowie die Bereitstellung von Trinkwasser und Strom aus Wasserkraft.

Die drastische Transformation des Sees wurde durch die Einführung fremder Arten und massive Eutrophierung infolge eines Landnutzungswandels im Einzugsgebiet des Sees bewirkt. Fische sind ohne Kühlung nur geräuchert haltbar. Daher wurde die Region über Jahrzehnte massiv entwaldet, um Feuerholz zum Räuchern zu gewinnen. Bodenerosion auf den Kahlschlägen und Äckern führte zum Eintrag von Bodenbestandteilen in den See; er wurde trüber. Etwa 50 % der endemischen Fischarten sind inzwischen ausgestorben oder auf geringe Restbestände dezimiert. Der Klimawandel – die Umgebung des Sees wird trockener – führte zum Absinken des Seespiegels. Die im 19. Jh. als Zierpflanze nach Afrika eingeführte Wasserhyazinthe breitete sich, wohl gefördert durch den für andere Lebewesen mittlerweile gefährlichen Nährstoffreichtum des Sees, seit 1990 küstennah aus und bedeckte binnen weniger Jahre große Flächen. Seit ein spezialisierter Parasit, der Käfer *Neochetina eichhorniae*, eingeführt wurde, kann das Wachstum der Wasserhyazinthe einigermaßen kontrolliert werden. Ob dessen Einführung langfristig negative Folgen haben wird, ist nicht bekannt. Der Transformationsprozess der Fischfauna ist jedenfalls nicht zu stoppen. (OGUTU-OHWAYO et al., 1997; HECKY et al., 2010)

Diese Transformation begann zu Beginn des 20. Jh. Britische Kolonialbeamte waren frustriert, dass in einem so großen See nur kleine Fische lebten. Neben Tilapias (Lokaler Name: ngege; *Oreochromis esculentus*) waren es meist kleine Buntbarsche (Haplochromine Cichliden), die die Beamten der Kolonialverwaltung als »Abfall« empfanden, die

Der **VICTORIASEE**.

aber in der Subsistenzfischerei der Einheimischen eine große Rolle spielten und als Nahrung geschätzt waren. Seit den späten 1920er-Jahren wurde in Kolonialkreisen immer wieder diskutiert, ob die Fischerei durch Besatz verbessert werden könnte. Michael Graham, der den See zwei Jahre lang intensiv untersucht hatte, warnte 1929 zur Vorsicht: Im Victoriasee würde eine wertvolle Fischerei auf Tilapias in wünschenswerter Weise betrieben. Die Einführung eines großen Raubfisches aus einem anderen Gewässersystem könnte dieser Fischerei gefährlich werden und sollte jedenfalls vorab gründlich untersucht werden (GRAHAM, 1929: 23). Nichts dergleichen geschah.

In vorkolonialer Zeit war die Fischerei neben Landwirtschaft und Tierhaltung nur eine von mehreren Säulen der lokalen Wirtschaft gewesen. Unter der kolonialen Herrschaft der Briten wurde jedoch von 1895 bis 1901 die Ugandabahn von Mombasa nach Port Florence (heute: Kisumu) am Ufer des Victoriasees gebaut. Ab 1903 verkehrten auf dem See Linienschiffe, so wurden Deutsch-Ostafrika und Uganda in den Kolonialhandel eingebunden. Hatte bis zur Eröffnung der Bahnstrecke der Transport einer Tonne Güter durch Träger vom See zur Küste etwa 180 Pfund gekostet, nahm die Bahn nur ungefähr 17 Pfund pro Tonne (FORD, 1953; MEMON, 1973: 2).

Nun konnte auf Eis gelagerter Fisch aus dem Victoriasee bis nach Nairobi und weiter gebracht werden. Damit begann die marktorientierte Fischerei, die aber zunächst kleinteilig und auf regionale Märkte beschränkt blieb. Trotzdem war Ende der 1940er-Jahre klar, dass die Fischbestände des Sees übernutzt waren. 90 % der Fischbiomasse bestand aus etwa 500 Arten der kleinen »Abfall«-Fische. Ein kommerziell interessanter Raubfisch, der diese scheinbar »nutzlose« Biomasse in handelbare Filets umwandeln würde, schien eine geradezu ideale Lösung. Einen solchen gab es aber im See eben nicht. (PRINGLE, 2005; GOUDSWAARD et al., 2008)

Vermutlich gelangten die ersten Exemplare des Nil- oder Victoriabarsches (*Lates niloticus*), eines im Nil heimischen, bis zu 2 m langen Raubfisches, 1954 in den See. Es ist umstritten, wer für die erste Aussetzung verantwortlich war. Nachdem bereits bekannt war, dass sich der Nilbarsch im See etabliert hatte, erfolgten in den 1960er-Jahren weitere offizielle Einbringungen. Als der erste Nilbarsch gefangen wurde, beunruhigte das den Fischer. Er erkundigte sich zunächst, ob die Spezies giftig sei. In der Wahrnehmung der einheimischen Fischer war der Nilbarsch zunächst kein wünschenswerter Fang: Sein fettes Fleisch verströmte einen unangenehmen Geruch. Die besonders großen Exemplare, die zu Beginn gefangen wurden, als Nahrung noch im Überfluss vorhanden war, waren sehr fettreich und damit geruchsintensiv. Insgesamt wurden im ersten Jahrzehnt nicht mehr als 100 000 Tonnen pro Jahr gefangen. Mitte der 1970er-Jahre änderte sich dies dramatisch, 1975 wurden bereits 335 000 Tonnen angelandet. Die Nilbarschpopulation wuchs weiterhin rasch, 1990 war der Höhepunkt der Fangmenge mit 380 776 Tonnen erreicht.

Als in den späten 1970er-Jahren ein globaler Markt für Victoriabarsche, wie sie dann genannt wurden, aufgebaut wurde und die Fischer begannen, mit diesem Fisch Geld zu verdienen, veränderte sich auch ihre Wertschätzung. Wenn die Europäer diesen Fisch mochten, musste er gut sein. Da der Fettgehalt der Fische abgenommen hatte, war der Geruch weniger penetrant. Die ursprünglich gefangenen und nun zunehmend rareren Arten blieben allerdings als »süßfleischig« insbesondere an Feiertagen die erste Wahl.

Der Süden Ugandas, Westkenia und Nordtansania wurden Teil des Weltmarkts und damit sozial und ökologisch transformiert. Verarbeitungsbetriebe entstanden; die Fische wurden so rasch wie möglich filetiert, gekühlt und nach Israel und Europa ausgeflogen. Der Boom der 1980er-Jahre ist allerdings längst vorbei. Die Gewinne sind, wie in solchen Fällen immer, auf wenige Reiche konzentriert. Diejenigen, denen das Kapital für Boote, die nötigen starken Netze und Außenbordmotoren fehlten, konnten nur eine marginale, stets prekäre Existenz am Rand des Sees fristen. Der für den Export bestimmte Fisch wurde für die Einheimischen zu teuer. Sie konkurrieren mit den ansässigen Fischmehlfabriken nur mehr um die Karkassen der Fische. Entsprechend hat der Proteinmangel zugenommen, wobei hier nach Geschlecht und sozialer Stellung differenziert werden muss. Frauen und vor allem Kinder leiden darunter. Die Fischerei wird von Männern betrieben und kontrolliert. Sie verwenden ihre Einkünfte oft anders als für die Ernährung ihrer Familien. (GEHEB et al., 2008; JOCST-BEUVING, 2010)

Zu Beginn des 21. Jh. ist die Ökologie des Victoriasees im Vergleich zu der Zeit vor 1954 vollkommen verändert. Der Anteil der Buntbarsche an der Fischmasse ist von 90 % auf 1 % gefallen. Die Eutrophierung hat weiterhin zugenommen. Das Nahrungsnetz des Sees ist nun auf weit weniger Arten aufgebaut. Über 200 Fischarten sind ausgestorben – eine der größten Ausrottungen der Menschheitsgeschichte. Wenn der Phosphoreintrag in den See nicht reduziert werden kann, wird auch die jetzige Situation nur ein Durchgangsstadium sein, der See könnte »kippen«. Das wäre mehr als das Ende der Fischerei: Millionen Menschen, die vom See und seinem Wasser abhängig sind, würden ihren Lebensunterhalt verlieren und zu Umweltflüchtlingen werden.

Frauen warten am **UFER DES VICTORIASEES** auf die Rückkehr der Fischer mit dem Tagesfang.

Darwins Albtraum: **NILBARSCHE** aus dem Victoriasee.

BALLAST UND BLINDE PASSAGIERE

Ökologische Folgen des globalen Transports

Bei der Einreise in die Vereinigten Staaten von Amerika oder nach Kanada müssen Flugpassagiere ein Zolldokument ausfüllen. Sie werden gefragt, ob sie in den letzten zwei Wochen auf einem Bauernhof waren und ob sie landwirtschaftliche Produkte mitführen. Dieser Fragebogen ist Ausdruck der Sorge, dass Viehkrankheiten oder Pflanzenschädlinge ins Land gelangen könnten. Auf Flügen nach Australien wird die Passagierkabine vor der Landung mit einem Insektizid besprüht – kein Insekt soll lebend den Kontinent erreichen. Die Sorge ist durchaus verständlich, denn invasive Arten verursachen jährlich weltweit Kosten von etwa 137 Milliarden US-Dollar (PIMENTEL, 2005).

Die Verbreitung von Spezies durch den Menschen hat eine lange Geschichte. Bei der Besiedelung der »Neo-Europas«, das sind jene europäischen Kolonien (vor allem Australien, Neuseeland und Nordamerika), die heute vorwiegend von Nachfahren europäischer Kolonisten bevölkert sind, brachten die Siedler ihre Nutzpflanzen und -tiere mit. Mit Samen, Pflanzen und Boden, in und auf den Nutztieren reisten und reisen an die Wirte angepasste Krankheitserreger und Parasiten. Der »Columbian Exchange«, wie Alfred Crosby den Austausch von Lebewesen in Folge der Entdeckung Amerikas durch Kolumbus nannte, veränderte die Ökosysteme der beteiligten Kontinente tief greifend und langfristig. Holsteinrinder grasen heute in Wisconsin; Europäer bauen Mais, Tomaten und Paprika an; Weizen ist Basis des Brotes in den Neo-Europas; Tabak hat sich weltweit verbreitet. Mit den Nutzpflanzen kamen die »Un«kräuter. Den Wegerich, eine Pflanze, die, wie ihr Name sagt, in Europa die Wege säumt, nannte die indigene Bevölkerung Nordamerikas den »Fuß des weißen Mannes«. Edgar Anderson hatte bereits 1952 von den »vom Menschen transportierten Landschaften« gesprochen und damit auf das Transformationspotenzial hingewiesen, das von Menschen mitgebrachte Spezies haben (ANDERSON, 1952; CROSBY, 1991).

Auch die Menschen brachten ihre Krankheitserreger mit – für sie relativ harmlose Kinderkrankheiten wie Masern, aber auch Pocken. Diese erwiesen sich als potente Waffe der Kolonisation Amerikas. Die indigene Bevölkerung hatte keinerlei Immunabwehr gegen diese Erreger, ein Massensterben war die Folge. Die mitgebrachten Krankheitserreger hatten entscheidende Bedeutung dafür, dass die indigene Bevölkerung durch wenige, schlecht ausgerüstete Europäer dezimiert und verdrängt werden konnte. In den asiatischen Kolonien wie Indien oder Indonesien sind die gleichen Infektionskrankheiten wie in Europa endemisch. Daher war die Kolonisierung durch Europäer dort nicht mit einer solchen demographischen Katastrophe verbunden.

Der französische Historiker Emmanuel Le Roy Ladurie nannte die Verbreitung von Krankheitserregern auf allen Kontinenten »l'unification microbielle du monde« (etwa: mikrobielle Vereinheitlichung der Welt); William McNeill schrieb den ansteckenden Krankheiten in seinem Klassiker »Die großen Epidemien« Geschichtsmächtigkeit zu. Dies ist nachvollziehbar, wenn wir bedenken, dass die Pest die Bevölkerung Europas 1347 bis 1351 dezimierte (vgl. S. 22). mit weitreichenden Folgen für Wirtschaft, Politik und Umwelt und dass die »Spanische Grippe« als weltweite Epidemie 1918/1919 mehr Menschenleben forderte als der Erste Weltkrieg.

Der Erfolg neuer Krankheitserreger ist nur ein Spezialfall. Kommen Spezies in ein neues Ökosystem, finden sie dort oft keine auf sie spezialisierten Feinde vor, sie breiten sich daher stärker aus als Arten, die in Nahrungsnetze eingebunden sind Sie können »invasiv« werden, gleich ob sie absichtlich oder unabsichtlich eingeführt wurden (vgl. S. 62). Ihre Gefährlichkeit hängt von der Art ab. Unter den 100 von der IUCN (International Union for the Conservation of Nature) als besonders gefährlich eingestuften invasiven Spezies finden sich Mikroorganismen, Pilze, Land- und Wasserpflanzen, Wirbellose, Fische, Vögel und auch Säugetiere. Viele von ihnen wurden absichtlich eingeführt, als Ziergewächse oder um eine unerwünschte, lokale Art zu bekämpfen, nicht immer erfolgreich (vgl. S. 66). So werden Moskitofische bis heute etwa in Kalifornien ausgesetzt, obwohl sie nicht mehr Moskitoeier fressen als einheimische

Fische; sie fressen aber die Eier anderer Fischarten und reduzieren damit die Vielfalt in Ökosystemen.

Die biologische Durchmischung der Welt nimmt mit dem globalen Handelsvolumen zu. Dem Wassertransport kommt besondere Bedeutung für die Homogenisierung der Ökosysteme der Erde zu – neben der Habitatvernichtung sind invasive Spezies die größte Bedrohung einer hohen Biodiversität. 80 % der Güter verbringen zumindest einen Teil ihrer Reise auf dem Wasser. Von 1985 bis 2011 wuchs die Tonnage im Weltseehandel um mehr als 230 %. Da sich leere Schiffe nicht gut steuern lassen, werden sie nach der Entladung mit Ballastwasser gefüllt. In jenem Hafen, in dem sie neue Ladung aufnehmen, wird es wieder abgelassen. Schätzungen zufolge werden dadurch täglich etwa 3000 Spezies von einem aquatischen Ökosystem in ein anderes transportiert. Von Pflanzen über Parasiten und Krankheitserreger bis zu Fischen, Mollusken und Wirbellosen reist so eine Armada potenziell gefährlicher Organismen um die Welt.

In der Bucht von San Francisco fand sich von 1851 bis 1960 etwa eine neue Spezies pro Jahr. Von 1961 bis 1995 waren es schon fast vier pro Jahr (COHEN & CARLTON, 1998). Kanäle, die aquatische Lebensräume verbinden, die sich über Tausende Jahre getrennt entwickelt hatten, besitzen einen ähnlichen Effekt auf die Verbreitung von Neobiota, wie die neu eingewanderten Spezies genannt werden. Seit 1800 sind fast 140 neue Spezies in den Großen Seen angekommen, die meisten davon unabsichtlich. Ein Drittel davon kam seit der Eröffnung des St.-Lawrence-Kanals im Jahr 1959, durch den Hochseeschiffe in die Großen Seen gelangen können. Die im Kaspischen Meer heimische Zebramuschel (*Dreissenia polymorpha*) kam mit Ballastwasser in die Großen Seen. Von 1988 bis 2002 hatte sie sich in den Gewässern der Vereinigten Staaten bis zum Golf von Mexiko ausgebreitet. Da sie nicht in Nahrungsnetze eingebunden ist (»keine natürlichen Feinde hat«) breitet sie sich auf Kosten einheimischer Spezies weiter aus. Der Eriekanal verbindet seit 1823 die durch die Wasserscheide der Alleghenies getrennten Gewässersysteme, Fische und Mollusken sind so aus den Großen Seen in den Hudson gelangt.

Etwa 14 % der weltweit transportierten Fracht gehen durch den Suezkanal, der Mittelmeer und Rotes Meer verbindet, und damit Schiffen aus Asien und Europa die Umrundung Afrikas erspart. Die beiden Meere waren 20 Millionen Jahre getrennt, ehe sie 1869 vom Menschen verbunden wurden. Seitdem sind mindestens 300 Spezies aus dem Süden ins Mittelmeer gelangt, darunter die Rotmeerqualle *Rhopile manomadica*, die an den Ostküsten des Mittelmeers inzwischen im Sommer schwarmweise auftritt.

Quallen sind auch für die Dezimierung der biologischen Vielfalt des Schwarzen Meeres verantwortlich. In dem sauerstoffarmen Gewässer wurde in den späten 1970er-Jahren durch Ballastwasser die Meerwalnuss (*Mnemiopsis leidyi*), eine Rippenquallenart, eingeschleppt. Auf jeden Kubikmeter kamen im Jahr 1988 500 Quallen, hochgerechnet auf das Schwarze Meer ergibt das 900 Millionen Tonnen Biomasse – zehnmal so viel wie der weltweite Fischfang in diesem Jahr. Im Schwarzen Meer gab es kaum mehr Fische, weil die Quallen das Zooplankton auffraßen. Sie machten auf der Höhe ihrer Verbreitung 95 % der gesamten Biomasse des Schwarzen Meeres aus. Auch wenn ihre Zahl danach wieder um die Hälfte abnahm – weil es keine Nahrung mehr gab und sie von der Qualle *Beroe ovata* gejagt werden – haben sie das Schwarze Meer langfristig verändert. Und sie breiten sich weiter aus. Mittlerweile gelangte die Meerwalnuss bis in die Ostsee.

Auch im Ladegut reisen gefährliche Passagiere. Der Erreger der Ulmenkrankheit kam mit Furnieren nach Nordamerika; inzwischen sind die Ulmen dort praktisch ausgerottet. Die asiatische Tigermücke (*Aedes albopictus*, früher *Stegomyia albopicta*) findet ein exzellentes Habitat in den um die ganze Welt verschifften alten Autoreifen, in denen sich oft etwas Wasser sammelt: eine ideale Brutstätte für das Insekt, das mit der Ausbreitung mehrerer Tropenkrankheiten, darunter Gelbfieber, in Verbindung gebracht wird (vgl. S. 76). Die Geschichte des globalen Transports zeigt, dass sich die Menschen als evolutionäre Kraft etabliert haben. Ob zu ihrem Vorteil, darf bezweifelt werden. (LOWE et al., 2004)

links Der **HUDSON RIVER** im Mondschein. Floß, Schiff und Bahn – potenzielle Transportmedien für »blinde Passagiere«. (*Postkarte, nach 1907*)

rechts Die 1913 vom Stapel gelaufene **»IMPERATOR«** der Hamburg Amerikanischen Paketfahrt Actien Gesellschaft (HAPAG). – Etwa ein Jahr war sie das größte Schiff der Welt. (*Postkarte, gelaufen am 23.8.1913*)

ganz links Die **SPEICHERSTADT** in Hamburg.

links **KAFFEEPLANTAGE** Bom Sucesso des Chocolatiers Claudio Corallo auf São Tomé.

unten links **SKLAVEN PRESSEN ZUCKERROHR**. Beschönigendes Gemälde im Government House (Charlotte Amalie, St. Thomas, US Virgin Islands, USA).

unten **RAFFLES HOTEL** aus der britischen Kolonialzeit in Singapur.

ALLEE IM SÜDEN VIETNAMS. (*Postkarte, gelaufen am 26.9.1912*)

Collection Poujade de Ladevèze.
104. COCHINCHINE — Gia-Dinh - Route du Fort de Binh-Loï - La Jumenterie

VIEW ON CEYLON TEA ESTATE.

2.4 Koloniale Wirtschaft und Umwelt

Mit dem Vertrag von Tordesillas vom 7. Juni 1494 begann die Epoche des Kolonialismus, mit der Unabhängigkeitserklärung Indiens vom 15. August 1947 endete sie. Portugal und Spanien hatten im 15. Jh. eine Teilung der Welt vereinbart, die bis heute politische und ökonomische Wirkungen hat. Hochseetüchtige Schiffe, kapitalkräftige Handelsunternehmen und die Zivilisierungsmission des Christentums als ideologische Grundlage bildeten die Basis der Fremdherrschaft durch europäische Kolonialherren. Kein anderes historisches Phänomen war folgenreicher für die Umwelt. Die Ungleichheit zwischen Rohstoff produzierenden und mit diesen Rohstoffen Güter herstellenden und handelnden Ländern ist bis heute Grundlage der internationalen Wirtschaft. Die Kolonialgeschichte der Umwelt verdeutlicht, wie umfassend und gewalttätig Natur durch die koloniale Wirtschaftsordnung umgestaltet wurde.

Im Kampf der Kolonialmächte um die Aufteilung der Welt waren auch Kolonien Kriegsschauplätze. So wurde im Siebenjährigen Krieg von 1756 bis 1763 auch in Nordamerika, Indien und in der Karibik gekämpft. Die koloniale Umgestaltung tropischer Inseln hatte entscheidenden Einfluss auf den Ausgang der Kämpfe in der Karibik. Von den Europäern angelegte Zuckerrohrplantagen eigneten sich hervorragend als Brutstätten für jene Mücken, die Gelbfieber übertragen. Ihm fielen Tausende europäische Soldaten zum Opfer. Auch zum Ende der Kolonialherrschaft spielte das Gelbfieber in den für den Zuckerrohranbau veränderten Ökosystemen eine Rolle.

Neu-Spanien, das heutige Mexiko, und Peru tragen bis heute an den Folgen der Gier nach Edelmetallen. Die peruanische Quecksilbermine Huancavelica war als »Mine des Todes« bekannt; die Böden der Andenstadt sind immer noch mit dem hoch giftigen Metall belastet. Kümmerlich bewachsene Berghänge um San Luis Potosí und andere Zentren des Silberbergbaus zeugen von der Ausdehnung der Entwaldung Mexikos, die etwa der Fläche Polens entspricht.

Kolonialwarenläden luden in ganz Europa zum Kauf. Subsistenzwirtschaft in den Kolonien musste dafür dem Anbau von »cash crops« für die Handelsgesellschaften weichen. Im nordindischen Doab reichten drei Jahrzehnte des Anbaus von Baumwolle und Indigo unter britischer Herrschaft, um die Böden zu degradieren. Die Ab-

Werbepostkarte der Firma Lipton.
TEEERNTE auf einer Plantage auf Sri Lanka. (*Postkarte vor 1908*)

holzung von Wäldern führte auch hier zu irreversiblen Veränderungen.

Eine besondere Form kolonialer Herrschaft etablierten die Briten: Sträflinge wurden zum Arbeitseinsatz in die Strafkolonie Australien gebracht. Warum Sträflinge in den Busch entkommen konnten, Aboriginals mit den Kolonialherren Handel betrieben und wie die Kängurus Tasmaniens nahezu ausgerottet wurden, lässt sich ohne den Einfluss des fremden Raubtieres Hund, das von den Briten importiert wurde, nicht erklären.

Mitte des 19. Jh. funkte der US-amerikanische Erfinder Samuel F. B. Morse (1791–1872) die ersten Zeichen über eine elektrische Leitung. Interkontinentale Kommunikation wurde durch Unterseekabel möglich. Der einzige Isolierstoff, der dem Seewasser standhielt, war Guttapercha, ein aus dem Milchsaft tropischer Bäume gewonnenes, gummiähnliches Produkt. Bis in die 1890er-Jahre waren mindestens 27 000 Tonnen Guttapercha in Seekabeln verlegt und die Wälder, aus denen der Rohstoff gewonnen wurde, devastiert. Erst die Entwicklung synthetischer Isolationsmaterialien beendete die Abholzung der Guttaperchabäume.

Monokulturen waren ein Merkmal kolonialer, exportorientierter Wirtschaft. Mit der erwünschten Kulturpflanze wurden unweigerlich auch auf diese spezialisierte Schädlinge gezüchtet. Dieser Zusammenhang lässt sich an der Panamakrankheit der Banane zeigen. Es war einfacher, Konsumentinnen und Konsumenten durch Werbung von einer neuen Bananensorte zu überzeugen, als den Pilz zu bekämpfen, der die Stauden der Sorte »Gros Michel« auf den Plantagen Mittelamerikas dahinraffte. Koloniale Wirtschaft war Wirtschaft mit Sklaven. Diese beteiligten sich am Transfer von landwirtschaftlichem Wissen, prägten die Kultur des amerikanischen Südens und dürfen nicht nur als willenlose Opfer begriffen werden. Die Reisfelder in Georgia und South Carolina erzählen diese Geschichte kolonialer Landschaftsveränderungen.

Kakao zählt zu den klassischen Kolonialwaren. Seiner Geschichte, die Sklavenausbeutung und die Verbreitung von Krankheitserregern einschließt, folgen wir auf der Insel São Tomé.

Die Geschichte der kolonialen Ausbeutung wäre nicht vollständig, ohne die Rolle der Wissenschaft zu bedenken. Lokales, indigenes Wissen wurde üblicherweise ignoriert. Die Kolonialherren gingen davon aus, dass die Einheimischen, angeblich aus Unkenntnis oder unter dem Zwang der Verhältnisse, die Natur nicht nachhaltig nutzten. Auf dieser Basis setzte die jeweilige Kolonialmacht auf wissenschaftliche Erkenntnisse gestützte Maßnahmen durch, die den Einheimischen die Kontrolle über Ressourcen entzogen. Solche Mythen über Entwaldung sind etwa auf Madagaskar und in der Republik Guinea zu finden.

Auf allen Kontinenten ist die Geschichte der Kolonialmacht eine Geschichte der Gewalt, nicht nur gegen Menschen, sondern auch gegen die Natur.

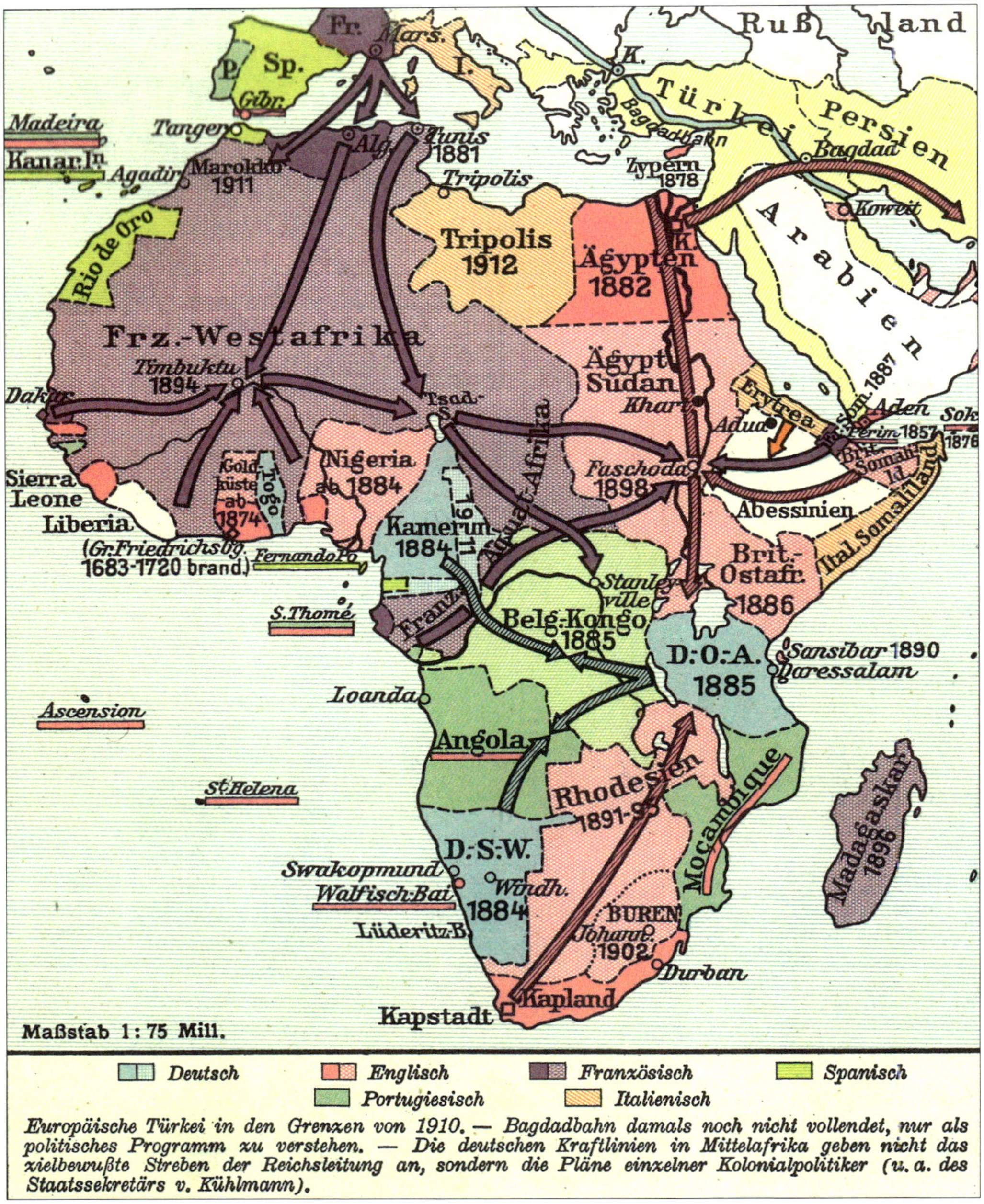

Eine **KOLONIALKARTE AFRIKAS** aus nationalsozialistischer Sicht.

The map contains the following labels and text:

Ruß land — Fr. Mars. I. — P. — Sp. — Gibr. — Madeira — Tangr — Kanar.In — Agadir — Marokko 1911 — Rio de Oro — Alg. — Tunis 1881 — Tripolis — Zypern 1878 — Koweit — Bagdadbahn — Türkei — Persien — Bagdad — Arabien — Tripolis 1912 — Ägypten 1882 — K. — Frz.-Westafrika — Timbuktu 1894 — Ägypt. Sudan — Som. 1887 — Aden — Soko 1876 — Dakar — Tsad. — Khart. — Erytrea — Perim 1857 — Brit. Somali-Id. — Sierra Leone — Liberia — Goldküste ab 1874 — Togo 1884 — Nigeria ab 1884 — Kamerun 1884 — Faschoda 1898 — Abessinien — Ital. Somaliland — (Gr.Friedrichsbg. 1683-1720 brand.) — Fernando Po — Franz. Äquat.-Afrika — Stanley-ville — Brit.-Ostafr. 1886 — S.Thomé — Belg.-Kongo 1885 — D.O.A. 1885 — Sansibar 1890 — Daressalam — Ascension — Loanda — Angola — Madagaskar 1896 — St.Helena — Rhodesien 1891-93 — Mocambique — D.S.W. 1884 — Swakopmund — Walfisch-Bai — Windh. — Lüderitz-B. — BUREN — Johannsb. 1902 — Durban — Kapland — Kapstadt

Maßstab 1:75 Mill.

Legend:
- Deutsch
- Englisch
- Französisch
- Spanisch
- Portugiesisch
- Italienisch

Europäische Türkei in den Grenzen von 1910. — Bagdadbahn damals noch nicht vollendet, nur als politisches Programm zu verstehen. — Die deutschen Kraftlinien in Mittelafrika geben nicht das zielbewußte Streben der Reichsleitung an, sondern die Pläne einzelner Kolonialpolitiker (u. a. des Staatssekretärs v. Kühlmann).

links **SKLAVENGLOCKE** auf São Tomé.

rechts Historische **ZUCKERMÜHLE** auf der Domaine les Pailles (Mauritius).

TEEPFLÜCKERINNEN auf Sri Lanka. (*Postkarte, vor 1920*)

Auf der Suche nach **ERDÖL- LAGERSTÄTTEN** mit der Wünschelrute. (*Werbepostkarte der Rhenania-Ossag, 1925–1947*)

BRÉSIL. — Etat du Paraná. — Transport du bois sur les rives du fleuve Alto-Paraná

629 - *Cultivateurs arabes.*

oben **TRANSPORT VON STÄMMEN** in den oberen Paraná (Brasilien). (*Postkarte, Beginn des 20. Jh.*)

links **ARABISCHE BAUERN** pflügen mit Kamelen. (*Postkarte, 1924–1939*)

FIEBRIGE SÜSSE

Zuckerplantagen und die Ökologie tropischer Krankheiten in der Karibik

Die Transformation karibischer Inseln begann in den 1640er-Jahren. Inseln wie Barbados, Guadeloupe und Jamaika wurden von der »Zuckerrevolution« erfasst, einem Umbruch, der die sozialen, ökonomischen und ökologischen Verhältnisse gleichermaßen betraf: Der schnelle Wandel von diversifizierter Landwirtschaft zur Monokultur der Zuckerrohrplantagen, die damit verbundene Änderung der kleinteiligen Besitz- und Nutzungsstrukturen zu Großgrundbesitz, die Einführung von Sklavenarbeit, das Wachstum der Siedlungen, der Wandel von vorwiegend euro- zu afrokaribischer Bevölkerung und die Erhöhung der Pro-Kopf Produktion veränderten die karibischen Inseln tief greifend und nachhaltig. Diese Revolution (die einzige, die ihren Namen von einem Produkt hat) führte zu einer massiven Zunahme des atlantischen Sklavenhandels, sie beförderte den Dreieckshandel zwischen Europa, Afrika und Amerika, veränderte Konsummuster und Ernährung in Europa, förderte das Interesse der Europäer an Kolonien und trug ihren Teil zur späteren Industriellen Revolution bei. Wurde diese Geschichte von Sklaverei, kolonialer Investitionsmacht oder militärischer Überlegenheit dominiert? Alle drei Faktoren spielen eine Rolle, doch ohne die Ökologie der Zuckerrohrplantagen und ihre Bedeutung als Habitat von Insektenweibchen zu kennen, lässt sich die Geschichte der Karibik nicht verstehen (HIGMAN, 2000).

Mit den Sklavenhändlern reisten unbemerkt zwei Krankheiten bringende Insektenarten: die Anophelesmücke, Vektor der Malaria, und die Gelbfiebermücke oder ägyptische Tigermücke *Stegomyia aegypti* (früher *Aedes aegypti*), der Vektor des Gelbfiebers. Durch Abholzung und Erosion im Hinterland entstanden an den Flussmündungen karibischer Inseln durch Sedimentation Sümpfe. Diese boten vermutlich der Anophelesmücke gute Lebensbedingungen. Die Zuckerrohrplantagen selbst waren ideal für die Vermehrung der Gelbfiebermücke: Nachdem der Wald in Monokulturen verwandelt war, gab es kaum noch natürliche Feinde für Insekten.

Zum Kristallisieren des Zuckers verwendete Tongefäße standen mehrere Monate im Jahr leer. In ihnen sammelte sich Regenwasser, das den Gelbfiebermücken ideale Brutstätten bot. Die Mücke kann längere Zeit von zuckerhaltigen Flüssigkeiten leben, auch wenn sie zur Vermehrung Blut braucht. Die Reste der Zuckerproduktion ernährten Schwärme von Mücken. Es gab aber auch genug Blut: Um 1640 bewohnten etwa 200 000 Menschen die Karibik, um 1800 über 2 Millionen. Die Mücke lebte auf diese Weise gut, aber wie ging es dem Gelbfiebervirus? Die mehrheitlich aus endemischen Gelbfiebergebieten Afrikas stammenden Sklaven waren weitgehend immun. Nach der ersten karibischen Gelbfieberepidemie 1647, der 20 bis 30 % der Bevölkerung zum Opfer fielen, gab es 40 Jahre lang keinen Ausbruch mehr. Die Krankheitserreger haben nur eine Chance, wenn sie auf konzentrierte Populationen treffen, die nicht gegen sie immun sind. Doch auch das bot die Zuckerrohrwelt der Karibik. Die Kolonialherren – Spanier, Holländer, Briten oder Franzosen – machten einander die ertragreichen Inseln streitig. Sie waren reich genug, um ihre Plantageninseln zu befestigen und importierten den modernen Festungsbau. Zur Bemannung der Festungen und zur Bewachung der Sklaven stationierte man Militär. Da die Wachtruppen für Offensiven und zur entscheidenden Eroberung feindlicher Festungen nicht ausreichten, brauchte man zusätzliche Truppen aus Europa. Von den über 50 Belagerungen ab der Mitte des 17. Jh. war allerdings kaum eine erfolgreich. Das lag an der Gelbfiebermücke. Denn neue Soldaten waren ideale Opfer, insbesondere, da männliche Europäer

7002. Cutting Sugar Cane, Cuba.

ZUCKERROHRMONOKULTUREN
prägten die karibischen Inseln.
(*Postkarte, erste Hälfte 20. Jh.*)

besonders anfällig für Gelbfieber sind. Hielten die Belagerten drei bis sechs Wochen durch, tat der Gelbfiebervirus die Arbeit für sie. 1689 verlor eine englische Streitmacht bei dem Versuch, Guadeloupe zu erobern, die Hälfte der Soldaten. Mehr als die Hälfte der Mannschaft von Commodore Wren starb 1692 an Gelbfieber. 1693 starben 50 % der Soldaten und Matrosen, beim Versuch, Martinique zu erobern. 61 % der Soldaten einer gemeinsamen spanisch-britischen Expedition, die gegen die Franzosen auf dem späteren Santo Domingo gerichtet war, erkrankten 1695 tödlich. Der misslungene Versuch, den Spaniern Cartagena abzunehmen, kostete 1697 einem Viertel der französischen Soldaten unter Baron de Pointis das Leben, sie starben an Gelbfieber. Die britischen Versuche, 1741 Cartagena und 1762 Havanna einzunehmen, endeten in Gelbfieberepidemien unter den Soldaten.

ZUCKERROHRERNTE auf Madeira. Madeira war im 16. Jahrhundert das bedeutendste Zuckerrohranbaugebiet. (*Postkarte, gelaufen am 13.3.1925*)

»Eine furchtbare Seuche, von der gesagt wurde, sie sei von den Truppen gebracht worden, die aber wahrscheinlich von der afrikanischen Küste stammte, erschien im Jahr 1692 auf der Insel, und die Sterblichkeit war so hoch, dass man an vielen Tagen 20 Mann begraben musste. Die meisten Besatzungen sowohl der Kriegs- als auch der Handelsschiffe wurden komplett ausgelöscht, und die Kriegsschiffe konnten aus Mangel an Besatzungen nicht auslaufen. [...] Commodore Wren [...] erreichte Barbados am 16. Januar 1691 mit acht Kriegsschiffen und einem Konvoi von Handelsschiffen. [...] Die Flotte [...] unter Kommando von Commodore Wren segelte am 30. Januar nach dem Feind suchend; sie kam am 5. Februar zurück, ohne das französische Geschwader gesichtet zu haben. Am 17. Februar segelte Wren wieder mit einer Handelsflotte im Konvoi und attackierte am 21. Februar die unter dem Kommando des Grafen de Benac stehende französische Flotte aus 16 Kriegsschiffen und zwei Brandern nahe der Insel Deseda. [...] Kapitän Wren kam mit seinem Geschwader am 25. Februar zurück, ohne irgendwelche Verluste. Dieser tapfere Kommandant fiel unglücklicherweise der herrschenden Krankheit zum Opfer, ebenso wie die meisten Kapitäne von Schiffen, die die Insel zu dieser Zeit anliefen. Das große Elend auf der Insel und die Verringerung der Anzahl der Weißen auf der Insel als Folge der furchtbaren Epidemie ermutigten die Sklaven zu einer neuen Verschwörung« (SCHOMBURGHK, 1847: 304–305, eigene Übersetzung).

Der Siebenjährige Krieg wurde auch in den Kolonien ausgetragen. Als der spanische Gouverneur von Havanna, Juan de Prado, 1762 nach neunwöchiger Belagerung durch die Truppen des Admirals George Pocock kapitulierte, hatte das Gelbfieber begonnen, sich auszubreiten. Wenig später waren 41 % der 14 000 englischen Soldaten tot und weitere 37 % zu krank, um Waffen zu tragen. Nur 21 % verblieben als kampffähige Truppe. Die Eroberung war ein tragischer Sieg. Der zeitgenössische Gelehrte und Literat Samuel Johnson hoffte, dass sein Land nie wieder mit einer solchen Eroberung bestraft werden möge. Die spanischen Kolonien verblieben bei Spanien, die französischen bei Frankreich – dank der auf den Zuckerrohrplantagen unbeabsichtigt gezüchteten Gelbfiebermücken.

Krankheiten standen am Beginn der Kolonialgeschichte Amerikas und waren auch an ihrem Ende beteiligt. Die indigene Bevölkerung Nordamerikas und der karibischen Inseln war im 15. und 16. Jh. durch Masern und Pocken stark dezimiert worden. Die europäischen Eroberer waren gegen diese Erreger, die sie importiert hatten, weitgehend resistent; das Immunsystem der Eroberten hatte auf die fremden Krankheiten keine Antwort. Erst dadurch wurde die europäische Eroberung des nordamerikanischen Kontinents möglich.

Ab dem 16. Jh. fielen in der Karibik zahllose europäische Soldaten, die die europäischen Mächte für ihre Kämpfe gegeneinander hierher gebracht hatten, dem Gelbfieber und der Malaria zum Opfer. Die Kolonialherren hatten die Krankheitserreger gemeinsam mit den afrikanischen Sklaven importiert und ihnen durch die Plantagenwirtschaft beste Bedingungen geschaffen. Hatte Gelbfieber in den Kolonialkonflikten des 17. und 18. Jh. den Belagerten genützt und die politischen Verhältnisse stabilisiert, erwies sich der Erreger im 19. Jh. als Hilfe für die nach Unabhängigkeit strebenden Revolutionäre. Die Sklavenrevolte auf Santo Domingo, die zur Unabhängigkeit Haitis führte, war erfolgreich, weil zahlreiche französische und britische Soldaten dem Gelbfieber zum Opfer fielen. Viele lokale Garnisonen der spanischen Kolonialherren mit ihren gegen Gelbfieber immunen Soldaten liefen zu den Aufständischen über, als sich das spanische Kolonialreich aufzulösen begann. Die spanischen Soldaten aus Europa starben hingegen wie die Fliegen am von Insekten übertragenen Gelbfiebererreger. Die Geschichte der karibischen Inseln und Mittelamerikas kann ohne die Gelbfiebermücke nicht verstanden werden. Sie als »natürlichen Feind« zu bezeichnen, wäre allerdings ein Fehler. Ohne die Importe von Sklaven und die umfassende Umgestaltung der Landschaft durch die Anlage von Zuckerrohrplantagen wäre das Gelbfiebervirus kaum kriegsentscheidend geworden.
(MC NEILL, 1999, 2010)

DIE MINE DES TODES

Quecksilber aus den peruanischen Anden

»**N**atürlich war Bergbau überall ungesund und gefährlich, und die Bedingungen in Huancavelica waren in mancher Hinsicht nicht schlechter als anderswo. Silikose, Tuberkulose und Grubenunglücke forderten das Leben von Bergleuten auf der ganzen Welt« (BROWN, 2001: 491). So lakonisch beschreibt der amerikanische Historiker Kendall W. Brown einen der brutalsten Bergbaue der Geschichte. Die Quecksilbermine im peruanischen Huancavelica galt nicht ohne Grund als »öffentliches Schlachthaus« oder »mina de la muerte« (Mine des Todes), insbesondere aufgrund der Giftigkeit des gewonnenen flüssigen Edelmetalls.

Vor allem Edelmetallabbau und Verhüttung hatten im spanischen Amerika oft schlimme ökologische Folgen. Sie ruinierten Vegetation, Wasser und Böden. Schadstoffe wie Schwefeldioxid, Quecksilber und Salz gelangten in erheblichen Mengen in die Biosphäre, vorher unberührte Gebiete wurden besiedelt und entwaldet (vgl. S. 80). Die Lungen der in den Minen Beschäftigten füllten sich mit Staub, der Silikose (Quarzstaublunge) verursachte. Grubenunglücke löschten das Leben oft Hunderter Unglücklicher aus. Jene, die für die Gier der spanischen Krone nach Edelmetallen arbeiteten, wurden mehr oder weniger chronisch mit Quecksilber vergiftet.

Mitte des 16. Jh. hatte der Dominikanermönch Bartolomé de Medina (1527/1528–1580) die Silbergewinnung durch Amalgamierung mit Quecksilber zu einem industriell nutzbaren Prozess weiterentwickelt. In flachen, gemauerten Pfannen wurde das fein gemahlene Silbererz mit Wasser, Salz, Quecksilber, Eisen und anderen Substanzen vermischt und je nach Temperatur mehrere Wochen bis Monate regelmäßig durchmischt. Esel oder Arbeiter, die barfuß bis zu den Knien in der giftigen Paste steckten, besorgten dies. Amalgamierung sparte Brennholz und verbesserte die Ausbeute an Edelmetall. Das machte das flüssige, giftige Schwermetall Quecksilber zu einem unverzichtbaren Betriebsmittel der Silberminen. Nur drei Bergwerke produzierten es: Almadén in Spanien, Idrija im heutigen Slowenien und Huancavelica in Peru.

Eine chronische Quecksilbervergiftung führt zu Zittern, Blässe, Entfärbung und Entzündung des Zahnfleisches, lockeren Zähnen, übermäßigem Speichelfluss, Anämie, Schwierigkeiten beim Sprechen, zu Appetitlosigkeit und dem Verlust der muskulären Kontrolle. Auch bei geringen Dosen kommt es zu Veränderungen der Persönlichkeit. Reizbarkeit, Ungeduld, Schüchternheit, Depression, Angst, Verlust des Gedächtnisses, Zwangsstörungen und Konzentrationsprobleme werden in der Literatur genannt. Das Schwermetall führt zu Defekten beim Embryo und damit zu Fehl- und Totgeburten. Für Bergleute und ihre oft mithelfenden Frauen und Kinder, gleich ob sie beim Quecksilberabbau oder bei der Amalgamierung in den Silberhütten beschäftigt waren, sind solche Effekte immer wieder beschrieben worden.

Huancavelica ist zweifelsohne einer der Orte, an denen bis ins 19. Jh. zur Zwangsarbeit verpflichtete Indios am meisten litten. Oberhalb der Stadt Huancavelica liegt am Ostabhang der westlichen Kordillere die Quecksilbermine Santa Bárbara auf einer Höhe von etwa 4000 m über dem Meer. Ende des 16. Jh. hatten die Spanier mit dem Abbau begonnen, zunächst im Tagebau. Im Winter füllte sich die Mine mit eiskaltem Wasser, in dem die Arbeiter knietief wateten. Für die mit der Verhüttung Beschäftigten war Lungenentzündung wegen der Temperaturwechsel zwischen den heißen Quecksilberöfen und der eiskalten Umgebung eine häufige Todesursache. (WHITAKER, 1941)

Nachdem die Wände des Tagebaus einzubrechen begannen, verlegten sich die Betreiber auf Stollenbau. In der ersten Hälfte des 17. Jh. waren die Bedingungen besonders

La Villa Rica de Oro (heute Huancavelica) aus Felipe Waman Puma de Ayals Nueva Corónica y buen gobierno (»Neue Chronik und Gute Regierung«). Zu sehen sind die Stadt, im Vordergrund Schmelzöfen, links im Gebirge die **QUECKSILBERMINE**. Der Titel thematisiert die Arbeitsbedingungen: »… in dieser Mine verenden die Indios.«

Geschichte unserer Umwelt

oben Karte der Bergbaustadt **HUANCAVELICA** aus dem Jahr 1790. *(Ausschnitt)*
unten Geschätzte **QUECKSILBERKONZENTRATIONEN** in der Atmosphäre in Huancavelica im Jahr 1680 im Vergleich zu heutigen Referenzwerten.

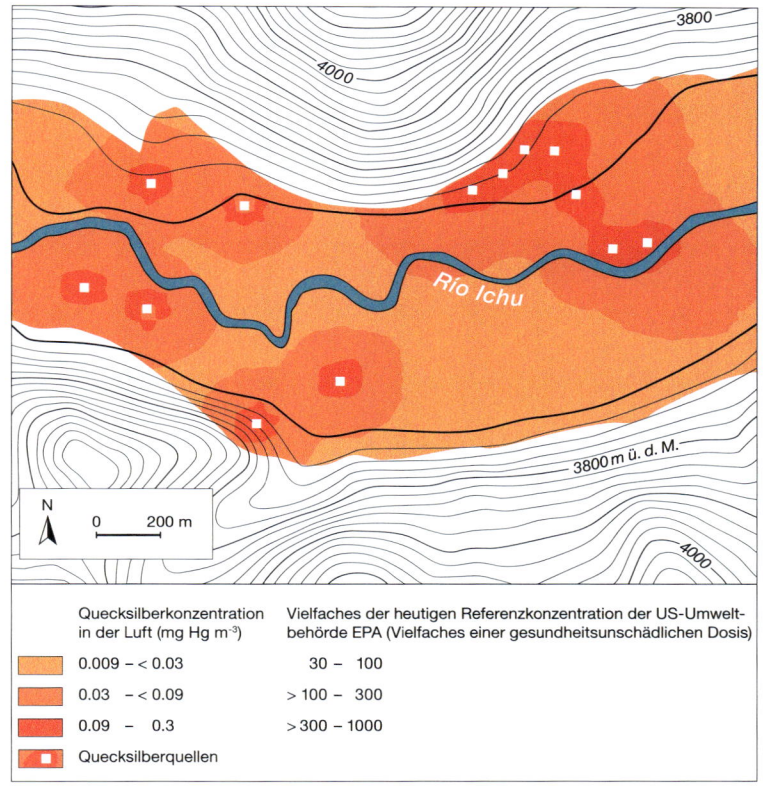

Quecksilberkonzentration in der Luft (mg Hg m⁻³) / Vielfaches der heutigen Referenzkonzentration der US-Umweltbehörde EPA (Vielfaches einer gesundheitsunschädlichen Dosis)

Quecksilberkonzentration in der Luft (mg Hg m^{-3})	Vielfaches der heutigen Referenzkonzentration der US-Umweltbehörde EPA (Vielfaches einer gesundheitsunschädlichen Dosis)
0.009 – < 0.03	30 – 100
0.03 – < 0.09	> 100 – 300
0.09 – 0.3	> 300 – 1000
Quecksilberquellen	

übel. Die »Mita«, das koloniale System der Zwangsarbeit der Indios, versorgte die Minen mit günstiger Arbeitskraft, sodass weder Winden zum Transport des Erzes aus dem Untergrund gebaut noch irgendwelche Sicherheitsmaßnahmen ergriffen wurden. Die Indios wussten um die Gefahr und versuchten, sich der Zwangsarbeit zu entziehen. Vizekönig Luis Jerónimo Fernández de Cabrera Bobadilla Cerda y Mendoza, Graf von Chinchón, hatte 1630 dem König berichtet, dass Indiomütter ihre Söhne verstümmelten, um sie vor dem qualvollen Tod durch Zwangsarbeit in der Quecksilbermine zu bewahren.

Während die Zwangsarbeit in den Silberminen von Potosí (im heutigen Bolivien) ein Jahr dauerte, waren für den Quecksilberbergbau nur zwei Monate festgelegt – weniger aus Menschenfreundlichkeit, denn aus dem Wissen, dass ein Teil des Quecksilbers aus dem Körper auch wieder ausgeschieden wird und auf diese Weise die Arbeiter mehr als einmal verpflichtet werden konnten. Einem Bericht aus dem Jahr 1604 ist zu entnehmen, dass die Gräber toter Bergleute und Hüttenarbeiter, nachdem ihre Körper verwest waren, Quecksilberpfützen enthielten.

Die Betreiber von Huancavelica waren keine Bergbauexperten. Die Minen waren instabil gebaut, weshalb sie erst 1642, nachdem bei einem Besuch eines Vertreters des Vizekönigs mehrere Personen vor dessen Augen erstickt waren, mit Lüftungsschächten ausgestattet wurden. Grubengas, farb- und geruchloses Kohlenmonoxid, hatte bis dahin schon zum Tod vieler Bergleute geführt.

Die Betreiber blieben auf Zwangsarbeit angewiesen, deren Aussetzung durch die spanische Regierung im Jahr 1723 begegneten sie mit so viel Widerstand, dass die Mita nach 18 Monaten wieder eingeführt werden musste und bis ins 19. Jh. bestand. Ab 1740 wurde gesprengt, statt mit dem Pickel gearbeitet. Die Zunahme der Staubbelastung führte aber wohl nicht zu einer größeren Quecksilberaufnahme, da das reichere Erz bereits abgebaut war.

Auch heute noch wird Quecksilber zur Amalgamierung benützt. Schätzungen zufolge gelangten dadurch weltweit auch 1995 noch 300 bis 325 Tonnen in die Atmosphäre (HYLANDER & MEILI, 2003: 24). Die 13 Quecksilberöfen, die im Jahr 1680, einem Jahr mit einer eher hohen Produktion von 594 Tonnen (den immer vorhandenen geschmuggelten Anteil nicht eingerechnet), in Huancavelica betrieben wurden, emittierten allein 69 Tonnen. Nimmt man an, dass bei der Quecksilbergewinnung etwa 25 % des leicht flüchtigen Metalls verdampfte, gelangten zwischen 1564 und 1810 hier etwa 17 000 Tonnen Quecksilber in die Atmosphäre. Weltweit wurden zwischen 1550 und 1930 mehr als 236 000 Tonnen Quecksilberdampf aus Silber- und Goldgewinnung freigesetzt. Je geringer der Silbergehalt der Erze wurde, desto

mehr Quecksilber wurde gebraucht. Waren es bis 1740 etwa anderthalb Kilogramm Quecksilber je Kilo Silber, wurden am Ende der kolonialen Herrschaft zwischen 1790 und 1810 2,4 bis 2,9 Kilogramm Quecksilber je Kilo Silber eingesetzt. (ROBINS et al., 2012; ROBINS & HAGAN, 2012; NRIAGU, 1994)

Die Mine von Huancavelica wurde 1974 geschlossen, weil die Ausbeute zu gering geworden war. 2012 veröffentlichte Bodenuntersuchungen zeigen, dass die heutige Bevölkerung von Huancavelica aufgrund der intensiven Kontamination der Böden Quecksilberkonzentrationen ausgesetzt ist, die zu den höchsten weltweit gehören und die für sie ein erhebliches Gesundheitsrisiko darstellen. (BROWN, 2001; ROBINS et al., 2012)

Sechzig Reisen durch die Zeit

SILBERNES WALDSTERBEN IN MEXIKO

Holzkohle, indigene Völker und die spanische Gier nach Edelmetall

Metalle sind großartige Werkstoffe: Sie sind gut verarbeitbar und haltbar, für viele Anwendungen geeignet und für viele unersetzlich. Seit der Bronzezeit zählen Metalle zur Grundausstattung menschlicher Kulturen. Edelmetalle waren (und sind) wichtige Prestigegüter. Das Recht, im Boden zu schürfen, zählte seit dem Mittelalter in Europa zu den Regalien, jenen Nutzungsrechten, die dem König vorbehalten waren. Mit Gold und Silber wurden Armeen bezahlt und Handelsschiffe gebaut. Macht und Metalle lagen und liegen nahe beisammen. Edle Metalle waren bis ins 20. Jh. die Basis des Geldes. In den Regierungstresoren mussten ab der Mitte des 19. Jh. so viele Goldbarren lagern, wie das im Umlauf befindliche Papiergeld wert war (»Goldstandard«).

Die **GIESSEREI** von Morales, San Luis Potosí, Zentral-Mexiko. (*Postkarte, gelaufen am 5.5.1910*)

Die Kolonisierung der Amerikas brachte große Mengen Edelmetall nach Europa. Allein aus Mexiko wurden vom Beginn des 16. Jh. bis zum Beginn des 19. Jh. über 50 000 Tonnen Silber und fast 800 Tonnen Gold nach Spanien verschifft. Die Kolonialherren führten minutiöse Aufzeichnungen, die uns heute erlauben, auch das Ausmaß der Zerstörungen zu rekonstruieren, mit denen der Reichtum erkauft wurde. Wie schon der deutsche Bergbauexperte Georg Agricola (1494–1555) in seinem 1541 erschienenen Handbuch »De re metallica« beklagt hatte, verbrauchten Abbau und Verhüttung große Mengen Holz. Stollen waren mit Holz gestützt, Erzmühlen und Bergarbeiterhäuser aus Holz

gebaut. Das meiste Holz aber brauchte man – bei Metallabbau ebenso wie beim Salzbergbau – um Hitze zu erzeugen.

In den mexikanischen Silberminen wurden Feuer gelegt, um Erzadern auszusprengen. Das Erz wurde geröstet, um das Zerkleinern zu erleichtern; Zuschlagstoffe wurden erhitzt, um sie wirksam zu machen. Die größte Menge Holz wurde für die beiden letzten Verarbeitungsschritte verwendet: Das kostbare Metall wurde aus dem Gestein geschmolzen oder gemeinsam mit Quecksilber erhitzt, um die Amalgamierung zu beschleunigen (vgl. S. 78). Eigentlich sollte die Nutzung des giftigen Quecksilbers den Holzbedarf senken, denn Silber verbindet sich schon bei Zimmertemperatur mit Quecksilber – allerdings nicht rasch genug für die Betreiber der Minen. Quecksilber vergiftete Arbeiter und Umwelt. Die Waldzerstörung war ein ebenso großes Problem wie die Vergiftung von Böden mit Quecksilber, denn auch der letzte Schritt brauchte weiteres Holz: Das rohe Silber wurde durch Erhitzen gereinigt.

Für ein einziges Kilogramm Silber verwendeten Arbeiter in den mexikanischen Minen den Holzbestand von mehr als 6000 m² Wald, was fast der Größe eines Fußballfeldes entspricht. Insgesamt wurden mehr als 315 000 km² Wald vernichtet. In dieser Zahl ist die Entwaldung durch jene Silberproduktion, die die Bergmänner auf eigene Rechnung durchführten, noch gar nicht enthalten. Sie erhielten einen Teil ihres Lohnes in Form von Erz. Für ihre kleinen, ineffizienten Öfen hatten sie kein Holz sparendes Quecksilber zur Verfügung – das blieb den großen »Haciendas de Beneficio« vorbehalten, sodass sie überdurchschnittlich viel Holz verbrauchten. Etwa 76 000 km² Rodung gehen auf ihre Rechnung. Zwischen 1558 und 1804 wurden 20 % der Landesfläche Mexikos für die Silbergewinnung entwaldet – mehr als die gesamte Fläche des heutigen Deutschlands. Die Entwaldung betraf vorwiegend die Gebirgsregionen in der Landesmitte, wo die Minen lagen. »Carboneros« zogen durch das Land, um Holzkohle zu produzieren. Zunächst nutzten sie den Eichen- und Kiefernwald, der die Hügel und Berge bedeckte.

Das Tal der Silbermine von San Luis Potosí, einer in 1850 m über dem Meer gelegenen Stadt in der Mitte Mexikos, wird von der Sierra de Alvarez im Osten und der Sierra San Miguelito im Westen eingefasst. Der Name der Stadt ist Programm: Potosí hieß jener im heutigen Bolivien gelegene

Geschichte unserer Umwelt

Ort, dessen Silberreichtum man in San Luis zu übertreffen hoffte. Schon 20 Jahre nach Beginn des Bergbaus, im Jahr 1614, musste die Holzkohle aus bis zu 120 km Entfernung angeliefert werden. Mitte des 17. Jh. sahen sich Reisende einer baumlosen, nackten Landschaft gegenüber, in der nur mehr einzelne Yuccapalmen überlebt hatten. Die Wälder waren der Holzkohleproduktion zum Opfer gefallen, darunter auch der Süßhülsenbaum (auch Mesquite, von *Nahuatl mizquitl*), der zur Familie der Hülsenfrüchtler (Leguminosen) gehört.

In der subtropischen Hitze ist schon der Schatten, den Bäume spenden, ein entscheidender ökologischer Faktor, Mesquite leistete aber noch mehr. Nur Leguminosen können Luftstickstoff direkt als Nährstoff verwenden. Das kommt auch anderen Pflanzen zugute, die den so angereicherten Boden nutzen. Zahlreiche Tiere sind außerdem auf die proteinreichen Schoten als Nahrung angewiesen. War der Baumbestand auf den Bergen um die Silberminen erst einmal gerodet, setzten Wüstungsprozesse ein. Eine Wiederbewaldung ist bis heute nicht möglich.

Schon zu Beginn des Silberbergbaus um 1550 hatte der Vizekönig Antonio de Mendoza die Rodung gesetzlich zu begrenzen versucht – aufgrund der berechtigten Sorge, dass Holz noch vor dem Erz ausgehen könnte. Über die Folgen für die Ökosysteme hatte er wohl nicht nachgedacht, doch sollte sich ihre dramatische Veränderung als das wirksamste Mittel im kolonialen Kampf erweisen.

Die Guachichites lebten als Jäger und Sammler, die höchstens ein wenig Mais anbauten. Sie waren ausgezeichnete Bogenschützen und konnten so die Ausbreitung der Spanier nach Norden lange behindern. Mit dem Wald aber wurden ihnen die Jagdgebiete und damit die Möglichkeit zu überleben genommen: Ihre Ernährung bestand zu einem wichtigen Teil aus den Schoten des Mesquitebaums, aus deren Samen sie Mehl machten. An einem einzigen Arbeitstag konnten zwei Frauen 40 Kilogramm Mehl herstellen. Die Rodung der Wälder lieferte die Guachichites dem Hunger aus und brach ihren Widerstand. Das erlaubte es den spanischen Kolonialherren, in Verhandlungen einzutreten und Frieden gegen Nahrung anzubieten. Paz por compra (Frieden durch Kauf) nannten die Spanier diese Taktik der Befriedung, Sesshaftmachung und Christianisierung der Indigenen. Mit der neuen Lebensweise war die Anlage von Äckern und Weiden verbunden – ein weiterer Faktor, der eine Wiederbewaldung verhinderte.

Das Schicksal der indigenen Bevölkerung Mexikos ist kein Einzelfall. Richard White hat die Situation der nordamerikanischen Choctaws, Pawnees und Navajos bereits 1983 beschrieben. Das Buch trägt den bezeichnenden Titel »The Roots of Dependency« (etwa: »Die Wurzeln der Abhängigkeit«). White beschreibt darin, wie eng Umweltzustand und Subsistenz verbunden sind und dass die europäischen Siedler diese Balance zerstörten, indem sie ihre Marktökonomie auf die Ureinwohner ausdehnten.

Aus den spanischen Quellen wissen wir, dass es – wie in Nordamerika – in den Silberbergbaugebieten Neu-Spaniens Indigene gab, die als »Yndios Carboneros« durch Holzkohlelieferungen an der Ökonomie der Silberminen teilhatten. Die Subsistenzweise der Jäger und Sammler hingegen wurde durch die Rodungen unmöglich gemacht. Nur weil sie verhungert wären, akzeptierten die Guachichites und ihre Nachbarn das »Befriedungs«-Programm – eine den Spaniern wohl sehr willkommene Nebenwirkung des Silberbergbaus.

Der Entwaldung durch den Silberbergbau folgte Überweidung erst durch Rinder, dann durch Schafe. Das einst bewaldete Land trocknete mehr und mehr aus. Die koloniale Ausbeutung verwüstete Landschaften und vernichtete (nicht nur) die Guachichites.
(STUDNICKI-GIZBERT & SCHECTER, 2010)

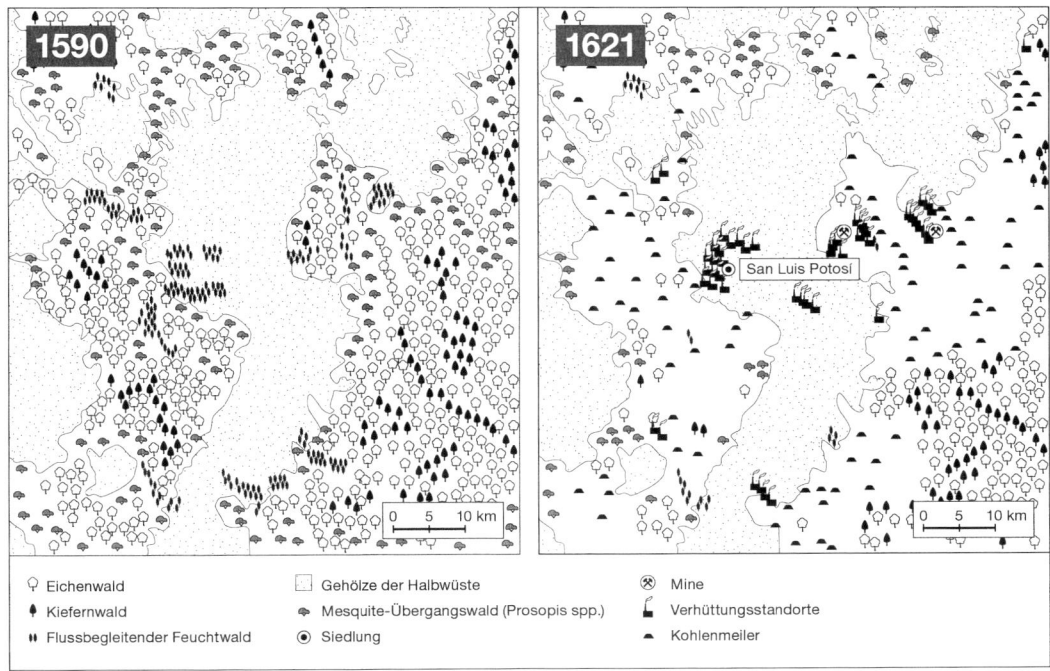

Holzverbrauch und **ENTWALDUNG** im Tal von San Luis Potosí (Mexiko) an der Wende vom 16. zum 17. Jh.

♀ Eichenwald
🌲 Kiefernwald
🌿 Flussbegleitender Feuchtwald
▢ Gehölze der Halbwüste
🌾 Mesquite-Übergangswald (Prosopis spp.)
◉ Siedlung
⊗ Mine
⚒ Verhüttungsstandorte
▲ Kohlenmeiler

LANGFRISTIGE FOLGEN DER AUSBEUTUNG

Die Britische Ostindien-Kompanie im nordindischen Doab

Die Ebene zwischen dem Ganges und seinem bedeutendsten Nebenfluss Yamuna wird Doab genannt. Schon die Mogulherrscher hatten die fruchtbare Provinz für ihre Zwecke benutzt; um 1800 waren die ehemaligen Jagdgründe südlich und westlich von Agra entwaldet. Bevölkerungswachstum und entsprechender Holzbedarf hatten sich ausgewirkt. Doch diese Transformation war im Vergleich zu jener unter britischer Herrschaft kleinteilig. Die Datenlage erlaubt eine seriöse Einschätzung der landwirtschaftlichen Situation zu Beginn der britischen Herrschaft. Etwa 20 % der Fläche des Doab waren um 1800 noch von Wald bedeckt, mehr als die Hälfte bestand aus gepflegtem Ackerland. Etwa ein weiteres Viertel des Landes lag brach, damit sich dort die Bodenfruchtbarkeit regenerieren konnte. Wir können davon ausgehen, dass die Erträge zur Ernährung der Bevölkerung ausreichten.

Anfang des 19. Jh. gelangte der Doab als Teil Nordindiens, der ungefähr das heutige Uttar Pradesh umfasst, unter die Verwaltung der Britischen Ostindien-Kompanie (East India Company, EIC). Zu diesem Zeitpunkt war das Unternehmen in einer finanziell prekären Lage; die neu akquirierten Landesteile sollten also möglichst rasch Ertrag abwerfen. Die Steuerlasten der Bauern wurden um 20 % angehoben und Kredite ausgegeben. Aus der drohenden Schuldenfalle konnten sich Bauern nur befreien, wenn sie jene Pflanzen anbauten, die die höchsten Einkünfte versprachen. Der Anbau von Nichtnahrungsmitteln zum Verkauf auf dem Weltmarkt (cash crops) wurde zur einzigen Lösung für die verarmenden Bauern; sie hatten anzubauen, was den Vertretern der EIC schnelles Geld zu versprechen schien.

Ab 1803 wurden der Baumwollanbau und die Kultivierung von Indigo gefördert. Je größer die Plantagen, desto lohnender war die exportorientierte Produktion. Der Anteil der kultivierten Fläche im Doab stieg von ungefähr 55 % im Jahr 1800 auf etwa 60 % im Jahr 1830. Wurden zu Beginn des 19. Jh. nur auf etwa 8 % der Fläche cash crops angebaut, so war die Fläche 1830 auf etwa 20 % gewachsen. Die Ankaufspreise für cash crops stiegen fünfmal schneller als die für Nahrungsmittel. Der Anbau von Nahrungspflanzen wurde marginalisiert und kultivierbares Land knapp, sodass die Rodung der Restwälder der einzige Ausweg schien. Der flussbegleitende Dhak-Wald (dhak: Malabar-Lackbaum, auch Palasabaum oder Plossobaum, *Butea monosperma*), der sich bis nach Kanpur erstreckt hatte, verschwand bis zur Mitte des 19. Jh. Kanpur und Allahabad stiegen zu Zentren der Baumwollproduktion auf.

Doch die EIC handelte in Unkenntnis der Wirkungen auf die Wasser- und Stoffhaushalte. Im semiariden zentralen Tiefland stehen schwere, wasserstauende Lehm- und Tonböden an. Werden sie bewirtschaftet, sind sie stark versal-

zungsgefährdet. Die gesamte Ebene wurde durch den Sommermonsun regelmäßig überschwemmt; waren die Hochwasser abgeflossen und das Bodenwasser an der Oberfläche verdunstet, kam es in der folgenden Trockenzeit dort zu Salzausscheidungen. Nur wenige Pflanzen können auf salzigen Böden effektiv wachsen; der Malabar-Lackbaum ist perfekt an höhere Salzkonzentrationen im Bodenwasser angepasst. Bäume bewirken eine gleichmäßigere Verteilung von Salzen im Wurzelraum. Unter Wald sind damit die Salzkonzentrationen geringer als im Offenland an der Oberfläche.

Der Dhak-Wald hatte sich positiv auf das Lokalklima und die Bodenqualität ausgewirkt. Die Rodungen der sensitiven Waldökosysteme und die Nachfolgenutzungen degradierten die Böden langfristig, die Bodenfruchtbarkeit sank dramatisch. Vermehrte extremere Witterungsereignisse führten zu häufigeren starken Überschwemmungen und Dürren. Hinter diesem Drama stand kein großer kolonialer Plan. Verarmende Bauern rodeten Land, um Schulden zurückzuzahlen. Lokale Beamte, denen die Restwälder als Versteck für Diebe und andere Kriminelle ein Dorn im Auge waren und die mit der Rodung auch die Tiger vertreiben konnten, die der agrarischen Expansion im Wege standen, ließen ebenfalls roden. Die Kolonialverwaltung schlägerte die Wälder von Gutsbesitzern, die zu rebellieren wagten. Außerdem wurde Holz für die Ziegelproduktion gebraucht.

Bereits in den 1820er-Jahren war die Versalzung so weit fortgeschritten, dass ganze Dörfer aufgrund der unbrauchbar gewordenen Böden aufgegeben werden mussten. Der Doab südlich von Agra war 1880 an vielen Orten so versalzen, ausgetrocknet und erodiert, dass fast die gesamte Region nicht mehr landwirtschaftlich genutzt werden konnte.

Schon seit Beginn der 1830er-Jahre war es im Doab trockener geworden. Nach 20 Jahren unausgesetzter Entwaldung und der so geminderten Oberflächenrauigkeit wurden auch die Winde stärker. »Lu« (der heiße Wind vor dem Sommermonsun) und »andhi« (ein Sand- und Staubbringer) kamen aus der Wüste von Rajasthan entlang des Ganges. Beide sind thermischen Ursprungs, sie entstehen durch die starke Erhitzung der oberflächennahen Atmosphäre tagsüber in der Wüste. Vor der Abholzung waren sie durch die Wälder abgebremst und gemildert worden (die starke Verdunstung der Gehölze bewirkt eine Abkühlung über dem Kronendach), nun bliesen sie heiß und kräftig, damit trockneten sie das Land weiter aus. Die Winderosion nahm in den Trockenzeiten und die Wassererosion während des Sommermonsuns zu. Das erodierte Material verstopfte Kanäle. Die so verschlechterte Entwässerung führte

| Geschichte unserer Umwelt

INDIA (Serie II - N. 4) - Mentre si prepara la colazione .....

oben Eine Frau melkt eine **MAGERE KUH** in Britisch-Indien. (*Postkarte, 1930er-Jahre*)

rechts **BAUERN** auf Ochsenkarren, Britisch-Indien. (*Postkarte, vor 1907*)

AN ECCA.

am Ende der Überschwemmungsperioden zu stehendem Wasser in den zahllosen kleinen Hohlformen auf der Oberfläche. Das stehende Wasser und die erhöhten Temperaturen begünstigten die Ausbreitung der Anophelesmücke und damit der Malaria, die bis zum Beginn des 19. Jh. im Doab nicht endemisch gewesen war. Andererseits sank durch abnehmende Niederschläge und auch durch die verstärkte Wasserentnahme längerfristig der Grundwasserspiegel. Brunnen trockneten aus und mussten vertieft werden.

Entsprechend sanken die Ernten: von 1800 bis 1836 um etwa 25 %. Die große Dürre im Doab in den Jahren 1837 und 1838 wirkte so katastrophal, weil die Landnutzungsveränderungen sie verstärkten. 1838 floss weniger als ein Drittel der früheren Wassermenge in Ganges und Yarmuna. Wasser blieb in der Folge so knapp, dass die EIC eine Studie in Auftrag gab. Im Jahr 1854 fasste C. P. Carmichael, Sekretär der lokalen Finanzbehörde, die Situation zusammen: »Woran auch immer es liegen mag, ob an einer Aufwölbung des Landes über große Flächen, ob an einer Verminderung der jährlichen Regenmenge durch die Abnahme der Wälder oder andere Einflüsse oder an einer Verminderung der Grundwassermenge, es wird nun allgemein festgestellt, dass besonders um Agra, aber auch in anderen Gegenden, viele gute Brunnen trockengefallen sind und neue tiefer gegraben werden müssen als zuvor; nadees [Kanäle], die bislang ganzjährig flossen, haben nun nur während der Regenzeit Wasser, und der Boden ist trockener geworden.«

Kurzfristig planender kolonialer Raubbau hatte in nur drei Jahrzehnten eine produktive Landschaft im eigentlichen Sinn des Wortes verwüstet. (MANN, 1995, 2001, 2003)

WIE EINE INSEL AUF DEN HUND KAM

Die britische Strafkolonie auf Van-Diemens-Land

Das Van-Diemens-Land – heute Tasmanien – ist seit mehr als 30 000 Jahren bewohnt. Bis 1803 war die südlich von Australien gelegene Insel eines der wenigen von Menschen besiedelten Gebiete der Erde ohne Hunde. Die ersten kamen mit der Errichtung einer britischen Strafkolonie auf die Insel, die seit 1856 nach dem niederländischen Seefahrer Abel J. Tasman benannt und etwa so groß wie Irland ist. Regelmäßige, von den Indigenen (nachstehend als Tasmanier bezeichnet) gelegte Brände hatten über Jahrtausende die Wälder zurückgedrängt und so die Entwicklung großer Wildbestände gefördert.

30 Jahre lang haben Hunde die Geschichte der Insel Tasmanien, ihrer Wildbestände und Vegetation, aber auch die der Menschen wesentlich beeinflusst. Die Ereignisse des frühen 19. Jh. können ohne sie nicht verstanden werden. Im wildtierreichen Tasmanien waren Hunde essentiell für die Jagd der eingewanderten Briten. Die einheimischen nachtaktiven Beuteltiere (Kängurus und Wallabys) und auch die Emus waren mit den ungenau zielenden europäischen Waffen sehr schlecht zu jagen. Um effektiv jagen zu können, brauchten die Briten Jagdhunde, die Kraft und Schnelligkeit mitbringen mussten. Dafür wurden aus Wind- und Hirschhunden Mischlinge gezüchtet und nach Tasmanien exportiert. Sie waren für das Ökosystem neu. In Tasmanien gab es im Gegensatz zum australischen Festland keine vergleichbaren räuberischen Spezies wie den Dingo. Der tasmanische Beutelwolf war ein weniger effektiver Räuber.

Unter den britischen Offizieren und dem Personal der Strafkolonie verbreitete sich die Jagd mit Hunden schnell. Wie im heimatlichen England wurde Wild auf Tasmanien als Eigentum der Krone betrachtet: Nur deren Angestellte durften jagen. Da die Strafkolonie weitgehend auf sich selbst gestellt war, war Jagdwild bald zum Grundnahrungsmittel des königlichen Personals geworden. Insassen des Straflagers, bei denen sich während der langen Überfahrt von England nach Tasmanien durch Vitamin-C-Mangel Skorbut entwickelt hatte, bekamen hingegen nur eingesalzene Rationen. Nachdem 18 Gefangene gestorben waren, kam es zu der folgenreichen Entscheidung, zunächst die im Krankenhaus verbliebenen Insassen mit frischem Fleisch zu versorgen, die daraufhin rasch gesundeten.

Auf die Dauer war das Jagdmonopol der britischen Offiziere und Zivilbeamten nicht zu halten. Die Fleischversorgung der Kolonie beruhte bald auf der durch Hunde ermöglichten Kängurujagd. Bereits 1805 wurden die ersten Hunde gestohlen. Sobald ein Sträfling über Hunde verfügte, konnte er in den Wald fliehen und sich dort ausreichend versorgen. Ein solches Leben in Freiheit zogen etliche Gefangene der Arbeit in der Strafkolonie vor. Die Vorgänge im Busch waren durch das britische Militär nicht zu kontrollieren; entlaufene Sträflinge verkauften ihre Jagdbeute über Mittelsmänner. In den folgenden Jahren wurden die Kängurus in Siedlungsnähe massiv überjagt, sodass bald längere Expeditionen in weiter entfernte Gebiete nötig wurden.

Die Tasmanier hatten anfangs der britischen Jagd nur passive Resistenz entgegengesetzt, allerdings wurden 1806/1807 britische Hunde und in Einzelfällen auch Jäger erschossen, wenn diese in die Jagdgründe der Tasmanier eindrangen. Wenig später erwiesen die Indigenen sich allerdings als begabte Züchter. Von 1808 bis 1818 gab es kaum mehr Konflikte mit den entfernt von den britischen Siedlungen lebenden und jagenden Tasmaniern – wahrscheinlich, weil diese nun mit Hunden sehr erfolgreich jagten und ihre Beute an die Kolonisten verkaufen konnten. Da Kängurus noch nicht knapp waren, konnte sich diese Koexistenz etablieren. Die Preise sanken trotz steigenden Bedarfs aufgrund des Wachstums der britischen Kolonie sogar.

Von 1810 bis in die 1830er-Jahre finden wir zwei völlig unterschiedliche Lebensweisen. In den beiden Siedlungsgebieten und in ihrer unmittelbaren Nähe herrschten »geordnete Verhältnisse«. Hier wurde Ackerbau betrieben und schon seit 1810 bauten die Kolonisten in Tasmanien ausreichend Weizen für die Selbstversorgung an. Schafe und Rinder wurden gehalten, um die Siedler mit Fleisch und auch mit Wolle zu versorgen. In den lichten, mit ausgedehnten Grasflächen durchsetzten Wäldern lebten hingegen britische Vagabunden, Viehzüchter, wandernde Jäger und die sogenannten »Bushranger«, aus der Kolonie entlaufene Sträflinge. Sie ernährten sich im Wesentlichen von Fleisch, trugen Kleidung aus dem Leder erlegter Wildtiere und lebten in primitiven Hütten oder einfachen Bretterverschlägen. Hunde waren für ihren Lebensstil essentiell: Mit ihnen kamen Sicherheit, Jagderfolg und Wärme.

Die britischen Behörden versuchten, das Übermaß an Jagdhunden einzudämmen. Da importierte Rinder und Schafe prächtig gediehen, wäre die Abhängigkeit von Kängurufleisch wohl zu beenden gewesen. Schäfer und Rinderhirten hielten allerdings mit Vorliebe Jagdhunde, vernachlässigten ihre Herden und jagten Kängurus, deren Häute immer noch gute Preise erzielten. Die Eigentümer der Herden ließen die Hirten gewähren, solange sich die Schafe und Rinder ausreichend vermehrten. So blieb der Kampf der Behörden gegen die große Zahl an Hunden zunächst vergeblich. Erst in den späten 1820er-Jahren änderte sich die Situation durch die Einführung von Merinoschafen, die mehr Aufmerksamkeit der Hirten brauchten.

Von 1823 bis 1831 wurden 95 % des Landes, das seit der Besetzung Tasmaniens der britischen Krone gehört hatte, als

Privatbesitz verteilt. Siedler zogen aus den beiden ersten Siedlungsgebieten in die Umgebung, die vielfach bereits von unautorisierten Herdenbesitzern bevölkert war. Wurden diese vertrieben, stieg der Druck auf die marginalen Gebiete, in denen dann vermehrt Wild gejagt wurde. Das bedrohte die Kängurus. Eine der beiden heimischen Spezies wurde in den unzugänglicheren Nordosten der Insel zurückgedrängt. Dort gibt es bis heute eine Population, während der ebenfalls bejagte Emu bereits 1860 als ausgestorben galt. Das Aussterben des Beutelwolfs, für den es im späteren 19. und zu Beginn des 20. Jh. noch Abschussprämien gab, da man ihn für einen Schafräuber hielt, steht mit den Hunden in Zusammenhang. Die Beutelwölfe konnten zwar direkte Duelle mit Jagdhunden gewinnen, doch wurden sie durch die große Anzahl an Hunden stark zurückgedrängt. Erst als man wegen der Merinoschafe die Zahl der Hunde tatsächlich einschränkte, wurden wieder mehr Beutelwölfe gesehen, was zur Einführung der erwähnten Abschussprämien führte.

Die Verteilung des Landes an britische Siedler traf die Tasmanier besonders hart, da sie ihre bevorzugten Jagdgründe verloren. Von 1824 an kämpften sie gegen die Invasoren. Auf beiden Seiten waren Tote zu beklagen: Die Zahl der britischen Toten lag bei etwa 200, die der Tasmanier ist unbekannt, dürfte aber darunter liegen.

Tasmaniens Landschaften eigneten sich für einen Guerilla-Krieg, doch es waren die Hunde, die den Tasmaniern Vorteile verschafften: Sie konnten in kleinen Gruppen jagen, ohne sich an ihre üblichen Wanderrouten zu halten, und waren daher unberechenbar. Ihre Hunde waren wachsam und meldeten das Herannahen von Fremden; viele Hunde griffen auch direkt in Kampfhandlungen ein. Auch die Briten profitierten von ihren Hunden, die sie ebenso schützten, wie ihre Feinde von Hunden geschützt wurden. Hunde wurden zu einem bevorzugten Handelsgut, auch zwischen Briten und Tasmaniern. Sie vermehrten sich vor allem in Wäldern so stark, dass in den 1830er-Jahren Zuchtrestriktionen und mäßig beachtete Jagdregeln erlassen wurden. Die Einführung einer Hundesteuer erzeugte 1830 einige Unruhe. Warum wurde ausgerechnet das Halten von Hunden besteuert? Neben der Gefahr für Schafherden war der wichtigste Grund, Viehdiebstähle einzudämmen. Kein Jäger hatte Interesse an der arbeitsreichen Landwirtschaft, solange dank der Hunde der Jagderfolg so einfach zu erreichen und so

groß war. Um sich im nicht besiedelten Land bewegen zu können, waren Hunde unbedingt nötig; nur mit ihrer Hilfe konnte ausreichend Jagdbeute gemacht werden. Die ökonomische Situation der sonst kaum kontrollierbaren Jäger sollte mit der Hundesteuer verschlechtert werden.

Nach 1860 endete die Ära der Hunde. Große Kängurus waren durch die intensive Jagd so selten geworden, dass sich selbst der Fleischbedarf der Hunde nicht mehr rechnete. Fallenstellerei kam auf und die Jagdhundnutzung endete. Die verbliebenen wilden Hunde wurden vergiftet oder abgeschossen oder fielen Krankheiten zum Opfer. Das auf Hunden beruhende Jäger- und Hirtenleben und der außergewöhnliche, aus den sozialen, ökonomischen und ökologischen Besonderheiten der Kolonie Tasmanien resultierende Lebensstil endeten nach kaum drei Jahrzehnten.

Die Beziehung zwischen Kolonisten und Tasmaniern war insgesamt keineswegs freundschaftlich, darüber sollte der Hundehandel nicht hinwegtäuschen. Mittels Durchkämmung der Insel mithilfe einer Menschenkette (»Black Line«) versuchten die Briten auf brutale Weise, jene Tasmanier, die einen Bürgerkrieg gegen die Kolonisten führten, 1830 gefangen zu nehmen. Die Aktion war wenig erfolgreich, doch wurden danach sehr viele Tasmanier nach Flinders Island deportiert, wo die meisten unter schrecklichen Bedingungen starben. (BOYCE, 2006, 2008)

Ein **KÄNGURU** wird von Hunden überfallen.
(*Ölgemälde von Edward Roper, um 1850*)

UNTERSEEKABEL UND TROPENWALD

Die Geschichte der Guttapercha

Zahnärzte füllen Wurzeln seit 1847 mit Guttapercha (PRAKASH et al, 2005). Die großtechnische Verwendung des kautschukähnlichen Stoffs dauerte hingegen nur wenige Jahrzehnte – lange genug, um die tropischen Bäume, aus denen er gewonnen wird, beinahe auszurotten. Guttapercha – der Name leitet sich von einem malaiischen Wort für Gummi oder Harz ab – ist der eingetrocknete Milchsaft mehrerer tropischer Baumarten, die zu den Sapotengewächsen zählen. Chemisch ist das Material ein Stereoisomer von Gummi. Während es bei Zimmertemperatur deutlich härter als Gummi ist, wird es bei 50 °C weich und knetbar. Guttapercha leitet Strom nicht. Diese Eigenschaft als elektrischer Isolator ist die Voraussetzung für die Geschichte des Raubbaus an den Guttaperchabäumen im 19. Jh. Samuel F. B. Morse hatte nach Jahren des Experimentierens 1844 die erste telegraphische Nachricht von Washington nach Baltimore gesendet. Sein System von langen und kurzen Signalen, die als Impulse durch eine elektrische Leitung geschickt werden konnten, um Nachrichten zu übertragen, wurde in den darauffolgenden Jahrzehnten zur Basis des ersten weltumspannenden elektrischen Kommunikationsnetzes. Für die weitläufigen Kolonialimperien der europäischen Mächte war rasche, sichere Kommunikation mit dem Mutterland außerordentlich wichtig. Regierungen hatten ein vitales Interesse an der Telegrafie. Diese war auf gut isolierte Leitungen angewiesen. 1847 hatte der deutsche Erfinder Werner von Siemens (1816–1892) eine Extrusionspresse entwickelt, mit der Kupferleitungen isoliert werden konnten. Das Material dafür war Guttapercha.

Jene Substanz, die die Stabilisierung kolonialer Herrschaft ermöglichte, stammte selbst aus den Kolonien, wo sie mit der ganzen Rücksichtslosigkeit kolonialen Raubbaus gewonnen wurde. Von 1845 bis 1847 wurden allein auf der Insel Singapur 69 180 Bäume gefällt. Doch das war erst der Anfang.

Das Zentrum der Herstellung von Guttaperchaprodukten lag im East End von London. 1862 konnte man Spielzeug, Stiefel- und Schuhsohlen, Eimer, Rohre, medizinische Geräte und Golfbälle aus Guttapercha kaufen. Die wirkmächtigste Anwendung aber wurde das Seekabel. Schon im Jahr 1851 gelang es den Briten Jacob und John Watkins Brett, das erste funktionstüchtige Unterseekabel zu verlegen. Es verband Calais mit Dover. Guttapercha war dafür unersetzlich. Im Gegensatz zu seinem nahen Verwandten, dem Gummi, wurde es von Seewasser nicht angegriffen. Im Jahr 1858 wurde Valentia in Irland erfolgreich mit Neufundland verbunden.

Seekabel wurden von Schiffen aus verlegt. Die Great Eastern war das größte Schiff ihrer Zeit und das einzige, das die dafür nötigen gigantischen Kabelmengen aufnehmen konnte. Das Laden des Kabels allein nahm fünf Monate in Anspruch. Die technischen Schwierigkeiten waren anfangs groß. Doch bis 1874 waren mehr als 1 Million km Telegrafendraht über Land gelegt. 1880 lagen 160 000 km Kabel in den Weltmeeren, 1907 waren es bereits 370 000 km. Jeder Meter Kabel war mit Guttapercha überzogen. Bis in die 1890er-Jahre wurden mindestens 27 000 Tonnen Guttapercha in Seekabeln verlegt.

Ein ausgewachsener Guttaperchabaum lieferte durchschnittlich nicht mehr als etwa 300 Gramm Milchsaft. Größere Mengen blieben im Inneren des Baumes und konnten nicht abgelassen werden. Selbst die größten Bäume lieferten weniger als anderthalb Kilogramm. Je besser die Guttapercha, desto schneller koagulierte der Milchsaft an der Luft, was die Ausbeute verringerte.

Die Gewinnungsmethoden waren krude und ineffektiv. Mit Äxten und Macheten ausgerüstete Waldarbeiter zogen auf der Suche nach den Bäumen in die tropischen Wälder. Hatten sie einen Baum ausfindig gemacht, bauten sie eine Plattform in schwindelnder Höhe von ungefähr 15 m, wo der glatte Stamm begann, den sie in dieser Höhe fällten. Kaum war er zu Boden gestürzt, wurden die Äste abgehackt, damit sich der Milchsaft nicht in die Blätter zurückziehen konnte. Danach wurde die Rinde eingeschnitten, und der langsam fließende, dicke Milchsaft in Gefäßen aufgefangen. Der koagulierte Saft wurde vor Ort gewaschen, zu Blättern gerollt und zu Blöcken gefaltet. Die gefällten Bäume blieben auf dem Boden liegen und verrotteten, wobei der Großteil des Milchsafts in ihnen zurückblieb.

Guttapercha zu sammeln war eine gefährliche Angelegenheit. Nicht nur, dass die Arbeiter auf schnell gezimmerten Gerüsten hoch über dem Waldboden balancieren mussten. Blutegel, Insekten und die scharfen Spitzen der Rattanpalmen machten ihnen zu schaffen. Dazu kam die berechtigte Angst vor Tigern und Giftschlangen.

Bis etwa 1890 waren ungefähr 88 Millionen Guttaperchabäume der Telegrafie geopfert worden. 1860 war auf Singapur kein Baum mehr zu finden, 1880 war auch die Malaiische Halbinsel ausgebeutet. Guttapercha kam nun immer mehr aus dem Inneren Sumatras und Borneos. Zwei französische Kabelunternehmen sahen sich Anfang der 1890er-Jahre gezwungen, von einem Angebot zur Verlegung eines Kabels zwischen Frankreich und der Nordküste Afrikas abzusehen, weil nicht genug Guttapercha auf dem Markt war. 1902 erklärte ein amerikanischer Diplomat der »New York

Times«, dass in ganz Niederländisch-Indien keine Guttaperchabäume mehr zu finden seien, zumindest nicht in den erkundeten Teilen des Archipels. Die drohende Knappheit blieb den Zeitgenossen also nicht verborgen, doch die Anlage von Plantagen mit den empfindlichen Bäumen war schwierig. Private Investoren für Plantagen fanden sich auch deswegen nicht, weil die Bäume frühestens nach etwa 20 Jahren geerntet werden konnten (HEADRICK, 1987).

Die Lösung war zunächst eine technische. Der französische Erfinder Eugène Serullas entwickelte Anfang der 1890er-Jahre ein Verfahren zur Extraktion des Milchsafts aus den Blättern und Zweigen der Bäume. Diese wurden mechanisch zerkleinert und anschließend mit Säure behandelt. Dieser oder andere ebenfalls zu jener Zeit entwickelte Extraktionsprozesse hätten den Weg zu einem geordneten Anbau auf Plantagen ebnen können, doch wurden in all den Jahren nur wenige Plantagen angelegt. Die Niederländer hatten 1885 in Tjipetir auf Java Bäume gepflanzt und konnten ab 1908 Guttapercha gewinnen. 1915 legte die britische Firma »Telegraph Construction and Maintenance« auf der Malaiischen Halbinsel eine Plantage an, die ab den späten 1920er-Jahren Guttapercha lieferte.

Da ging die Zeit des natürlichen Isolationsmaterials bereits ihrem Ende zu. 1933 war der erste Kunststoff, der sich als Isolierung sogar noch besser eignete, entwickelt worden. »Telegraph Construction and Maintenance« hatte 1938 das erste damit beschichtete Kabel hergestellt. 1941 schnitt die japanische Eroberung Indonesiens den Zugang zu Guttapercha ab, der Kunststoff Polyethylen setzte sich durch.

Jene Arbeiter, die seit Anfang des 21. Jh. unter gefährlichsten Bedingungen im Kongo nach Tantalknollen für Mobiltelefone und andere Kommunikationstechnologien graben, wissen wohl kaum, wie ähnlich ihre Situation der viktorianischen Geschichte der Guttapercha ist. So wie damals ist die Hochtechnologie in den Zentren angesiedelt, so wie damals sind die Natur in den Peripherien und Einheimische die langfristig Geschädigten. (TULLY, 2009)

ganz links Verlegen eines **SEEKABELS.** (*Postkarte, nach 1907*)

links Kopf einer **RECHNUNG** der Sächsischen Gummi- und Guttaperchawaaren-Fabrik H. Schwieder in Dresden vom 5.12.1896.

rechts Der 221 m lange **SEGELDAMPFER** Great Eastern verlegte 1865/66 das 4.200 km lange erste funktionstüchtige Transatlantikkabel. Das damals größte Schiff der Welt besaß neben den Segeln auf 6 Masten Schrauben- und Schaufelradantrieb. Der Laderaum konnte ausreichend Kohle für eine Erdumrundung aufnehmen. (*Postkarte, nach 1907*)

MONOKULTUR UND MASSENGESCHMACK

Die Panamakrankheit der Banane

Bananen sind von Natur aus hygienisch und praktisch verpackt. Sie haben – zumindest in der Zuchtform – keine lästigen Kerne und sind in bedarfsgerechten Bündeln in jedem Supermarkt erhältlich. Die Kernlosigkeit hat allerdings einen wichtigen Nachteil: Die kommerziell angebauten Bananenstauden sind steril, die Pflanze wird nur vegetativ über Ableger vermehrt; daher sind alle Bananenpflanzen auch auf einer großen Plantage genetisch identisch. Das macht sie unter anderem anfällig für die Panamakrankheit (auch Fusarium-Welke), die durch den Pilz *Fusarium oxysporum f. cubense* verursacht wird.

Die Kommerzialisierung der tropischen Frucht begann in den 1880er-Jahren in Mittelamerika und beschränkte sich zunächst auf den Import in die USA. Von 1892 bis 1911 stieg die dort verzehrte Menge von 12 Millionen auf 45 Millionen Bündel; die Banane wurde zu einem Massenkonsumgut, das oft nicht mehr kostete als Äpfel. 1913 lag der Pro-Kopf-Verbrauch durchschnittlich bereits bei über zehn Kilogramm pro Jahr. Für diesen Massenmarkt brauchten die Produzenten ein standardisiertes, lang haltbares Produkt, das durch den Transport möglichst wenig leiden sollte. Zunächst bewährte sich die aus Martinique stammende, ausgezeichnet schmeckende Sorte »Gros Michel«. Die von der Staude geschnittenen, Hunderte dickschalige Bananen umfassenden großen Fruchtstände waren mechanisch stabil und reiften langsam, sodass sie unverpackt auf einem Segelschiff von der Karibik nach New York transportiert und dort verkauft werden konnten.

Produktion, Vertrieb und Marketing waren bald in der Hand weniger großer Firmen. »United Fruit« kontrollierte im Jahr 1926 etwa 650 000 Hektar Land, davon 70 000 Hektar Bananenplantagen in der Karibik und in Zentralamerika. Angebaut wurden »Gros Michel«-Bananen. Die Firmen beschäftigten Zehntausende Menschen, finanzierten Eisenbahnnetze und betrieben Geschäfte, Krankenhäuser, Schulen, Radiosender, Brauereien und Banken. Sie waren politisch höchst einflussreich.

Der Siegeszug der Bananenkonzerne wurde von der Lebensweise der Industriegesellschaft und der geänderten Arbeitsteilung von Frauen und Männern wesentlich begünstigt. Frauen trugen als Lehrerinnen, Büroangestellte und im Verkauf zum Familieneinkommen bei; Hausangestellte hatte kaum jemand mehr. Dies trug zur Popularität von Bananen bei, die im Gegensatz zu den im Inland angebauten Früchten das ganze Jahr ohne arbeitsintensive Konservierung verfügbar waren. Die tropische Frucht war außerdem ein Symbol dafür, dass Amerika die undurchdringlichen Wälder der Tropen in ordentliche Plantagen verwandelte – Bananen zu essen hatte eine weltanschauliche Dimension.

Genau diese Verwandlung, die bereits in den 1920er-Jahren von Ökologen als massive Störung tropischer Ökosysteme durch ausgedehnte Monokulturen beschrieben wurde, sollte die Bananenkonzerne an den Rand des Abgrunds bringen. Bananenerzeuger an der Atlantikküste von Panama berichteten schon in den 1890er-Jahren über Krankheitssymptome an den Stauden. Innerhalb weniger Jahre hatte sich die Fusarium-Krankheit über Bananenplantagen in Costa Rica und Surinam (1906) bis nach Guatemala (1919) ausgebreitet. Bodenbürtige Pilze, die Fusarien, drangen über die Wurzeln in die Pflanzen ein. Infizierte Blätter welkten, kranke Pflanzen produzierten nur selten gesunde Früchte. Pilzsporen fielen von verwesenden Pflanzen auf den Boden und keimten, wenn sie in Berührung mit den Wurzeln benachbarter Pflanzen kamen. Kreisförmig breitete sich die Krankheit in den Plantagen aus. Monokulturen unterstützten die Expansion der Erreger durch die hohe Wirtsdichte. Auch die Bewegungen von Menschen und der Eisenbahntransport begünstigten die Verbreitung der Pilze.

Die großen Obstkonzerne in Zentralamerika und in der Karibik benötigten für die Umstellung auf resistente Sorten fast 50 Jahre. Ihr erster Versuch, eine weniger anfällige Sorte zu vermarkten, schlug fehl: »Lacatan«-Bananen

Geschichte unserer Umwelt

Bringing out and stacking Bananas for shipment.

BANANENERNTE in Panama.
(Postkarte, datiert 25.10.1936)

Unloading Bananas,
New Orleans, La.—60

Banana Tree and Fruit-Bermuda.

links Entladung von **BANANENSTAUDEN** am Hafen von
New Orleans. (*Postkarte, 1930er-Jahre*)
rechts **BANANENPFLANZE** auf Bermuda. (*Postkarte, ca. 1910*)

schmeckten erst dann, wenn ihre Schale bereits dunkel-
braun war – an eine solche Banane waren Konsumenten
nicht gewöhnt. Die Qualität der Bananenschale, einschließlich der Farbe der reifen Frucht, war für Bananenhändler
von zentraler Bedeutung. Sowohl die britische Regierung
als auch »United Fruit« initiierten in den 1920er-Jahren
Zuchtprogramme, um resistente Hybride zu finden.

Wären doch Bananen mit Kernen verfügbar gewesen! Die
sterilen Pflanzen mussten von Hand bestäubt, Tausende
Früchte danach auf Kerne durchsucht und die wenigen
Kerne mit großer Sorgfalt zu Pflänzchen herangezogen
werden – ein aufwendiger, langwieriger Prozess. Die er-
züchteten Sorten waren nicht vermarktbar, da sie der
»Gros Michel« nicht ausreichend ähnelten. Die große Depression der 1930er-Jahre und Transporteinschränkungen
während des Zweiten Weltkriegs ließen Markt und Profite
stagnieren. Von 1939 bis 1953 gab »United Fruit« mehr als
12 000 Hektar Plantagen auf. In einem neuen System der
Wasserbrache wurden befallene Plantagen bis zu anderthalb Jahre mit Wasser überstaut und danach mit gesunden
Pflanzen neu bestellt. Doch tauchte der Pilz hier nach
wenigen Jahren wieder auf. Mit Ecuador trat aber ein
neuer Mitbewerber auf, dessen Böden noch nicht befallen
waren – es gab also weiterhin die »Gros Michel«-Bananen.

Auch die Konkurrenzfirma »Standard Fruit« experimen-
tierte mit Züchtungen. Sie fand in den 1950er-Jahren eine
Varietät, die aufgrund ihrer Ähnlichkeit mit »Gros Michel«
Marktchancen hatte. Leider waren diese »Cavendish«-Ba-
nanen viel druckempfindlicher. Im Jahr 1957 war auch für
dieses Problem eine Lösung gefunden: Die Bananenschach-
tel. Verpackung erwies sich als Schlüsseltechnologie.

Innovationen gab es nicht nur auf den Plantagen und bei
der Verpackung, »United Fruit« stieg Anfang der 1960er-
Jahre auf die Sorte »Cavendish« um und machte die Banane zur Marke. Mit Chiquita® wurde Qualität neu definiert. Wert wurde auf Symmetrie, gleichmäßige Reifung,
Größe und auf makellose Schalen gelegt. Unternehmen erhöhten für große, perfekte Früchte den Einsatz von stickstoffhaltigen Düngemitteln und Pestiziden.

»Cavendish«-Sorten sind allerdings für eine andere
Krankheit, Sigatoka, empfindlich, die durch Fungizide in
Schach gehalten werden konnte. In den 1960er-Jahren wurden vermehrt Chemikalien angewandt, um Insekten zu töten, deren Stiche auf Bananenschalen braune Flecken hinterlassen. Auch Bodenbewohner, Nematoden, wurden zu
bedeutenden Schädlingen. Das hoch giftige DBCP (1,2-Di-
brom-3-chlorpropan, Nemagon®) wurde gegen sie eingesetzt. Je makelloser das Markenprodukt im Supermarkt
sein musste, desto größere Umweltschäden erlitten die
Plantagen, desto gefährlicher wurden auch die Arbeitsbedingungen der dort Beschäftigten – ein Ende dieser Entwicklung ist nicht abzusehen. (SOLURI, 2002)

Die Sozialökologie der Banane

*Die Geschichte des Bananenanbaus kann nicht allein aus
der lokalen Dynamik der Agrarökosysteme erklärt werden.
Neben den komplexen Beziehungen zwischen Erreger, Wirts-
pflanze und Umwelt waren die wirtschaftlichen und sozialen Prozesse in den Importländern bestimmende Faktoren.
Die gravierende Abhängigkeit einiger mittelamerikanischer
Staaten von einzelnen Bananen produzierenden Konzernen
ließen diese zu »Bananenrepubliken« werden.
Der Versuch, die agro-ökologische Katastrophe der Bananen-
Plantagen-Monokultur in den Griff zu bekommen, führte
zur faustischen, letztlich vergeblichen Neugestaltung
riesiger Teile zentralamerikanischer Landschaften. Da der
Schadpilz im Boden lebt, wurde versucht, Böden zu desin-
fizieren. Die ehemaligen Regenwälder wurden Schauplatz
eines umfassenden Projekts der Entwässerung, Bewässerung
und der Überflutung Tausender Hektar Land.*

REIS IM SÜDOSTEN NORDAMERIKAS

Technologietransfer und Landschaftsveränderung

Diese Geschichte beginnt in Westafrika. Im malischen Inlanddelta des Niger wird seit 3500 Jahren Reis angebaut. Die Menschen kultivieren hier bis heute die in Afrika endemische Reisspezies *Oryza glaberrima* und nicht die in Asien domestizierte Reisart Oryza sativa. Auch entlang des Gambiaflusses und in Guinea gibt es traditionellen Reisanbau (CARNEY, 1993).

Das westafrikanische Reisanbaugebiet ähnelt South Carolina und Georgia, jenen amerikanischen Bundesstaaten, in denen europäischstämmige Plantagenbesitzer vom 18. Jh. bis zum Ende der Sklaverei Reis anbauten. An beiden Seiten des Atlantiks sind die Küsten mit alluvialen Ablagerungen unregelmäßig geformt, in den Flussmündungen gibt es Inseln. Flüsse führen Süßwasser ins Meer und ihre Unterläufe werden von den Gezeiten beeinflusst. Die etwas gefällereicheren Unterläufe der Flüsse, die aus dem Piedmont in South Carolina und Georgia in das Meer fließen, führen zu Süßwasser-Tidenströmungen, die etwa 15 km von der Küste ins Land reichen. Die geringeren Gefälle der Unterlaufabschnitte der westafrikanischen Flüsse bewirken, dass Meerwasser hier viel weiter stromaufwärts gelangt. Die unteren 80 km des Gambia sind tidenabhängig; saisonal dringt Salzwasser mehr als 200 km stromaufwärts vor.

Trotz der Bedrohung durch Salzwasser wurde Reis angebaut. Westafrikanische Reisbauern betrieben ein ausgeklügeltes Netzwerk von Dämmen, Deichen, Kanälen und Schleusentoren, um das Meerwasser fernzuhalten und Niederschlagswasser sammeln zu können. Informationen über die Gestalt dieses Systems im 18. Jh. sind rar, doch ist bekannt, dass in Guinea rechtlose Sklaven auf den Plantagen der Herrscher der Asante, Dahomey und Oyo arbeiteten. Die Skizze eines Sklavenschiffkapitäns von 1793 gibt eine Vorstellung von der Komplexität der Bewirtschaftungssysteme. Nur mit hohem Einsatz an Arbeitskraft konnte sowohl hier in Westafrika als auch in den US-amerikanischen Bundesstaaten der vielgestaltigen Küstenlandschaft fruchtbares Land abgerungen werden. Die Belohnung für die Arbeit waren hohe Erträge, die in Westafrika häufig bei mehr als zwei Tonnen pro Hektar lagen.

Spätestens in den 1970er-Jahren wurde deutlich, dass die nach Nordamerika verschleppten und aus Afrika stammenden Sklaven nicht als undifferenzierte Masse ungelernter Arbeitskräfte missverstanden werden dürfen. Es machte einen großen Unterschied, woher Sklaven kamen, welche soziale Stellung sie gehabt hatten und welche Fähigkeiten sie mitbrachten. In der Wissenschaft wird kontrovers diskutiert, welchen Anteil die afrikastämmige Bevölkerung bei der Umgestaltung der Tieflandküsten in South Carolina und Georgia hatte, doch es ist unbestritten, dass die Reiskultur der Plantagen von den Sklaven mit geprägt wurde.

So ist etwa die Aussaat unter Nutzung des Fußes sicher in Westafrika belegt. Die Pflanzgrube wird dabei mit der Ferse geöffnet und mit den Zehen verschlossen, diese Technik kam auch in den amerikanischen Reisfeldern zum Einsatz. (ELTIS et al., 2007; CARNEY, 1996, 2001).

Das Wissen, das die zum Teil aus Westafrika stammenden Sklaven mitbrachten, manifestierte sich auch in Pflanzen, die sie für den Eigenbedarf anbauten. Bis heute ist die Küche im Südosten der USA von Reisgerichten geprägt, die afrikanischen Speisen ähneln. Die Mischung aus Reis und Augenbohne, die als »Hoppin' John« bis heute als typisch gilt, kam vermutlich ebenso aus Westafrika, wie die Methode des »parboiling«. Dabei wird mit den Spelzen eingeweichter Reis im Dampf zubereitet, um lockere Körner zu erzeugen. Okra und Sesam dürften ebenfalls aus Afrika mitgebracht worden sein.

Sklaven begleiteten die ersten Siedler in South Carolina im Jahre 1670. Innerhalb von kurzer Zeit bildeten sie ein Viertel der Bevölkerung der Kolonie. Ihre Zahl übertraf die der Europäischstämmigen bereits 1708. Reisanbau begann früh in der Kolonialzeit. 1690 wird berichtet, der Plantagenmanager John Stewart habe erfolgreich Reis auf 22 verschiedenen Standorten gesät. Nur fünf Jahre später wird der erste Reis exportiert. 1699 erreichten die Exporte 330 Tonnen. Während der 1720er-Jahre wurde Reis zum charakteristischen Ausfuhrgut der Kolonie. Alle drei in Westafrika vorhandenen Anbausysteme fanden sich in South Carolina wieder: das auf Regenfeldbau beruhende Hochlandsystem, der Binnen-Nassreisanbau und das kom-

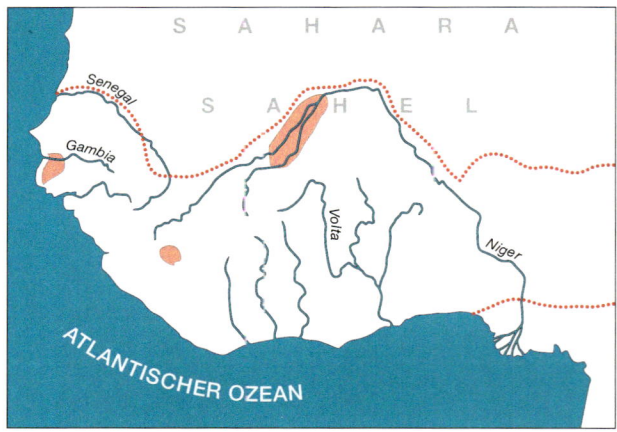

ZENTREN DER HERKUNFT der afrikanischen Reis-Art *Oryza glaberrima* (braune Gebiete; primäres Zentrum: mittlerer Niger; sekundäre Zentren: am unteren Gambia und südlich der Nigerquelle) und maximale Verbreitung dieser einheimischen Reis-Art (innerhalb der rot gepunkteten Linien) in Westafrika.

| Geschichte unserer Umwelt

Sklavenschiffkapitän Samuel Gamble stellte 1793 das **REISAN-BAUSYSTEM** der Baga an der Küste von Oberguinea dar. Die Reispflanzen wurden nach der ersten Wachstumsphase versetzt. Wasserzu- und -abfuhr waren steuerbar. Die *Lugar* genannten Nassreisfelder nahe der Küste wurden nach einer Pflanzsaison mehrere Jahre mit Wasser überstaut, um, wie Gamble vermutete, die Nährstoffe zu regenerieren. Reisanbau erfolgte durch Frauen, die mit dem *kayendo* einen spezifischen Spaten für die schweren Lehmböden zur Verfügung hatten. *(Aus dem Logbuch des Sklavenschiffes Sandown, S. 55, 24. September 1793)*

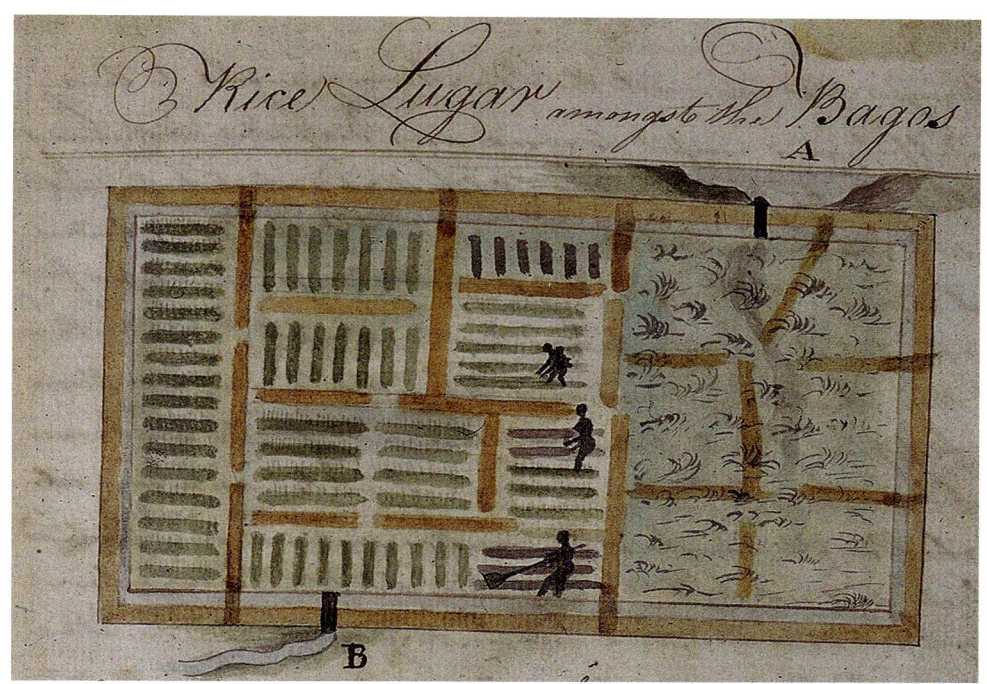

plexe System der Reisfelder in gezeitenabhängigen Küstenmarschen.

Mit dem dramatischen Anstieg der Sklavenimporte (von 3000 im Jahr 1703 auf fast 12 000 im Jahr 1720) verbreitete sich zunächst der Binnen-Nassreisanbau, später kam der Anbau in Küstenmarschen hinzu. Ein Ziel der systematischen Parzellenbewässerung war Unkrautreduktion und damit die Einsparung von Arbeitskraft für das Jäten. Das Prinzip der kontrollierten Überschwemmungen funktionierte so wie jenes in den westafrikanischen Mangrovengebieten. Viele Techniken deuten auf einen westafrikanischen Ursprung, darunter die Nutzung des Gefälles für den Reisanbau und die Umwandlung von Marschland in Becken mit Erdböschungen, Schleusen und Kanälen für die Wasserzu- und -abfuhr.

Die Deiche waren mit Ventilen aus hohlen Baumstämmen ausgestattet, die wichtigste Schleuse wurde manchmal mit einem vertikalen Brett gestaltet, um den Wasserfluss genauer steuern zu können. Die Anlage eines Reisfeldes in der Gezeitenzone war sehr aufwendig; die Entsalzung der Böden dauerte mehrere Jahre, in denen die zukünftigen Felder mit Süßwasser gespült werden mussten.

In der umgestalteten Landschaft nutzten die Sklaven die verbliebenen Zwischenräume. Sie bauten Gemüse und andere Nahrungsmittel für ihren Bedarf auf den Böschungen und zwischen den Reisfeldern an. In einem Geflecht von Flussmäandern, in denen der Tidenhub des Atlantiks zu beständigen Schwankungen des Meeresstands führte, waren sie nicht leicht zu kontrollieren. Es gab genug Land, das nicht bewirtschaftet wurde und dessen intime Kenntnis den Sklaven einigen Bewegungsspielraum ermöglichte.

Die Veränderungen beschränkten sich nicht auf Kulturpflanzen und Bewässerungssysteme. Eine Nebenwirkung des Menschenraubes in Westafrika war der Transfer von Krankheiten. In den Küstengebieten waren Malaria und Gelbfieber endemisch geworden. Die Insekten, die die Erreger übertragen, waren mit den Sklaven über die Karibik nach Norden gelangt und fanden ausgezeichnete Vermehrungsbedingungen vor (vgl. S. 76). Gegen Malaria schützt eine Mutation des Hämoglobins, die bei den afrikanischstämmigen Sklaven weit verbreitet war. Wird Gelbfieber im Kindesalter überstanden, sind Erwachsene vor Wiedererkrankung geschützt. Die Sklaven überlebten in den Reisfeldern daher leichter als ihre Herren. Auch dadurch erweiterten sich ihre Freiräume. Die Sklavenhalter hatten zudem zur Senkung der Unterhaltskosten durchaus Interesse an der Selbsternährung der Sklaven. Subsistenzlandwirtschaft wurde ebenso geduldet wie Jagen und Fischen. Letzteres erfolgte zum Teil auch im Auftrag der Herren. Schwarze bauten Kanus, um sich trotz gegenteiliger Gesetzeslage unabhängig zu bewegen. Zerstörten ihre Herren die Boote, wurden neue gebaut (STEWART, 1991a, 1991b).

Den Prozess des unter sehr ungleichen Machtverhältnissen stattfindenden Technologie- und Wissenstransfers hat der britische Anthropologe Paul Richards »agrarische Kreolisierung« genannt. Die hybride Form der Reisplantage nach westafrikanischem Vorbild unter den organisatorischen Bedingungen der nordamerikanischen Sklavenwirtschaft war davon abhängig, dass genügend Arbeitskräfte für die schwere Arbeit zur Verfügung standen. Die Befreiung der Sklaven führte zum Niedergang des Reisanbaus. Die Befreiten hatten sich geweigert, die schweren Arbeiten im Reisanbau nunmehr gegen Bezahlung durchzuführen. Der Reisanbau hatte, so wie jede Form der Landbewirtschaftung, nicht nur naturräumliche, sondern auch soziale Voraussetzungen (SLASHKO, 1997). Der Zusammenhang ist in diesem Fall besonders auffällig. Die Spuren dieses Systems finden sich bis heute in der Kultur der afroamerikanischen Bevölkerung und in der kreolischen Küche. (CARNEY, 2001)

NATURWALD ODER SAVANNE?

Zur Rechtfertigung kolonialer Politik in Afrika

Einige niederschlagsreiche Räume Afrikas sind nicht vollständig bewaldet. Über sie werden Geschichten der von Menschen verursachten Entwaldung und Versteppung erzählt, nur manche entsprechen den Tatsachen. Madagaskar und Guinea sind zwei Beispiele, an denen sich zeigen lässt, wie Landschaftsgeschichte für politische Zwecke gemacht wird. Die problematische Rolle europäischer Experten wird dabei ebenso nachvollziehbar wie die Leistungen der Paläobotanik, mit deren Hilfe auch dort, wo keine schriftlichen Quellen verfügbar sind, langfristiger Landschaftswandel rekonstruiert werden kann (EKBLOM, 2008).

Lavaka, tief erodierte Schluchten, durchziehen die Berge Madagaskars. Die französischen Naturforscher Jean-Henri Humbert (1887–1967) und Henri Perrier de la Bâthie (1873–1958) meinten in den 1920er-Jahren die Ursache der Zerschluchtung erkannt zu haben: Statt sesshafter Landwirtschaft, am besten mit Nassreisfeldern, betrieb die angeblich ungebildete indigene Bevölkerung Madagaskars »tavy« (Wanderfeldbau), dazu kamen Feuer und forstwirtschaftliche Abholzung. So sei es kein Wunder, dass die einst vollkommen von Wald bedeckte Insel nur mehr einige wenige Waldinseln aufweise. Statt Wald wachse Grasland, das die Bauern alljährlich abbrannten, um ihre Weiden zu verjüngen. Durch diese Feuer würde der Wald weiter zurückgedrängt.

Die Etablierung von Naturreservaten erschien die einzig vernünftige Lösung zu sein: Aus wissenschaftlichem wie ökonomischem Interesse an noch unentdeckten Pflanzen, die für Industrie und Medizin von Bedeutung sein könnten, müsse der verbleibende Regenwald unter Schutz gestellt werden.

Seit den 1920er-Jahren erfuhr diese zunächst dominante Erzählung einige Abwandlungen. Die Forstwirtschaft wurde nicht mehr verantwortlich gemacht, der Wanderfeldbau hingegen zum Hauptschuldigen. Es war auch nicht mehr der angebliche Mangel an Bildung, der dazu führte, dass Bauern ihre Ressourcen schlecht nutzten: Bevölkerungswachstum und Armut galten als Ursache kurzfristiger Entscheidungen der Einheimischen zulasten nachhaltiger Landnutzungssysteme. Naturwissenschaftliche Studien aus den 1970er-Jahren zeigten, dass das Klima trockener geworden war. Der Klimaveränderung wurde daher schlussendlich eine Rolle beim Landschaftswandel zugesprochen.

Diese Erzählung wurde wiederum in den 1980er-Jahren durch Pollenanalysen korrigiert: Das Hochland und der Westen der Insel waren niemals vollständig bewaldet, vielmehr existierte ein zeitliches und räumliches Mosaik von Auwäldern, bewaldeten Hängen, Heiden und Wiesen. Jene Berge, die heute Regenwald bedeckt, waren während der letzten Kaltzeit mit Heide bestanden. Die als so zerstörerisch wahrgenommenen Feuer gab es lange ehe vor etwa 1500 Jahren die ersten Menschen die Insel betraten. Allerdings, auch das konnte durch Pollenanalysen geklärt werden, hat die Frequenz der Feuer und die Ausdehnung der Wiesen durch menschlichen Einfluss stark zugenommen. Doch nur ein Viertel der Lavaka entstand durch Eingriffe von Menschen. Der Bedarf an Feuerholz führt in einigen Gegenden sogar zur Aufforstung, unter anderem allerdings mit standortfremdem Eukalyptus.

Welche Lehre können wir aus dieser Forschungs- und Landschaftsgeschichte ziehen? Die anthropogene Transformation der Landschaft folgt in verschiedenen Teilen der Insel unterschiedlichen Entwicklungspfaden. Jede Generalisierung ist daher falsch. Insbesondere wurde »tavy«, die für die Regenwälder im Osten Madagaskars typische Nutzungsform, für Entwaldung in ganz anderen Gegenden verantwortlich gemacht.

Viele dieser Irrtümer beruhen darauf, dass europäische Forscher ein für sie exotisches Land untersuchten. Ihre Vorur-

HOLZEINSCHLAG in Tansania.
(*Postkarte, nach 1907*)

teile gegenüber Wanderfeldbau ebenso wie ihr Glaube an die Wildnis und an »einfältige« Eingeborene wurden in der Hand von kolonialen Machthabern zu Werkzeugen, um für die Notwendigkeit von Landreformen zu argumentieren. In Madagaskar waren sowohl die inzwischen in der Ökologie als überholt geltende Vorstellung von einer »Klimaxvegetation« – Wald – als auch die Dämonisierung des Feuers auf wissenschaftliche Konzepte aufgebaut, die in Europa und Nordamerika entwickelt und unkritisch übernommen worden waren.

Degradationsgeschichten legitimieren politische Eingriffe »von oben«, etwa die Schaffung von Naturreservaten. So wie in der Geschichte des Guanos in Peru (vgl. S. 60) wurde die Expertise ausländischer Wissenschaftler viel höher geschätzt als wertvolles lokales, über lange Zeiträume weiterentwickeltes Erfahrungswissen. In Madagaskar wirkten politische und ökonomische Interessengruppen in ihren jeweiligen Institutionen an der Schaffung einer dominanten Erzählung mit, gegen die sich neue Fakten lange nicht durchsetzen konnten. Entwaldung und Erosion finden auf Madagaskar zweifelsohne statt. Aber ihre Ursachen wurden in einigen Regionen falsch eingeschätzt. Auch Umweltschutzorganisationen profitieren von übertriebenen Darstellungen: Je größer das Drama, desto eher kann eine solche Organisation auf Spendengeld hoffen.

Wie so oft bleibt das Erfahrungswissen der Bauern außen vor. An Madagaskar lässt sich lernen, dass Naturschutz nach westlichem Muster oft nicht die beste Lösung ist. Die lokale Bevölkerung sollte nicht nur gehört, sondern ihre langfristig bewährte Landnutzung sollte führend in Pläne zur nachhaltigen Entwicklung und in ihre Umsetzung einbezogen werden. (KULL, 2000)

Noch deutlicher ist die Lehre aus der Geschichte der Präfektur Kissidougou in der Republik Guinea. In der Übergangszone zwischen Wald und Savanne finden sich in der offenen Waldsavanne Inseln dichter Mischregenwälder, die scharfe Grenzen zum Umland aufweisen; oft liegt in ihrer Mitte eine Siedlung. Seit dem 19. Jh. wurde auch hier durch Kolonialbeamte eine dominante Erzählung aufgebaut: Die Waldinseln seien Reste der ehemaligen natürlichen Vegetation, die Savanne, die sie umgibt, hingegen die Folge von Rodung. Manche Ökologen argumentierten, dass die vorgefundenen Waldinseln natürlichen Ursprungs seien. Ihre Bildung sei auf Differenzen in Feuchtigkeit und Boden im Mikromaßstab zurückzuführen. Weil das Klima feuchter werde, breiteten sie sich aus.

»Wo Ackerbau betrieben wird, breitet sich der Wald aus.« So beschreiben dagegen die Bauern im benachbarten Côte d'Ivoire (Elfenbeinküste) ihre Erfahrung. Ähnliches gilt für Kissidougou: Die Waldinseln entstehen infolge lokaler Anbaupraktiken, die dem Waldwachstum förderlich sind. Wenn aber der Wald nicht Rest natürlicher Vegetation oder Teil der natürlichen Dynamik ist, dann sind die Naturschutzpläne, die die Kultivierung ausschalten wollen, fehlgeleitet. Bäuerliche Praktiken müssen dann nicht gestoppt, sondern gefördert und allmählich weiterentwickelt werden. Doch koloniale wie postkoloniale Beamte und Experten sahen vor allem Exportgüter wie Kolanüsse, Gummi, später Kaffee und Kakao, wenn sie auf die Landschaft blickten. Bäuerliche Subsistenz war kein Thema, für das es politischen Beifall gegeben hätte.

Ein Vergleich von Luftaufnahmen aus dem Jahr 1952 mit jenen aus der Mitte der 1990er-Jahre zeigt, dass der Bewaldungsgrad in Kissidougou mehr zu- als abnahm. Die Bauern

Dorf an der östlichen Straße auf Madagaskar. Vor einem bewaldeten Hintergrund sind in Siedlungsnähe **ABGEHOLZTE FLÄCHEN** zu sehen. Der steile Hang rechts im Bild war wahrscheinlich stark erosionsgefährdet. Frühes 20. Jh. (*Postkarte, nach 1907*)

in den Siedlungen hatten und haben großes Interesse daran, ihre Häuser vor immer wieder ausbrechenden Savannenfeuern zu schützen; dafür fördern sie das Waldwachstum. Auch Holz aus der näheren Umgebung für das Herdfeuer ist für sie wichtig. Gelegentlich pflanzen sie Bäume. Sie bearbeiten und düngen den Waldboden und sorgen für genügend Wasser, wodurch der natürliche Aufwuchs begünstigt wird. Melissa Fairhead und James Leach haben in einer sozial-ökologischen Analyse diese indigene Interpretation der afrikanischen Landschaft dem dominanten Mythos entgegengesetzt. Sie hat das Potenzial, Entwicklungspolitik zu verbessern. (FAIRHEAD & LEACH, 1996)

Der Mythos vom bewaldeten Wildniskontinent Afrika ist hartnäckig, weil er politischen Interessen dient. Die indigene Bevölkerung hat darunter zu leiden. Postkoloniale nachhaltige Entwicklungspolitik wird gut daran tun, die langfristige Geschichte afrikanischer Landschaften zur Kenntnis zu nehmen und indigenes Wissen aufzuwerten.

Sechzig Reisen durch die Zeit

KAKAOANBAU AUF SÃO TOMÉ UND PRÍNCIPE

Abhängigkeit bis in die Unabhängigkeit

Mayas und Azteken bauten in Mittelamerika Kakaobäume an. Die spanischen Eroberer brachten Kakaobohnen von dort an den spanischen Hof. Auf Haiti und Trinidad sowie in Ecuador begann der koloniale Anbau von Kakaobäumen. Als die spanische Infantin Anna von Österreich 1615 mit Ludwig XIII. vermählt wurde, brachte sie Kakao nach Frankreich mit. Schokolade wurde zum Modegetränk der Oberschicht europäischer Staaten und Kakaobohnen zu einer der begehrtesten Kolonialwaren. 1662 erleichterte der italienische Theologe Laurentius Brancati (1612–1693) mit der Feststellung »liquidum non fragit jejunium« (Flüssiges bricht das Fasten nicht) die Fastenzeit. Goethe trank auf Anraten Alexander von Humboldts Schokolade.

Seit vier Jahrhunderten werden aus ökologischen und ökonomischen Gründen in immer neuen Gebieten der Tropen Kakaoplantagen angelegt. Kakao aus einer neuen Pflanzung ist billiger, weil weniger Unkraut wächst, der Boden viel organische Substanz enthält und Schädlinge noch keine Gelegenheit hatten, sich auszubreiten. Ist dieses natürliche Kapital aufgebraucht, verteuert sich die Produktion und ein neues Gebiet wird in Plantagen umgewandelt (RUF, 2001: 292). 1660 begann der Anbau in den französischen Kolonien Martinique und St. Lucia, 1670 in der britischen Kolonie Jamaika und 1677 in der portugiesischen Kolonie Brasilien.

Auf den im Golf von Guinea gelegenen vulkanischen Inseln São Tomé und Príncipe gab es im 19. Jh. in Lagen unterhalb von 1200 m über dem Meer keinen Urwald mehr; dieser war bereits im späten 15. und im 16. Jh. für den Anbau von Zuckerrohr gerodet worden. Starkniederschläge hatten auf steilen Zuckerrohrfeldern die Böden erodiert. Durch Erosion langfristig geminderte Erträge und die zunehmende Konkurrenz Brasiliens führten im 17. Jh. zum Niedergang des Zuckerrohranbaus auf São Tomé und zur Wiederbewaldung. Um 1820 wurden erstmals brasilianische Kakaopflanzen in der portugiesischen Kolonie auf São Tomé und Príncipe angebaut.

1828 hatte der Niederländer Coenraad Johannes van Houten (1801–1887) die Kakaopresse erfunden, um aus Kakaomasse Kakaopulver zu erzeugen, das besser mit Wasser gemischt werden konnte. 1839 stellte das Dresdner Unternehmen Jordan & Timaeus die erste Milchschokolade vor. Der Kakaobedarf wuchs in Europa, und auf São Tomé und Príncipe stieg die Kakaoproduktion. Im Gegensatz zu den seit 1880 fallenden Preisen für andere Kolonialprodukte war Kakao Ende des 19. Jh. teurer geworden. Die Abstinenzbewegung bewarb Kakao als Alternative zu alkoholischen Getränken. Die Erzeuger konnten kaum den Bedarf decken. Die Weltkakaoproduktion stieg von 30 000 Tonnen im Jahr 1870 bis 1914 um das Zehnfache.

Unter welchen Arbeitsbedingungen wurde Kakao in den Tropen angebaut? Äquatorialafrika war gekennzeichnet durch ansteckende Krankheiten, geringe Bevölkerungsdichte und niedrige Fruchtbarkeit der Menschen. Brachte man Arbeitskräfte aus entfernten Gebieten auf die Kakaoplantagen, so erkrankten sie schnell und viele starben. Jede Form der Arbeitskräftebeschaffung wurde versucht: Sklaverei, Schuldknechtschaft, Zwangsarbeit, die Verpflichtung von Steuermigranten und -migrantinnen und ein freier Arbeitsmarkt. Nichts davon erwies sich als besonders erfolgreich. Die Arbeitsbedingungen auf den Kakaoplantagen waren unmenschlich.

Nach dem Ende der Sklaverei 1878 weigerten sich befreite Sklaven und ihre Nachkommen, weiter auf den Kakaoplantagen zu arbeiten; sie vermuteten dort eine Fortführung der Sklaverei. Daraufhin wurden mehr als 100 000 Bewohner der portugiesischen Kolonien Angola, Mosambik und Kapverden angeworben und auf den Plantagen São Tomés als Kontraktarbeiter beschäftigt. Sie erhielten Frühstück und Mittagessen in den Kantinen der Plantagen. Die Pflanz-, Ernte- und Pflegemaßnahmen in den Kakaokultu-

links Ernte von **KAKAOFRÜCHTEN** in Kamerun.
(Postkarte, 1902)

rechts Das **REICHARDT-KAKAOWERK** in Wandsbek (Hamburg). Die Kakao-Compagnie Theodor Reichardt war im frühen 20. Jh. das größte Kakao- und Schokoladenwerk Deutschlands und die größte Kakao-Fabrik in Kontinentaleuropa mit bis zu 4000 MitarbeiterInnen. *(Werbepostkarte)*

ren sowie die Verladung der 70 Kilogramm wiegenden Kakaobohnensäcke waren aufgrund hoher Temperaturen und fast ganzjährig hoher Luftfeuchte sehr anstrengend. Krankheiten, der übermäßige Konsum selbstgebrannter alkoholischer Getränke und die mangelnde Hygiene senkten die Arbeitsproduktivität. Um 1900 wurden auf den großen Plantagen Krankenhäuser eingerichtet, bald sanken die hohen Sterberaten deutlich. Von 1911 bis Juni 1928 starben auf São Tomé und Príncipe dennoch 23 866 Arbeiter (KIESOW, 2011: 53).

Die Schlafkrankheit brach auf Príncipe in den 1890er-Jahren zum ersten Mal aus. Mitgebracht hatten sie die Arbeiter. Tausende starben, bis es den Portugiesen 1914 gelang, die Tse-Tse-Fliege auszurotten. Tuberkulose erreichte die Inseln um 1900 mit Arbeitern aus Mosambik, die wiederum von heimkehrenden Arbeitsmigranten aus den Goldminen Südafrikas angesteckt worden waren. Dazu kamen die endemischen Krankheiten Malaria und Gelbfieber. Malaria war schon 1493 mit den ersten Siedlern nach São Tomé gekommen.

1905 wurden 24 000 Tonnen hochwertigen Kakaos auf São Tomé und Príncipe produziert; sie erbrachten über 90 % der Exporterlöse. Die beiden Inseln waren binnen eines halben Jahrhunderts zum bedeutendsten Kakaoproduzenten der Erde aufgestiegen. Der britische Schokoladenproduzent William Cadbury, dessen Firma Kakaobohnen von São Tomé bezog, inspizierte dort wiederholt die Arbeitssituation der Plantagenarbeiter und wertete sie als Zwangsarbeit. Er verhandelte Anfang des 20. Jh. sechs Jahre mit der portugiesischen Regierung und forderte die portugiesischen Plantagenbesitzer auf, die Zwangsarbeit zu beenden – ohne Erfolg. Cadbury kaufte daraufhin keine Kakaobohnen mehr aus São Tomé und versuchte europäische Chocolatiers zu überzeugen, ihm zu folgen. Seine Bemühungen führten langfristig dazu, dass São Tomé kein Hauptkakaoproduzent mehr war, auch wenn die verheerenden Arbeitsbedingungen wohl bis in die 1970er-Jahre andauerten.

William Cadbury bewertete 1905 São Tomé als reichste Insel der Welt. Sozialökonomisch wie ökologisch war das Gegenteil wahr: Die artenreichen Ökosysteme der Insel waren

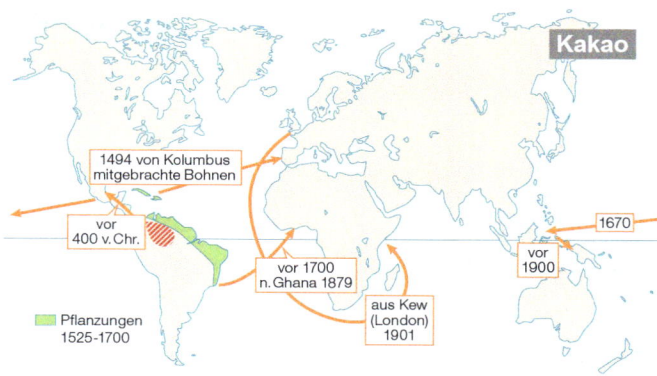

Die Verbreitung der **KAKAOPFLANZE** (*Theobroma cacao*).

seit der Zeit des Zuckerrohranbaus und durch Raubbau an den Wäldern stark verarmt. Zwangsarbeit bildete die Basis des Reichtums, von dem die in Lissabon und andernorts residierenden Plantagenbesitzer profitierten. Die meisten Nahrungsmittel mussten importiert werden. Auf vielen winzigen Flächen bauten die Familien der Plantagenarbeiter Bananen, Süßkartoffeln, Kartoffeln und Taro für den Eigenbedarf an.

Obwohl von 1916 bis 1919 eine Insektenplage (*Selenothrips rubrocinctus*) die Plantagenmonokulturen beeinträchtigt hatte, erreichte die Kakaoproduktion auf São Tomé und Príncipe 1919 mit 56 000 Tonnen ihr historisches Maximum (CLARENCE-SMITH, 1990: 170). Das nutzbare Land wurde fast vollständig von den großen Plantagenunternehmen bewirtschaftet. In den folgenden Jahrzehnten ging die Kakaoproduktion aufgrund des schlechten Images und der wachsenden Konkurrenz zurück.

1975 wurden São Tomé und Príncipe unabhängig. Der kleine Inselstaat reformierte das Agrarsystem: Die kolonialen Kakaounternehmen wurden in staatliche Großbetriebe überführt. Zwar war die kolonialzeitliche technische Ausstattung der Betriebe noch vorhanden. Jedoch fehlten die nach Portugal zurückgekehrten, gut ausgebildeten Führungskräfte und Ingenieure. Der Import von Dünge- und Pflanzenschutzmitteln unterblieb und die Kakaoproduktion ging stark zurück. 1974 waren etwa 10 000 Tonnen Kakaobohnen geerntet worden, im Folgejahr nur 5200 Tonnen. Ein unter anderem von der Weltbank finanziertes Projekt lieferte 1991 die Grundlagen für die Auflösung der staatlichen Agrarbetriebe und die Neuverteilung der Nutzungsrechte für mehr als 49 000 Hektar Kakaoplantagen an die ehemaligen Arbeiter. Heute schwankt die Kakaoernte von São Tomé und Príncipe um 2500 Tonnen – weniger als 5 % des Wertes von 1919. Diese geringe Menge macht das Gros der Exporte aus – der an den Folgen der Kolonialisierung leidende Staat São Tomé und Príncipe zählt zu den ärmsten der Erde.

oben Hull-Rust-Mahoning **EISENERZTAGEBAU** bei Hibbing in Minnesota, USA. *(Postkarte, vor 1938)*

Mitte Die Triborough- und Hell-Gate-**BRÜCKEN** in New York City. *(Postkarte, gelaufen am 30.5.1937)*

unten Der **FRACHTER HENRY FORD** passiert die Hebebrücke auf dem Duluth-Superior-Schiffskanal. *(Postkarte, nach 1929)*

NATUR und **TECHNIK**. *(Postkarte, 1961)*

STEINBRUCHARBEITER an der Wolga. *(Postkarte, 1. Hälfte 20. Jh.)*

Ein Automobil verlässt den **TUNNEL** nahe der Chimney Tops im Great-Smoky-Mountains-Nationalpark im Osten der USA. *(Postkarte, 1930–1945)*

Warum trat die Industrielle Revolution Mitte des 18. Jh. von England aus ihren Siegeszug an? Dazu gibt es viele, teils konkurrierende Antworten. Sie ist jedenfalls ein emergentes Phänomen: Die kombinierte Wirkung unabhängiger Faktoren wirkte sich auch auf die Umwelt aus. Umweltwirkungen der Industrialisierung können in vier Kategorien eingeteilt werden: Gifte, Ökosystemdegradation, Ressourcenverbrauch und Ethik (FISCHER-KOWALSKI, 1997).

Gifte: Die Moderne ist das Zeitalter der Umweltgifte. Industrialisierung beruht auf der Mobilisierung mineralischer Ressourcen in einem vorher nicht gekannten Ausmaß. Große Mengen an Kupfer, Quecksilber und anderen Schwermetallen wurden gewonnen, wobei giftige Stoffe zunächst in die lokale Umwelt der Bergbaue gelangten. Schon im 16. Jh. hatte Georg Agricola auf die negativen Wirkungen von Hüttenrauch aufmerksam gemacht. Der Einsatz fossiler Energie ermöglichte um ein Vielfaches größere Abbaumengen. Die Luftverschmutzung durch Verhüttung wurde zu einem immer größeren Problem. Sie trat nun auch durch den ordnungsgemäßen Gebrauch fossiler Rohstoffe auf. Das Wort »Smog« bezeichnete das dadurch bewirkte Problem der wachsenden Industriestädte. Toxische Stoffe gelangten nicht nur in die Luft. Sie verbreiteten sich in Böden und Gewässern. Viele reicherten sich in Nahrungsnetzen an. Eine besonders tragische Geschichte ist die des Quecksilbers und seiner Wirkungen auf die menschliche Gesundheit in der Bucht von Minamata.

Ökosystemdegradation: Die industrielle Lebensweise wirkt sich transformierend und vielerorts degradierend auf ökologische Systeme aus. Sie beruht auf der Verfügbarkeit sehr großer Mengen fossiler Energieträger. Im ersten Jahrhundert der Moderne trieben Kohle, danach Erdöl und Erdgas den Motor des gesellschaftlichen Wandels an. Großbauten wie der Panamakanal veränderten tropische Ökosysteme tief greifend. Megatalsperren wirken nicht nur auf Lokalklima und lokale Lebenswelten, sondern können sogar die Erdbebenhäufigkeit erhöhen. Die vermeintlich »saubere« Wasserkraft hat eine oft unterschlagene dunkle Seite. Die Fischer der Welt wurden immer effizienter beim Fang von Nahrung aus den Weltmeeren. Die kommerziell verwertbaren Spezies der Meere wurden ausgebeutet; viele sind ausgerottet oder zumindest nicht mehr ausreichend für kommerziellen Fang vorhanden. Die weitgehende Vernichtung des Heilbutts im Atlantik ist ein frühes Beispiel. Eisenbahn und Kühltechnologie hatten Effekte auf Meereslebewesen, die den Zeitgenossen nicht bewusst waren und erst in den letzten Jahren durch umwelthistorische Forschung sichtbar wurden. Spätestens, wenn Flüsse brennen, wird für alle sichtbar, wie sehr wir in Ökosysteme eingreifen.

Ressourcenverbrauch: Der Ressourcenverbrauch der Industriegesellschaft ist nicht nachhaltig. Über die Mechanisierung, den Einsatz von Dünge- und Schädlingsbekämpfungsmitteln ist die Landwirtschaft Teil der fossilenergetisch angetriebenen Welt geworden. Welche Effekte fossile Energie an den Orten ihrer Gewinnung hat, zeigt die Geschichte von Baku am Kaspischen Meer. Welche Effekte der riesenhaft angewachsene Stoffwechsel der Gesellschaft auf die Natur hat, zeigt sich auch am Ende der Produktzyklen, an denen große Abfall- und Abwassermengen verbleiben, die nur durch eine Abnahme des Materialverbrauchs dauerhaft gesenkt werden können.

Ethik: Eine egozentrische Ethik ist ideologische Grundlage der Moderne. Gerade in Diktaturen war die Umgestaltung von Natur ein Mittel, Macht zu demonstrieren. Das gigantomanische Projekt der »Großbauten des Kommunismus« ist eines von mehreren, von denen auch noch im nächsten Kapitel zu erzählen sein wird. Das Unbehagen mit der industriellen Lebensweise führte schon bald zu Lebensreformbestrebungen. Sie wandten sich dagegen, dass der menschliche Körper ebenso unerbittlicher industrieller Zurichtung unterworfen worden war wie die Natur. Doch die Reformbewegung wurde domestiziert.

Aus der Nukleartechnologie rührende Ewigkeitslasten sind ein ethisches Problem, für das keine Lösung in Sicht ist. Auch die Schlüsseltechnologie der Industriegesellschaft, die Ölindustrie, wirft ethische Probleme auf: Tankerunfälle machen darauf aufmerksam, dass die Politik der technischen Entwicklung oft hinterherhinkt und Lobbys eine Gemeinwohlorientierung von Politik unterlaufen.

Die industrielle Lebensweise hat viele Gesichter. Ihre gemeinsamen Merkmale sind ein rascher Verbrauch natürlicher Ressourcen, die sich über lange Zeiträume gebildet hatten. Diese Übernutzung von Ressourcen hat zu so tief greifenden Veränderungen der natürlichen Welt geführt, dass es kein Zurück zu agrargesellschaftlichen Verhältnissen geben kann – auch wenn die Ressourcen, die die Modernisierung antreiben, einmal verbraucht sein werden. Der globale Klimawandel ist nur eine Ausprägung dieser Problematik. Ebenso bedrohlich sind die beschleunigten Wasserflüsse, der globale Verlust fruchtbarer Böden und der Verbrauch und die Vergiftung von Trinkwasser. Die Ewigkeitslasten der industriellen Lebensweise beschränken sich nicht auf Atommüll.

MINERALÖL-RAFFINERIE Oderberg.
(Postkarte, datiert 21.10.1915)

Aerial View, Gulf Oil Corporation Refineries, Port Arthur, Texas

RAFFINERIE der Gulf Oil Corporation in Port Arthur, Texas, USA. (*Postkarte, datiert 3.8.1948*)

oben Mit Pferden gezogener **TANKWAGEN** der Firma I. G. Scharff aus Lüneburg von 1908. (*Erdölmuseum Wietze bei Celle*)

links Menschengemachte Landschaften – **RIESENBAGGER** im Rheinischen Braunkohlerevier.

1089—Coal Mining Scene at Rock Springs, Wyo.

6A46-N

Eisenbahnwaggons am **KOHLEBERGBAU** bei Rock Springs in Wyoming, USA. (*Postkarte, 1930er-Jahre*)

»Hinaus ins Freie mit **INDANTHRENFARBIGER** Kleidung! Sie macht Ihnen keinen Kummer, denn die reizvolle Farbigkeit wird durch nichts beeinträchtigt; indanthrenfarbige Stoffe sind ja unübertroffen waschecht, lichtecht und wetterecht.« (*Werbepostkarte nach 1922*)

Die Chemie der Steinkohlenteerfarben. Aus der Werkstatt der ältesten **DRUCKFARBENFABRIK** des europäischen Festlandes in Celle. (HOHLS, 1930, S. 556)

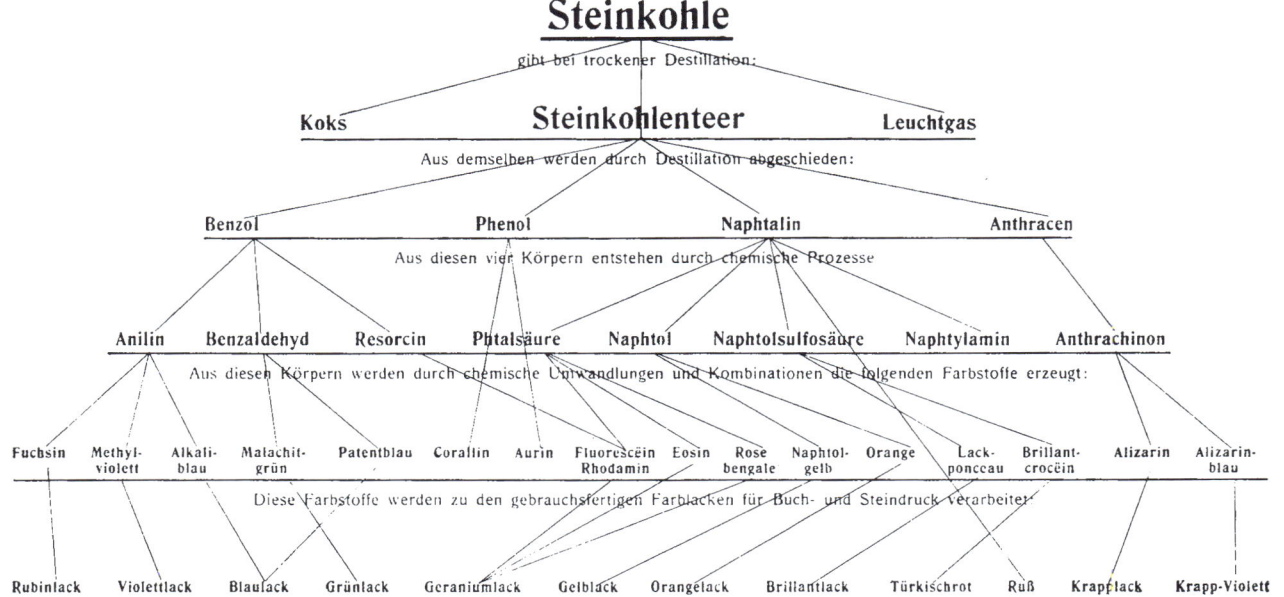

CHR. HOSTMANN-STEINBERG'SCHE FARBENFABRIKEN G.M.B.H., CELLE

Die Entstehung der bunten Druckfarben (künstliche Farblacke)

Steinkohle

gibt bei trockener Destillation:

Koks   **Steinkohlenteer**   Leuchtgas

Aus demselben werden durch Destillation abgeschieden:

Benzöl   Phenol   Naphtalin   Anthracen

Aus diesen vier Körpern entstehen durch chemische Prozesse

Anilin   Benzaldehyd   Resorcin   Phtalsäure   Naphtol   Naphtolsulfosäure   Naphtylamin   Anthrachinon

Aus diesen Körpern werden durch chemische Umwandlungen und Kombinationen die folgenden Farbstoffe erzeugt:

Fuchsin   Methyl-violett   Alkali-blau   Malachit-grün   Patentblau   Corallin   Aurin   Fluorescëin Rhodamin   Eosin   Rose bengale   Naphtol-gelb   Orange   Lack-ponccau   Brillant-crocëin   Alizarin   Alizarin-blau

Diese Farbstoffe werden zu den gebrauchsfertigen Farblacken für Buch- und Steindruck verarbeitet

Rubinlack   Violettlack   Blaulack   Grünlack   Geraniumlack   Gelblack   Orangelack   Brillantlack   Türkischrot   Ruß   Krapplack   Krapp-Violett

Diese Farblacke werden durch Verreiben mit Leinölfirnis für Buch- und Steindruck etc. druckfertig gemacht.

DER WAHRE PREIS DER METALLE

Swansea und der Kupferrauch

Swansea (walisisch: Abertawe) liegt an der Mündung des Tawe am Rand der südwalisischen Kohlefelder. Vom Ende des 17. Jh. bis 1920 war es ein Zentrum der Kupferverhüttung in Großbritannien, was der Stadt den Ehrennamen »Copperopolis« einbrachte. Zunächst wurde Erz aus dem nahen Cornwall verarbeitet. Nachdem die dortigen Vorkommen erschöpft waren, wurde es unter anderem aus Lateinamerika, Australien und Südafrika eingeführt. Da die eingesetzte Kohle 45 % der Gesamtkosten verursachte, wurde das Erz dort verarbeitet, wo billige Kohle zu haben war.

Den Preis für das Kupfer zahlten Menschen und Umwelt. 300 Jahre Hüttenindustrie führten zu derart großen Ablagerungen von Schwermetallen wie Zink, Blei und Arsen in den Böden, dass die Umgebung von Swansea in den 1970er-Jahren saniert werden musste. Wie aber sah es in Swansea und anderen walisischen Zentren aus, als die Industrie in voller Blüte stand? Reisende, die Swansea besuchten, berichteten von dem beängstigenden Eindruck, den die Gegend machte: Daniel C. Webb schrieb 1812 in einem Reisebericht, die Vegetation sei völlig zerstört, die Schlackenhaufen und die Rauchschwaden aus den Öfen gäben der Landschaft das Aussehen eines Vulkankraters. Auch die Zahlen lassen keinen Zweifel: Im Jahr 1840 gelangten allein aus den Kupferhütten 73 000 Tonnen Schwefeldioxid und eine giftige Mischung aus Arsenoxid, Antimonoxid, Salzsäure, Blei und Cadmium in die Atmosphäre über Swansea. Die Luft war voll mit giftigen Schwermetallen, ätzenden und sauren Gasen sowie dem Rauch der Kohlenfeuerungen.

Efrydd-dod (Rauchkrankheit) nannten die in der Umgebung ansässigen Landwirte die Vergiftung, an der ihr Vieh litt. Einem der wenigen Gerichtsverfahren verdanken wir eine Liste der Symptome. Die elf Kläger beschrieben sie 1833 drastisch: Die Tiere magerten ab, die Milch wurde sauer, die Milchleistung sank und hörte schließlich auf, Zähne lockerten und schwärzten sich, ehe sie ausfielen, Hufe wucherten. Lungen »verfaulten« und an den Beingelenken bildeten sich faustgroße Klumpen. Die Knochen der Tiere wurden so brüchig, dass sich Kühe wie Pferde beim Hinlegen die Rippen brachen.

Bereits 1797 waren die Effekte der Abgase auf die Arbeiter in den Hütten bekannt. Arsenrauch und Hitze galten als Ursachen dafür, dass Arbeiter nach einigen Monaten völlig ausgezehrt waren und nach wenigen Jahren verstarben. Ebenso negativ wurden 1854 die Effekte der schwefelsauren Gase beschrieben. Bewohner von Swansea würden eine trockene Kehle, Beklemmungen und tränende Augen bekommen, wenn der Wind die Abgase der Kupferhütten in ihre Richtung wehte. Doch gab es auch andere Aussagen, und die wurden weit lieber gehört. Am 7. Juli 1832 druckte die lokale Zeitung »The Cambrian« den Artikel eines Dr. Wilkinson, der den Kupferrauch als Schutz vor Cholera lobte. Ein Bericht an die Regierung aus dem Jahr 1842 bestätigte zwar die negativen Effekte der Abgase auf Vegetation und Tiere, hielt aber fest, dass sie keine nachteiligen Wirkungen auf die menschliche Gesundheit hätten. William Beavan, ein in Swansea ansässiger Arzt, fand 1845 den Kupferrauch prophylaktisch wirksam gegen ansteckende Krankheiten, er wirke den negativen Effekten der unzureichenden Abwasserentsorgung entgegen. Noch 1928 war ein Autor von den positiven Wirkungen der abgasgeschwängerten Luft überzeugt. Der Metallurg John Percy (1817–1889) drückte allerdings 1861 aus, was uns heute offensichtlich erscheint: Wer die Hüttenabgase für gesund hielte, müsse einer befremdlichen Täuschung erlegen sein.

Dennoch waren Gerichtsverfahren eine Seltenheit. Das lag am Rechtssystem und an ökonomischen Interessen. Hüttenbesitzer gehörten zur lokalen Elite und hatten großen Einfluss auf die lokale Politik. Die meisten der Betroffenen arbeiteten in den Hütten. Sie hätten bei dem Versuch, bessere Arbeitsbedingungen zu erstreiten, Arbeit und Brot verloren. Viele Grundeigentümer verdienten mehr an dem Land, das sie an Hüttenwerke verpachtet hatten, als an den Abgaben ihrer landwirtschaftlichen Pächter. Das Verfahrensrecht war auf der Seite der Industrie: Die Kläger hatten die Beweislast zu tragen. Wer aber konnte beweisen, dass der Rauch einer bestimmten Hütte genau die eigenen Felder getroffen hatte?

Zudem hatte sich das Verständnis davon, was recht und billig sei, bei den Gerichten verändert. Waren sie im 18. Jh. vereinzelt noch bereit, eine einzelne Hütte wegen schädlicher Abgase zur Übersiedlung zu zwingen, begann sich parallel zum Aufschwung der Industrie die Ansicht durchzusetzen, dass eine gewisse Belastung ortsüblich sei, und die Unannehmlichkeiten Einzelner geringer zu werten seien als die Gefährdung eines Industriezweiges, der Tausenden Menschen Arbeit bot und dem Land zu Reichtum verhalf. »Zumutbarkeit« wurde zum Zauberwort, die Bereitschaft jedes Einzelnen, im Dienste des Ganzen Verschmutzung zu erdulden, erwartet.

Als Thomas David, der eine Pächtergruppe 1833 bei ihrem ersten erfolglosen Versuch angeführt hatte, nochmals klagte, wurde ihm recht gegeben. Das Gericht akzeptierte, dass ihm durch Kupferrauch Schaden entstanden sei, führte diesen aber letztlich auf die schlechte Qualität seines Bodens zurück. Diese wiederum sei auf schlechte Bewirtschaftung zurückzuführen, weshalb ihm nur ein nomineller Betrag von einem Shilling zugesprochen wurde.

Obwohl sie das Recht auf ihrer Seite wussten, bemühten sich manche Hüttenbesitzer freiwillig um die Minimie-

SWANSEA im Süden von Wales. Dem sichtbaren Reichtum der Stadt steht die unsichtbare Schwermetallbelastung gegenüber. *(Postkarte, datiert 13.6.1906)*

Swansea: **MUMBLES PIER** heute. Der Endpunkt einer Eisenbahnlinie und die Anlagestelle für Raddampfer spielten eine wichtige Rolle für den Tourismus in Swansea. Dessen Interessen standen jenen der Kupferverarbeitung diametral entgegen.

rung ihrer Emissionen. Es galt, Ärger zu vermeiden. Nebenprodukte wie Schwefelsäure zu gewinnen, versprach außerdem zusätzliche Profite. Lange Abgasleitungen, in denen ein Teil der Schadstoffe kondensierte, wurden also verlegt und hohe Schornsteine gebaut, die den beträchtlichen Rest über eine größere Fläche verteilten und daher verdünnten. Wurden die giftigen Abgase zu ihrer Säuberung mit Wasser behandelt, leiteten die Firmen die saure Giftbrühe unbehandelt in die nächsten Gewässer ein – wo sie sich später im Sediment wiederfanden.

Andere Industrien wurden gesetzlich zur Reinigung ihrer Abgase gezwungen. Die Kupferhütten konnten solchen Bestimmungen noch im 19. Jh. entgegenhalten, dass es kein technisch machbares Verfahren gäbe, dass es Ihnen

erlauben würde, die Giftigkeit ihrer Abgase mit ökonomisch vertretbarem Aufwand zu vermindern. Als die Kupferverhüttung in Swansea nach dem Ersten Weltkrieg zu Ende ging, wurden umso mehr Zink, Weißblech und andere Metalle hergestellt, sodass es bis zur Schließung der letzten Zinkhütte 1974 dauerte, bis die Belastung durch Hüttenabgase endete.

Swansea ist bei Weitem kein Einzelfall. Überall, wo die Kombination von lokalen Eliten, abhängigen Arbeitnehmern und einem Rechtssystem, das ökonomischen Interessen Priorität gab, auf die im Zuge der Industrialisierung entfesselten Giftströme der Metallherstellung traf, wurde mit wenig Rücksicht auf Menschen und Umwelt gewirtschaftet (vgl. S. 78). (NEWELL, 1990, 1997; NEWELL & WATTS, 1996)

VERGIFTET IM NAMEN DES FORTSCHRITTS

Die Minamata-Krankheit

Eine kleine Bucht an der Südwestküste der Insel Kyushu im Südwesten des japanischen Archipels erlangte in den 1950er-Jahren traurige Berühmtheit. Das Meer vor Minamata ist der Schauplatz einer akuten und chronischen Massenvergiftung mit Methylquecksilber, einer organischen Verbindung des hoch giftigen Schwermetalls Quecksilber, die sich in den Lebewesen der Nahrungskette anreichert.

Die giftige Verbindung kam aus dem unbehandelt in die Bucht eingeleiteten Abwasser der chemischen Fabrik Chisso, in der ab 1932 Acetaldehyd als Zwischenprodukt der Kunststoffherstellung mithilfe von Quecksilber als Katalysator erzeugt wurde. Schon seit 1908 wurden Fabrikabwässer in die Bucht eingeleitet; die Fischerei wurde bereits in den 1920er-Jahren dadurch beeinträchtigt. Mit steigender Produktion des Aldehyds traten ab den 1950er-Jahren Quecksilbervergiftungen auf. 1953 geschah Eigenartiges. Eine bis dahin unbekannte »Krankheit der tanzenden Katzen« brach aus. Die mit Fischabfällen gefütterten Tiere taumelten, bekamen Krämpfe, rannten im Kreis und sprangen ziellos in die Luft, ehe sie verendeten. Das war nicht das einzige Anzeichen eines Problems. Schon ab 1950 waren Fische zur Oberfläche aufgestiegen und orientierungslos im Kreis geschwommen. Seevögel wurden flugunfähig und zusammengekrümmt an Ufern gefunden, Austern und Herzmuscheln geöffnet an Land geschwemmt. Als 1956 mehrere Kinder mit schweren Krankheitssymptomen in das lokale Krankenhaus (das der Fabrik gehörte) eingeliefert worden waren, vermutete man zunächst eine ansteckende Krankheit; die Patienten wurden isoliert. Sie stammten alle aus einer Wohngegend, daher war eine solche Hypothese nicht abwegig. Erst später wurde das Problem als Vergiftung identifiziert. Chisso hatte seine Acetaldehydproduktion in diesen Jahren gesteigert und auf ein Verfahren umgestellt, bei dem noch mehr Quecksilber in das Abwasser gelangte, das aber niemand untersuchte.

Chisso und das zuständige Ministerium versuchten jahrzehntelang, die deutlichen Hinweise auf einen Kausalzusammenhang zwischen Fabrikabwässern und der Krankheit zu leugnen. Chisso verlegte den Ort der Einleitung aus der Bucht in den nördlich in das Meer mündenden Fluss. Den Fischern wurde verboten, Fisch zu verkaufen. Dass sie ihn weiter für den Eigenbedarf fingen, war ihr Problem. Douglas McAlpine, ein britischer Neurologe, untersuchte im März 1958 Patienten in Minamata und publizierte seine Beobachtungen in der renommierten medizinischen Zeitschrift »The Lancet«. Er beschrieb den Zusammenhang zwischen Abwässern von Chisso und den Erkrankungen und identifizierte Methylquecksilber als Agens. Eine japanische Forschergruppe hatte Quecksilber zuvor als Grund

DIE CHEMISCHE FABRIK CHISSO in Minamata, Japan.

für die Vergiftungen ausgeschlossen, weil man, so argumentierten sie, ein so wertvolles Metall nicht ins Abwasser gelangen lassen würde.

Der Leiter der Abteilung für öffentliche Gesundheit im Sozial- und Gesundheitsministerium stellte bereits im Juli 1958 klar, dass die Vergiftung bei Menschen von vergifteten Fischen und Muscheln herrühre, die wiederum durch Fabrikabwässer vergiftet würden. Diese klare Herstellung einer Kausalbeziehung gelangte bis in die Zeitungen. Trotzdem blieben alle Verantwortlichen untätig. Seit Juli 1959 war gesichert, dass das Agens der Vergiftung eine Quecksilberverbindung sein musste, und seit November, dass es sich um eine organische Verbindung handelte. Große Mengen Quecksilber waren im Sediment der Bucht, insbesondere in der Nähe der Einleitungsstelle der Abwässer, gefunden worden.

Bereits 1921 war eine wissenschaftliche Arbeit erschienen, die belegte, dass bei der Acetaldehydsynthese organische Quecksilberverbindungen entstehen. In den 1930er-Jahren waren Vergiftungserscheinungen beschrieben worden, doch die diesbezüglichen deutschsprachigen Arbeiten blieben in Japan unbekannt.

Im Oktober 1959 war es dem Chefarzt der Firmenklinik gelungen, bei Katzen experimentell die Krankheit zu verursachen, indem er sie mit dem Abwasser der Acetaldehydproduktion fütterte. Die von den Ergebnissen informierte Firmenleitung verbot die Publikation und weitere Experimente. Die Sachlage war auch ohne diese Studie bereits mehr als deutlich.

Das Handels- und Industrieministerium deklarierte Ende 1959 dennoch das Gegenteil: Da in der Umgebung anderer Fabriken, die ebensolche Verfahren verwendeten wie

Chisso, niemand erkrankt sei, könnten Chissos Abwasser nicht die Ursache sein. Der Katalysator, den Chisso verwendete, sei anorganisches Quecksilber, die Wissenschaftler hätten aber eine organische Quecksilberverbindung identifiziert. Niemand habe bislang einen Mechanismus beschrieben, wie aus anorganischem organisches Quecksilber werden könne. Daher könne die Erklärung, dass Chissos Abwasser den giftigen Stoff enthalte, nicht akzeptiert werden. Die Fabrik baute einen allerdings ineffektiven Filter ein und stellte den Wissenschaftlern gefälschte Abwasserproben zur Prüfung seiner Funktion zur Verfügung.

Die Quecksilberwerte in der Bucht stiegen weiter, die Öffentlichkeit war mit anderen Themen beschäftigt. Inzwischen machten sich bei mehr und mehr Personen Anzeichen einer Vergiftung bemerkbar. Babys kamen mit angeborenen neurologischen Symptomen zur Welt. Bislang war die Medizin davon ausgegangen, dass die Plazenta das Ungeborene vor Vergiftungen schützen würde. Die mit Quecksilbervergiftung geborenen Kinder belegten auf tragische Weise das Gegenteil.

Im Januar 1965 tanzten Katzen und erkrankten Menschen im 1300 km weit entfernten Niigata, ebenfalls Standort einer Acetaldehydfabrik. 1500 Menschen wurden dort chronisch vergiftet. Damit brach das Argument von Chisso, an anderen Standorten seien keine Erkrankungen festzustellen, endlich zusammen.

Im Mai 1968 rang sich die japanische Regierung zu der Aussage durch, dass die Symptome eine Folge von organischen Quecksilberverbindungen seien, die durch die Fabrikabwässer ins Meer gelangten und über die Nahrungskette angereichert würden. Wenn Menschen sich hauptsächlich von kontaminiertem Fisch ernähren, reichern sie in ihrem Körper das Gift an. In organischer Form ist es besonders gefährlich, weil es in die Eingeweide vordringt. Im selben Jahr wurde die Acetaldehydproduktion eingestellt, nicht etwa wegen der Vergiftungen, sondern weil der Markt eingebrochen war. In den 36 Jahren von 1932 bis 1968 waren 488 Tonnen Quecksilber, über 13 Tonnen pro Jahr, in das Meer geleitet worden. Chisso musste den Katalysator ständig er-

gänzen und Quecksilber kaufen. Doch niemand fragte sich, wohin das fehlende Metall verschwunden war. Im September 2011 waren 2273 Erkrankte offiziell registriert. Doch leben um die Bucht Zehntausende Personen mit zum Teil schwerwiegenden neurologischen Symptomen, die keine Kompensation erhalten.

Minamata war nicht der einzige Ort in Japan, für den eine Vergiftungskrankheit diagnostiziert worden war. Die Itai-Itai-Krankheit wurde durch Bergwerksabwässer hervorgerufen, mit denen Cadmium in den Fluss Jinzū gelangte. Das Flusswasser wurde zur Bewässerung der Reisfelder und als Trink- und Waschwasser benutzt; Fische wurden im Fluss gefangen. Schon 1912 waren Bewohner der Gegend von einer höchst schmerzhaften Krankheit befallen worden, die sie nach dem Schmerzlaut itai (»au«) nannten. Neben Nierenschäden war es vor allem die Entkalkung der Knochen, die den Opfern zusetzte. Vorwiegend ältere Frauen waren betroffen. Erst 1968 wurde offiziell anerkannt, dass es sich um eine durch industrielle Abwässer verursachte Erkrankung handelt.

Während die japanische Regierung sich in den letzten Jahren bemüht hat, die 2013 in Kraft getretene internationale Quecksilberkonvention (»Minamata-Konvention«) zu unterstützen, ist der Wille zur umfassenden Kompensation der Opfer immer noch gering; die rechtliche Situation benachteiligt sie. Die strafrechtliche Verfolgung durch das Bezirksgericht führte 1979 zur Verurteilung des Ex-Präsidenten und des Ex-Fabrikleiters von Chisso zu lediglich zwei Jahren Haft mit drei Jahren Bewährungsfrist. Dieses Urteil wurde 1988 vom Obersten Gerichtshof bestätigt.

Die internationale Staatengemeinschaft hat aus Minamata ihre Lehren gezogen und die Quecksilberkonvention als vollständigen Ausstieg aus der Nutzung des hoch giftigen Metalls vereinbart. Doch selbst darin wird die Acetaldehydherstellung unter Verwendung quecksilberhaltiger Katalysatoren bis 2018 erlaubt. Wir lernen – das wird an solchen Prozessen deutlich – nur langsam und widerwillig aus unseren Fehlern.

(YORIFUJI et al., 2013)

MINAMATA MEMORIAL,
Japan.

DIE GEFAHR LAUERT IM DUNKELN

Nachtluft und Malaria

Benjamin Franklin (1706–1790) und John Adams (1735–1826) reisten 1776 gemeinsam über Land. Sie stiegen in Brunswick (New Jersey, USA) in einem überfüllten Gasthof ab, in dem ihnen nur noch ein einziges, kleines Zimmer mit einem Bett angeboten werden konnte. John Adams (von 1797 bis 1801 der zweite Präsident der Vereinigten Staaten) schloss das kleine Fenster des Zimmers. Franklin, der nicht nur als einer der Architekten der amerikanischen Verfassung, sondern auch als Erfinder in die Geschichte eingegangen ist, sagte zu Adams, er solle das Fenster nicht schließen, denn sonst würden sie ersticken. Adams antwortete, er sei Invalide, empfindlich und habe Angst vor der Nachtluft.

Auch der Gründer der Sanitätskommission im amerikanischen Bürgerkrieg, George Templeton Strong (1820–1875), erwies sich als furchtsam gegenüber frischer Luft. In seinem Tagebuch nennt er 1843 den Grund: Lieber schwitze er, als die mörderische Grippe, die nachts im Freien wüte, in seinen Raum zu lassen. Noch 1859 sah sich das »Organ für practische und wissenschaftliche Mitteilungen rationeller Aerzte« veranlasst, die Angst vor der Nachtluft als Aberglauben herauszustellen: »Es war einmal wirklich ein allgemein medicinisches Vorurtheil, daß Erkältung, daß feuchte Nachtluft eine Quelle, die wirkliche Quelle der Schwindsucht wäre; aber es war dieß ein großer Irrthum.« (CERMAK, 1850: 12)

Franklin hatte John Adams in jener Nacht in Brunswick mit einer Vorlesung über den Luftverbrauch durch Menschen in den Schlaf gewiegt, wie wir aus Adams Tagebuch erfahren. Das änderte dessen Meinung jedoch nicht. Ein Jahrhundert später hatte sich die Wahrnehmung von Nachtluft allerdings gewandelt. Dafür waren wissenschaftliche Erkenntnisse, technische Innovationen und Änderungen in den Vorstellungen vom guten Leben gemeinsam verantwortlich.

Autorinnen wie Catherine und Harriet Beecher Stowe vertraten in ihrem Haushaltungshandbuch »The American Women's Home« (1869) eine neue Theorie: Das Atemprodukt Kohlendioxid sei neben einer Reihe anderer Abfallstoffe des Körpers krankheitsverursachend. Die Autorinnen führten eine beeindruckende Liste von Krankheiten auf menschliche Ausdünstungen zurück, darunter Kopfschmerzen, Augenentzündungen, Masern, Lungenentzündung und Tuberkulose. Frische Luft war für die Gesundheit nötig geworden. 1910 blickte Virginia Terhune Van De Water in ihrem Haushaltungsbuch »From Kitchen to Garret« auf eine überwundene Vergangenheit zurück: »Mit jedem Jahr schätzen wir Amerikaner stärker, dass frische Luft Gesundheit bedeutet, und ihre Abwesenheit Krankheit. Wenn wir über die alten Zeiten nachdenken, als die Menschen in

Federbetten schliefen, bei geschlossenen Fenstern und manchmal mit einem brennenden Ofen im Raum, wundern wir uns, dass unsere Großeltern nicht an Erstickung gestorben sind.« Die Wahrnehmung der gesundheitlichen Bedeutung von Nachtluft hatte sich von 1776 bis 1910 grundlegend gewandelt.

Was steckt hinter dem Wahrnehmungswandel der Luft im Dunkeln? Sehen wir zunächst in die Häuser hinein: Die Kammer in Brunswick hatte keinen Kamin, schrieb Adams in sein Tagebuch. Das war durchaus üblich: Schlafräume wurden nicht geheizt. In beheizten Räumen standen offene Kamine, die die Räume fast ausschließlich über Strahlungswärme temperierten. Sie hatten eine geringe Heizleistung. In den wenig abgedichteten Räumen mit einfachen Fenstern zog es meist und es war für heutige Gewohnheiten kalt. Da wird die Furcht vor der noch kälteren Luft im Freien verständlich. 1744 hatte Benjamin Franklin ein »Treatise on Stoves«, ein Traktat über Öfen, veröffentlicht. Er propagierte einen geschlossenen Eisenofen, der mit viel weniger Brennmaterial auskam, auch weil die neue Technologie die Wärme der Abgase im Ofenrohr für die Raumheizung nutzte. Zu Beginn des 19. Jh. waren diese Öfen bereits weit verbreitet. Ab den 1860er-Jahren wurden zudem vermehrt dichte Winterfenster in die

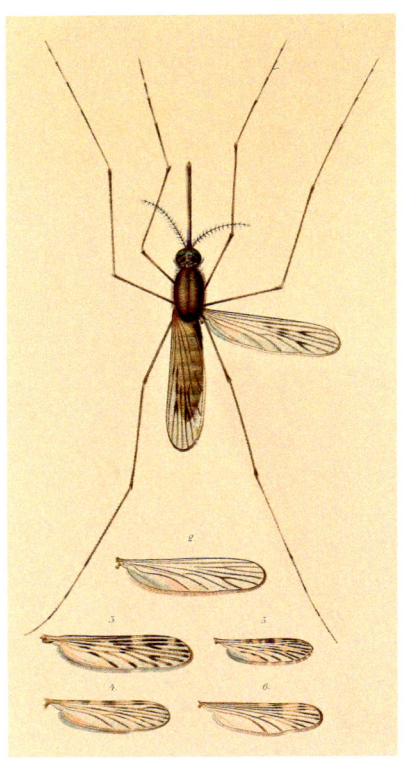

ANOPHELESMÜCKE, Überträger der Malaria, in einer Darstellung von 1901.

Der spätere Präsident der Vereinigten Staaten, **JOHN ADAMS**, der seine zeittypische Angst vor Nachtluft im Tagebuch festhielt. *(Postkarte, vor 1907)*

Geruch, Miasma, galt seit der Antike als gefährlich, bereits der griechische Dramatiker Sophokles (496–406 v. Chr.) verwendete in seinem Ödipusdrama den Begriff (KOUSOULIS et al., 2012). Bis zum Ende des 19. Jh. waren die Menschen überzeugt, dass Krankheiten durch Gestank übertragen würden. Erst 1890 wurde die Verbindung zwischen Malaria und den Anophelesmücken erkannt; noch 1881 waren in New York 457 Menschen an Malaria gestorben; der Glaube an den Gestank als Ursache steckte hier sogar im Namen: »mal aria« heißt schlechte Luft. Erst 1900 wurde die Übertragung von Gelbfieber durch Mücken (*Stegomyia aegypti*) bewiesen.

Anfang des 20. Jh. wurde die miasmatische Ansteckungstheorie vom mikrobiellen Paradigma abgelöst. Nicht die Luft galt nunmehr als ungesund, sondern die mit Krankheitserregern beladenen Insekten. Die technische Entwicklung von Webstühlen und neue Materialien erlaubten schließlich die Herstellung effektiver Moskitonetze. Auch in der Dämmerung und nachts konnten nunmehr ohne Gefahr Fenster geöffnet werden, vor die solche Netze gespannt waren.

Die Geschichte der gefährlichen Nachtluft war damit an ein Ende gekommen. Nicht so der Kampf gegen Malaria. Heute gilt Malaria in New York als nahezu ausgerottet – und das nicht deshalb, weil alle Anophelesmücken an Moskitonetzen gescheitert wären, sondern durch Eingriffe in Mückenhabitate. Moskitos, Schnaken, Mücken, Gelsen – wie auch immer die Plagegeister regional genannt werden – brauchen Wasser, um zu brüten. Ihre Larven dienen manchen Wassertieren als Nahrung, auch die Moskitos sind Teil der Nahrungsnetze der Natur. Die Trockenlegung von Mückenhabitaten ist eine wirkungsvolle Maßnahme, die auch in New York und anderen Regionen der USA zum Einsatz kam. So wurde wertvolles Bauland gewonnen. Am Larvenstadium setzte auch die zweite Bekämpfungsmaßnahme an, die in den USA eingesetzt wurde: Kerosin, das heute als Flugzeugtreibstoff bekannte Erdölprodukt, wurde auf Oberflächengewässer aufgesprüht. Mit den Mückenlarven wurden allerdings auch andere Tiere vergiftet, die auf Wasserflächen angewiesen sind. Seit den 1940er-Jahren stand mit DDT (Dichlordiphenyltrichlorethan) eine neue, spezifischere Waffe gegen Insekten zur Verfügung. Ihre gravierenden Nebenwirkungen hat Rachel Carson später im Umweltklassiker »Der Stumme Frühling« der Öffentlichkeit vor Augen geführt (vgl. S. 156). (BALDWIN, 2003)

Häuser eingebaut. Viele konnten es sich jetzt leisten, Räume eher zu überheizen als in der Kälte zu sitzen. Hinzu kam die Einführung der Gasbeleuchtung: Die offenen Flammen verbrauchten Sauerstoff, der in den dichten, warmen Räumen zu fehlen begann: Man konstatierte ein »stuffy room syndrome« (Syndrom der muffigen Zimmer) und baute vermehrt Ventilatoren ein.

Haus- und Heizungstechnologien allein machten aber die Nachtluft nicht zur Freundin der Menschen. Schlechter

Schemazeichnung des Franklin'schen **SPAROFENS** von 1744.

DER KAMPF GEGEN DEN KOHLERAUCH

Luftverschmutzung in Großbritannien und den USA von 1860 bis 1914

Die Geschichte der Luftverschmutzung ist letztlich eine Geschichte der Brennstoffe. Von ihnen hängt – in Kombination mit der Ofentechnologie – ab, was in die Atmosphäre gelangt. Am Brennstoff änderte sich bis weit nach dem Ersten Weltkrieg nichts. Kohle war die Basis der Industriellen Revolution. Niemand konnte sich vorstellen, daran zu rütteln, doch formierten sich schon in den 1890er-Jahren soziale Bewegungen gegen den umweltschädlichen Einsatz der Kohle. Internationale Konferenzen wurden abgehalten und interdisziplinäre Expertengremien schrieben umfassende Berichte, technische Verbesserungen der Feuerungen entfalteten eine gewisse Wirksamkeit. Vieles, was die Umweltbewegungen und die Umweltpolitik der 1970er-Jahre charakterisiert, nahmen die damaligen Vereine zur Lösung der Rauchplage vorweg. Sie boten der Industrie den dringend nötigen Widerstand.

Die Luftverschmutzung im 19. und auch im 20. Jh. war dramatisch. Bei Windstille blieb der Kohlerauch in der Nähe der Emissionsorte. Die Temperatur der Atmosphäre nimmt mit zunehmender Höhe meist ab. Zieht jedoch wärmere über kältere Luft, bildet sich eine Grenzschicht, die Inversionsschicht. Sie behindert den Austausch, dadurch reichern sich in der tieferen, kühleren Luftmasse rasch Schadstoffe an. In der kalten Jahreszeit mischten sich Kohlerauch und Nebel zu einem öligen Dunst, der zuerst in London Anfang des 20. Jh. Smog genannt wurde. Smog ist ein aus »smoke« und »fog« (Rauch und Nebel) zusammengezogenes Kunstwort. Schwefelsäure und Ruß überzogen die Oberflächen, bewirkten Korrosion von Eisen und Stein und brachten Pflanzen zum Absterben. Noch schwerwiegender waren die gesundheitlichen Effekte. Tuberkulose, Bronchitis, Lungenentzündung und Asthma breiteten sich in den Städten aus, weil der Giftcocktail in der Luft die Atemwege schädigt.

Die Politik blieb nicht untätig, ihre Maßnahmen aber nahezu wirkungslos. Das britische Parlament beschloss mehrfach Gesetze, die die Luftqualität verbessern sollten. Auch in den USA wurden Verordnungen zur Eindämmung der Luftverschmutzung erlassen. Doch industriefreundliche Richter und die beim Kläger liegende Beweislast führten beiderseits des Atlantiks dazu, dass wenig geschah. Viele lokale Regelungen wurden zudem in den USA als verfassungswidrig erkannt. Jede Verbesserung wurde von dem insgesamt ansteigenden Volumen an Verschmutzung zunichtegemacht, denn in Städten wie London, Manchester, Glasgow, Chicago, Pittsburgh, St. Louis und Cincinnati wuchs die Industrie. Von 1829 bis 1879 stieg der jährliche Kohleverbrauch allein in London von etwa 2 Millionen auf über 10 Millionen Tonnen. Im Dezember 1879 war der Nebel in London an einigen Tagen so dicht, dass der Kutschenver-

kehr eingestellt werden musste. Fußgänger tasteten sich selbst tagsüber im undurchdringlichen Dunkel die Häuser entlang. Die Mortalität war in dieser Nebelperiode um 220 % gestiegen, etwa 3000 Personen waren an den Folgen der Luftverschmutzung gestorben.

War der Rauch schwarz, so lag das an unvollständiger Verbrennung. Ingenieure wussten das. Doch schien eine gesamthafte Regulierung kaum möglich. Es qualmte aus Lokomotiven und Dampfschiffen, Kokereien, Dampfkesseln und dem besonders in Großbritannien sehr ineffizienten Hausbrand. Dazu kam die unterschiedliche Qualität der Kohle. Aus Teilen der Kohlefelder Pennsylvanias, Schottlands und aus Südwales wurde hochwertiger Anthrazit in die wachsenden Städte geliefert. Doch vielerorts war billige bituminöse Kohle der Rauch verursachende Hauptbrennstoff.

Ab 1890 formierten sich in mehreren amerikanischen Städten Reformbewegungen. Der Rauch galt zunächst als Zeichen des Fortschritts, nun wurde sein Image eindeutig negativ; er wurde zunehmend als schmutzig, ungesund und verschwenderisch angesehen. Ähnlich veränderte sich die Haltung zum Rauch in England. Der Sinneswandel hing hier mit dem Verlust der ökonomischen Vormachtstellung der britischen Industrie zusammen. Was während Boomzeiten als unvermeidlicher Preis des Fortschritts gegolten hatte, wurde nun mit dem nationalen Abstieg, mit Degeneration und sozialen Unruhen assoziiert.

Unter den Ersten, die sich in den USA der Rauchplage annahmen, waren Frauenvereine der Mittelschicht wie der Mittwochsclub in St. Louis. Das war nicht verwunderlich. Frauen leisteten die Sisyphusarbeit, das Heim einer Mittelklassefamilie sauber zu halten, waren mit den Atemwegserkrankungen ihrer Kinder konfrontiert, aber auch von

TO SAVE LONDON BY PUMPING AIR

Physician Suggests Use of Tube Railways for Fresh Blasts in the City's Centre.

ATMOSPHERE NOW VITIATED

Metropolis, Chest Doctor Contends, Owing to "Smog," Is Unfit as a Dwelling Place.

[SPECIAL CABLE TO THE HERALD.]

Der New York Herald berichtet am 30. Juli 1905 über den **SMOG IN LONDON.** Ein Arzt schlägt den Bau von Untergrundbahnen zur Zufuhr frischer Luft in die Innenstadt Londons vor.

der moralischen Dimension der Rauchplage überzeugt. Der Rauch würde zu einer Verschlechterung der Sitten und Moral führen, so argumentierten prominente Vertreter der Luftreinhaltung in den 1880er-Jahren. Die Frauenvereine blieben im Kampf um bessere Luft bis in die 1920er-Jahre aktiv. Doch verloren sie ihren Einfluss an die Ingenieure, als Rauch seine moralische Dimension verlor und als technisches Problem betrachtet wurde.

Bis heute setzen Umweltbewegungen auf Bewusstseinsbildung und Information. Dies war auch eine Stoßrichtung der ersten Reformer. Doch wurde den Proponenten bald deutlich, dass nur nationale Gesetzgebung verbunden mit effektiver Umsetzung dauerhafte Abhilfe versprach. Als der französische Professor Maximilien Ringelmann (1861–1931) im Jahr 1897 seine bis heute verwendete Grauskala zur Einstufung der Trübheit von Rauchschwaden erfand, ahnte er nicht, dass der Ausstoß von weißem Rauch, wie gefährlich auch immer er sein mochte, bis weit in das 20. Jh. von der amerikanischen Gesetzgebung nicht reguliert werden würde. In Großbritannien war hingegen bereits 1863 das »Alkali Inspectorate« zur Kontrolle der Salzsäureabgase aus der Sodaproduktion etabliert worden. Es wurde mit der Zeit zu einer Behörde, die fast alles außer Kohlerauch regulierte. Interessanterweise waren jene Industriezweige der USA, die besonders viel Kohlerauch produzierten, mit verantwortlich dafür, dass später andere schädliche Gase gesetzlich reguliert wurden – sie wollten in der Öffentlichkeit nicht als die Alleinschuldigen dastehen.

Doch solange Industrielle damit drohen konnten, in eine andere Stadt auszuweichen, blieben Gesetze Papiertiger. Stadtväter hatten entweder selbst Verbindungen zur Industrie oder fürchteten um Steuereinnahmen und Arbeitsplätze. Zahlreiche Komitees und Vereine, deren Ziel die Luftreinhaltung war, entstanden. Der Präsident der britischen »Coal Smoke Abatement Society« (Gesellschaft zur Bekämpfung von Kohlerauch), der Maler Sir William Blake Richmond (1842–1921), beschrieb das Problem, dass lokale Funktionäre sich scheuten, sich selbst oder ihre Freunde zu verurteilen. Wahrnehmung ist interessensabhängig. Gutwillige Inspektoren, eingebunden in soziale Netzwerke, sahen keinen Rauch, und bestritten daher seine Existenz. Viele Ärzte standen jedoch aufseiten der Reformer. Sie verloren ihre Stellung als führende Experten im Diskurs zu Beginn des 20. Jh. an Ingenieure, die im Namen des technischen Fortschritts und der Effizienz begannen, mittels besserer Feuerungen und Filtern den Rauch zu bekämpfen.

Der Industrielle, Bankier und Philantrop Richard B. Mellon (1858–1933) beauftragte 1911 die Universi-

Der **KAROLINENSCHACHT** in Mährisch-Ostrau (heute Ostrava in Tschechien), in einer Industrielandschaft des Steinkohleabbaus. Deren Verbrennung führte zu Smog. (*Postkarte nach Zeichnung von 1917*)

tät Pittsburgh mit einer umfassenden Studie, an der 27 Experten mitarbeiteten, darunter Mediziner, Architekten, Ökonomen, Ingenieure und Chemiker. Sie wurde 1913 und 1914 publiziert. Manche Einsichten dieser Arbeit haben ihre Aktualität nicht verloren. Die Abgase der Hälfte der von Hand befeuerten, alten Kessel überschritten die damals gültigen Grenzwerte, während dies nicht eine einzige automatische Feuerung tat. An Modernisierung dachten die Eigentümer der altmodischen Feuerungen jedoch nicht. Kohle war in Pittsburgh so billig, dass es keinerlei ökonomischen Vorteil versprach, effiziente Kesselanlagen zu bauen.

Der Kampf um eine lebenswerte städtische Umwelt verlief auf beiden Seiten des Atlantiks sehr ähnlich. Von einem moralischen Problem war Rauch Anfang des 20. Jh. zu einem Zeichen mangelnder Effizienz geworden. So konnte er im technischen System prozessiert werden und seine Beseitigung wurde zu einem Beweis für den Fortschritt. Der Erste Weltkrieg brachte die Anstrengungen um saubere Luft zunächst zum Erliegen. Der dichte Rauch über London diente als effektive Verdunkelung. Danach wandelte sich der Brennstoff der Industrie. Mit dem Umstieg auf Erdöl und Erdgas veränderten sich auch die Verschmutzungsprobleme. (STRADLING & THORSHEIM, 1999)

LONDON AT TWILIGHT.

HOLBORN BARS. STAPLE INN.

LONDON IN DER DÄMMERUNG.
Die Sicht ist stark durch Luftverschmutzung eingeschränkt. (*Postkarte, gelaufen am 5.12.1910*)

HEILBUTT IM ATLANTIK

Die kurze Geschichte einer Ausrottung

Der Atlantische Heilbutt (Hippoglossus hippoglossus) war bis zur Mitte des 19. Jh. von etwa 40° n. Br. bis nördlich des Nordpolarkreises verbreitet. Diese größte Art der Plattfische lebte in Küstengewässern und über den Unterwasserplateaus des Nordatlantiks. Sie ist langlebig, ihr Lebenszyklus dauert 35 bis 50 Jahre. Männliche Heilbutte werden mit durchschnittlich sieben Jahren, Weibchen mit zwölf Jahren geschlechtsreif. Die kleineren männlichen Tiere wogen vor dem Zusammenbruch der Fischerei im Nordatlantik durchschnittlich fast 25 Kilogramm. Weibchen erreichten 70 Kilogramm, es gab aber auch bis zu 200 Kilogramm schwere Exemplare. Noch im Juni 1917 fing die Besatzung der Eva Avina im Nordatlantik einen beinahe 3 m langen Heilbutt, der ohne Kopf und Innereien 280 Kilogramm wog. Zunächst blieben die flachen Raubfische unbehelligt. Ein Kapitän John Smith schrieb 1624, dass höchstens Kopf und Flossensaum verspeist würden, kommerzielle Fischerei gab es keine.

Noch 1836 konnten Fischer wenige Meilen vor der Küste von Massachusetts mit reichlich Heilbutt rechnen. Sie betrachteten die großen Plattfische allerdings vorwiegend als Störung ihres Kabeljaufangs. Hatten Fischer im 17., 18. oder zu Beginn des 19. Jh. einen Heilbutt an der Angel, warfen sie ihn mit oft tödlichen Verletzungen zurück ins Meer. Unerwünschte oder nicht vermarktbare Fische (Beifang) über Bord zu werfen, ist heute gängige Praxis in allen Fischereien. Es gibt keine Quoten und daher keine Regulierung, obwohl mit dem Beifang weitreichende Auswirkungen für das gesamte marine Ökosystem verbunden sind, die am Atlantischen Heilbutt deutlich werden.

Spätestens seit dem 17. Jh. waren die Flossensäume und die Köpfe der Heilbutte in Grenzen vermarktbar. Erstere galten mit ihrem eher fetten und weichen Fleisch als Delikatesse, vergleichbar den bis heute verkauften Haifischflossen. Die Köpfe wurden zu Fischleim verarbeitet, einem Produkt mit vielfältigen Anwendungen etwa in der Brauerei und zur Herstellung von Geleespeisen. Die Praxis, nur den geringsten Teil eines Tieres zu nutzen, ist auch vom Bison bekannt, wo nur Zungen und Häute verwendet wurden. Sie ist verschwenderisch und für die betroffenen Arten besonders belastend.

Doch gab es auch Interesse, ganze Fische zu vermarkten. Ein Beleg von 1830 zeigt, dass gelegentlich ein Heilbutt auf See eingesalzen wurde oder an Land geräuchert auf den Markt kam; er galt zunächst als schwer verkäuflich. Heilbutt diente höchstens Schiffsbesatzungen als Nahrung auf See. Die Dicke der Fische machte die Konservierung mit Salz schwierig, doch in den nächsten Jahren versuchten sich jene, die beim Kabeljaufang leer ausgingen, an der Vermarktung des getrockneten, geräucherten und vor allem eingesalzenen Heilbutts.

Die neue Technologie der Konservierung auf Eis ab 1845 und die Eisenbahn, mit deren Hilfe es möglich war, Märkte im Inland rasch zu erreichen, führten bis in die 1850er-Jahre zu steigendem Interesse am Heilbutt. Die in großen Zahlen nach Amerika strömenden katholischen Einwanderer aus Irland und Italien hielten Fastenzeiten ein, die mit der jährlichen Heilbuttsaison zusammenfielen, was den Bedarf steigen ließ. Geänderte Nahrungspräferenzen – ähnlich wie bei der Banane (vgl. S. 88), Eisfabriken und Kühlwaggons machten möglich, dass während des 19. Jh. frischer Fisch an Popularität gewann. Eingesalzener Fisch wurde in den USA zunehmend mit Einwanderern, der städtischen Arbeiterschaft und der schwarzen Bevölkerung in den Südstaaten assoziiert und bekam in der Mittelschicht ein negatives Image. Im Gegensatz zu Kabeljau, Schellfisch oder Seelachs war das dichte Fleisch des Heilbutts, das

LACHS- UND HEILBUTT-FLOTTEN für Alaska- und Puget-Sund, vertäut gegenüber Ballard (Seattle, USA). Vergleichbare Flotten fischten im Nordatlantik. *(Postkarte, nach 1907)*

GRUNDSCHLEPPNETZ-FISCHEREI
in der Nordsee. Das Dampfschiff-
zeitalter begann Mitte des 19. Jh.
an den Atlantikküsten. (*Postkarte,
gelaufen 3.12.1902*)

schwer einzusalzen war, besonders gut in Eis lagerfähig. Bald war Heilbutt auf küstenfernen Märkten zum Synonym für frischen Fisch geworden. Auch die politische Geschichte blieb nicht ohne Einfluss. Der amerikanische Bürgerkrieg (1861–1865) steigerte kurzfristig die Nachfrage; die Preise und der Druck auf die Fischerei stiegen.

In den 1830er-Jahren war von den Decks der Schoner aus mit der Hand gefischt worden. Da die Branche in der Mitte des 19. Jh. gewachsen war und die Fischer Marktchancen witterten, rüsteten sie ab Mitte der 1840er-Jahre die meisten Schiffe mit Schleppnetzen aus. Das hatte dramatische Auswirkungen. Der Fang pro Einheit Aufwand erhöhte sich mehrhundertfach, weil Fischer, die vorher etwa vier Haken gleichzeitig bedienen konnten, nun Hunderte Fische fingen. Die neu gegründete und nach einem Jahr bereits wieder bankrotte »Gloucester Fishing Company« führte ein Qualitätsklassensystem ein. Sie behauptete, der blütenweiße Heilbutt, den sie verkaufte, sei besser, um so auf dem Markt Vorteile zu haben. Heilbutt mit einer völlig weißen Bauchseite wurde den Fischern um fast den doppelten Preis abgenommen als Fisch von gleicher Qualität mit grauer Bauchseite. Die noch schlechteren Preise für den sogenannten »sauren Heilbutt«, mit Verunreinigungen in der Bauchhöhle waren immerhin durch mindere Qualität gerechtfertigt.

Die Firma ging, das System blieb. Heilbutt war immer noch leicht zu fischen. So ermutigte das System die Fischer, alles außer der teuersten Sorte zu verwerfen. Graue und saure Heilbutte wurden noch im Hafen über Bord geworfen. Diese Praxis steigerte die Belastung der Population nochmals. In Küstennähe wurden Heilbutte seltener. Die Fischerei reagierte darauf in zweifacher Hinsicht. Einerseits wurden vermehrt die küstenfernen unterseeischen Plateaus befischt. Die Fischerei auf der George's Bank vor der Küste Neuenglands begann in den 1850er-Jahren; in den späten 1860er-Jahren war die Bank leergefischt. Als große Exemplare rarer wurden, begannen die Fischer in den 1860er-Jahren auch, junge Heilbutte zu fangen, deren

Kinderstube sich in flacheren Gewässern nahe der Küsten befand. »Heilbutthähnchen« nannten sie ihren gut vermarktbaren Fang, den sie nicht als Jungfische erkannten oder erkennen wollten.

Durch die Fischerei in Brutgebieten sorgten die Fischer des 19. Jh. sehr effektiv dafür, dass sich die Ressource, von der sie abhingen, nicht reproduzieren konnte. Der verstärkte Fang von Jungtieren führte dazu, dass weniger Fische die Geschlechtsreife erreichten, die weniger werdenden Jungtiere wurden dann auch noch intensiver befischt. Die langsame Reproduktion der Spezies garantierte bei dieser Kombination den Niedergang des Heilbutts im Nordatlantik. Doch der Zusammenbruch einzelner Bestände wurde, wie so oft zunächst als Migration interpretiert. Bis 1874 konzentrierte sich die Fischerei noch auf Canyons und Schluchten in 200 bis 600 m tiefem Wasser fern der Küsten. Vor der Westküste Grönlands wurde in den 1870er-Jahren eine andere Art, der grönländische Heilbutt (*Reinhardtius hippoglossoides*), gefangen. Dieser kam geräuchert auf den Markt. Dann war es mit dem nordatlantischen Heilbutt vorbei.

Es dauerte nur 40 Jahre, bis aus dem küstennahen, lästigen, weil reichlichen Beifang, von dem höchstens Flossensaum und Kopf interessant waren, ein seltener Hochseefisch geworden war, für den die Fischereiflotten durch den halben Atlantik fahren mussten. Vier Jahrzehnte reichten, um Heilbutt als kommerziell verwertbare Spezies im nordwestlichen Atlantik auszurotten. Die Geschichte der Überfischung des Heilbutts im Nordatlantik ist deshalb so lehrreich, weil die übliche Ursache der Überfischung, nämlich die durch fossile Energie vergrößerten Fischereiflotten, darin kaum eine Rolle spielte. Wie wir aus diesem und vielen anderen Fällen inzwischen wissen, war Überfischung in der vorindustriellen Fischerei viel häufiger, als sich die meisten Fischereiexperten des 20. Jh. vorstellen konnten. Das aber bedeutet, dass die Größe nachhaltig nutzbarer Fischbestände, dort, wo bereits lange befischt wird, viel zu hoch eingeschätzt wird. (GRASSO, 2008)

VON DER ANBETUNG ZUR AUSBEUTUNG

Die Ölquellen von Baku

Heute ist Suraxanı ein verfallender Vorort von Baku, der Hauptstadt Aserbeidschans, deren einzige Sehenswürdigkeit ein vermutlich hinduistischer Feuertempel ist, umgeben von petrochemischen Industriebauten aus sowjetischer Zeit. Der Ateşgah-Tempel wurde an einer der vielen Stellen der Halbinsel errichtet, an denen Erdgas aus dem porösen Kalkgestein strömt und zu einem dauernd brennenden Feuer führt. Als nach 1806 die industrielle Ausbeutung der Ölfelder begann, wurde der Tempel nur noch von wenigen Mönchen betreut.

Die Feuertempel von Baku in einer Beschreibung aus dem Jahr 1770

Sie sehen dieses immerwährende Feuer als etwas ungemein heiliges, als ein Zeichen der Gottheit an, die sich den Menschen in nichts reineres, in nichts vollkommeneres darstellen könne, als im Feuer und Licht, einer Materie, die so gereinigt sey, daß man sie nicht mehr unter die Körper rechnen könne. Aus Indien, ihrem Vaterlande, stellen diese andächtigen Leute Wallfahrten nach dem immerwährenden Feuer in Baku an, und daselbst weyhen sie dem ewigen Wesen ihre Ehrfurcht auf eine so rührende Art, daß man bey Betrachtung derselben von diesen Leuten ganz andere Begriffe bekommt, als man sich sonsten von Heiden zu machen pflegt. In den Tempeln sind Altäre; gegenwärtig aber wird nur noch einer gebraucht, in welchem nahe bey dem Altar eine zwey Schuh hohe Röhre ist, aus welcher eine schöne blaue, mit rothgemischte, nicht den geringsten Geruch von sich gebende Flamme hervorgeht« (Gmelin, 1770: 45).

Baku, das am Ufer des Kaspischen Meeres liegt, hatte um 1820 etwa 4000 Einwohner. Die gesamte Umgebung war von oberflächennahen Erdölvorkommen geprägt. Das Wasser der Stadtbrunnen roch stark nach Öl. Auf dem Kaspischen Meer schwammen Öllachen aus unterirdischen Quellen, neben Salz und Safran war die Gewinnung von Erdöl der Hauptgeschäftszweig. In Baku existierte über Jahrhunderte ein florierender, vorwiegend lokaler Handel mit Rohöl, das mit Eimern, Kellen und durch Eintauchen von Lumpen aus seichten Ölbrunnen entnommen wurde. Mit Pferden wurde das Öl aus tieferen Brunnen geschöpft, aus den flacheren holte man es mit Menschenkraft über Seilzüge. Mit Kalksteinen ausgekleidete Keller dienten zu seiner Lagerung. Das aus den Brunnen geschöpfte und dabei teils vergossene Öl festigte die Brunnenwände im sandigen Boden mit der Zeit, die Oberfläche wurde versiegelt, was für die Zufahrt mit Wagen günstig war (EICHWALD, 1834).

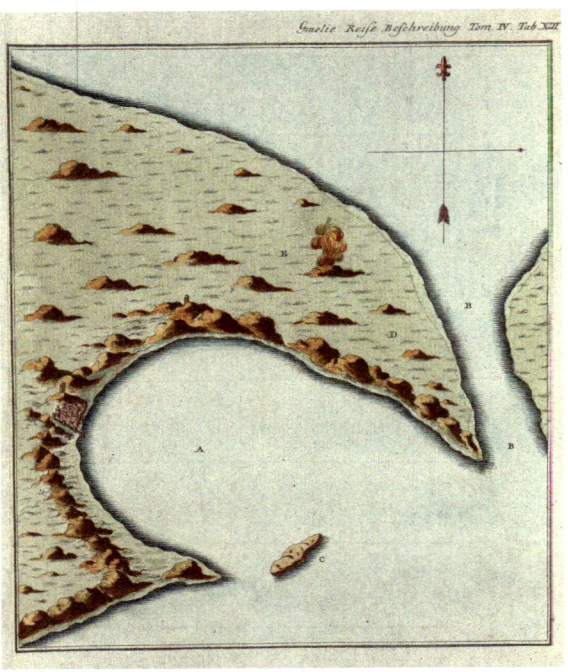

Die Halbinsel Baku in einer Karte Samuel Gottlieb Gmelins von 1770. **ÖL UND GAS TRATEN AN DIE OBERFLÄCHE** und konnten entzündet werden

Das Rohöl aus Baku ist vergleichsweise schwer und hat einen hohen Anteil von Bitumen. Das machte die industrielle Verarbeitung schwieriger. In den seit 1806 im Besitz der russischen Krone stehenden Ölfeldern am Kaspischen Meer wurden bis 1872 Parzellen zur Ölförderung als exklusives Recht des Zaren nur für jeweils vier Jahre in Pacht vergeben. Das führte zu geringen Anreizen für Investitionen und zu überproportionaler Verschmutzung – es kam vor allem auf Eile, nicht aber auf Nachhaltigkeit der Nutzung an.

Während das Öl aus Pennsylvania, dessen Ausbeutung etwa zeitgleich begonnen hatte, vorwiegend zu Kerosin für Beleuchtungszwecke raffiniert werden konnte, war das für das Öl aus Baku nicht möglich; hier war Schweröl das Hauptprodukt. Kerosin als billiger, hoch qualitativer Brennstoff für Lampen und andere Leuchtmittel war aber zunächst das einzige Erdölprodukt, das in Massen vermarktet werden konnte. Öl etablierte sich als Brennstoff nur langsam, zunächst verwendete man es unraffiniert als durchaus problematischer Ersatzstoff für Kohle. Nachdem erkannt worden war, dass Rohöl hoch korrosiv wirkte, wurden mehr und mehr Dampfmaschinen auf die Verbrennung von raffiniertem Schweröl umgestellt – das war technisch wenig aufwendig und verhalf dem Öl vor allem dort, wo es keine Kohle gab, bald zu einer dominanten Stellung. Masut, der pastös-feste Rückstand der Erdölraffination, setzte sich schon bald als Brennstoff für Dampfmaschinen und für Hochöfen durch und wurde zu einem wichtigen Produkt. Internationales Kapital spielte eine wichtige Rolle bei seiner Verbreitung.

Das Ölfeld von Baku war ein frühes Versuchslabor der aufstrebenden internationalen Erdölindustrie. Als Robert Nobel (1829–1896) 1873 eher zufällig nach Baku kam mit der Erfahrung einer der bedeutendsten europäischen Industriellenfamilien, mit Kapital und technischer Kompetenz, guten Kontakten zu innovativen Unternehmen im Ausland und nicht zuletzt guten Beziehungen nach Moskau, beschleunigte sich die Entwicklung (TOLF, 1976).

Robert Nobel und sein Bruder Ludvig (1833–1888) verbesserten den Raffinerieprozess, der im Wesentlichen darin bestanden hatte, das Rohöl in Kesseln aufzuheizen und die Kerosinfraktion aufzufangen. Der Rest lief in den Boden oder wurde verbrannt, was dem unweit Baku gelegenen Raffineriebezirk den Namen Chorny Gorod (Schwarze Stadt) einbrachte – die Rauchschwaden des verbrennenden Bitumens aus 140 Raffinerien schwärzten alles. Baku selbst war vergleichsweise wenig betroffen und erhielt den freundlichen Namen Weiße Stadt (HENRY, 1905: 14).

Die Nobel-Brüder kauften das riesige Balakhany-Ölfeld in der Nähe von Baku 1874. Schon ein Jahr später wurde die moderne Robert-Nobel-Raffinerie errichtet. 1876 – insgesamt 70 Bohrlöcher waren zu dieser Zeit in Betrieb – begann Nobels Firma mit der ersten eigenen Ölbohrung, und 1877 wurde – eine Weltneuheit – eine mit einer dampfbetriebenen Pumpe ausgestattete Pipeline eröffnet. Der erste

Die GASFACKELN von Baku bei Nacht. (*Postkarte, vor 1907*)

Горящий фонтанъ, ночью.   Баку.
Fontaine en flammes pendant la nuit.   Bacou.

Tanker, die Zoroaster, lief 1878 vom Stapel. Dieser Dampfer, dessen Name an den fälschlich den Parsen zugeschriebenen Feuertempel erinnern sollte, war mit einer Dampfmaschine ausgestattet, die Öl statt Kohle nutzen konnte.

Die ersten Tankschiffe aus Metall, »Elizabeth« und »Helen«, wurden 1879 im Kaspischen Meer zu Wasser gelassen. Sie gehörten zur Flotte der Nobel-Brüder, die aus 134 Dampf- und 212 Segelschiffen bestand. Tankschiffe senkten die Transportkosten entscheidend. Der Preis von Kerosin in Russland fiel dadurch von zwei Rubel pro Pfund im Jahr 1877 auf 25 Kopeken im Jahr 1885 (MIRBABAYEV, 2010: 38). 1880 wurde eine Eisenbahnverbindung zwischen Baku und den weiter entfernten Ölfeldern eröffnet, die 1883 bis Tiflis verlängert wurde. (BARNES & BRIGGS, 2003: 4)

1897 standen im Industrierevier von Baku 104 Fabriken. 78 stellten Kerosin her, 16 zusätzlich Öle, eine Benzin und Öle und fünf Schmieröle. 583 Dampfkessel mit einer installierten Leistung von über 14 000 PS, über 2000 Arbeiter und 1300 Handwerker bewältigten die anfallende Arbeit. Mit 443 Millionen Pud (1 Pud entspricht 16,4 Kilogramm) übertraf die Produktion die der Ölfelder von Pennsylvania und Ohio knapp. (ZOEPFL, 1899: 72)

Wie auch in anderen Pioniergebieten der Industrie war Umweltverschmutzung eine unerfreuliche, aber letztlich als unbedeutend wahrgenommene Tatsache, um die man sich ebenso wenig kümmerte wie um das Wohlergehen der Arbeiter. Beobachter beschrieben die Ölfelder als eine mit Erdöl förmlich getränkte Wüste, auf deren zu Asphalt verfestigter Erde nichts wachsen konnte. Tausende Arbeiter lebten in feuchten, unbeleuchteten, schmutzigen Baracken; je drei von ihnen mussten sich eine schmale Schlafstelle teilen.

Das Feld bei Baku war eines der reichsten der Welt. Die schwarzen Fontänen der unter hohem Druck stehenden frisch angebohrten Ölquellen werden immer wieder beschrieben. Der deutsche Ökonom Gottfried Zoepfl (1899: 73) sah die Verschwendung vor allem unter ökonomischen Gesichtspunkten: »Eine Menge Naphta geht bei der Jagd nach Fontänen verloren, die weniger naphtahaltigen Schichten werden oft gar nicht ausgebeutet, und wenn einmal eine starke Fontäne geschlagen wird, so fehlt es an nötigen Reservoiren und Einrichtungen, um die ungeheuren Massen zu sammeln.«

Um 1900 war Baku zum weltweit führenden Produzenten des »Schwarzen Goldes« aufgestiegen. Selbst aus Zentralrussland strömten russische Arbeiter in die Stadt am Kaspischen Meer, weil sie von dem ungewöhnlich hohen Lohnniveau in der Ölindustrie erfahren hatten. 1901 war Russland der größte Ölproduzent der Welt. 11,4 Millionen Tonnen stellten 51 % der Weltförderung dar. Mit der russischen Revolution kam die Produktion zum Erliegen, in der Sowjetunion wurde sie wieder angekurbelt (GHAMBASHIDZE, 1917).

Die verschwenderische Pionierphase des 19. Jh. führte zu Luft- Wasser- und Bodenverschmutzung in einem Ausmaß, das bislang nicht erforscht ist. Der reale Preis des Öls lag wie üblich weit über dem, den die Konsumenten zahlen mussten – bezahlt haben ihn lokale Ökosysteme und die Arbeiter. (MADUREIRA, 2010)

DER BRENNENDE FLUSS VON CLEVELAND

Was macht Umweltverschmutzung sichtbar?

Mindestens zehn Mal hatte der durch schwimmende Ölrückstände massiv verschmutzte Cuyahoga in Cleveland (Ohio) vor jenem Sonntag im Juni 1969, als es etwa 20 Minuten lang in Cleveland brannte und zwei Eisenbahnbrücken beschädigt wurden, schon gebrannt. Aufzeichnungen über Flussbrände von 1868 belegen, dass das Problem schon über ein Jahrhundert zuvor bestanden hatte. Während eines Winterhochwassers 1883 fing Öl aus der lecken Destillationsanlage einer kleineren Raffiniere auf einem Nebenfluss des Cuyahoga Feuer; das brennende Wasser wälzte sich stromabwärts auf die große Raffinerie von »Standard Oil« zu. Es bedurfte des »heroischen« Einsatzes von Feuerwehrleuten und Personal, um den Schaden gering zu halten, doch einige Tanks gingen in Flammen auf. Im Jahr 1912 gefährdete ein leckes Frachtschiff die Raffinerie – ausgetretenes Öl auf dem Wasser hatte Feuer gefangen.

1921 hatte Öl auf dem Hudson in New York gebrannt. Feuergefährliche Ölschichten wurden in vielen Häfen ein ernsthaftes Problem für die Sicherheit von Anlagen und Schifffahrt. Die Politik verbot mit dem recht zahmen »Oil Pollution Act« (Gesetz gegen Ölverschmutzung) von 1924 zwar das absichtliche Ablassen von Öl in einer Drei-Meilen-Zone vor den Küsten; Unfälle, Raffinerieabfälle, Flüsse und Seen wurden darin aber nicht berücksichtigt.

So konnte es weiterhin brennen. Das Feuer auf dem Cuyahoga von 1936 hatte die hölzerne Konstruktion einer Eisenbahnbrücke so stark beschädigt, dass der Zugverkehr umgeleitet werden musste. In einer Samstagnacht im Februar 1948 war durch einen Flussbrand unter anderem die Elektrizitätsversorgung eines ganzen Stadtteils zusammengebrochen, Brücken wurden beschädigt und die Industrie beeinträchtigt. Der Schaden wurde auf 100 000 US-Dollar geschätzt.

Die lokale Handelskammer suchte nach Lösungen. Bei ihren Untersuchungen stellte sie fest, dass auch andere Städte das Problem brennender Ölabfälle hatten. In Baltimore am Atlantik, in San Francisco an der Pazifikküste und in Galveston am Golf von Mexiko wurde das Öl abgeschöpft. Die Hafenverwaltung von Buffalo am Niagara-Fluss sprühte Chemikalien auf die Ölschichten; Los Angeles hatte eine Art Wasserstaubsauger in Betrieb. Ein Raffinerieexperte aus Philadelphia riet davon ab, das Öl mit Sand auf den Flussgrund zu drücken, denn diese Maßnahme würde alles Leben im Wasser vernichten. Als die Presse in Cleveland über die Studienergebnisse berichtete, konnte sich der Reporter des Kommentars nicht enthalten, dass dies für Cleveland und seinen Fluss kein Problem darstelle, da darin sowieso nichts Lebendiges mehr zu finden sei, das sich nicht von ölüberzogenem Sand ernähren könne.

Obwohl das nächste große Feuer von 1952 beträchtlichen Schaden anrichtete, wurde es außerhalb Clevelands nicht rezipiert. Es ging lediglich um die Gefahr für die Industrie, die auch die Handelskammer angetrieben hatte und lokale Zeitungen berichteten über den Schaden an den Brücken, der auf 50 000 Dollar geschätzt wurde; keine der nationalen Zeitungen griff die Geschichte auf. Erst im August 1969 druckte das »Time Magazine« eine fortschrittskritische Reportage über verschmutzte Stadtflüsse. Der Cuyahoga wurde darin als schokoladenbraun, ölig und von Faulgasen

Der brennende **CUYAHOGA-FLUSS** nahe der Jefferson Street in Cleveland (Ohio) im Jahr 1952.

blubbernd beschrieben; über das Feuer wurde kurz berichtet, ein Foto des brennenden Flusses steigerte den dramatischen Effekt. Das Foto zeigte ein in den Flammen eingeschlossenes Boot. Es stammte aus dem Jahr 1952, was nicht vermerkt war. Ob die Redakteure wussten, dass sie zwei Ereignisse vermischten, lässt sich nicht mehr feststellen, der Wirkung tat es keinen Abbruch. Aus der Reportage konnte man den Schluss ziehen, dass die Verschmutzung so zugenommen habe, dass nunmehr der Fluss entzündlich geworden sei.

Der Effekt der dramatischen, illustrierten Geschichte blieb nicht aus. Die populäre Zeitschrift »National Geographic« nahm sich im Dezember 1970 des Cuyahoga als Symbol für die Verschmutzung von Flüssen in den USA an. Der Fluss als Teil der Industrielandschaft erhielt als ausklappbares Großformatbild emblematischen Status. Dass »National Geographic« den Brand von 1969 im falschen Monat ansiedelte, fiel dagegen nicht ins Gewicht. 1990 war im Magazin der amerikanischen Umweltbehörde EPA (Environmental Protection Agency) von einem Fernsehbericht über das Feuer von 1969 zu lesen. Der US-amerikanische Sänger Randy Newman, der 1972 über den Brand das Lied »Burn On« verfasst hatte, schrieb bei der Wiederveröffentlichung in einer Sammlung seiner Hits 1998 ebenfalls, dass er den brennenden Fluss im Fernsehen gesehen hatte. Allerdings war darüber 1969 nicht im Fernsehen berichtet worden. Auch die wissenschaftliche Literatur machte das Feuer immer größer, es erstreckte sich je nach Autor über mehrere Meilen oder hatte mehrere Tage gedauert. Der brennende Cuyahoga war zum Mythos geworden, die Größe des Ereignisses wurde seiner Bedeutung angepasst.

In den Jahren vor 1969 hatten die Feuer kaum Interesse erregt. Warum wurde das Ereignis von 1969 so wichtig? Die gängige Antwort ist einfach: Die Zeit sei einfach reif gewesen, das Umweltbewusstsein sei gestiegen, sodass ein brennender Fluss empörend wirken musste. 1962 war Rachel Carsons »Stummer Frühling« erschienen, ein Buch, das die Öffentlichkeit auf die Gefahren von DDT aufmerksam machte und von vielen als der Beginn der Umweltbewegung angesehen wird.

Die Studentenproteste von 1968 – für Frauenrechte ebenso wie gegen den Vietnamkrieg – hatten auch den Schutz der Umwelt zu einer politikfähigen Materie gemacht. Im Juli 1969 waren die ersten Astronauten einem amerikanischen Raumschiff entstiegen und hatten den Fuß auf einen anderen Himmelskörper gesetzt. Das Bild des blau-weißen Edelsteins Erde vor der Schwärze des Weltraums half, zu begreifen, dass der Planet und seine Ressourcen begrenzt sind. Senator Gaylord Nelson hatte 1969 die Idee zu einem Tag für die Erde geführt, einem Tag, an dem Amerika, insbesondere Studierende, sich mit Umweltfragen auseinandersetzen sollten (vgl. S. 156). War also der Zeitgeist reif, die Bevölkerung sensibilisiert?

Die Erklärung mit dem Zeitgeist greift zu kurz. Die Stadt Cleveland hatte schon seit Mitte der 1950er-Jahre erste Maßnahmen zur Verbesserung der Wasserqualität gesetzt. 1964 wurde die Verschmutzung des Erie-Sees, in den der Cuyahoga mündet, Thema einer Kampagne, die den ganzen

FEUER auf dem Cuyahoga-Fluss in Cleveland (Ohio) im Jahr 1948. Es brennt das den Fluss bedeckende Teer-Öl-Gemisch.

Norden des Bundesstaates Ohio erreichte: »Save Lake Erie Now« (Rettet den Erie-See jetzt) forderten die Bewohner der Vorstädte, die ihre Freizeitunterhaltung an den wegen Verschmutzung gesperrten Stränden gefährdet sahen – der Sportfischer David Blaushild war denn auch einer der Initiatoren. Außerdem hatten die Stadtväter 1968 eine 100 Millionen Dollar schwere Anleihe ausgegeben, um den Fluss zu sanieren.

Die Feuer waren bereits deutlich seltener geworden, als sich die mediale Aufmerksamkeit auf sie richtete. Cleveland hatte sich zwischen 1952 und 1969 massiv verändert. Die Erklärung ist in einer Veränderung der ökonomischen Situation zu finden. Während im Jahr 1950 über 40 % der Arbeitskräfte in der Industrie beschäftigt waren, die sich seit dem 19. Jh. entlang des Flusses angesiedelt hatte, waren es 1990 nur noch 23 %. 140 000 Arbeitsplätze waren verloren gegangen, die meisten davon nach 1950. Die steigende Automatisierung erklärt einen Teil dieses Wandels, dazu kam die Abwanderung der Industrie: Betriebe wurden geschlossen oder verlagert, die große Raffinerie wurde 1966 geschlossen. Was einmal das pulsierende ökonomische Herz der Stadt entlang der Ufer gewesen war, verwandelte sich in eine menschenleere Gegend. Die wenigen verbliebenen Firmen machten den Vergleich mit der einstigen Größe umso deutlicher. Und das ist der fehlende Teil der Erklärung: Erst die Deindustrialisierung bewirkte, dass der Cuyahoga und seine Ufer nicht mehr als Antrieb einer Wirtschaftsmaschine, sondern als ökologisches Ödland angesehen werden konnten. Die Reaktionen auf das Feuer von 1969, das letzte auf dem Fluss, waren auch ein Ausdruck geänderter ökonomischer Realität. Erst als die Interessen der Industrie die Wahrnehmung nicht mehr dominierten, wurde aus dem brennenden Fluss ein öffentlich wahrnehmbares Problem. Die Geschichte des Cuyahoga ist insofern typisch, als sie darauf aufmerksam macht, dass Wahrnehmung interessensabhängig ist. Wer nach mehr »Umweltbewußtsein« und mehr »Wahrnehmung« etwa des Werts der Biodiversität verlangt, sollte dies bedenken. (STRADLING & STRADLING, 2008)

WESSEN VERSAGEN?

Ölunfälle zwischen menschlicher Schwäche und lobbygesteuerten Regierungen

Am 23. März 1989 befand sich der Öltanker »Exxon Valdez« auf dem Weg von der Ölverladestation Valdez der Trans-Alaska-Pipeline nach Long Beach in Kalifornien. Kapitän Joseph Hazelwood verließ wegen Eisbergen die gewohnte Schifffahrtsroute; er führte die Exxon Valdez mit hoher Geschwindigkeit näher an die Küste Alaskas, obgleich er nach den Verkehrsplänen der US-Küstenwache ausgewiesene Wartebereiche nur langsam hätte anlaufen dürfen. Der betrunkene, alkoholabhängige Kapitän ging in seine Kabine, was in Küstennähe verboten war. Gregory Cousins, verantwortlicher und völlig übermüdeter dritter Offizier auf der Brücke, brachte das Schiff nicht, wie offenbar zuvor mit dem Kapitän vereinbart, zurück auf einen landferneren Kurs. Die Radargeräte der Küstenwache funktionierten nicht, weshalb Warnungen unterblieben.

Am 24. März 1989 bohrte sich die Exxon Valdez um 00:04 Uhr in das Bligh-Riff im Prinz-William-Sund vor Süd-Alaska, der bis dahin eine nahezu unberührte Wildnis war. Acht von elf Tanks rissen auf und 41,6 Millionen Liter Rohöl liefen aus dem Tanker. Ein Sturm verteilte das Öl im Sund und an den Küsten Alaskas über fast 2000 km Länge – mit verheerenden Folgen für die Lebewesen. Es wird geschätzt, dass etwa 250 000 Seevögel, 2800 Seeotter und 250 Weißkopfseeadler verendeten. 302 Seehunde und 22 Orcas wurden tot aufgefunden. Das Öl vernichtete Milliarden Lachseier, die Lachsbestände haben sich entgegen der Erwartungen bis heute nicht regeneriert. Die Population des Pazifischen Herings kollabierte vor Alaska und zog den Bankrott vieler Fischer nach sich. (PETERSON et al., 2003; BARLEY, 2012; HEYCOX, 2012)

Das Aufsichts- und Steuerungssystem, das zu Beginn der Öltransporte von Alaska nach Kalifornien eingerichtet worden war, versagte kläglich. Weder funktionierte die Organisation, noch waren die konkreten Hilfsmaßnahmen nach dem Unglück ausreichend koordiniert und effektiv. Mit großem Engagement versuchten Tausende Helfer, die Küsten von Öl zu befreien. Im Jahr 1992 endeten offiziell die Säuberungsarbeiten, die die Reederei Exxon mit 2,2 Milliarden US-Dollar finanziert hatte. Nur ein kleiner Teil des ausgelaufenen Öls war aber bis dahin beseitigt worden.

Über Ausbreitungs- und Abbauprozesse von Rohöl wussten Experten 1989 noch wenig. Vor der Havarie der Exxon Valdez ging man von einer raschen mikrobiellen und photolytischen Zersetzung des Öls aus, das sich an Sandstränden abgelagert hatte. Tatsächlich vollzog sich der Abbau von Öl aber viel langsamer als erwartet. Noch 20 Jahre nach dem Exxon-Valdez-Unfall wurden in einem Küstenabschnitt 87 m³ Öl verborgen unter Brandungsgeröll gefunden, das zum Tod von nach Muscheln suchenden Ottern geführt hatte. Der wissenschaftliche Befund, dass chemische Reinigungsversuche durch spät einsetzende indirekte Wirkungen für die Lebewesen schädlicher als das Öl sein konnten, überraschte die Industrie, hätte aber bei Einbeziehung ökologischen Sachverstands kaum verwundern dürfen. (PETERSON et al., 2003; BARLEY, 2012)

Die Exxon Valdez hatte den bis April 2010 schlimmsten Ölunfall in Gewässern der USA verursacht. Der Kapitän hatte wegen illegalen Ablassens von Öl eine Geldbuße von 50 000 US-Dollar zu zahlen. Exxon wurde zu Geldstrafen, Wiedergutmachungs- und Schadensersatzzahlungen verurteilt, doch kein Verantwortlicher von Exxon wurde je strafrechtlich belangt. (BARLEY, 2012)

Der Staat reagierte rasch – aber erst nach dem Unglück. Das 1990 beschlossene Gesetz gegen Ölverschmutzung legt fest, dass nur noch Doppelhüllentanker die Häfen der USA anlaufen dürfen. Eine Doppelhülle hätte das Auslaufen von

Öl aus der Exxon Valdez wohl weitgehend verhindert. Die Strafen für Firmen, die Ölunfälle verantworten, wurden erhöht. Bis zu 1 Milliarde US-Dollar stehen für die Beseitigung der Folgen von Ölunfällen in den USA zur Verfügung. (BARLEY, 2012)

Die Exxon Valdez nach dem Ölunfall

Die Exxon Valdez wurde nach dem Unfall mehrfach umbenannt. Sie diente 1995 in dem Kevin-Costner-Spielfilm »Waterworld« als rostiger Tanker, wurde bis zum Inkrafttreten des Doppelhüllentankergesetzes in Europa und danach in Asien als Tanker eingesetzt und 2007 in China zu einem Erzfrachter umgebaut. 2013 erfolgte die Verschrottung in Indien. (Barley, 2012)

Übertroffen wurde der Unfall der Exxon Valdez von einem Ereignis 2010. Am 20. April 2010 beendete die Crew auf der Ölbohrplattform Deepwater Horizon, die im Macondo-Ölfeld vor dem US-Bundesstaat Louisiana im Golf von Mexiko lag und von der Firma Transocean für British Petroleum (BP) betrieben wurde, eine Probebohrung. Beim Abschluss der Arbeiten trat Gas aus, das Brände und Explosionen auslöste. Elf Arbeiter starben, 17 wurden verletzt. Die Plattform versank am 22. April, dem Earth Day (vgl. S. 156), im Meer. Öl floss unter hohem Druck aus dem Bohrloch am Meeresgrund in 1500 m Tiefe. Der eingesetzte Nationale Krisenstab der USA schätzte später, dass bis zur Abdichtung des Bohrlochs am 15. Juli 2010 etwa 760 Millionen Liter Rohöl in das Meer geströmt waren – ungefähr das 18-Fache des Exxon-Valdez-Unfalls. BP ließ etwa 2,9 Millionen Liter des toxischen Dispersionsmittels Corexit versprühen, das die auf dem Meer treibenden Öllachen in kaum sichtbare Öltröpfchen zerkleinerte – eine kosmetische Behandlung, die den Schaden für Ökosysteme sogar erhöhte. Mit Corexit behaftete feinste Ölpartikel bedrohten Meereslebewesen, darunter Korallen und Fische. Viele Reinigungskräfte, die ohne ausreichende Schutzkleidung versuchten, Küsten von corexitverseuchtem Öl zu reinigen, erlitten gesundheitliche Schäden. Auch Fischerei und Tourismus waren gravierend von dem dramatischen Ölunfall betroffen. Die von der Ölpest seit 2010 im Golf von Mexiko verursachten ökologischen und ökonomischen Schäden übertrafen die Verheerungen an der Küste Alaskas. (KUJAWINSKI et al., 2011; HAYCOX, 2012; GOODBODY-GRINGLEY et al., 2013; HERTSGAARD, 2013a, b)

Oftmals wird menschliches Versagen als Ursache von Unfällen identifiziert; die Schuld wird Kapitän oder wachhabendem Offizier zugewiesen. Doch dahinter steht Konzernpolitik. Exxon hatte mit der Begründung der Automatisierung von Betriebsabläufen die Besatzungen der Alaska-Tanker verkleinert. Die amerikanische Verkehrssicherheitsbehörde stellte später fest, dass die finanziellen Einsparungen die vorhersehbaren erhöhten Risiken für schwere Unfälle nicht rechtfertigten. Eine Unternehmenspolitik, die Überstunden erzwingt und damit übermüdete Verantwortliche und Besatzungen verursacht, muss ebenso als Unfallursache gelten wie Regulierungsentscheidungen von Regierungen und Behörden. Dazu kommt das oftmals unsichere Funktionieren automatisierter technischer Systeme. (HAYCOX, 2012: 221 f.).

Verfügbare technische Sicherheits- und Überwachungsmaßnahmen sowie ausreichend große, ausgeruhte und gesundheitlich regelmäßig überprüfte Besatzungen auf dem Schiff und an Land hätten das Exxon-Valdez-Desaster verhindern können, wie offizielle Untersuchungsberichte feststellen. Nach der Deepwater-Horizon-Ölkatastrophe gab es ähnliche staatliche Verlautbarungen (HAYCOX, 2012).

Tankerunfälle und Katastrophen auf Ölplattformen sind keine seltenen Ereignisse. 1978 brach die Amoco Cadiz nahe der bretonischen Küste auseinander, die ausgetretene Ölmenge war weit größer als bei der Exxon Valdez. 2002 sank die Prestige vor der Küste Galiziens; auch hier wurden Tausende Kilometer Strände verschmutzt, auch in diesem Fall hatte der Tanker nur eine Hülle. In den vergangenen fünf Jahrzehnten ereigneten sich weltweit mehr als 50 Tankerunfälle, bei denen bedeutende Mengen an Öl in die Umwelt gelangten.

Warum lernen wir nicht aus den Katastrophen? Billiges Öl ist der Treibstoff der (post-)industriellen Welt, ein Stoff, ohne den sie gänzlich anders aussähe. Konsumenten, Politiker und selbst die sie beeinflussenden Wirtschaftsmagnaten sind nach einem Unfall eine Weile aufgeschreckt, Gesetze werden verschärft und Strafen verhängt – letztlich ist billiges Öl aber immer noch wichtiger als der Schutz der Umwelt.

links Der **ÖLTANKER EXXON VALDEZ** nach dem Auflaufen auf das Bligh-Riff im Prinz-William-Sund (Süd-Alaska) am 24. März 1989.

Mitte Folgen der **ÖLKATASTROPHE** der Exxon Valdez. Arbeiter besprühen den Strand des Prinz-William-Sunds in Süd-Alaska zunächst mit heißem und – nachdem die negative Wirkung der hohen Temperatur auf die Organismen deutlich wurde – mit kaltem Wasser unter hohem Druck, um ihn von Öl zu reinigen.

rechts **ÖLVERSCHMUTZUNG** durch eine undichte Ölpipeline südwestlich von Surgut im Jahr 2005 (West-Sibirien).

DIE BAUSTELLE ALS HABITAT

Malaria am Panamakanal

Zehntausende Arbeiter waren gleichzeitig am Werk, um das teuerste Ingenieursprojekt der Moderne zu realisieren – ein Projekt, das ganz oben auf der Prioritätenliste der Vereinigten Staaten von Amerika stand: Etwa 82 km ist der 1914 eröffnete Panamakanal lang. Für seinen Bau musste dreimal so viel Erde bewegt werden wie für den 164 km langen Suezkanal, und er kostete viermal so viel. Dafür erbrachte er der Schifffahrt eine Verkürzung etwa der Fahrstrecke von New York nach Japan um 13 000 km und damit eine Zeitersparnis von fünf bis sechs Wochen.

22 000 Tote in den Jahren 1881 bis 1889 beim ersten Versuch und über 5000 weitere von 1904 bis 1914 beim zweiten, erfolgreichen – das ist eine vergessene Bilanz des Unternehmens, Atlantik und Pazifik quer durch den Isthmus von Amerika zu verbinden. Das erste, französische Projekt einen Panamakanal zu graben, scheiterte nicht so sehr an den technischen Schwierigkeiten wie an der tropischen Umwelt. Die Mehrzahl der Toten wurden Opfer von Gelbfieber und Malaria; viele kamen allerdings auch auf den Baustellen um. 1883 starben 1300 Arbeiter an Gelbfieber, das waren 10 % der Beschäftigten. Danach erhöhte sich die Todesrate auf etwa 20 % der Arbeiter pro Jahr. Täglich fuhren Züge mit Waggons mit Toten zum Friedhof nach Colón.

William C. Gorgas (1854–1920), der Leiter der Hygieneabteilung der Kanalbauadministration gilt bis heute als Held des Panamakanalbaus. Er hatte bereits in Kuba große Erfolge gegen Tropenkrankheiten erzielt; für den Kanalbau waren er und seine Mitarbeiter unerlässlich. Gorgas war 1904 mit einem Arsenal von Gerätschaften und Chemikalien nach Panama City gereist. Neben Insektennetzen im Wert von 90 000 US-Dollar hatte er 1000 Besen, 500 Bürs-

ten, 2268 Kilogramm Seife und 240 Rattenfallen im Gepäck. Jeden Monat ließ er 109 Tonnen des pflanzlichen Insektizids Pyrethrum, fast 300 Tonnen Schwefel und beinahe 200 000 Liter Kerosin liefern (VAN DER HOEK, 2010: 13). Er war sicher, dass Gelbfieber und Malaria nur über die Kontrolle von Insekten in den Griff zu bekommen waren, und konzentrierte sich auf deren Bekämpfung. Der Erfolg gab ihm nach anfänglichen Schwierigkeiten zunächst recht – bereits 1906 war Gelbfieber in der Bauzone ausgerottet.

Mit Malaria sah es weniger rosig aus: Allein 1906 mussten fast 22 000 Menschen wegen Malaria im Krankenhaus behandelt werden und 195 starben.

Malaria und Gelbfieber zu bekämpfen, hieß 1904, Insekten zu bekämpfen, über deren genaue Rolle bei der Übertragung der Krankheitserreger *Plasmodium falciparum* und *Plasmodium vivax* wenig bekannt war. Die Arten, die als Überträger infrage kamen, waren noch nicht identifiziert. Entomologen hatten als Sammler und Taxonomen der Insektenwelt das Schattendasein der Grundlagenforscher geführt. Sie wurden mit der Ablösung der miasmatischen Theorie der Ansteckung wegen fauler Dünste durch die Theorie der Übertragung von Krankheiten durch Insekten plötzlich zu gefragten Spezialisten in der angewandten Forschung (vgl. S. 104).

Entomologen wie August Busc (1870–144) und Bakteriologen und Pathologen wie Samuel Darling (1872–1925) klärten die Übertragung der Malaria in Panama. Sie identifizierten *Anopheles albimanus* als Vektor. Die Schlussfolgerungen daraus führten zum Konflikt zwischen zwei Modellen von Kontrolle über Natur: den alten, ästhetischen und einem neuen, systemischen. Letzteres vertrat William C. Gorgas.

Er stellte ein Sieben-Punkte Programm zur Insektenbekämpfung auf. Es umfasste die Drainage von stehendem Wasser in Siedlungsnähe, mit regelmäßiger Kontrolle der Abzugskanäle. Gras in Siedlungsnähe durfte nicht mehr als einen Fuß hoch stehen und musste

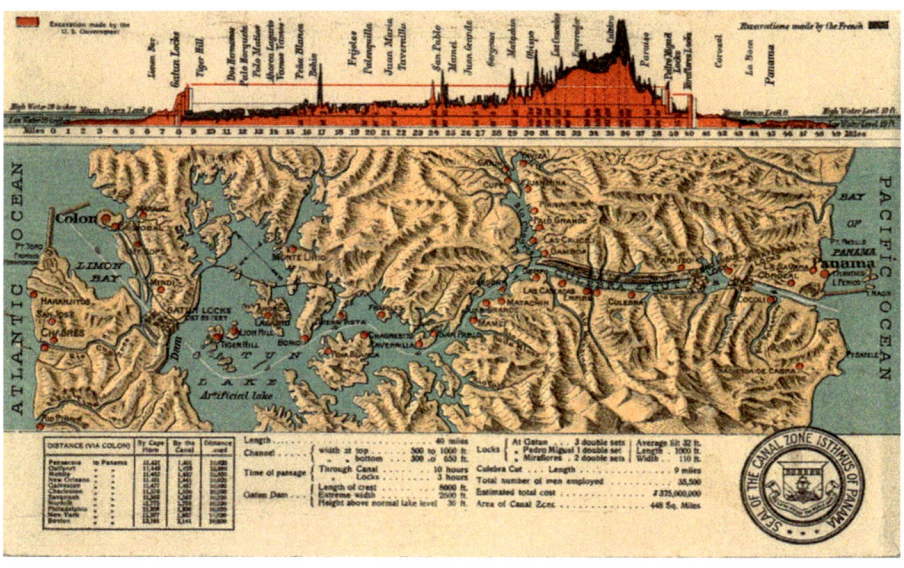

Geprägte Postkarte des **PANAMA-KANALS.** Das Höhenprofil illustriert die technische Herausforderung des Kanalbaus. (*Postkarte, nach 1907*)

regelmäßig gemäht werden. Überall dort, wo keine Drainage möglich war, wurde Kerosin auf die Wasserflächen gegossen, um Mückenlarven zu töten. Die in der Kanalzone erfundene Mischung aus ungereinigtem Phenol, Harz und Natronlauge erwies sich als sehr effektives Larvizid. Es wurde in großen Mengen verwendet. Dazu kam die Förderung der prophylaktischen Einnahme von Chinin. Öffentliche Gebäude und Unterkünfte wurden regelmäßig einer genauen Kontrolle unterzogen und mit Insektiziden behandelt. Schlussendlich wurde eigenes Personal abgestellt, um untertags in den Unterkünften verbliebene Mücken zu töten.

Der Kanalbau war für *Anopheles albimanus*, was Zuckerrohrplantagen für die Gelbfiebermücke gewesen waren. Zehntausende Arbeiter boten reichlich Nahrung. Die Rodungen vergrößerten das Habitat der sonnenliebenden *Anopheles albimanus*. Durch die Bautätigkeit entstanden täglich neue, geschützte Brutplätze. Hufspuren, Trockenrisse im ausgebaggerten Schlamm und viele Kilometer immer wieder verlegter Baustellenbahnen, deren Spuren lange, oft wassergefüllte Gräben schufen, in denen keine Fische oder Amphibien Mückenlarven bedrohten, erhöhten die Insektendichte und damit auch das Ansteckungsrisiko. Selbst die zur Drainage gegrabenen Abzugskanäle konnten sich bei mangelnder Pflege rasch in Moskitobrutstätten verwandeln. Die Menschen verbesserten somit unwissentlich die Vermehrungsbedingungen gerade jener Spezies, die sie bedrohte. Trotz großzügigen Einsatzes von Insektenvernichtungsmitteln und menschlicher Arbeitskraft war die Kontrolle aller potenziellen Habitate unmöglich, *Anopheles albimanus* lebte, anders als andere Moskitoarten, in der Baustelle besser als zuvor im Urwald.

Der Panamakanal ist ein frühes, gigantisches Bauvorhaben der industriellen Moderne. Die »Moderne« ist ebenso sehr ein ideologisches wie technologisches Projekt, charakterisiert durch umfassendes Begehren nach Kontrolle. Die im Dienste der Kanalverwaltung arbeitenden Insektenforscher teilten diese Ideologie. Ihr Ziel der Kontrolle der Tropenkrankheiten, insbesondere der Malaria, konnten sie nur erreichen, wenn sie die ökologischen Prozesse in der durch den Kanalbau veränderten Landschaft in ihre Pläne einbezogen. Sie mussten in ihren Überlegungen berücksichtigen, dass die Baustelle die Mückenvermehrung begünstigte, eine scharfe Grenze zwischen Natur und Kultur ließ sich hier nicht mehr ziehen.

Das für die Unterbringung der Arbeiter zuständige Quartiermeisteramt hatte eine andere Vision von Kontrolle: Eine scharfe, sichtbare Grenze zwischen tropischer Wildnis und geordneter Siedlung war herzustellen; Kontrolle war hier ästhetisch konnotiert. Dieser Unterschied lag dem Streit um die richtige Methode und korrekte Prioritätensetzung bei der Rasenpflege zugrunde. Die Umgebung der »Gold Workers« genannten »Weißen« wurde geradezu maniкürt. Die Entomologen hingegen wussten, dass die Anophelesmücken besonders rund um die stärker gefährdeten Quartiere der aus der Karibik und Lateinamerika stammenden »Silver Workers« genannten Arbeiter bekämpft werden mussten, da diese näher an Baustelle und Wald lagen. Sie fanden Rasen erst problematisch, wenn er über einen Fuß hoch wurde, dafür aber durfte kein Unterschied zwischen den verschiedenen Unterkünften gemacht werden. Bis 1909 war das Hygieneamt für die Rasenpflege verantwortlich gewesen; bei einer Umorganisation wurde diese Aufgabe dem Quartiermeister übertragen. Damit änderte sich die Pflege. In den Jahren 1906 bis 1609 waren die sommerlichen Malariaerkrankungen gesunken. Ihre Steigerung 1910 führte der Hygieniker William C. Gorgas auf die Reorganisation der Pflegemaßnahmen zurück. Eine zur Klärung der Frage eingesetzte Kommission bezweifelte den Zusammenhang. Das ästhetische Kontrollmodell hatte sich noch einmal durchgesetzt. Die Tausenden dadurch verursachten Toten konnten als Helden nahtlos in die Jubelmeldungen bei der Kanaleröffnung 1914 einbezogen werden; das Projekt der Moderne blieb unbestritten. (SUTTER, 2007)

oben Für den Bau des **PANAMAKANALS** war ein gewaltiger Maschinenpark nötig. Dieser dampfbetriebene Bagger wurde bereits während der französischen Bauphase eingesetzt. (*Postkarte, nach 1907*)

unten Bei Empire am **CULEBRA-DURCHSTICH** im östlichen Teil des Panamakanals. Die Baustellen benötigten umfangreiche Infrastruktur, im Bild sind Werkstätten zu sehen, im Hintergrund der bereits gegrabene Kanal. (*Postkarte, nach 1907*)

A FRENCH SCHEME FOR EXCAVATING AT TABERNILLA.

Cut at Empire, Canal Zone, showing machine shops.

Diktatorische Hybris im Umgang mit Natur

Kommunismus sei »Sowjetmacht plus Elektrifizierung des ganzen Landes«. So brachte bereits Lenin 1920 jene technisierte Fortschrittsidee, die für Jahrzehnte prägend für den Umgang der Sowjetunion mit Natur und natürlichen Ressourcen werden sollte, auf den Punkt. Wie Klaus Gestwa ausgeführt hat, verkam die Landschaft in den sowjetischen Technikutopien und Perspektivplänen zur Werkstatt und zum Rohstofflager des Sowjetmenschen. Natur wurde als gefährlicher Gegner imaginiert, der geschlagen, bezwungen und unterworfen werden musste. (GESTWA 2010: 56)

Im Oktober 1948 hatte der Kreml zu einem »gigantischen Generalangriff der fortschrittlichen sowjetischen Wissenschaft und Technik« gegen die Naturgewalten geblasen. Die fünf »Großbauten des Kommunismus« waren ein Kernstück dieses Plans. Zwei gigantische Flusskraftwerke an der Wolga bei Kujbyšev (heute: Samara) und Stalingrad (heute: Wolgograd), der Wolga-Don-Kanal und der Kachovsker Stausee am Dnjepr, der weite Landstriche bewässern helfen sollte, bildeten mit dem Turkmenischen Hauptkanal, der Wasser aus dem Amudarja in die Karakumwüste und die kaspische Tiefebene bringen und riesige Baumwollpflanzungen ermöglichen sollte, das gigantomanische Quintett. Gleichzeitig wurden zwei weitere hydraulische Großprojekte in Sibirien begonnen, am Ob bei Novosibirsk und in Bratsk an der Angara, dem Abfluss des Baikalsees.

Für den Bau des 1952 eröffneten Wolga-Don-Kanals wurden vier Lagerkomplexe eingerichtet. In den Jahren 1948 bis 1952 arbeiteten 236 778 Häftlinge als Zwangsarbeiter am Kanal; diese Baustelle war wie die der anderen Großprojekte Teil des GULAG-Systems. Aber auch die freien Arbeiter mussten schnell einsehen, dass zwischen Plan und Wirklichkeit eine große Lücke klaffte. Die Kantinen galten selbst den sowjetischen Behörden als »antihygienisch«; Geschäfte, in denen sich die Menschen selbst hätten versorgen können, gab es ebenso wenig wie Ersatzteile, lange Standzeiten der Maschinen waren die Folge. Auch an Expertinnen und Experten mangelte es, obwohl eigene Ingenieurslehrgänge eingerichtet worden waren. Die jungen Absolventinnen und Absolventen kamen ohne Praxiserfahrung auf die Baustellen, wo ihre Vorgesetzten keine rechte Verwendung für sie hatten. Alkoholismus war ein üblicher Weg, aus den Frustrationen des Alltags zu flüchten. Die Produkte der Ingenieurskunst waren teils von zweifelhafter Qualität. Die Schleusen des Wolga-Don-Kanals waren so fehlerhaft ausgeführt, dass sie sofort nach der Eröffnung repariert werden mussten. Die sowjetische Planwirtschaft führte zudem immer wieder zu grotesk anmutenden Situationen. An der Baustelle des Stalingrader Kraftwerks waren die neuesten Schaufelbagger an der Arbeit. Da es keine funktionierenden Lastwagen gab, musste der Aushub auf

Ochsengespannen und Pferdefuhrwerken abtransportiert werden. Die Baukosten explodierten und die Eröffnungstermine mussten immer wieder verschoben werden.

Doch davon war in der Öffentlichkeit nicht die Rede. Die Großbauten standen im Zentrum einer ebenso gigantischen Propagandakampagne. Stalin wurde auf den in großen Auflagen verbreiteten Plakaten abgebildet, wie er mit grünem Bleistift Bäume auf einer Karte einzeichnet, oder mit fester Hand das Wort »Wüste« auf einer Karte des Turkmenischen Hauptkanals durchstreicht. Auf einem Plakat von 1952 ist das Buch »Elektrifizierung der UdSSR« zu sehen, im Hintergrund die Wolga mit beiden Kraftwerken.

Das totalitäre Regime des Stalinismus, ein »gewalttätiges Verfahren zur Herstellung einer Welt«, in der alles Störende vernichtet werden musste, bediente sich der Technik als Instrument, um in Natur und Gesellschaft eine neue Ordnung herzustellen, Wildnis zu Parkland zu machen und einen homogenen Gesellschaftskörper zu formen. Die »beste Technik der Welt« führte im »fortschrittlichsten Staat der Menschheitsgeschichte« – der Sowjetunion – zu einer nie zuvor gekannten »Raubwirtschaft an natürlichen und sozialen Ressourcen« (RAUPACH, 1964, zit. nach GESTWA, 2004: 38).

Die Großbaustellen wurden als Orte des Aufbaus des neuen, idealen Sowjetmenschen, des Ingenieurs imaginiert. Zu den Erbauern der Großbauten des Kommunismus zu gehören, hatte etwas Erhabenes, wie es die Ingenieurin Antonina Piraškova formulierte (SCHATTENBERG, 2004: 107).

Die Propaganda war Opium für das Volk und seine Herrscher. Sie waren vom eigenen Glauben an ihre Allmacht überwältigt. Die Bauarbeiten am Turkmenischen Hauptkanal wurden mit Stalins Tod 1953 eingestellt. Selbst Stalins enger Vertrauter Vjačeslav Michajlovič Molotov (1890–

Das geplante **SPERRWERK STALINGRAD** an der Wolga auf einer sowjetischen Briefmarke aus dem Jahr 1951.

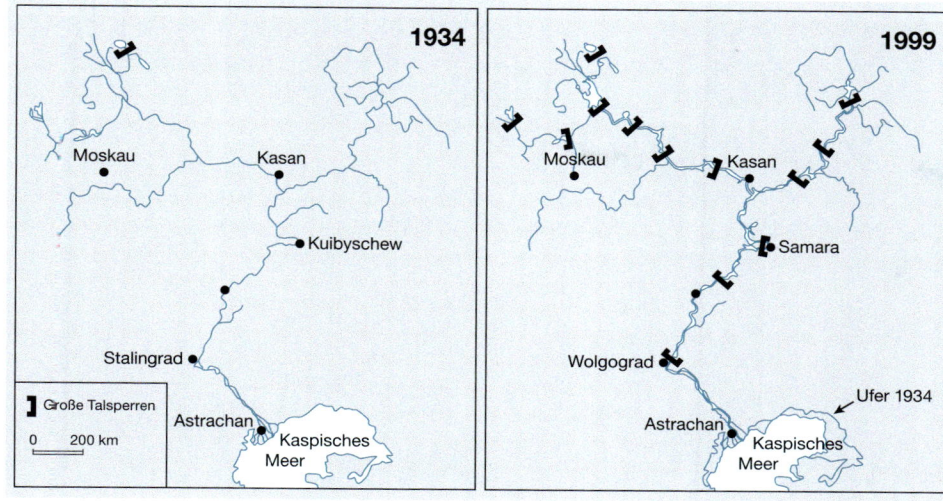

Die Fragmentierung der Wolga durch **WASSERKRAFTWERKE** seit 1934.

Stromlieferungen, so wurde die Großindustrie bevorzugt. Die Energieknappheit für städtische Konsumenten blieb bestehen. Neue Nutzungskonflikte entstanden, da alle großen Flüsse neben Strom auch Wasser für Landwirtschaft und Schifffahrt zu liefern hatten. Reduzierten Anlagenbetreiber im Sommer den Wasserdurchlauf, um den Stausee für eine möglichst hohe Stromproduktion im Winter bis zum Rand anzufüllen, vernichteten sie die Laichplätze von Speisefischen und senkten den Wasserstand unterhalb des Kraftwerks so sehr, dass die Schifffahrt zum Erliegen kam. Am Ende des Winters waren die Stauseen so leer, dass die Schifffahrt wochenlang auf Wasser warten musste.

Die Gigantomanie blieb nicht ohne dauerhafte, negative ökologische Auswirkungen. Die meisten Bauern, denen eine Kompensation für ihr verlorenes Land zugesagt worden war, warteten vergeblich auf Bewässerung. Hingegen floss an manchen Orten zu viel davon, die Ablagerung nährstoffarmer Sedimente und Versalzung war die Folge. Statt blühender Obst- und Weingärten blieben stinkende Pfützen. Schon 1960 hatten sowjetische Experten berechnet, dass das Stalingrader Großkraftwerk der regionalen Landwirtschaft jährlich 200 Millionen Rubel Schaden zufügte. Die Schäden an der Fischerei in der Wolga waren ebenfalls gravierend. Der Stalingrader Damm versperrte mit seinem 540 km langen Stausee nicht nur den Wolgastören den Weg zu ihren Laichgründen. Von über 3000 Hektar Laichgründen 1934 waren 1999 weniger als 500 erhalten. Der Fischkanal, der das Kraftwerk umgehen sollte, erwies sich als ineffizient. In den Jahren 1962 bis 1967 wurde nur mehr ein Sechstel des Fangs der Zeit vor dem Kraftwerksbau erzielt. Der Beluga-Stör (*Huso huso*), der für die Kaviarindustrie die größte Bedeutung hat, ist heute in der Roten Liste gefährdeter Arten als akut bedroht aufgeführt. Da die großen Raubfische langlebig sind, werden immer noch einzelne Exemplare gefangen, doch ohne Besatz gäbe es in der Wolga längst keine mehr (UNEP, 2012).

Der Technikkult der sowjetischen Führung, allen voran Stalins, ließ die Menschen in einer jahrzehntelangen Autosuggestion an die allumfassende Machbarkeit von weitreichenden Eingriffen in die Natur glauben. Er wirkt sich bis heute negativ aus, auch wenn der Strom aus den Wasserkraftwerken inzwischen in weitgespannten Netzen fließt und im Vergleich als umweltfreundliche Energieversorgung gelten muss. Werden die negativen Landschaftsveränderungen berücksichtigt, sieht die Bilanz allerdings weniger positiv aus. (GESTWA, 2004, 2010)

1986), der wohl in alle Pläne eingeweiht war, musste dem Plenum des Zentralkomitees 1953 gestehen, dass niemand die Gründe für die Dringlichkeit des Kanalbaus kannte. Die Bewässerung der Steppen erwies sich nach wenigen Jahren als Fehlschlag, die Böden verschlechterten sich durch Versalzung, Alkalisierung und Vernässung erheblich; der Anbau von Nutzpflanzen wurde unrentabel oder unmöglich.

Es dauerte 30 Jahre, bis zumindest einer der Erbauer des sibirischen Hydrogiganten von Bratsk an der Angara eingestehen konnte, dass »die Philosophie der Gigantomanie, die sich bei den Planungs- und Bauarbeiten beim Bratsker Flusskraftwerk entfaltete, leider eine negative Rolle bei der Schaffung der ökonomischen Grundlagen unserer Region gespielt hatte« (zit. nach GESTWA, 2010: 231). Wäre der Staudamm nur 16 m weniger hoch gebaut worden, wofür bereits während der Bauzeit einige Personen plädierten, wäre fruchtbares Land erhalten geblieben. Doch so versank es im See. Das neue Zentraldorf, mit dessen Produkten die neue Stadt Bratsk beliefert werden sollte, wurde auf einem lehmigen Hügel errichtet, der in den Stausee hineinragte. Hier war Getreideanbau aussichtslos und Weideland knapp. Die Erträge der Region sanken so weit, dass Bratsk nicht ausreichend mit lokalen Lebensmitteln beliefert werden konnte. Frisches Obst, Gemüse, Milch und Fleisch waren Mangelware (GESTWA, 2010: 232).

Um die anderen Staudämme sah es kaum besser aus. Der zwangsweise aus den Stauräumen umgesiedelten Bevölkerung war eine rosige Zukunft versprochen worden. Von den geplanten Bewässerungskanälen wurde aus Kostengründen aber nur ein Bruchteil gebaut und der Strom aus den neuen Wasserkraftwerken sollte in die Industrie und nach Moskau gehen, denn die Stadt sollte zur Mustermetropole des Sozialismus werden. Statt von Luft belastenden Kohlekraftwerken in der Umgebung sollte die Stadt mit Strom von der fernen Wolga versorgt werden.

Fast zwei Drittel des Kujbyšever Stroms gingen nach Moskau. Doch der Traum von der Modernisierung der Sowjetunion scheiterte insbesondere an der Konzentration der Arbeit auf die Kraftwerke, deren Strom ohne entsprechende Netze nicht verteilt werden konnte. Erfolgten

MEGATALSPERREN

Vermeintliche Siege des Menschen über die Natur

Der deutsche Geograph und Botaniker Georg August Schweinfurth (1836–1925) entdeckte 1885 im Wadi Garawi südlich von Kairo Reste der Talsperre Sadd-el-Kafara. Etwa 100 000 Tonnen Gestein waren hier in einer 14 m hohen Mauer mit einer Kronenlänge von 110 m verbaut worden. Kalksteinquader verkleideten die gestufte Steinschüttung der standsicheren Mauer. Die Talsperre sollte Unterlieger vor Hochwasser schützen. Kurz vor Fertigstellung flutete aber ein Hochwasser den Stauraum und etwa 500 000 m³ Wasser strömten über die Staumauer. Sie wurde dadurch zerstört und nicht wieder hergestellt. Ihr Alter wird auf etwa 2500 v. Chr. datiert. Sadd-el-Kafara gilt damit als die älteste bekannte Großtalsperre der Erde. (GARBRECHT, 1987)

Erste **ASSUAN-TALSPERRE** in Ober-Ägypten 1905. (Postkarte datiert auf den 28.2.1905)

Menschen stauen also seit mindestens fünf Jahrtausenden Flüsse, um Wasser für ihre Versorgung und die Bewässerung von Kulturpflanzen bereitzustellen, den Abfluss zu regulieren und Hochwasser zu bändigen. In den vergangenen Jahrhunderten kamen die Schiffbarmachung, das Aufstauen von Flusswasser für die Industrie, die Erzeugung elektrischer Energie und die Erholung als Nutzungen hinzu. Mit der steigenden Verfügbarkeit von fossiler Energie wuchsen Anzahl und Größe der Talsperren. Nach dem Schlussbericht der Weltkommission für Talsperren (World Commission on Dams, WCD) existierten Ende der 1990er-Jahre fast 900 000 Stauwerke (WCD, 2000). Ihre Reservoire bedecken etwa 1 Million km² Land. Etwa 45 000 Staumauern werden von der WCD als große Talsperren bezeichnet. Ihre Kronen sind mindestens 15 m hoch oder sie haben ein Reservoirvolumen von über 3 Millionen m³ bei einer Kro-

nenhöhe von 5 bis 15 m. Einige gehören zu den größten Bauwerken der Menschheit. (WCD, 2000)

Große Talsperren haben hohe soziale Kosten. Viele Millionen Menschen verloren durch das Aufstauen der Seen ihre Heimat. Die Bodenfruchtbarkeit der Ersatzstandorte war oft geringer. Die kulturellen Traditionen und Lebensverhältnisse auch der Unterlieger veränderten sich, nicht immer zum Besseren.

Talsperren wirken umfassend auf Auen- und Flussökosysteme. Unterhalb von großen Talsperren nimmt die Dynamik des Abflusses ab, Hochwasser bleiben aus, die Vegetation verändert sich und die Wassertemperatur im Stauraum steigt. Große Stauseen beeinflussen das regionale Klima, insbesondere die Niederschläge. Talsperren unterbinden die Fischwanderung, weshalb aufwendige Fischtreppen und Fischfahrstühle in große Staumauern integriert werden, die jedoch nur bestimmten Fischarten nützen.

Das Gewicht der Wassermassen großer Talsperren kann Auswirkungen auf das unterliegende Gestein haben und in seismisch aktiven tektonischen Zonen wohl zumindest leichte Erdbeben auslösen (ANONYM, 2012).

In den frühen 1930er-Jahren litten die Great Plains unter Dürre und Franklin Delano Roosevelt setzte zur Bekämpfung der Wirtschaftskrise und sozialer Missstände die Sozial- und Wirtschaftsreformen des New Deal durch. Im Südwesten der USA errichteten 21 000 Arbeiter von 1932 bis 1936 eine 221 m hohe gewölbte Staumauer, um den Colorado zu zähmen. Im ersten großen Sperrbauwerk der Moderne wurden mehr als 3 Millionen m³ Beton verbaut, um mit dem 379 m breiten Hoover Dam den vom Colorado durchflossenen Black Canyon zu sperren. Das 170 km lange Reservoir, der Lake Mead, kann bis zu 35 Milliarden m³ Wasser speichern. Die bewässerte landwirtschaftliche Nutzfläche am Colorado wurde verdreifacht. Das Kraftwerk liefert jährlich 4 Milliarden Kilowattstunden »sauberen« Strom. Durchschnittlich 9 Millionen Menschen nutzen jedes Jahr den Lake Mead für ihre Freizeit. Der See bietet neue Habitate: 250 Vogelarten wurden gezählt.

Fehlende Hochwasser veränderten jedoch unterhalb der Talsperre Auenökosysteme und Nahrungsnetze. Das Sediment des Colorado lagerte sich im Lake Mead ab; es fehlt im Delta am Golf von Kalifornien. Viele Wildtierarten verschwanden dort. Der Colorado trocknete am Unterlauf immer wieder aus. Dadurch wurde ein 1944 zwischen Mexiko und den USA abgeschlossener Vertrag verletzt, der einen Mindestabfluss festgelegt hatte. Kostspielige Methoden zur Minderung der ökologischen Nachteile waren zu entwickeln, zu prüfen und umzusetzen. 1998 wurden die Auslassventile am Hoover Dam durch große Schieber ersetzt, um kontrollierte Hochwasser zu ermöglichen. Eine als Experiment durchgeführte Flutwelle veränderte im März 2008 die Artenzahlen im Fluss unterhalb der Talsperre deutlich. (POFF et al., 2003; GRAF, 2005; CROSS et al., 2011)

Die Fluten des Nil brachten alljährlich Bodensediment aus dem Hochland von Äthiopien auf die Felder am unteren Nil und verhinderten die Versalzung der Böden. Gelegentlich waren die Fluten nicht stark genug. Dies führte zu Ernteausfällen und dadurch zu Hungersnöten. Der ägyptische Präsident Gamal Abdel Nasser regte 1952 die Errichtung einer großen Talsperre oberhalb Assuan an, um die Hochwasser des Nil zu kontrollieren, ganzjährig Bewässerungswasser bereitzustellen und elektrische Energie zu erzeugen. Nach der Verstaatlichung des Suez-Kanals und der Anerkennung der Volksrepublik China durch Ägypten zogen sich westliche Regierungen, die Weltbank und deutsche Firmen zurück. 1960 begann der von mehr als 2000 sowjetischen Ingenieuren geplante und betreute Bau des Sperrwerks Sadd-el-Ali (vgl. S. 118).

Elf Jahre später wurde die 3829 m lange und 111 m hohe Talsperre aus großen, verfugten Steinen, Sand und einem wasserundurchlässigen Lehmkern fertiggestellt. Der über 500 km lange Nasser-Stausee nimmt bis zu 164 Milliarden m³ Wasser auf. Etwa 90 000 Fellachen mussten ihren angestammten Lebensraum verlassen. Sie wurden vorwiegend in Städte umgesiedelt. Der See verschlang bedeutende Monumente der altägyptischen Kultur. Die über 3200 Jahre alten Tempel von Abu Simbel wurden aus ihrem Kontext gerissen und auf eine Insel im Nasser-See verlagert. Andere Anlagen wurden abgebaut und bis nach Madrid und New York gebracht.

Das Nilwasser enthält nach wie vor Sedimente, die sich am südlichen Ende des Stausees absetzen – und nicht, wie von den Konstrukteuren geplant, direkt am Sperrwerk. Der Stausee schrumpft daher beständig. Prognostiziert wurde eine Verfüllung mit Sediment in 300 bis 500 Jahren, tatsächlich wird er viel schneller verlanden.

Doch die Vorteile des Sperrwerks liegen auf der Hand: Die Flutkontrolle gelang. Zwölf Turbinen mit einer Maximalleistung von über zwei Gigawatt erzeugen einen erheblichen Teil der in Ägypten benötigten Energie. Die Stromerzeugung erreicht jedoch nicht annähernd den geplanten Umfang. Statt der möglichen 10 Milliarden werden jährlich nur gut 2 Milliarden Kilowattstunden produziert. Da die Bauern nun ganzjährig Bewässerungswasser erhielten, erhöhte sich die Zahl der Ernten von einer auf drei pro Jahr. Bald nach der Fertigstellung der Talsperre wurden allerdings die Nachteile der ausbleibenden Überflutungen und Sedimenteinträge sichtbar. Drei Ernten ohne nährstoffreiche Sedimente verlangen eine hohe Mineraldüngergabe. Heute werden am unteren Nil im Mittel ungefähr 370 Kilogramm Mineraldünger pro Jahr auf einen Hektar

PROTESTE gegen das binationale Yacyretá Wasserkraftprojekt am Paraná an der Grenze von Argentinien und Paraguay.

Ackerland ausgebracht (EU-Durchschnitt um 80 Kilogramm pro Hektar und Jahr). Zur Herstellung des Düngers wird ein Teil der erzeugten elektrischen Energie eingesetzt.

Der Mangel an Sedimenten beendete das Wachstum des Nildeltas; seine Zerstörung hat begonnen. Früher wurden aus dem Flusslehm auch Ziegel gebrannt und Häuser gebaut, nun muss dafür wertvoller Ackerboden verwendet werden. Die von den Nilfluten gewährleistete Auswaschung von Salzen endete mit der Inbetriebnahme der Talsperre; die Versalzung der Böden begann. Schnecken, die Schistomatose (Bilharziose) hervorrufende Parasiten beherbergen, vermehren sich im Nasser-See und gelangen mit dem Bewässerungswasser auf die Felder. Vor dem Sperrwerksbau hatte die Austrocknung in den Wintermonaten ihre Vermehrung begrenzt.

Die Talsperre Sadd-el-Ali mit dem Nasser-See ist ein typisches Beispiel für euphorisch geplante und gescheiterte staatliche Großprojekte der 1950er- bis 1970er-Jahre. Nasser hinterließ ein Denkmal des Fortschrittswahns. (GOLDSMITH & HILDYARD, 1984; ABU-ZEID & EL SHIBINI, 1997; ROSENBERG et al., 1997; LIEDTKE & WELFENS, 2008; STRZEPEK et al., 2008; MAUSER, 2010)

In den vergangenen Jahrzehnten wurden Megatalsperren auch in Südamerika und Asien gebaut. So ließen die Regierungen Brasiliens und Paraguays am Paraná die Itaipú-Talsperre errichten, um in großem Stil konsumentenfern Strom zu gewinnen. Im vergangenen Jahrzehnt wurden in der Volksrepublik China zahlreiche große Talsperren fertiggestellt, darunter 2009 das riesige Dreischluchtenstauwerk am Yangtse.

Megatalsperren erlauben die Gewinnung regenerativer Energie. Inzwischen traten ihre vielen Nebenwirkungen zu Tage. Damit sind sie zu Mahnmalen des vermeintlichen Sieges des Menschen über die Natur geworden. Durch ihre Existenz nehmen Konflikte um die Verfügbarkeit von Wasser zu. Der Rückbau großer Talsperren wird am Klamath River im Süden Oregons und Norden Kaliforniens diskutiert und hat am Snake River im Nordwesten der USA bereits begonnen.

Wendepunkte der Bodenbearbeitung

Ab wann hinterließen menschliche Aktivitäten im Boden ein ökologisches Erbe, ab wann führten sie also zu langfristigen Veränderungen von Bodeneigenschaften? Der erste Wendepunkt ist der Beginn der großflächigen Nutzung von Feuer, um baumreiche Vegetation aufzulichten. Vegetation ist einer der wichtigsten Faktoren der Bodenentwicklung (Pedogenese). Sie wurde verändert, als Menschen in Wäldern Feuer legten. So wurden steppen- oder savannenartige Landschaften geschaffen oder erhalten, in denen gut gejagt werden konnte.

Der zweite Wendepunkt ist der Anfang der mechanischen Bodenbearbeitung: Die Einführung der Hacke, später des Hakenpflugs und dann des Wendepflugs veränderte Böden tief greifend und führten zu einem weiteren ökologischen Erbe. Der oberste Teil der Böden wurde mechanisch stark verändert. Er wurde aufgelockert, wodurch weitaus mehr große Hohlräume entstanden. Das Wasseraufnahmevermögen während kräftiger Niederschläge wurde so erhöht. Zuvor vorhandene durchgehende Hohlräume wie etwa Regenwurmgänge wurden hingegen an der Untergrenze des mit dem Pflug bearbeiteten Bodens unterbrochen. Die Lebensräume von Bodenorganismen veränderten sich daher ebenfalls wesentlich.

Der Beginn der Düngung stellt den dritten Wendepunkt dar. Bodenmikroorganismen zersetzen die Reste von Pflanzen und tierischem Stoffwechsel in kleinere organische und anorganische Verbindungen. Idealerweise werden sie in eine chemische Form umgewandelt (Ionen), in der sie von Pflanzenwurzeln aufgenommen werden können. Der Umsatz der Bodenlebewesen wird durch die zusätzliche Nahrung, die sie durch Dünger bekommen, beschleunigt. In der nun veränderten ökologischen Nische dominieren andere Organismengruppen.

Die Zufuhr von Kalziumkarbonat durch Ausbringen von Mergel oder Kalk führt zur Minderung des Säuregehaltes der Böden und interveniert damit ebenfalls in die Gemeinschaften der Bodenlebewesen. Ältere landwirtschaftliche Handbücher schrieben vor, nur in Verbindung mit erhöhten Gaben an Mist zu mergeln, um dem beschleunigten Bodenstoffwechsel genügend Energie zuzuführen. Einige Gesellschaften arbeiteten Holzkohle in die Böden ihrer Gärten und Felder ein, was die Bodenfruchtbarkeit erheblich erhöhte. So entstanden längerfristig dunkle, wie Schwarzerden aussehende Böden schon im Neolithikum, in Mitteleuropa, aber auch am Amazonas (vgl. S. 38).

Auch Bewässerungstechniken führten zu einem ökologischen Erbe. Neben dem grundlegenden Wandel in der Verfügbarkeit von Wasser markiert die Erfindung des kontrollierten Überschwemmens bewässerter Feldern einen Wendepunkt, da damit der Boden von angesammelten Salzen gereinigt werden konnte.

Alle diese Eingriffe in Bodenökosysteme wurden in einem kurzen Zeitraum der Geschichte entwickelt. Änderungen der Vegetation, mechanische Veränderungen im oberen Boden, Änderungen des Wasserrückhaltevermögens und der Aktivität der Bodenorganismen durch Düngung zusammengenommen veränderten die Bodeneigenschaften umfassend. Nach Hunderttausenden von Jahren des Lebens in paläolithischen Jäger- und Sammlerinnen-Kulturen wurde damit innerhalb weniger Tausend Jahre des neolithischen Übergangs Gesellschaft grundlegend gewandelt. Verändern wir unser Verhältnis zur Natur, verändert sich Gesellschaft. Eine höhere Bevölkerungsdichte, die Entwicklung sozial differenzierter, geschichteter Gesellschaften mit ungleicher Verteilung des Überschusses, aber auch die Entwicklung von Schrift, von Speicherbauten und Transportmitteln stehen mit der Fähigkeit, Bodenökosysteme zu kontrollieren, im Zusammenhang (vgl. S. 36).

Eingriffe in die Stickstoffkreisläufe von Böden sind ökologisch bedeutend, weil sie die Verbindung zwischen Boden und Atmosphäre verändern. Der erste derartige Eingriff

Frühe Werbung für eine **HOCHLEISTUNGS-FUTTERRÜBE.** Solche Hochleistungssorten haben hohen Düngerbedarf. (*Werbepostkarte, ca. 1910–1920*)

war der Anbau von Stickstoff fixierenden Nutzpflanzen. Leguminosen (Hülsenfrüchtler) leben in Symbiose mit bestimmten Arten von Bakterien an ihren Wurzeln und können damit Stickstoff aus der Luft binden; daher sind sie auch besonders proteinreich. Lupinen, Wicken, Bohnen, Erbsen und Linsen sind die häufigsten Leguminosen der europäischen Landwirtschaft. Sie erlauben die bereits in der römischen Antike praktizierte Gründüngung. Leguminosen wurden angebaut und untergepflügt, statt sie zu ernten. Der von ihnen fixierte Stickstoff wirkte als Dünger. Der seit der frühen Neuzeit belegte Kleeanbau dient dem gleichen Zweck. Ein Drittel des Anstiegs der landwirtschaftlichen Produktivität in Nordeuropa zwischen 1750 und 1850 wird Leguminosen wie Klee zugeschrieben (CHORLEY, 1981). Auch die Erfindung des Wechsels der Kulturpflanzen in der Fruchtfolge wirkte sich aus, weil Nährstoffe besser genutzt und Schädlinge zurückgedrängt werden, die früher nötige Brache wird eingespart.

Das größte Reservoir an Stickstoff, die Luft, kann nur von der kleinen Gruppe der Hülsenfrüchtler direkt genutzt werden. Erst mit der Entwicklung des Haber-Bosch-Verfahrens im Jahr 1908, konnte Luftstickstoff mit Wasserstoff zu Ammoniak umgewandelt werden. Aus diesem können synthetische Düngemittel hergestellt werden, die allen Pflanzen zugutekommen. Wenn wir menschliche Eingriffe in die Stickstoffbilanz der Böden bewerten, sind die Zucht von Leguminosen als Nutzpflanzen, die Erfindung der Gründüngung und die luftbasierte Synthese von pflanzenverfügbarem Stickstoff (in Form von Ammoniak und Nitraten) die wichtigsten Wendepunkte.

Pflanzen brauchen drei Hauptnährstoffe: Stickstoff, Phosphor und Kalium. Letzteres kann dem Boden mittels Pflanzenasche zugeführt werde. Dieses Verfahren wurde bereits im Neolithikum praktiziert und in der Antike weiterentwickelt, während die bergbaumäßige Gewinnung von kaliumhaltigen Mineralen ebenso wie der Abbau von mineralischen Phosphaten Ende des 19. Jh. und im frühen 20. Jh. begann. Schon Ende des 18. Jh. wusste man durch Kombination verschiedener Düngemittel (vgl. S. 128) die Bedürfnisse der Kulturpflanzen zu decken.

1840 revolutionierte Justus von Liebig das Verständnis der Bodenfruchtbarkeit. Nicht Humus, sondern mineralische Pflanzennährstoffe seien für die Fruchtbarkeit ausschlaggebend. Heute wird dem Humusgehalt der Böden und ihrer physikalischen, chemischen und biotischen Struktur (»Bodengare«) wieder mehr Wert beigemessen. Liebig hat unser Verhältnis zum Boden revolutioniert und die Stickstoffsynthese als Lösung für das Problem des Düngermangels überhaupt erst möglich gemacht. Auf eine selten thematisierte Konsequenz der Konzentration auf Mineraldünger zur Frucht-

barkeitserhaltung sei hier hingewiesen: Pflanzen, die nicht positiv auf große Mengen mineralischer Nährstoffe reagieren, werden heutzutage konventionell nicht mehr angebaut. Die landwirtschaftliche Praxis wurde an die vereinfachte Theorie, dass anorganische Nährstoffe der wichtigste Faktor in der Bodenfruchtbarkeit seien, angepasst.

Die Chemisierung der Landwirtschaft begann nach dem Zweiten Weltkrieg und war ein weiterer Wendepunkt. Die Ausbringung von potenten Pestiziden hatte massive Auswirkungen auf Bodenorganismen, die zunächst weitgehend unbemerkt blieben, zumal viele Bodenorganismen noch gar nicht identifiziert waren.

Die Geschichte der Mechanisierung, Chemisierung und Industrialisierung der Landwirtschaft hat uns um ein Vielfaches höhere Erträge je Arbeits- oder Flächeneinheit gebracht. Energetisch sieht die Bilanz genau umgekehrt aus. Alle beschriebenen Wendepunkte zeichnen sich durch eine Erhöhung der Intensität menschlicher Eingriffe aus, die Energie kosten. Im Zuge dieser Veränderungen wandelte sich die gesellschaftliche Rolle der Landwirtschaft. Landwirtschaftliche Produkte waren bis zur Mitte des 20. Jh. die Basis einer erfolgreichen Volkswirtschaft. Danach wurden sie mit beständig wachsender Produktivität hinsichtlich Arbeitseinsatz und Erntemenge je Flächeneinheit herstellbar. Die Produktion war aber immer mehr mit energiereichen Vorleistungen behaftet, sodass der Nettogewinn an Energie stark abnahm. (ERB et al., 2008)

Die volkswirtschaftliche Bedeutung der industriellen Landwirtschaft liegt heute in Europa und Nordamerika in ihrer Rolle als Konsumentin von Düngemitteln, Pestiziden, Maschinen und anderen Betriebsmitteln. Als Teil der agroindustriellen Ernährungsindustrie steht die landwirtschaftliche Urproduktion am unteren Ende der Wertschöpfungskette. Die durch fossile Energie ermöglichte gravierende Veränderung unseres Verhältnisses zum Boden spiegelt sich in dieser grundlegenden Veränderung der Rolle der Landwirtschaft wider. Mit dem Ende der Verfügbarkeit fossiler Energie wird ein weiterer Wendepunkt nicht ausbleiben. (SIEFERLE et al., 2006; KRAUSMANN, 2004)

Frühe Werbung der **KALIINDUSTRIE**.
(Werbepostkarte, gelaufen am 4.8.1915)

DIE PLAGEN AGROINDUSTRIELLER LEBENSWEISEN

Von »Schädlingen« und »Unkräutern«

Seit dem Beginn der Landwirtschaft teilen Menschen die Früchte ihrer Arbeit unfreiwillig mit anderen Spezies, die sie »Schädlinge« und »Unkräuter« nennen. Wild aufgehende Pflanzen auf dem Feld, »Unkräuter«, die statt der erwünschten und gesäten Kulturpflanzen wachsen, profitieren von der Bearbeitung des Bodens durch Menschen. Sie entziehen dem Boden Wasser und Nährstoffe, die den Kulturpflanzen dann fehlen, verdrängen sie durch ausgedehnte Wurzel- und Blattsysteme oder schlingen sie zu Tode. Auch auf Weiden breiten sich unerwünschte Pflanzen aus, die vom Weidevieh gemieden werden. Dadurch wachsen immer mehr für das Vieh unnütze Arten und die Weide verliert an Wert. Heute sind weltweit rund 9000 Insekten- und Milbenarten, 50 000 Pflanzenkrankheiten, viele davon durch Pilze verursacht, und 8000 Arten von Unkräutern bekannt, die zu Ernteeinbußen führen. Insgesamt geht etwa ein Drittel der möglichen Ernte verloren. Insekten, Krankheitserreger und Unkräuter verursachen diese Verluste zu annähernd gleichen Teilen (PIMENTEL, 2009).

Unkraut, enzyklopädisch

»Das Unkraut, Zizania, Fr. Mauvaises herbes, ist in der Landwirthschaft und Gartenkultur zwar schädlich; allein als völlig nutzlos und unbrauchbar nicht anzunehmen; denn im eigentlichen Sinne des Wortes giebt es kein Unkraut, es würde gegen die Absicht des Weltregierers und Erhalters seyn, wenn man annehmen wollte, daß die damit bezeichneten Pflanzen keinen anderen Zweck hätten, als sich bloß in Menge aus dem Erdreiche zu nähren und den als nützlich anerkannten Pflanzen die Nahrung zu entziehen; auch hat man schon den Werth von mehreren als Unkraut bezeichneten Pflanzen eingesehen, indem einige in den Apotheken oder in der Medizin als Heilkräuter dienen, andere in theuren Zeiten zum Brodbacken gebraucht worden sind; auch kann man das Unkraut als Dünger gebrauchen; wenn man es nämlich in die Erde einscharrt oder unterpflügt, und diese damit düngt. Indessen ist es doch nützlich, das Unkraut da zu entfernen, wo es Schaden thun kann, also auf den Feldern oder Aeckern und in den Gärten, wenn es in Menge zwischen dem Getreide und den Küchengewächsen wächst, und diesen die Nahrung schmälert, daß solche nur kümmerlich empor kommen, ja sie mitunter wohl gar von dem Unkraute unterdrückt werden, wenn dieses zu sehr wuchert und nicht entfernt wird, wie es mit zarten Gartenpflanzen der Fall ist« (KRÜNITZ, Bd. 198, 1847: 579).

Maßnahmen zur Bekämpfung von Unkräutern müssen auf die zu beseitigende Pflanzenart abgestimmt sein. Uner-

wünschte Pflanzen wurden über Jahrtausende mechanisch durch Jäten entfernt. Manche chemische Verfahren sind schon seit dem Altertum bekannt. So lässt sich Moos durch Aufstreuen von Asche zurückdrängen, da Moos das darin enthaltene Kalium nicht verträgt. Asche wurde neben Kalk seit dem 6. Jh. n. Chr. auch in China zur Insektenbekämpfung empfohlen – das riesige Reich war bis etwa 1650 den Europäern auf diesem Gebiet überlegen.

Der Schutz von Kulturpflanzen und die Schadensminimierung waren seit der Antike in landwirtschaftlichen Lehrbüchern in Europa ebenso wie in China Thema. Die Verwissenschaftlichung des Naturverständnisses führte ab dem 17. Jh. in Europa zu systematischerem Vorgehen und einigen Erfolgen. Doch gegen Schadinsekten auf dem Feld waren die Menschen die längste Zeit nahezu machtlos. Sie versuchten klugerweise, durch Fruchtfolgen, die Wahl des Aussaatzeitpunkts und die Bewirtschaftungsweise die Befallswahrscheinlichkeit zu senken. Hatten sich die Schadinsekten erst einmal auf einem Acker vermehrt, so konnten sie nur mühevoll abgesammelt oder – wie für Chinas Umgang mit Wanderheuschrecken belegt – mit hohem Arbeitsaufwand von Menschenketten mit Besen und anderen Werkzeugen in Feuer getrieben werden. (KOLB, 2007)

Schon im 18. Jh. keimte die Idee, Fraßfeinde der Schadorganismen zu fördern. Bei der Besprechung der »Marienkäferchen« und ihrer Larven äußerte sich der schwedische Naturforscher Carl von Linné (1707–1778) in seiner Vorlesung in Uppsala im Frühjahr 1752: »Nachdem man auf den Schaden, den die Insekten uns bereiten können, aufmerksam geworden ist, hat man viele Verfahrungsweisen ersonnen, wie man sie ausrotte, noch niemand hat aber daran gedacht, Insekten mit Insekten auszurotten. Jedes Insekt hat meistenteils seinen Löwen, der es verfolgt und ausrottet. Diese Raubinsekten müssten heimisch gemacht und zur Säuberung der Pflanzen gepflegt werden« (AURIVILLIUS, 1909). Die Idee der »Nützlinge« fand damals noch wenig Widerhall. Gelegentliche Hinweise auf Vogelschutz in Europa und den Schutz von Fröschen in China sollten nicht mit systematischer Nützlingsförderung verwechselt werden (HERRMANN, 2007).

Das in China aus Chrysanthemenblüten gewonnene Pyrethrum wurde schon im Mittelalter auf der Seidenstraße nach Europa gebracht; als natürliches Insektizid ist es bis heute in Verwendung. Schwefel gegen Pilzbefall im Weinbau wird seit Mitte des 19. Jh. eingesetzt, als der Echte Mehltau sich in Europa ausbreitete (WAGENITZ, o. J.).

Erst im 20. Jh. wurden synthetische chemische Pestizide entwickelt. Was Schädlinge tötet, ist allerdings auch für Menschen und andere Lebewesen gefährlich. Schädlings- und Unkrautbekämpfung sind gravierende Eingriffe in

HEDERICHBEKÄMPFUNG mit
ungeöltem Kalkstickstoff.
(Werbepostkarte, 1920er-Jahre)

jetzt **Hederichbekämpfung** einst
Der rechnende Landwirt läßt sich den Hederich (Ackerfenf) nicht
über den Kopf wachsen, sondern vernichtet ihn rechtzeitig durch
Kopfdüngung mit ungeöltem Kalkstickstoff!

ökologische Systeme, die neben der erwünschten auch unerwünschte Wirkungen haben. Neben der akuten Toxizität
und der Anreicherung der Gifte über Nahrungsketten ist
die Ausbildung von Resistenzen das größte Problem.

Monokulturen – etwa ein Getreidefeld oder eine Obst-
plantage – sind eine riesige, mit der Lieblingsspeise spezialisierter Insekten gedeckte Tafel und bieten ihnen eine
hervorragende Vermehrungsbasis. Ein unspezifisch wir-
kendes Pestizid wie DDT tötet nicht nur die Schadinsekten,
sondern auch ihre Feinde. Doch sterben nicht alle Individuen Manche sind durch Mutationen zufällig immun oder
zumindest weniger empfindlich. Die Nachkommen dieser
gegen das Pestizid weniger empfindlichen Insekten stellen
die Mehrheit der nächsten Generation: Eine Resistenz gegen das Insektengift beginnt sich zu entwickeln. Fraßfeinde können im Nahrungsnetz immer nur weniger zahl-
reich sein als ihre Beute. Da es also mehr Schadinsekten als
deren Fraßfeinde gibt, brauchen die Fraßfeinde bei unspe-
zifischen Insektiziden länger, um Resistenzen zu entwickeln als die Schadinsekten, bei denen es mehr zufällige
Mutationen gibt, da mehr Individuen existieren. Damit
greifen unspezifische Pestizide in die Evolution ein – zugunsten der Schädlinge, deren Feinde vom Pestizid mehr
getroffen werden als sie selbst.

Der großflächige Einsatz chemischer Schädlingsbekämpfung begann Mitte des 20. Jh. mit DDT. Die Substanz wurde
in den USA entwickelt, um Truppen vor von Insekten übertragenen Krankheiten wie Malaria zu schützen. Dafür
hatte man zuvor mit gutem Erfolg Pyrethrum verwendet.
Durch den Krieg war der Hauptlieferant Japan ausgefallen
und die Hersteller in Kenia kamen mit der Produktion
kaum nach. Im ersten Produktionsjahr 1943 wurden 87 Tonnen DDT und 1945 bereits etwa 17 000 Tonnen hergestellt
(RUSSELL, 1999). Die Folgen der unkritischen Verwendung
von DDT in der Landwirtschaft, für die es nach 1945 und bis
1972 in den USA zugelassen war, werden von der Biologin

Rachel Carson (1907–1964), CAR-
SON (1962) in ihrem Buch »Der
stumme Frühling« eindringlich
geschildert. Das Gift reicherte
sich in den Lebewesen an, deren
Nahrungsgrundlage Insekten waren, dazu zählen Singvögel. Unter diesen kam es zu einem Massensterben. Carson nahm dies
zum Anlass, vor den ökologi-
schen Nebenwirkungen chemischer Schädlingsbekämpfung zu warnen. Ihr Buch führte schließlich zum Verbot in
den USA; DDT wird allerdings weiterhin in vielen Ländern
angewandt. Substanzen, die weniger Nebenwirkungen haben sollen, wurden entwickelt. 2005 wurden weltweit
3 Millionen Tonnen Pestizide verkauft und alleine in den
USA 600 verschiedene Handelstypen angeboten. In Großbritannien behandelte man in den 1990er-Jahren 99 % aller
Felder zumindest einmal im Jahr mit Pestiziden, manche
Getreide erhalten bis zu sieben verschiedene Applikatio-
nen. Viele der Organochlorverbindungen (neben DDT etwa
auch Lindan) sind schwer abbaubare organische Schadstoffe, die langfristig auf Ökosysteme einwirken.

Seit 1996 sind gentechnisch veränderte Pflanzen auf dem
Markt, die gegen ein bestimmtes Herbizid (Glyphosat) un-
empfindlich sind. Deren »Durchbruch« war ebenso kurz-
lebig wie die früheren Versuche, unkraut- und schädlings-
freie hoch technisierte Landwirtschaft zu betreiben: Auch
hier werden Resistenzen bereits zum Problem.

Die chemischen Cocktails, die wir für die technisierte
Landwirtschaft mit großflächigen Monokulturen ohne
Fruchtwechsel benutzen, haben bedenkliche Langzeitef-
fekte. In einer Testserie im Freiland konnte der Ökologe
Rick Releya zeigen, dass eine gering dosierte Kombination
von zehn verschiedenen Herbiziden und Pestiziden kumu-
lative Effekte hat, die über jene der Summe der Einzelsub-
stanzen weit hinausgehen. Die Kombination zweier Substanzen bewirkte den Tod von 99 % der Leopardenfrösche;
dank der geringeren Konkurrenz wuchs eine andere Art,
der Graue Baumfrosch, zu doppelter Größe heran (RELEYA,
2009). Auch winzige Mengen solcher Chemikalien können
also drastische Effekte in Ökosystemen haben. Das Problem
der Unkräuter und Schädlinge in der Landwirtschaft ist
ungelöst, vor allem im Hinblick auf die Langzeitfolgen von
chemischen Gegenmaßnahmen. (PIMENTEL, 1993, 2005,
2009)

»ZURÜCK ZUR NATUR!«

Lebensreform und Zivilisationskritik als Reaktionen auf die industrielle Transformation

Von der Mitte des 19. Jh. bis zum Beginn des Ersten Weltkriegs entstanden Bewegungen, die die (Wieder-)Einführung einer »natürlichen« Lebensweise zum Ziel hatten. Ob Freikörperkultur, Bodenreform, Vegetarismus oder Gartenstadt – die Unzufriedenheit mit den Auswirkungen der Modernisierungsprozesse des 19. Jh. trieb solche Bewegungen an. Entfremdung und Entwurzelung wurden vor allem in Zusammenhang mit der Großstadtbildung konstatiert. Der Aufstieg der Naturheilkunde war eine Reaktion auf Änderungen der ärztlichen Praxis, die sich immer weniger um den kranken Menschen in seiner Gesamtheit als um einzelne kranke Teile kümmerte. Dieses »Medikalisierung« genannte Phänomen ist Ausdruck der für die Moderne charakteristischen Professionalisierung und Expertisierung vieler Lebensbereiche.

Die Lebensreformbewegungen belegen eindrucksvoll eine Maxime der Umweltgeschichte: Wenn die Menschen ihr Verhältnis zur Natur verändern, dann verändert sich auch die Gesellschaft. Die treibende Kraft hinter neuen Gesellschaftsformen ist ein neues Verhältnis zur Natur. Die Nutzung fossiler Energieträger bewirkte eine massive Veränderung des Verhältnisses von Gesellschaft und Natur. Industrialisierung beruht auf fossiler Energie. Durch die flächenunabhängige Verfügbarkeit viel höherer Energiemengen als jemals zuvor in der Menschheitsgeschichte konnten Materialien aller Art mobilisiert werden. Preiswerter und schneller Transport über große Distanzen wurde ebenso möglich wie persönliche Mobilität. Mit der Arbeit in Fabriken kam – nach langen Kämpfen – die als solche designierte Urlaubszeit in die Welt, Tourismus wurde zum Wirtschaftsfaktor. Am Ende dieser Transformation war eine Industriegesellschaft entstanden, in der nur noch 5 % der Erwerbstätigen in der Landwirtschaft beschäftigt waren, im Vergleich zu etwa 80 % vorher.

Das Leben in Agrargesellschaften war beileibe kein Honiglecken. Unfälle, Krankheiten, Mangel- und Unterernährung, geringe soziale Mobilität, körperlich schwere Arbeit und lange Arbeitszeiten waren typisch. Doch war die Arbeit vielfältig und im Jahreslauf wechselten Phasen verschiedener Intensität. Zeit wurde nicht genauer gemessen als in Stunden.

In der Frühphase der Industrialisierung traten völlig neue Probleme auf: Luftverschmutzung, gefährliche Arbeitsplätze im Kohlebergbau oder am Hochofen, gleichförmige, hoch belastende Arbeit in den Spinnereien und Webereien und schließlich am Fließband, schlechte Ernährung, hohe Kindersterblichkeit, Alkoholismus – die Aufzählung ließe sich verlängern. Darauf reagierten vielerorts Frauen der Mittelschicht, Bürgerinnen, denen das Gemeinwohl am Herzen lag, mit Reformprojekten aller Art (vgl. S. 106).

Die neue **ERNÄHRUNGSLEHRE**. (*Werbepostkarte der Vereinigung deutscher Reformhäuser, nach 1925*)

Doch der einsetzende Reformdiskurs war auch ein Versuch sozialer Disziplinierung. Ratgeberliteratur setzte Standards, wie mit den neuen materiellen Errungenschaften umzugehen sei. »Wie reinige ich einen Linoleumboden?« (VON SALDERN, 1994) ist als paradigmatische Frage nach dem korrekten Verhalten gegenüber industriellen Produkte anzusehen.

Die Arbeitskraft der Arbeiterinnen und Arbeiter wurde zum bedeutenden Kostenfaktor, ihre Gesundheit weniger aus philanthropischen Motiven zum Thema. Reformbewegungen, die Wege zu einem gesünderen Leben suchten, modernisierten das Verhältnis der Menschen zu ihrem Körper. Sie machten zum Expertenthema, was früher intuitiv und selbstverständlich gewesen war und spielten damit genau jener Modernisierung in die Hände, deren Reform ihnen ein Anliegen war.

Seit dem 18. Jh. waren die Angehörigen der wachsenden bürgerlichen Schichten gereist. Wer es sich leisten konnte, fuhr in die Sommerfrische und zunehmend in die Bäder, die von Großbritannien ausgehend entstanden waren. Architektonisch wie infrastrukturell auf ihre Funktion zugeschnittene Orte wurden für den Tourismus geschaffen. Er wurde schnell zum unverzichtbaren Wirtschaftsfaktor, insbesondere für die im Strom der Modernisierung benachteiligten Peripherien. See- und Heilbäder, Luftkurorte und Tuberkuloseheilanstalten wurden gebaut. Eine ganz spezifische Synergie von Wissenschaft, Technik, Medizin und Tourismus wirkte dort, wo radioaktives Wasser und radonhaltige Luft als heilkräftige Agenzien dienten. Das von Marie Skłodowska Curie (1867–1934) entdeckte neue Phänomen der Radioaktivität war zunächst mit großer Euphorie aufgenommen worden, von der geheimnisvollen Kraft versprach man sich Jugend und Gesundheit. Radonhaltige Lösungen wurden als Vitalitätselixier angeboten, Keramikgefäße mit radioaktiver Beschichtung sollten Wasser über Nacht mit Lebenskraft aufladen. Dass es nicht zu Massenvergiftungen kam, ist dem stolzen Preis der Radionuklide zu verdanken: Die meisten radioaktiven Quacksalbereien waren teuer und zum Glück auch wenig radioaktiv. In der Euphorie wurde das radioaktive Bad als Heilung für eine Fülle von Leiden angepriesen, Gefahren wurden erst später sichtbar. Bis heute wird radioaktive Strahlung zwar zur Schmerzlinderung bei Gelenkleiden eingesetzt, jedoch ist die Indikationsstellung deutlich eingeschränkt und die Dosierung niedriger.

Aus dem tschechischen Radiumkurort Jáchymov (Joachimsthal) ist eine berührende Postkarte erhalten geblieben. Eine Tochter berichtet über den Gesundheitszustand ihres Vaters. Die Kur sei sehr anstrengend, der Vater müsse sie aber um des Kurerfolgs willen ertragen. Die erwähnten Symptome weisen sehr deutlich auf eine Strahlenkrankheit hin. Fortschrittlich sein hieß auch, Verschlechterung zu ertragen, um einer erhofften späteren Verbesserung willen.

Der Körper wurde, das zeigt sich auch am Radonbad, im Verlauf des 19. und frühen 20. Jh. zum Objekt der Modernisierung. Kuren und Bäder dienten der Aufrechterhaltung von Arbeitsfähigkeit vor allem des wachsenden Mittel-

stands. Auch auf dem Gebiet der Reformkost wurde Modernisierung körperwirksam. Fortschritte in der Agrikulturchemie – mit diesem Begriff hatte Justus von Liebig 1840 sein Werk über Pflanzennährstoffe betitelt – und in der Physiologie führten zu einer rationellen Ernährungslehre, die weniger vom Geschmack als vom ernährungsphysiologischen Gehalt der Nahrung ausging. Die Reformkost versprach auch volkswirtschaftlichen Gewinn; die neue Ernährungsweise würde kostengünstig gesunde, arbeitsfähige Körper erbringen. Neue Vertriebswege (Reformhäuser) schufen neue Arbeitsplätze, mehr Markt und mehr Konsum. Nur so war Wachstum möglich, dessen Aufrechterhaltung über die Mechanismen des Markts längst zur unhinterfragten Grundlage der Gesellschaft geworden war.

RADIUMBAD St. Joachimstal. Text der Postkarte: »Joachimstal, am 18.2.25
[...] herzlich grüßen wir Euch von hier. Mein Papi fühlt sich leider gar nicht gut, liegt schon seit 6 Tagen im Bett[, leidet] an Darmstörungen, Appetitlosigkeit, Schwäche u.s.w. Die Bestrahlungskur greift doch recht an. In 2 Wochen hoffen wir heim zu können. [...]«

Was zeigt der Blick auf die Körper? Die Moderne domestizierte die Reformbewegung durch das, was sie ausmacht: durch Technik, Wissenschaft und Eingliederung in die Marktwirtschaft. Den Individuen wurde indes Verantwortung für den Körper und dessen Arbeitsfähigkeit zugeschrieben; eine Schar Expertinnen und Experten verwissenschaftlichte Wohlbefinden und Gesundheit. Dieser Prozess schreitet bis heute fort.

Der menschliche Körper aber war zu Beginn des 20. Jh. – auch dank der Reformbewegungen – endgültig in den Fokus gesellschaftlicher Visionen geraten, im Gegensatz etwa zu Jean Jaques Rousseaus (1712–1778) Erziehungsprogramm, das den Geist als primäres Zielsystem gesehen hatte. Damit wurde nicht zuletzt jener Ideologie der Boden bereitet, die die Kontrolle über den Volkskörper zum primären Anliegen des Staates und seines Führers machen würde (vgl. S. 150).

WERTSTOFFE AM FALSCHEN ORT

Eine Geschichte von Sparsamkeit und Verschwendung

Abfall und Abwasser sind Phänomene urbaner Gesellschaften mit wirtschaftlicher Spezialisierung. Wohlhabende leisten es sich, Müll zu produzieren – auch in Mangelgesellschaften sondern sie Gegenstände aus, um Reichtum zu demonstrieren. Arme erzeugen weniger Müll; sie sammeln und reparieren nutzbare Dinge oder bauen Neues aus ihnen, das sie veräußern. Menschen in kapitalarmen und arbeitskraftreichen Gesellschaften verwerten Abfälle talentiert und kreativ – die Instandsetzung oder Umnutzung entsorgter Gegenstände erfordert wohl manchmal mehr Inspiration als ihre ursprüngliche Entwicklung. (STRASSER, 2000: 9f.)

Besondere Reste für Sparsame

»Wollen Sie Abfall in ihrer Familie vermeiden, dann beachten sie folgende Regeln und ignorieren sie diese nicht, weil sie ihnen unwichtig erscheinen mögen: Auch Kleinvieh macht Mist. Schauen sie öfter in die Eimer, damit nichts den Schweinen vorgeworfen wird, was in den Fettopf gehört. Schauen sie in den Fettopf, damit nichts drinnen ist, was ihre eigene Familie oder eine ärmere ernähren könnte« (LYDIA MARIA CHILD, 1832[12]: 8)

Im Gegensatz zu Bergbau und Gewerbe erzeugten Menschen, die von der Jagd, dem Sammeln von Früchten, dem Fischen oder von Garten- und Ackerbau lebten, bis in die erste Hälfte des 20. Jh. kaum Abfälle und Abwässer. Organische Reststoffe dienten als Tiernahrung oder wurden zusammen mit anorganischen Stoffen gesammelt und dann auf Gärten und Äcker als Dünger ausgebracht (vgl. S. 50). Neben Stallmist mit Kot und Urin wurden so Teile von geschlachteten Tieren, Aschen der Öfen und Keramikbruch verwertet.

Bis heute ist Mineraldünger für viele Bauernfamilien in zahlreichen afrikanischen und asiatischen Staaten zu teuer. Dieses Problem motivierte auch ein Pilotprojekt der Universität von Arba Minch in Südäthiopien: »Nutzt menschlichen Urin als Dünger.«

Städte mit ihrer Konzentration von Menschen machten von Anbeginn an die landwirtschaftliche Verwertung von Abfällen schwer, zumal Transporte teuer waren. In Rom entstand bereits im 6. Jh. v. Chr. ein etwa 100 m langer offener gemauerter Wasserkanal. Er entwässerte ein mit Gestein, Boden und Siedlungsschutt aufgefülltes, eingeebnetes und gepflastertes Feuchtgebiet in den Tiber, das davor durch Überschwemmungen geprägt, von Moskitos verseucht und unbewohnbar war. Hier sollte später das »Forum Romanum« erbaut werden. Diese und weitere Trockenlegungen ließen in Rom die Zahl der Malariainfektionen offenbar sinken. Versiegelung, Hochwasserschutz und Hygieneanforderungen machten größere geschlossene Entwässerungssysteme erforderlich. Der als »Cloaca Maxima« bezeichnete Kanal wurde zu einem imposanten abgedeckten Bauwerk erweitert. Er nahm nun auch die Abwässer öffentlicher Gebäude auf, zunächst jedoch kaum diejenigen privater Haushalte. Wahrscheinlich aufgrund der konsequenten Trennung von Frisch- und Abwasser sowie der Badekultur der Römer finden sich in antiken Schriftquellen kaum Hinweise auf wassergebundene Infektionskrankheiten. Lediglich Aulus Cornelius Celsus beschrieb im 1. Jh. offenbar Symptome der Ruhr. (AMULREE, 1973: 249; BAUER, 1989; HOPKINS, 2007; SURA, 2010)

Der Nachteil der epidemiologisch günstigen Entsorgung war anderswo zu spüren. Der Tiber führte die Abwässer Roms in das Tyrrhenische Meer; die Landwirtschaft verlor in großem Umfang wertvolle Nährstoffe.

Hausbesitzer hatten im antiken Rom Abfall auf der Straße zu entfernen; eigene Beamte, kontrollierten den öffentlichen Raum. Sie beauftragten bei ausbleibender Müllbeseitigung Unternehmen mit der Reinigung – auf Kosten der betroffenen Hausbesitzer. Dagegen wurde vom Mittelalter bis in das 19. Jh. in vielen europäischen Städten fester und flüssiger Abfall aus den Häusern auf die Straßen geschüttet. Die resultierenden hygienischen Zustände beförderten Epidemien. Die Assanierung, also die Schaffung besserer hygienischer Verhältnisse durch das siedlungsferne Vergraben von Abfall oder die Versickerung von Abwasser, wurde aufgrund der miasmatischen Theorie begonnen, die

Gesammeltes **TREIBGUT** am Strand von Amrum.

von der Ansteckung durch üble Gerüche ausgeht – bevor Krankheitserreger und Infektionswege bekannt wurden. Trotz Unkenntnis der tatsächlichen Krankheitsursachen hatten Maßnahmen zur Geruchsvermeidung positive epidemiologische Wirkungen.

Verschwendung von Nährstoffen

Über Jahrhunderte verschlangen »die Cloaken der ungeheuren Weltstadt den Wohlstand des römischen Bauers, und als dessen Felder die Mittel zur Ernährung ihrer Bewohner nicht mehr zu liefern vermochten, so versank in diesen Cloaken der Reichthum Siciliens, Sardiniens und der fruchtbaren Küstenländer von Africa« (JUSTUS VON LIEBIG, 1878[6]: 502).

Nicht verwertbarer Abfall fiel in Handwerksbetrieben und im Bergbau an. Abbau von Salz, Braun- und Steinkohle sowie Erzen hinterließ Halden mit teilweise toxischem Abfall und belastetes Abwasser. Durch die Bearbeitung von Leder mit pflanzlichen Stoffen wie Tanninen oder Fett von Tieren, später auch mit Mineralsalzen und seit dem frühen 20. Jh. mit synthetischen Gerbstoffen wurden die Körper der Gerber und ihre Umwelt erheblich belastet. Neben giftigen Stoffen waren der fürchterliche Aasgeruch und die Infektionsgefahr problematisch. 1911 erkrankten 70 von mehr als 80000 in deutschen Gerbereien Beschäftigten durch Kontakt mit infizierten Häuten an Milzbrand, zehn von ihnen starben (NEISSER, 1919: 422 f.). Einige Milzbrandsporen überlebten die Lederverarbeitung und gelangten mit den Abwässern der Gerbereien in Bäche und Flüsse. Nach anhaltenden Protesten von Bauern, die unterhalb von Gerbereien lebten und deren Vieh sich immer wieder mit Milzbrand infizierte, wurden 1911 für das Deutsche Reich Ausführungsbestimmungen zum Reichsviehseuchengesetz mit prophylaktischen Maßnahmen gegen Milzbrand erlassen (NEISSER, 1919: 433). Mit dem Verbot der Einleitung der Gerbereiabwässer in Oberflächengewässer endeten in Deutschland Milzbrandepidemien. Stattdessen versickerten die kontaminierten Abwässer nun in die Böden.

Die Nationalsozialisten zerstörten nach 1933 durch Deportation und Ermordung von Menschen jüdischen Glaubens auch das vorwiegend von diesen betriebene deutsche Altstoffsammlungssystem. Statt Lumpensammlern schickte das Regime Schulkinder zur Müllsammlung; Schulhöfe wurden in Recyclinglager umgewandelt.

Ressourcenmangel führte in der DDR zur Etablierung einer gut funktionierenden Recyclingwirtschaft, die nach der deutschen Vereinigung durch das weniger effektive System der BRD ersetzt wurde. Bis in die 1960er-Jahre war auch in Westdeutschland Verwertbares von Lumpen- und Alteisensammlern abgeholt worden, Holz zum Kochen und Heizen verbrannt, Aschen aus Öfen und Nahrungsabfälle in Abfallbehältern zusammengeführt und mit anderen Reststoffen in wilden Deponien entsorgt worden. Das Abfallgesetz der Bundesrepublik Deutschland von 1972 änderte die Situation. Seitdem wird Abfall regelmäßig abgeholt und in Mülldeponien gebracht oder verbrannt.

WASSERVERSCHMUTZUNG in Bangkok.

Gefährliche Stoffe werden gesondert deponiert oder verbrannt.

Seit den 1950er-Jahren steigt das Abfallvolumen in Westeuropa, weil Waren in Massen produziert und verpackt werden. Die neuesten Fassungen des deutschen Kreislauf- und Abfallwirtschaftsgesetzes haben daher die Vermeidung des Anfalls von Abfällen und eine umfassende Wiederverwertung zum Ziel. Zugleich steigen die Umweltanforderungen an technische Anlagen zur Verwertung oder Entsorgung von Abfällen. (WINIWARTER, 2002)

Abfall gelangt heute in großem Umfang auch in weitgehend rechtsfreie Räume. Die Anreicherung von zum Teil sehr kleinen Kunststofffragmenten an der Meeresoberfläche ist dafür ein trauriges Beispiel. Meeresströmungen führen Plastikabfälle an die Küsten oder in die Zentren riesiger Strömungswirbel, wo sie über Jahrhunderte verbleiben dürften. Kunststoffpartikel werden von Meereslebewesen und Vögeln mit der Nahrung aufgenommen. Die Wirkungen in den marinen Nahrungsnetzen sind bedrohlich. Realisierbare Konzepte und finanzielle Mittel zur Beseitigung des Meeresmülls fehlen. Individuelle Verursacher und staatliche Institutionen entziehen sich der Verantwortung. Nur durch Verweigerung des Konsums umweltunverträglicher oder unnützer Produkte werden wir deren Herstellung und damit die resultierenden Abfälle vermeiden können. Der Trend geht in die andere Richtung: Um Wirtschaftswachstum zu gewährleisten, wird immer mehr produziert. »Geplante Obsoleszenz« (der gewollte Verschleiß von Geräten) sorgt für stetig wachsenden Konsum.

Computer, Küchengeräte oder Fahrzeuge werden heute häufig so hergestellt, dass ganze Bauteile mit kleinen defekten Elementen ausgetauscht werden müssen und zu Abfall werden. Hingegen kann ein erfahrener Schmied flexibel individuelle Anforderungen umsetzen und Reparaturen ausführen. Bei ihm entsteht wenig Abfall (STRASSER, 2000: 10). Eine funktionierende Kreislaufwirtschaft muss bei der Produktion und nicht beim Abfall ansetzen.

BEHERRSCHBARE KERNKRAFT?

Three Mile Island – Tschernobyl – Fukushima Daiichi

Schwere Unfälle im Energiesektor – eine Bilanz

Das Paul Scherrer Institut (Villingen, Schweiz) sammelte Daten zu schweren Unfällen im Energiesektor (mit mindestens fünf unmittelbaren Todesfällen pro Unfall). Demnach gab es im Zeitraum von 1969 bis 2000 weltweit im Zusammenhang mit der Gewinnung und Verarbeitung von Kohle 1221 Unfälle mit über 25 000 unmittelbaren Toten. Erdöl verursachte 397 Unfälle mit über 20 000 Toten, Natur- und Flüssiggas 240 Unfälle mit fast 6000 Toten. Im Zusammenhang mit der Nutzung von Wasserkraft passierten elf Unfälle mit fast 30 000 Toten. Kohle-, Öl- und Wasserkraftwerke in Asien, Afrika und Lateinamerika hatten die höchsten Unfall- und Todesfallzahlen, Wasserkraftwerke in Europa und Nordamerika die geringsten. Einer der insgesamt 1870 schweren Unfälle in dieser Zeit betraf ein Kernkraftwerk: mit 31 unmittelbaren Toten die Anlage in Tschernobyl. An den Langzeitfolgen des Reaktorunfalls von Tschernobyl werden in den nächsten 70 Jahren nach Schätzungen voraussichtlich bis zu 4000 Menschen in den stark kontaminierten Gebieten und bis zu 33 000 Menschen in der nördlichen Hemisphäre sterben (BURGHERR et al., 2006). Pro Gigawattjahr erzeugter Energie waren bei der Kernenergie durchschnittlich fast 50 Todesopfer zu beklagen (ohne Fukushima Daiichi), bei Kohle-, Öl-, Gas- und Wasserkraftenergie im weltweiten Mittel weniger als zwei Todesopfer (SOVACOOL, 2011).

Zivile kerntechnische Anlagen galten lange Zeit vielen Menschen als sicher. Dies änderte sich am 28. März 1979. An jenem Tag ereignete sich im Block TMI-2 des Kernkraftwerks Three Mile Island ein schwerer Unfall. Die Anlage liegt auf einer Insel im Susquehanna, dem größten Fluss von Pennsylvania (USA). Der Betreiber »Metropolitan Edison« hatte Block TMI-2 erst Ende 1978 in Betrieb genommen. Am 28. März 1979 fielen um 4:00 Uhr früh Kühlpumpen aus. Ein Sicherheitsventil öffnete sich, radioaktiver Dampf und Wasser wurden in den Sicherheitsbehälter geleitet. Zwölf Sekunden später erfolgte die Schnellabschaltung des Reaktors. Das Sicherheitsventil schloss sich allerdings nicht automatisch; es blieb zwei Stunden und 22 Minuten geöffnet, wodurch über ein Drittel des Kühlwassers verloren ging. Diese Fehlfunktion wurde den Technikern im Kontrollraum offenbar nicht angezeigt. Zerfallswärme ließ den Druck ansteigen. Notfallpumpen konnten kein Kühlwasser in den Reaktorkern leiten, da bei vorausgegangenen Wartungsarbeiten zwei Ventile versehentlich geschlossen worden waren. Der Reaktor hätte in diesem Zustand nach der Wartung nicht angefahren werden dürfen.

Er geriet außer Kontrolle; die Brennstäbe erhitzten sich stark. Kurz vor 7 Uhr wurde der Ausnahmezustand ausgerufen und das Weiße Haus um 9:15 Uhr benachrichtigt. Um 14:30 Uhr wurde über dem Reaktor eine erhöhte Strahlung von 3000 Millirem pro Stunde gemessen. Mitarbeiter der US-Aufsichtsbehörde Nuclear Regulatory Commission (NRC) entschieden, schwach radioaktives Wasser in den Susquehanna abzulassen, ohne die Unterlieger und die Öffentlichkeit zu informieren; etwa 1500 m³ belastetes Wasser waren in den Fluss gelangt, ehe die Einleitung wieder gestoppt wurde. Der Gouverneur von Pennsylvania leitete am 30. März Evakuierungsmaßnahmen ein. Schwangere Frauen und Kinder wurden aufgefordert, das Gebiet in einem Umkreis von fünf Meilen um das Kernkraftwerk zu verlassen; Schulen schlossen. Die Evakuierungszonen wurden vergrößert. Tausende flohen. Bis zum 3. April 1979 bestand die Gefahr, dass Block TMI-2 explodieren würde; Ende April konnten Techniker endlich verkünden, dass der Reaktor unter Kontrolle gebracht sei. Drei Jahre nach dem Unfall wurde sein Inneres erstmals mit einer ferngesteuerten Kamera fotografiert. Die Aufnahmen wiesen zum Entsetzen der Experten eine partielle Kernschmelze nach. Der Sachschaden belief sich auf 2,4 Milliarden US-Dollar. (PRESIDENT'S COMMISSION TMI, 1986: 81, 90ff.; ROGOVIN & FRAMPTON, 1980; MALMSHEIMER, 1986; SOVACOOL, 2008; RUBNER, 2011)

Dieser erste katastrophale Unfall in einem zivilen Kernreaktor forderte aufgrund glücklicher Umstände keine Todesopfer. Er wurde durch technische Mängel verursacht, insbesondere durch unzureichende Warnsysteme in einem unter großem Zeitdruck erbauten Meiler. Fehler unvorbereiteter Verantwortlicher auf allen Ebenen trugen zum Unfall und zu chaotischen Notmaßnahmen bei. Die Eintrittswahrscheinlichkeit eines großen Reaktorunfalls war zuvor mit rund 100 000 Jahren berechnet worden. Die Realität lag nun bei weniger als 25 Jahren, und diese Zeitspanne sollte sich weiter reduzieren.

Der nächste katastrophale Reaktorunfall ereignete sich 1986 im Block 4 des Kernkraftwerks Tschernobyl in der Sowjetunion. Ein sicherheitstechnisches Experiment war bei der Inbetriebnahme des Kernkraftwerks fehlgeschlagen. Es sollte am 25. April 1986 nachgeholt werden. Techniker senkten die Leistung des Reaktors von Block 4. Entgegen der ursprünglichen Planungen wurde weiterhin Energie im Netz benötigt und daher der Reaktor die nächsten etwa 20 Stunden noch auf halber Leistung gefahren. Danach wurde die für das Experiment geplante Leistung versehentlich stark unterschritten. Um sie wieder anzuheben, fuhren Techniker vorschriftswidrig Steuerstäbe aus dem Reaktor aus, wodurch der Reaktor instabil wurde. Das Experiment begann danach verzögert am 26. April um 1:23 Uhr. Der Wasserdurchsatz im Reaktorkern ging zurück; Reaktivität, Leistung und Temperatur stiegen stark. Der Reaktor geriet außer Kontrolle. Die freigesetzte Energie zerstörte die Hüllen der Brennstäbe, die mit Wasser reagierten. Der resultierende extreme Druck hob die etwa 3000 Tonnen schwere Abdeckung des Reaktors an und zerstörte das Reaktorgebäude. Der zwischen den Brennstäben befindliche Graphit begann zu brennen und etwa acht Tonnen radioaktiver Brennstoff schossen in die Umgebung. Die Hitze ließ radioaktive Stoffe hoch in die Atmosphäre aufsteigen, der Wind transportierte sie schließlich bis nach Nord- und Mitteleuropa. Notmaßnahmen zur Abdeckung der Reaktorruine bewirkten, dass der Austritt radioaktiver Stoffe nach elf Tagen endlich abnahm. Unmittelbar durch den Unfall starben 31 Menschen. In Weißrussland wurden später etwa 135 000 Personen umgesiedelt. Tausende erkrankten in den Folgejahren an Schilddrüsenkrebs. (ÖKO-INSTITUT, 2011a, b, c; DEUTSCHES ATOMFORUM e. V., 2011)

Am 11. März 2011 führte ein Seebeben mit einer Magnitude von 9,0 auf der Richter-Skala um 14:46 Uhr zur Schnellabschaltung der Siedewasserreaktoren von Fukushima Daiichi etwa 250 km nördlich von Tokio. Die weiterhin erforderliche Kühlung der Brennelemente musste nach dem großräumigen Zusammenbruch der Stromversorgung auf Notstrom umgestellt werden. Um 15:37 Uhr traf die erste der von dem Seebeben ausgelösten Flutwellen die kerntechnische Anlage. Sie erreichte eine Höhe von über 13 m. Die Notstromaggregate in den Kellern der Maschinenhäuser waren unzureichend vor Wassereinbrüchen geschützt: 12 der 13 Notstromaggregate, Schaltanlagen und die Nach-

kühlung fielen aus. Kühlwasser verdampfte, die Hüllen der Brennstäbe überhitzten, der Druck in den Sicherheitsbehältern stieg stark an. Wasserstoffexplosionen beschädigten die drei Reaktorgebäude. Ungefähr fünf bis 10 % der Menge an Radioaktivität, die in Tschernobyl freigesetzt worden war, gelangte über Fukushima Daiichi in die Atmosphäre. (DEUTSCHES ATOMFORUM e. V., 2012)

Fukushima Daiichi war für eine Tsunamihöhe von nur 5,7 m Höhe ausgelegt. Auch diesem Unfall lagen Planungs-, Bau- und sicherheitstechnische Fehler zugrunde. Nicht menschliches Versagen während und nach der Katastrophe war ausschlaggebend, sondern die Auslegung der Anlage. Alle drei katastrophalen zivilen nuklearen Unfälle ereigneten sich in Hochtechnologiestaaten.

Die Regierung der Bundesrepublik Deutschland reagierte auf die Katastrophe von Fukushima Daiichi mit dem Beschluss, acht Kernreaktoren sofort abzuschalten und die übrigen bis spätestens 2022 stilllegen zu lassen.

Unfälle sind normal

– *Das Hemd eines Hausmeister in einer kerntechnischen Anlage in Virginia verfängt sich bei der Reinigung der Böden in einem Nebengebäude in einem Schalter zur Stromkreisunterbrechung. Der Reaktor schaltet automatisch ab, die Anlage wird für vier Tage geschlossen.*
– *Ein Mitarbeiter lässt beim Auswechseln einer Glühbirne in einem Bedienfeld in einem kalifornischen Kernkraftwerk diese versehentlich in den Reaktor fallen. Es kommt zum Kurzschluss der Sensoren und zu einer Erhöhung des Drucks, der den Reaktorbehälter beinahe sprengt.*
– *Ein Techniker testet mit einer Kerze Leckagen, sie fällt um und verursacht einen Brand, der eine dreimonatige Abschaltung eines Kernkraftwerks in Alabama nach sich zieht.*
– *Ein Nest Feldmäuse verursacht einen Kabelbrand in einer kerntechnischen Anlage in Kalifornien. Sie muss für eine Woche abgeschaltet werden.*
(SOVACOOL, 2011)

---

links **VERLASSENES HAUS** in der Umgebung von Tschernobyl.

rechts Messung der **RADIOAKTIVITÄT** in der Umgebung von Tschernobyl. Am 17. April 2013 lag die Strahlendosis am Checkpoint Babchin bei 0,56 Mikrosievert pro Stunde. Nach dem in Deutschland gültigen Eingreifrichtwert muss beim dauerhaften Überschreiten einer Strahlungsdosis von 0,01 Mikrosievert pro Stunde eine langfristige Umsiedlung erfolgen.

Nordseite der **SCHANZE** bei Düppel.
Foto von Friedrich Brandt, Schleswig-
Holsteinische Landesbibliothek Kiel
(Idstedt Gedächtnishalle).

Die verheerende Wirkung eines einzigen
deutschen 42 cm-Geschosses auf das
Panzerfort Loucin der Festung Lüttich.

*Auf Befehl S. M. des Kaisers veröffentlicht
zu Gunsten des Roten Kreuzes.*

links »Vom siegreichen Vordringen in Rumänien«. Zensierte
deutsche Postkarte des **ERDÖLFELDS** von Prahova (Ploieşti),
Rumänien, vermutlich 1940/41.

oben Mitte Werbung für **LEIBNIZ-KEKS**, Darstellung des Aushe-
bens eines Schützengrabens. *(Feldpostkarte, gelaufen am 3.1.1916)*

oben rechts **PANZERFORT** Loucin der Festung Liège (Lüttich),
Belgien. *(Postkarte aus dem 1. Weltkrieg)*

2.6 Natur und Politik

Der Zugang zu Ressourcen ist Grundlage von Macht. Daher ist Natur Materie der Politik, seit es Politik gibt. Viele Umweltgeschichten dieses Buches könnten also auch in diesem Kapitel »2.6. Natur und Politik« Platz finden. Die wenigen hier versammelten beleuchten die vielfältigen Ausprägungen des Verhältnisses von Natur und Mensch und der Verstrickungen von Natur und Politik.

Natur- und Umweltschutz sind im Vergleich zu Wirtschafts- und Sozialthemen eine zweitrangige Politikmaterie. Den sozialen Bewegungen, die sich Ende des 19. Jh. formierten, verdanken wir den Beginn des Natur- und Umweltschutzes in Mitteleuropa. Von den ästhetisch orientierten Prinzipien des frühen Naturdenkmalschutzes ist der heutige Naturschutz weit entfernt, einige Schritte dieses Weges skizzieren wir.

Stehen imperiale Interessen hinter staatlichem Naturschutz, wie im Fall des Lhalu-Nationalparks in der tibetischen Hauptstadt Lhasa, ist dieser kritisch zu hinterfragen. Naturschutz wird wie so oft auch in diesem Fall als Trennung von Natur und menschlich überformter Umwelt verstanden und die indigene Bevölkerung im Namen des Naturschutzes von der Ressourcennutzung ausgeschlossen.

Naturschutz kann aus ökologischen Gründen nicht auf einzelne Flächen in öffentlichem Eigentum beschränkt sein. Behörden sind auf die Kooperation mit privaten Eigentümern angewiesen. Wissenschaftlich fundierte Direktiven werden benötigt, etwa wenn es um die naturgemäße Beweidung von Berghängen oder Feuchtwiesen geht. Wissenschaftliches Wissen ist zeitgebunden und immer vorläufig. Seine Umsetzung beendet zwangsläufig die Vorläufigkeit. Der Kampf gegen Eichen auf privaten Weiden in Kalifornien, der sich im Laufe von Jahrzehnten zu einem Kampf für den Schutz der Eichen wandelte, regt zum Nachdenken über die Rolle von Experten an.

Ob Meer oder Fluss – auch vor Gewässern macht die Politisierung nicht Halt. Wer wo mit welcher technischen Ausrüstung wie viele Gelbe Quakfische im Gelben Meer fangen konnte und welche Märkte ihm offenstanden, war Gegenstand eines Kampfes um Hegemonie zwischen China und Japan. Die Gelben Quakfische wurden dabei massiv dezimiert.

Macht über die Natur zu demonstrieren, war (und ist) eine Möglichkeit, politische Macht zu artikulieren. Schon Jean-Jaques Rousseau wetterte in sozialreformatorischer Absicht gegen diejenigen, die in Glashäusern der Natur zur Unzeit geschmacklose Früchte abtrotzten. Wir diskutieren Macht über die Natur am Beispiel der Rheinregulierung nach den Plänen von Johann Gottfried Tulla.

Die Wirkungen der Dynamik eines großen Stroms auf Kriegshandlungen und Schlachtenglück an den Ufern und im Wasser lassen sich für die Donau erzählen, eine über Jahrhunderte umkämpfte Grenze. Eis, Hoch- und Niedrigwasser sind Faktoren, die zu ignorieren sich niemand leisten konnte. Die Donau blieb neutral: Ihre Dynamik konnte sich für Belagerte und Belagernde, für habsburgische wie osmanische Truppen als Glück oder Unglück erweisen.

Krieg ist in vielerlei Hinsicht negativ für die Umwelt. Die Wirkungen beginnen bei der Ressourcenextraktion für kriegswichtige Materialien. Diese zeigen wir für Salpeter, der als Bestandteil des Schießpulvers schon in der Frühen Neuzeit eine begehrte Ressource war, in Konkurrenz zu seiner Verwendung als Dünger.

Fallstudien zu zwei Diktaturen des 20. Jh. verdeutlichen, wie der Drang nach totaler Kontrolle über Menschen und Natur totale Zerstörung nach sich ziehen kann. Die nationalsozialistische Diktatur zeigt auch die Janusköpfigkeit solcher Regime. Der deutsche Wald wurde einerseits ideologisch überhöht und andererseits der Kriegsmaschinerie bedenkenlos geopfert. In den Konzentrationslagern wurde Natur zum Hilfsmittel der Folterknechte. Ergebenheit gegenüber einem Diktator führte in China zusammen mit Kontrollfantasien zur größten durch Menschen jemals verursachten Hungerkatastrophe und zu Umweltproblemen, die bis heute bestehen.

Demokratie und die mit ihr verbundene Meinungsfreiheit schützen allerdings nicht vor kriegsbedingten Umweltzerstörungen, wie der Einsatz des Herbizids Agent Orange durch US-Truppen zeigt. Die Belastung mit Dioxin hat langfristige Effekte auf Menschen und ihre Umwelt.

Die Politik der USA war im 20. Jh. imperialistisch, ob in Korea oder Vietnam, ob beim Rennen um die erste Wasserstoffbombe oder den Kampf um die symbolische Hoheit im Weltall und auf dem Mond. Der Kalte Krieg führte nicht nur zu weitgehender Umweltzerstörung auf Schlachtfeldern und beim Uranabbau in den Reservationen etwa der Navajo, sondern auch zum Entstehen einer gegen Umweltzerstörung und Krieg gerichteten Bewegung. Mit dem ersten Earth Day 1970 etablierte sich in den USA eine zunächst erfolgreiche Massenbewegung.

Ob internationale Gewässer oder Feuchtgebiete, ob Regulierung oder Modernisierung auf Kosten von Menschen und Natur, politische Interessen und Machtkalküle sind umweltwirksam. Das gesellschaftliche Projekt der nachhaltigen Entwicklung wird ohne Berücksichtigung dieser Dimension nicht erfolgreich sein.

links Das **GIFTGAS** Turpinite als französische Waffe gegen als Insekten mit Pickelhauben dargestellte Deutsche. (*Propagandapostkarte 1915*)

rechts **BAHNHOF-SAAL** in den Vogesen. (*Postkarte aus dem 1. Weltkrieg*)

rechts **»QUAKKARTE«** des Kernenergiekritikers Wilfried Zeckai (1980).

unten Das **GREENPEACE-SCHIFF** Rainbow Warrior im Hafen von Genua im Juni 2006.

ZWÖLFHUNDERTJÄHRIGE EICHE in Thüringen. *(Postkarte; gezeichnet 1909, geser.det 1919)*

links Ein besonders prägnantes Beispiel **POLITISIERTER NATUR**. *(Postkarte, gelaufen 1934)*

rechts Ausbringung von **ENTLAUBUNGSMITTELN** am 26. Juli 1969 im Mekong-Delta (Vietnam) durch einen Hubschrauber der US-amerikanischen 336. Aviation Company.

WACHTURM im Konzentrationslager Auschwitz II (Birkenau).

WARUM SCHÜTZEN WIR NATUR?

Wurzeln und Entwicklung des Naturschutzes in Deutschland

Mit den im 18. Jh. in Europa aufkommenden Gelehrtengesellschaften und wissenschaftlichen Akademien wuchs die ökonomische und naturwissenschaftliche Forschung. Der merkantilistische Staat als Akteur ging mit Natur planerisch um. Dies führte auch bei der Waldnutzung zu einem Paradigmenwechsel, der sich in dem bereits 1713 von Carl von Carlowitz geprägten Begriff der »nachhaltigen Forstwirtschaft« und 1816 in der Gründung des Forstwirtschaftlichen Instituts im sächsischen Tharandt artikulierte. Wald war fortan da, um Holz zu produzieren; Nebennutzungen wurden bekämpft. Die Bauern, deren gemeinschaftliche Nutzungsrechte einer Maximierung des Holzertrags entgegenstanden, wurden vertrieben.

> »Wir alle brauchen nicht nur Brot, sondern auch Schönheit, Orte zum Spielen und zum Beten, wo die Natur uns heilen und aufmuntern und unserem Körper und unserer Seele gleichermaßen Kraft verleihen kann.« John Muir (zitiert in STEINER, 2011: 4)

Für die städtischen Arbeiterinnen und Arbeiter des 19. Jh. war die ländliche Natur nicht mehr Produktions-, sondern Erholungsraum. Organisierte sportliche Aktivitäten sowie Wanderungen »in der Natur« begannen. Der Österreichische Alpenverein (1862), der Schwarzwaldverein (1864), der Taunus Club (1868) und der Deutsche Alpenverein (1869) wurden gegründet. Tourismus wurde zum Wirtschaftsfaktor; häufig aufgesuchte Landschaften wurden dafür massiv verändert. Forderungen zum Schutz der »ursprünglichen Natur«, der »gestalteten Natur« der Gärten und gesamter Kulturlandschaften kamen auf. Um 1900 konstituierten sich Organisationen von Naturfreunden in Österreich und Deutschland, die sich vehement gegen Veränderungen der Kulturlandschaften durch die Industrie, das Wachstum der Städte und die Verkehrsinfrastruktur sowie gegen den stark erhöhten Flächenbedarf des Militärs wandten. (RÖSCHEISEN, 2005: 44–47)

Der Professor für Klavier und Orgel Ernst Rudorff (1840–1916), der sich für die Erhaltung der »Natur in ihrer Ursprünglich-

keit« sowie die »Schonung landschaftlicher Eigentümlichkeit« eingesetzt und 1888 den Begriff »Naturschutz« geprägt hatte, gründete 1904 den »Bund Heimatschutz« zur Bewahrung von Sitten, Gebräuchen und Landschaften (RUDORFF, 1880; BFN, 2006: 2). Dieser und ähnliche Versuche, zivilisationskritisch-romantische und vorindustriell-feudale Wertvorstellungen zum »Schutz der Heimat« mit denjenigen zum »Erhalt der Natur« zu verbinden, erwiesen sich nicht als tragfähig. Die Interessen von Naturschützern blieben darin peripher. Sie organisierten sich daher bald in Naturschutzvereinen, deren zentrale Strategie im Kauf kleiner Flächen oder einzelner Kulturlandschaftselemente (»Naturdenkmale«) bestand, die dann geschützt wurden. Landkäufe durch den 1909 gebildeten Verein »Naturschutzpark« ermöglichten 1921 die Etablierung des Naturschutzgebietes Lüneburger Heide. Naturschutz schützt in Europa meistens Kultur: Die Erhaltung von Heideflächen, also von Auswirkungen traditioneller Nutzung als Weiden, stand im Fokus. Geschützt wurde eine Kulturlandschaft. (RÖSCHEISEN, 2005: 44–47; BFN, 2006)

Ein Meilenstein des deutschen Naturschutzes ist die 1904 vom Botanikprofessor Hugo Conwentz (1855–1922) vorgelegte Denkschrift »Die Gefährdung der Naturdenkmäler und Vorschläge zu ihrer Erhaltung«. Er wurde daraufhin 1906 zum Leiter der neuen »Staatlichen Stelle für Naturdenkmalpflege in Preußen« berufen. Ihre Aufgaben bestanden in der Dokumentation der Naturschätze, Forschung und Beratung. Conwentz baute rasch ein Netzwerk ehrenamtlicher Kommissionen und Beratungsgremien auf, aus denen sich »Stellen für Naturdenkmalpflege« entwickelten. Zu geringe Ausstattung und Kompetenzen der Staatli-

Die **LORELEY** am Mittelrhein –
die Wiege des Naturdenkmalschutzes.

Der Naturschutz gibt Unterweisungen, die von Güte
gegen das Schwächere, Achtung vor dem Geschaffenen,
Bewahrung des Lebens und Erhaltung des Schönen
handeln. Der Schutz der Natur in der Volksseele bedarf
eingehender Arbeit. Man kann die Natur nicht vielseitig
genug erfassen, um die Menschen zu eindringlicher Liebe
zu ihr und zum verstandes- und gefühlsmäßigen Bewußt-
sein zu bringen, daß der Schutz der Natur heutigentags
notwendig ist und Herzenssache sein muß.   Joh. Rueß.

»Tritt dem Bund **NATURSCHUTZ** in Bayern bei!«
(Werbepostkarte des 1913 gegründeten Bund Naturschutz)

chen Naturschutzstellen vermochten wenig gegen den
Landnutzungswandel zu Ungunsten naturnaher Standorte
auszurichten. Der Dichter Herrmann Löns verhöhnte 1911
den »conwentzionellen Naturschutz« als »Pritzelkram«;
Conwentz habe die »Naturverhunzung en gros« nicht verhindert. (KNAUT, 1993; UEKÖTTER, 2003: 35; BFN, 2006: 3)

Naturschutz wurde zur Gesetzesmaterie. 1888 war das
Reichsvogelschutzgesetz in Kraft getreten. In der Weima-
rer Verfassung von 1919 waren der Schutz und die Pflege
von Natur und Landschaft durch den Staat unverbindlich
verankert. Das 1920 erlassene Preußische Feld- und Forst-
polizeigesetz ermöglichte die Ausweisung von Naturschutz-
gebieten. Als Erstes wurde 1921 das Neandertal bei Düsseldorf unter Schutz gestellt. (BFN, 2006: 4)

1922 übernahm Walther Schoenichen (1876–1956) die Leitung der Staatlichen Stelle für Naturdenkmalpflege. Er
stand dem völkischen Flügel der Naturschützer nahe, für
den »intakte« Natur Grundlage für »gesundes Volkstum«
war (SCHMOLL, o. J.). Schoenichen mangelte es an Fach-
kenntnis. Er bewunderte die gepflanzten Hutewälder mit
ihren knorrigen Eichen und Buchen als »Urwaldwildnis«.

Während im frühen 20. Jh. zivilisationskritische Roman-
tiker wie Ernst Rudorff und nüchterne Naturwissenschaft-
ler wie Hugo Conwentz um den »richtigen« Naturschutz
stritten, konkurrierten in der nationalsozialistischen Zeit
der »Reichslandschaftsanwalt« Alwin Seifert (1890–1972)
mit Landschaftsarchitekten wie Heinrich Wiepking-Jürgensmann (1891–1973). Der organisierte Naturschutz blieb
über Jahrzehnte »national, staatshörig, konservativ und
elitär« (UEKÖTTER, 2003: 35f.).

1933 erfolgten die Gleichschaltung der Naturschutzver-
bände und der Ausschluss der jüdischen Mitglieder. Das
1935 von Reichsforst- und -jägermeister Hermann Göring
durchgesetzte Reichsnaturschutzgesetz regelte erstmals

den Ausgleich nach Eingriffen durch private Personen –
nicht jedoch durch Großvorhaben des Staates. Für »jagd-
bare« Tiere galt das Gesetz nicht. Zwar war es aus natur-
schutzfachlicher Sicht fortschrittlich und in Westdeutschland bis zum Erlass des Bundesnaturschutzgesetzes im Jahr
1976 nahezu unverändert gültig. Die Präambel zeigt jedoch
deutlich den ideologischen Charakter des Gesetzes: Erst die
»Umgestaltung des deutschen Menschen« hätte die »Vorbe-
dingungen für wirksamen Naturschutz« geschaffen. Die
Institutionen des Naturschutzes dienten der ideologischen
Sicherung der nationalsozialistischen Herrschaft, nicht
dem Schutz der Natur. (BFN, 2006: 4f.; RADKAU & UEKÖT-
TER, 2003; RADKAU, 2011: 96ff.; SCHMOLL, o. J.)

In den 1960er- und 1970er-Jahren begann in der Bundesrepublik Deutschland ein von Luftverschmutzung, Atom-
kraftwerken und dem Kampf gegen Aufrüstung und das Es-
tablishment stimulierter Umbruch (RADKAU, 2011). Die
Umweltpolitik der von Willy Brandt geführten sozial-libe-
ralen Koalition und die Gründung der Partei DIE GRÜNEN
holten die Naturschutzinstitutionen aus ihrem Dornrös-
chenschlaf. Bis dahin hatten sie auf die Erhaltung von Kul-
turlandschaftselementen und bedrohten Tier- und Pflanzenarten gezielt. Prozessschutz statt Objektschutz wurde
danach zur Maxime. Es galt, der Natur ihren Lauf zu lassen. Trotz dieses Umbruchs ist die Segregation, die Orien-
tierung an einzelnen zu schützenden und spezifisch zu
nutzenden Raumausschnitten, Basis des Naturschutzes geblieben. So verwundert es nicht, dass Schneider (2004: 7–8)
den postmodernen, staatlichen Naturschutz als ahistorisch, asozial, autoritär und in der »Tradition patriarchal
strukturierter Allegorien über die Natur« verharrend charakterisiert. Ob der Naturschutz eine Zukunft hat? Nicht als
Segregationsideologie, aber als wichtiger Teil einer umfassenden Transformation zu einer nachhaltigen Gesellschaft.

Früher Naturschutz in den USA

*Mitte des 19. Jh. erfasste der kalifornische Goldrausch das
Yosemite-Tal in Kalifornien. Die US-Armee begann dort indigene Bewohner zu jagen. Aufzeichnungen dieser Gefechte
und erste Touristen machten die überwältigend schöne
Landschaft bekannt; kommerzielle Interessen erregten bald
Besorgnis. Nach Forderungen durch prominente Persön-
lichkeiten beschloss der US-Kongress 1864 die Unterschutz-
stellung: Als Park des Bundesstaates Kalifornien wurde
Yosemite zum ersten größeren von der Bundesregierung der
USA unter Schutz gestellten Gebiet, das dem Naturschutz
und dem Naturerleben diente. 1872 folgte Yellowstone in
Wyoming. Der Naturenthusiast und Universalwissenschaft-
ler John Muir (1838–1914) förderte die Naturschutzbewe-
gung in den USA wesentlich. Er gründete 1892 gemeinsam
mit anderen den Sierra Club, eine bis heute bedeutende Na-
turschutzorganisation. Präsident Theodore Roosevelt sorgte
1906 auf Anregung Muirs für die Vergrößerung, Rücküber-
tragung in die Bundeszuständigkeit und Ausweisung als
Nationalpark. (BOWLER, 1997: 208f.; WORSTER, 2005;
STEINER, 2011)*

BAU EINEN ZAUN, SO WIRD NATUR DARAUS!

Das Lhalu-Feuchtgebiet in Tibet

»Bang mdzod phyi ma« (Schatzkammer im Freien) nannte die tibetische Regierung noch Anfang des 20. Jh. das Lhalu-Feuchtgebiet im Nordosten der Hauptstadt Lhasa. Ein eigenes Büro für Grasmanagement kümmerte sich um die Ernte des Riedgrases für die Pferde in Regierungsdiensten. Wächter waren rund um das Moor verteilt, Aufsichtspersonen aus dem nahegelegenen Dorf für die Ernte verantwortlich. Die nötige Arbeit wurde von Dorfbewohnern als Steuerleistung erbracht.

Bis in die 1950er-Jahre stand das Wasser im Feuchtgebiet zeitweise hüfthoch, das Riedgras wuchs übermannshoch. Das Riedgrasland war mit kleinen offenen Seen und Quellen durchsetzt. Bei der Ernte ließ man rund um diese einen Ring aus Gras stehen, damit niemand hineinfiel. Grassoden dienten als Baumaterial, und der dicke oberste Bodenhorizont aus Torf (tibetisch: lama) lieferte getrocknet kostbaren Brennstoff. Von März bis Mai, wenn der Wasserstand am niedrigsten lag und Insekten die Ernte weniger erschwerten, durfte »lama« gestochen werden. Aufseher sorgten dafür, dass die Stiche jährlich ihre Position wechselten. Daneben wurden im Frühjahr an bestimmten Plätzen Dämme aus Torf errichtet, die das Wasser daran hindern sollten, rasch in den Kyichu-Fluss abzufließen. Das vergrößerte die Schilfproduktion im unteren Teil des Feuchtgebietes. Zu Beginn der Regenzeit wurden die Dämme wieder abgetragen. Die in der Umgebung lebenden Familien mussten sich zudem an der jährlichen Räumung des »Sandkanals«, eines Sedimentabscheiders für zwei Flüsse mit hohen sommerlichen Sedimentfrachten, beteiligen.

Dieser Sandkanal wurde Anfang der 1970er-Jahre zugeschüttet, um Bauland für die Stadterweiterung von Lhasa zu gewinnen. Zwei stark Sediment führende Flüsse wurden an die Nordostecke des Gebietes umgeleitet. Schnell wurde dieser Teil des Moors unter einer Sandschicht begraben. Die 20 Jahre später gegrabenen Rückhaltebecken erwiesen sich als zu flach, der Sand breitete sich weiter aus. Später sollte ihn die lokale Bevölkerung zum Teil abbauen und als Baumaterial verkaufen. Zeigt sich an Lhalu eine typische Geschichte von Nutzungswandel durch Modernisierung?

Im März 1959 war außerdem der tibetische Aufstand gegen die chinesische Herrschaft gescheitert, der Dalai Lama geflohen. Die Aufständischen wurden zu Zwangsarbeit verurteilt. Eines der mit Zwangsarbeitern durchgeführten chinesischen Projekte war die Trockenlegung des Feuchtgebietes. Die chinesische Führung wollte die Bedeutung der bisherigen Nutzung nicht wahrnehmen: Für die Han-Chinesen handelte es sich um ein großes Stück unproduktiven Sumpfes, der – trockengelegt – als Getreideanbaufläche produktiv werden würde. Zwangsarbeiter gruben zwei Hauptkanäle und eine Reihe kleiner Seitenkanäle entlang der künftigen Feldgrenzen. Nach drei Jahren wurde das Gebiet als ausreichend trocken für Getreidebau eingeschätzt. Es erwies sich jedoch als völlig ungeeignet und die Versuche wurden in den späten 1960er-Jahren eingestellt – die Trockenlegung war allerdings unumkehrbar. Sie wurde fortan als heroisches Projekt der Urbarmachung eines unfruchtbaren Sumpfes gefeiert, bei dem Soldaten der Volksarmee mit von Blutblasen bedeckten Händen für den kommunistischen Sieg über eine feindliche Natur erfolgreich geschuftet hatten. Diese Art Mythos war zentral für die kommunistische Ideologie: Im Kampf gegen die Natur sollte der kommunistische Mensch geschaffen werden; aus einer tibetischen Wildnis sollten mo-

Sandablagerungen am rechten Rand des **LHALU-FEUCHTGEBIETS**, eingerahmt von der Stadt Lhasa.

Geschichte unserer Umwelt

derne, nach wissenschaftlichen Grundsätzen bewirtschaftete, zivilisierte chinesische Felder werden.

Getreidebau blieb unmöglich, die Gewinnung von »lama« hingegen boomte in den 1960er- und 70er-Jahren weiterhin. Bis zum Aufstand waren nomadische Viehhalter in die seit den 1940er-Jahren wachsende Stadt Lhasa gekommen und hatten getrockneten Yakdung als Brennstoff verkauft. Derartige individuelle Wirtschaftstätigkeit war unter kommunistischer Herrschaft verpönt. Das Ausbleiben der Yakfladen führte zu Brennstoffmangel, und so begann die vermehrte private Gewinnung von Torf im inzwischen trockengelegten ehemaligen Feuchtgebiet. Am stadtfernen Rand wurde ein Granitsteinbruch angelegt; Staub und Lärm ließen Anrainer (vergeblich) protestieren. Die Armee hatte das Jagdrecht, aber auch Privatpersonen betrieben illegale Jagd auf die noch immer zahlreichen Zugvögel. Der Schwarzhalskranich (Grus nigricollis) verschwand.

Mitte der 1980er-Jahre wurde das Land im Zuge ökonomischer Reformen reprivatisiert, nur um es anschließend als Bauland zu requirieren. Wieder wurde ein Stück Feuchtgebiet drainiert – bis 1996 war nahezu das gesamte landwirtschaftliche Land in seiner Umgebung als Bauland ausgewiesen. Für die nun landlosen ehemaligen Bauern wurden Rinder aus Ostchina importiert, Lhalu bot sich als Weideland an. Teile des ehemaligen Moores wurden für den Gemüseanbau genutzt, Fischteiche angelegt und für Touristen Reitausflüge angeboten. Diese Nutzungen wurden allerdings zunehmend eingeschränkt, denn ein neues staatliches Paradigma geriet mit den ökonomischen Plänen in Konflikt: Mitte der 1990er-Jahre wurde das Gebiet unter Naturschutz gestellt. Es war zu diesem Zeitpunkt nur mehr halb so groß wie zur Zeit der Riednutzung. Dazu war es weitgehend ausgetrocknet.

1992 war mit Mitteln des UN World Food Programms der »Mittelkanal« gebaut worden, der am südlichen Rand von Lhalu verläuft. Diese als Stadtverschönerung geplante Maßnahme hatte weitere tief greifende Wirkungen auf die Feuchtgebietsreste. Der Wasserspiegel im Kanal liegt tiefer als das Moor, 70 % des verbliebenen Gebietes wurden so ausgetrocknet.

Paradoxerweise wurde gleichzeitig mit der faktischen Austrocknung Lhalu erstmals offiziell als Feuchtgebiet wahrgenommen. Der Weg in eine wünschenswerte, moderne Welt führte nun über den Naturschutz. Das »TAR Environmental Protection Bureau« (EPB) untersuchte erstmals 1995 das Gebiet. 1997 bis 1998 verbot die lokale Abteilung des EPB eine weitere Gewinnung von Ackerland, das Waschen von Wäsche, die Gewinnung von Torf für Rasen, das Fischen und den Anbau von Feldfrüchten. 7500 Kiefern und Weiden wurden entlang des Hauptkanals gepflanzt, das Reiten wurde verboten. Mehr als 20 Tafeln, die das Naturschutzgebiet ausweisen, wurden aufgestellt. Für 12 Millionen US-Dollar wurde ein Zaun um den kläglichen Rest des Feuchtgebiets errichtet. Durch Demarkation sollte »Natur« produziert werden, die Nutzungsgeschichte musste dafür verdrängt werden. In radikaler Umkehr der Ideologie der 1960er-Jahre galt es nun als kommunistisches Projekt, »Wildnis« zu schützen. Diese war allerdings nicht mehr vorhanden: Getreide wurde angesät, um die durch die Trockenlegung verschwundenen Zugvögel anzulocken, eine zeitlose, von Menschen unberührte Landschaft sollte konstruiert, die Nutzungsgeschichte vergessen werden.

Warum ist dies so wichtig? Naturschutz ist hier zutiefst politisch. Lhalu dient als Argument nationalistischer Ansprüche von chinesischer und (exil-)tibetischer Seite. Letztere argumentiert, dass Tibeter als Buddhisten mit der Natur in Harmonie gelebt hätten, während unter chinesischer Herrschaft die Natur zerstört worden sei. Die chinesische Regierung setzt diesem Argument »modernen« Naturschutz entgegen, um die tibetische Kulturgeschichte von Lhalu zu überschreiben. Die neu geschaffene Wildnis ist Teil des Programms der Assimilierung der autonomen Provinz Tibet.
(YEH, 2009)

Der von der chinesischen Regierung errichtete **ZAUN** um das Lhalu-Feuchtgebiet verhindert die früher üblichen Nutzungen. Er wird von Anrainern selbst als Ressource betrachtet, wie die **FEHLENDEN ZAUNFELDER** in der großen Abbildung zeigen.

Wissenschaft und Weideland in Kalifornien

Vor 1870 waren Rinder und auch Schafe in einem saisonalen Zyklus durch die Landschaften Kaliforniens gezogen. Den Winter verbrachten sie auf Wiesen im Tal, Frühling und Herbst in den Ausläufern der Wälder, den Sommer in den Nadelwäldern und Almen der Höhenlagen. Während der 1870er- und 1880er-Jahre konsolidierten mächtige Agrarkonzerne von San Francisco aus – unter effektiver Nutzung der neuen Verkehrsnetze und der technischen Innovation des Stacheldrahts – ihre Kontrolle über die fruchtbaren landwirtschaftlich genutzten Täler. Sie beeinflussten die Gesetzgebung, wodurch Ackerbau gegenüber Viehhaltung priorisiert wurde. Damit waren die weiträumigen Weidezyklen nicht mehr möglich. Die hoch gelegenen Wälder wurden unter staatlichen Schutz gestellt, die Täler intensiv ackerbaulich genutzt. Den Viehhaltern blieb nur noch die trockene mittlere Höhenstufe. Sie sahen sich fortan der schwierigen Aufgabe gegenüber, eine tragfähige Viehhaltungsindustrie auf eichenreichem Grasland aufzubauen, das sonst niemand nutzen wollte.

Doch die Viehhalter erhielten Hilfe aus der Wissenschaft. Arthur Sampson, der erste Professor für Weidemanagement an der Universität von Kalifornien, nutzte das ländliche Fortbildungsprogramm seiner Universität, um eine seiner Meinung nach naturschutzorientierte Nutzung der im Privatbesitz befindlichen laubholzbestandenen Weiden der mittleren Höhenstufe durchzusetzen. Bis zum Ende der 1930er-Jahre wurden – entsprechend den Forschungsergebnissen – in fast allen Bezirken Kaliforniens Maßnahmen gegen die Ausbreitung von Gehölzen in Grasland ergriffen, indem jährlich kontrollierte Feuer gelegt wurden.

In den 1950er-Jahren stieg der Bedarf an Fleisch. Viehhalter suchten nach Möglichkeiten, die Produktivität ihrer Weiden zu steigern. Eine eben gegründete, von der University of Califonia in Davis betriebene Forschungsstätte wurde zum Zentrum einer neuen Vision wissenschaftlich geplanter Viehhaltung. Das Land sollte regelrecht transformiert werden, »unordentliche« grasreiche, mit einzelnen Bäumen bestandene Flächen sollten geordneten, homogenen Weiden zur Erzeugung von Tierfutter weichen. Die Produktion sollte massiv gesteigert werden, das knappe Wasser möglichst hochproduktiven Futtergräsern zugutekommen. Auf der Hopland-Versuchsfarm wurden dafür große Flächen von Gehölzen »befreit«. Zehntausende Eichen wurden mit Herbiziden behandelt und verbrannt. Die Forscher säten danach Grassamen und beobachteten deren Produktivität. Der Wasserhaushalt wurde untersucht, da Eichen verdächtigt wurden, in erheblichem Maße Bodenwasser zu verbrauchen. Zunächst stieg die Produktivität auf den eichenfreien Versuchsflächen tatsächlich an, und die lästigen Gehölze schienen dauerhaft vertrieben. Mit einer Kombination aus schweren Maschinen, kostengünstigen Chemikalien und kontrolliertem Abbrennen konnten – das schien der Versuch bewiesen zu haben – Viehzüchter ihr Land schnell und kostengünstig in homogene Hochertragsweiden verwandeln.

Schafe weiden zwischen Baumstümpfen. **KAHLSCHLAG** wurde für die kalifornischen Weiden von Experten empfohlen.

Informationsmaterialien, Besichtigungstage und Kurse für verschiedene Zielgruppen sowie Vor-Ort-Beratungen durch Experten – alles auf freiwilliger Basis – beeinflussten die Entscheidungen der Viehzüchter. Eine Broschüre aus dem Jahr 1956 empfahl, einen potenten Cocktail von Herbiziden über eine enorme Fläche zu versprühen. Dieser sollte Eichen, Kiefern, Beifuß und Chaparralbüsche großflächig absterben lassen, um Millionen Hektar unproduktives Land in nutzbringende Weiden zu verwandeln.

Die Forscher der Versuchsstation waren nicht die Einzigen, die gegen Eichen vorgingen. Das Landwirtschaftsministerium hatte bereits jahrzehntelang die Beseitigung von Eichen aus landwirtschaftlichen Flächen in den Tälern gefördert – sie galten als Bewirtschaftungshindernis. Mittels Sprengstoff und schwerem Gerät wurden ab 1947 Eichen mit Regierungshilfe vernichtet. In den 1960er- und 1970er-Jahren stieg zudem der Bedarf an Holzkohle und Feuerholz. Ölpreiskrise, Campingboom und die Grillplätze der suburbanen Villen trugen dazu bei, Eichen aufgrund ihres vermarktbaren Holzes zu fällen.

Geschichte unserer Umwelt

FORTBILDUNGSVORTRAG für Landbesitzer in einem kurz zuvor gerodeten Wald – die Baumstümpfe sind deutlich zu sehen.

in Berkeley standen im Zentrum des Wandels dieser Vision. Dort wurden keine Rodungsversuche angestellt, sondern die vorhandenen eichenreichen Ökosysteme in ihrer Entwicklung beobachtet. Ein schon in den 1930er-Jahren beschriebenes Phänomen wurde nun systematisch betrachtet: Im homogenen Grasland gab es praktisch keine jungen Eichen, weil vor allem durch die Beweidung Eichenspößlinge nicht heranwachsen konnten.

Auf 738 Seiten widersprach 1973 ein Doktorand der herrschenden Ansicht fundamental. Vorcie Loies Hollands Untersuchung unter einzelnen Eichen ergab, dass unter ihnen die Futterproduktivität erhöht und nicht vermindert war. Das lag an kühleren Temperaturen, höherer Luftfeuchtigkeit und an Nährstoffen, die die Eichen über Laubstreu einbrachten. Holland zeigte außerdem, dass ein gewisses Maß an Beschattung das Wachstum von Nutzpflanzen fördert. Nach der Rodung verschwanden lebenswichtige Nährstoffe aus dem Boden, der anfängliche Anstieg der Grünlandproduktivität wich einem unvermeidlichen Niedergang.

Während Gemeinden enthusiastisch reagierten und Regeln zum Schutz von Eichen erließen, waren die Weidebesitzer verärgert und frustriert. Sie hatten neueste wissenschaftliche Erkenntnisse umgesetzt, und nun sollte das Gegenteil richtig sein? Zudem fürchteten sie gesetzliche Eingriffe in ihre Besitzrechte. Die anschließende politische Debatte führte schließlich 1985 zur Einrichtung eines »Integrierten Laubholz-Weide-Management-Programms«. Es bot Gemeinden, Weidebesitzern, Alteingesessenen und neu Zugezogenen gemeinsame Anknüpfungspunkte und führte zu Maßnahmen für die Wiedereinführung von Eichen.

Binnen weniger Jahrzehnte hatten sich die Wahrnehmung dieser langlebigen Bäume und damit die Weidelandschaften Kaliforniens vollkommen gewandelt. Das Wachstum der neu gepflanzten Eichen wird weitaus mehr Zeit benötigen als der Wandel menschlicher Wahrnehmungen und Bewertungen.

(ALAGONA, 2008)

Bis in die 1970er-Jahre koordinierte die University of California in Davis immer wieder staatlich geförderte Eichenentfernungsprogramme, die von der Industrie gesponsert, von der Bundesregierung bezahlt und mit Hilfe der lokalen Viehzüchtervereinigungen auf privaten Grundstücken umgesetzt wurden. Von 1951 bis 1973 führten diese Programme zur Rodung von Eichen auf einer Fläche von etwa 360 000 Hektar. Dies entspricht 10 % der Fläche, auf der ursprünglich Eichen in Kalifornien wuchsen.

In den Augen der Forscher waren grasreiche Laubwälder ein Natursystem, das zur Degradation neigte und des beständigen menschlichen Arbeitseinsatzes bedurfte, um produktiv zu bleiben. Die starke Erosion und der Verlust an Lebensraum für Wildtiere durch die Rodung der Eichen fielen schon bald auf, doch ließen sich die Wissenschaftler davon zunächst nicht beirren. Die große Vision blühender Weiden mit plätschernden Bächen statt verbuschtem Ödland mit staubigen Trockentälern wurde durch die Nebenwirkungen der Rodung zunächst nicht zerstört.

Die Untersuchungsflächen der University of California

DIPLOMATISCHE VERWICKLUNGEN UNTER WASSER

Der Kampf um den Gelben Quakfisch

Sie mögen stumm sein, aber sie sind nicht lautlos. Die Trommler oder Quakfische schlagen in der Paarungszeit mit ihren Bauchmuskeln gegen die Schwimmblase, was ein dumpfes Geräusch erzeugt. Von 1925 bis 1935 rückten die als Speisefisch in China geschätzten Großen und Kleinen Gelben Quakfische unversehens in das Zentrum einer diplomatischen Verwerfung zwischen China und Japan. Kleine Gelbe Quakfische sind auf dem Festlandsockel in Asien weit verbreitet, große Bestände gibt es im Ostchinesischen und im Gelben Meer. Ihre großen Verwandten finden sich daneben auch noch im Südchinesischen Meer und südwestlich von Südkorea. Die Gewässer rund um Chinas Zhoushan-Archipel bilden einen der wichtigsten Laichgründe für beide Arten. Große wie Kleine Quakfische verbringen den Winter in tiefen Gewässern vor der Küste der ostchinesischen Provinz Zhejiang. Im Frühjahr, wenn die Wassertemperaturen steigen, verlassen sie ihre Winterquartiere und ziehen in seichte Küstengewässer, um zu laichen.

Wie die Populationen vieler anderer Meerestiere wurden die Bestände des Gelben Quakfisches bereits Anfang des 20. Jh. übernutzt: In den 1890er-Jahren wurden am Shengsi-Archipel vor der ostchinesischen Küste 310 Fischerboote gezählt; 1930 waren es schon etwa 1800. Ursprünglich wurde vor allem der in Küstennähe zu findende Große Gelbe Quakfisch gefangen. Nach 1917 wanderte das Zentrum der Fanggebiete nach Nordosten, wo vorwiegend der Kleine Quakfisch gefangen wurde. Fischerboote wagten sich in Gebiete, die bis zu 100 nautische Meilen von der Küste entfernt lagen. Wie auch bei anderen Fischereien wurde die Abnahme der Bestände zwar bemerkt, aber nicht in Beziehung zur Überfischung gesetzt (vgl. S. 108). Eine Beschreibung der Fischerei aus dem Jahr 1920 hält fest, dass diejenigen, die bereits lange Zeit in der Fischwirtschaft arbeiteten, behaupteten, dass 30 oder 40 Jahre zuvor Große Gelbe Quakfische den Gezeiten gefolgt und zu den Inseln nahe der Küste gekommen seien. Zu dieser Zeit habe es nicht viele Boote gegeben, die Fangmethoden wären primitiv gewesen und trotzdem sei der Fang von Fischen relativ einfach gewesen. Nun habe die Zahl der Fischerboote zugenommen, das Fanggerät sei besser, die Fische aber würden sich in der Tiefe verstecken.

Die Segel-Dschunken der chinesischen Fischereiflotte waren technisch veraltet. Aber auch diese scheinbar primitive Fangmethode hatte Auswirkungen auf die marinen Ressourcen im Zhoushan-Archipel. Netze mit extrem kleinen Maschenweiten erfassten viele Jungfische und Laich. Junge Große Quakfische, im Volksmund als »Pflaumen« bekannt, hatten als Nahrungsmittel wenig Wert. Stattdessen verkauften Fischer sie getrocknet als Dünger. Eine Ausbeutungsspirale wurde in Gang gesetzt: Kleine Fische erzielten auf dem Markt niedrige Preise, Fischer mussten daher größere Mengen fangen, um ihre Ausgaben für Arbeit und Kapital abzudecken. Der Fang von Jungfischen führt rasch zur Überfischung, da er die Fortpflanzung der Fische bedroht.

Bereits in den frühen 1930er-Jahren warnten chinesische Fischereiexperten, dass bei einer Fortsetzung dieser Praxis die Gelben Quakfische binnen weniger Jahrzehnte aus dem Meer verschwunden sein würden. Die Expertenmeinungen verhallten ungehört, denn es ging bald um hegemoniale Ansprüche Chinas gegenüber Japan, dem östlichen Nachbarn mit Weltmachtambitionen.

Der Große Gelbe **QUAKFISCH** in einer Darstellung aus dem Jahr 1940.

Die japanische Fischereiflotte war als Teil des politischen Weltmachtprogramms früh auf Dampfschiffe umgestellt worden. Schon 1911 war den modernen Schiffen zur Vermeidung von Konflikten mit traditionellen Fischerbooten die Nutzung der Küstengewässer untersagt worden, 1912 wurden sie auf das Gebiet westlich des 130. Längengrades beschränkt. Seit 1920 wurden zunehmend Schleppnetze eingesetzt, deren Nutzung aber ebenso räumlich beschränkt wurde. Die japanische Regierung löste einen lokalen ökologischen Konflikt durch Verschieben der Ausbeutung in weiter entfernte Fanggründe. Doch mit der technischen Aufrüstung der Flotte kam, was kommen musste: Die Fänge an Seebrassen, dem beliebtesten Fisch, gingen zurück. Die Regierung limitierte daraufhin die Anzahl der Schiffe. Von 1925 bis 1927 entdeckten motorisierte Fischer mit ihren Flotten den Gelben Quakfisch, der zwar als minderwertig erachtet wurde, aber doch ökonomische Chancen bot. Die japanische Regierung förderte die Bewegung der Fische-

Das **OSTCHINESISCHE MEER**
bei Putuo Shan in der Nähe
von Shanghai.

reiflotte in neue Gebiete und fremde Gewässer durch die Gewährung von Sub-
ventionen.

Von 1921 bis 1929 stieg der Anteil der
Quakfische auf 20 bis 30 % der gesamten
Fangmenge japanischer Trawler; im
Jahr 1937 hatten sie einen Anteil von
über 40 %. Überfischung erschöpfte die
küstennahen wirtschaftlich wichtigen
Fischbestände. Daher rückte die japanische Flotte immer näher an die Fischgründe vor den äußersten Inseln des
chinesischen Zhoushan-Archipels.

So kam es ab Mitte der 1920er-Jahre
zum Konflikt mit China. Aufgrund in-
ternationaler Verträge, die Japan bevorzugten, durften japanische Fischer ihren Fang in Shanghai verkaufen. Die
chinesischen Fischer fühlten sich dadurch massiv bedroht,
die chinesische Regierung sah eine Bedrohung ihrer Souve-
ränität. Seemacht und Fischereiterritorien seien direkt
miteinander verknüpft, hatte bereits 1907 ein reformorien-
tierter Politiker argumentiert. 1931 eskalierte der Konflikt.
China plante, die Häfen für japanische Fischer mit der Begründung zu sperren, es existiere kein Fischereiabkommen. Zölle sollten erhoben werden. Nun wurde Natur zum
politischen Argument. Japanische Diplomaten erklärten,
man sei zur Zusammenarbeit mit chinesischen Fischern
bei der Entwicklung der praktisch unerschöpflichen Fischgründe nahe der chinesischen Küste zur Versorgung des
chinesischen Markts bereit und habe keine Ambitionen,

diese Fischgründe zu monopolisieren. China habe gar nicht
die Kapazität, von dieser »unerschöpflichen« Ressource zu
profitieren, daher hätten japanische Fischer jedes Recht,
sie zu nutzen. Daneben machte Japan klar, dass es zu einem
bewaffneten Konflikt bereit wäre – es ging ja schließlich
um die Nation als Seemacht. Um eine bewaffnete Konfron-
tation mit Japan zu vermeiden, forderte das chinesische
Finanzministerium die Regierung auf, die Einführung der
Zollschranken zu verzögern und eine diplomatische Lösung zu suchen. Innerhalb der Regierung herrschte also
Uneinigkeit. Japans diplomatische und militärische Überlegenheit machte es der chinesischen Regierung unmöglich, den japanischen Zugriff auf die Quakfischbestände zu
begrenzen.

Das setzte eine Ausbeutungsspirale in Gang. Angesichts
des anhaltenden Wettbewerbs war es für chinesische Unternehmen plausibel, so viele Fische wie möglich zu fangen, bevor die Japaner sie wegfischten. Die Modernisierung der Flotte schien eine logische Lösung des diplomatischen Konflikts. Die technologisch moderne japanische
Fischereiflotte war allerdings in der Lage, größere ökologische Verwüstungen anzurichten. Während die japanische
Fischerei immer höheren Druck auf die Quakfischbestände
ausübte, betrieb die chinesische Regierung eine Politik der
Begrenzung ausländischer Konkurrenz durch Steigerung
der inländischen Fischproduktion. Wie ihr japanisches
Pendant verstand die chinesische Führung eine Kontrolle
über die Meere und ihre Ressourcen als ein entscheidendes
Mittel zur Stärkung der Nation. Die Erhaltung der Quakfische war demgegenüber nebensächlich, Natur wurde als
unerschöpflich gedacht, um sie nationalistisch nutzen zu
können; der Fischbestand hat sich bis heute nicht erholt,
die chinesische Fischereiflotte fängt allerdings weiterhin
Gelbe Quakfische.
(MUSCOLINO, 2008)

Jahr	Boote	Seebrasse	Quakfisch
1921	48	5,49	5,00
1922	—	4,94	7,06
1923	68	4,11	7,75
1924	—	2,47	8,59
1925	65	1,64	10,19
1926	67	1,58	14,62
1927	65	0.68	16,61
1928	64	0,17	21,32

ANZAHL DER BOOTE UND FANGMENGEN (in 1000 Tonnen) von
Brassen und Quakfischen der japanischen Trawler im Ostchinesischen Meer und im Gelben Meer 1921 bis 1928 (aus MUSCOLINO,
2008: 312).

»KEIN STROM ODER FLUSS, ALSO AUCH NICHT DER RHEIN, HAT MEHR ALS EIN FLUSSBETT NÖTIG«

Johann Gottfried Tulla und die Bändigung des wilden Rheins

Der südliche Oberrhein war bis in das 19. Jh. ein natürlicher Fluss mit einer Vielzahl verzweigter Arme und Tausenden Inseln. Er wurde als schwer zu überwindendes und (auch politisch) kaum zu kontrollierendes Hindernis wahrgenommen, durch das mehrere Staatsgrenzen liefen. Illegale Grenzgänger, Gesetzlose und Missetäter fanden in diesem Labyrinth Verstecke.

Hochwasser veränderten die Flussarme und die Zahl, Lage und Größe der Inseln. Im zentralen und nördlichen Teil des Großherzogtums Baden veränderten sich die Rheinmäander beständig. Nachdem Hochwasser immer wieder ganze Dörfer zerstört hatten, baten Gemeinden um Verlegung an sichere Standorte. Meist kam es nach langwierigen Verhandlungen mit der Obrigkeit zum Umzug. Einzelne Mäander des Rheins wurden unkoordiniert durchstochen, um die Hochwassergefährdung bestimmter Gemeinden zu mindern. Andere waren danach verstärkt Hochwassern ausgesetzt. Die politische Zersplitterung am Oberrhein verhinderte koordinierte regionale Wasserbaumaßnahmen.

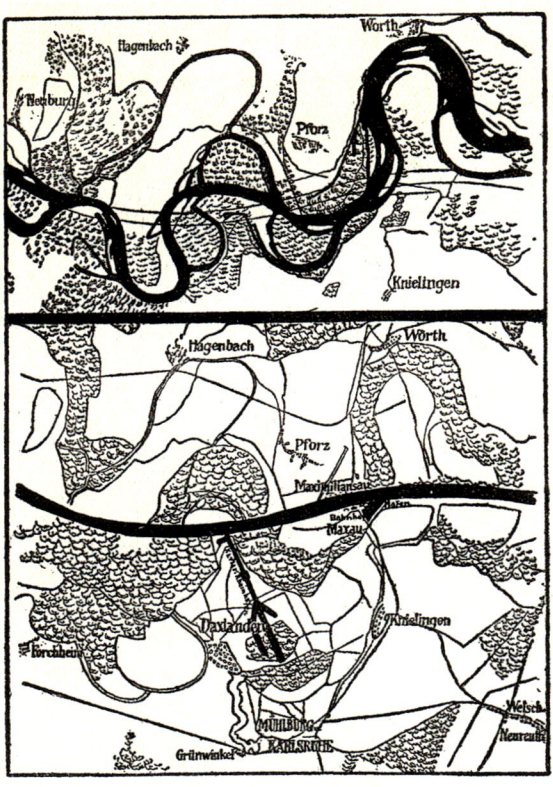

Der **RHEINLAUF** bei Karlsruhe vor 1819 und nach der Korrektur.

Johann Gottfried Tulla

Die Rentkammer der Markgrafschaft Durlach förderte ab 1789 die Ausbildung eines jungen, an Mathematik und Angewandten Naturwissenschaften sehr interessierten Mannes. Johann Gottfried Tulla (1770–1828) studierte am Markgräflichen Lyzeum in Karlsruhe und von 1792 bis 1794 bei dem Ingenieur und Mathematiker Karl Christian von Langsdorf (1757–1834) in Gerabronn (Hohenlohe). Danach besuchte Tulla namhafte Wissenschaftler sowie bedeutende Wasserbauprojekte am Niederrhein und in den Niederlanden. 1796 wurde er – nach einem vorzüglich bestandenen Ingenieursexamen – im Bezirk Rastatt verantwortlich für Wasserbauten am Rhein. Nach einer Reise durch das von Napoleon beherrschte Frankreich arbeitete er ab 1807 für fünf Jahre in der Schweiz (das Großherzogtum Baden beurlaubte ihn aufgrund fehlender Mittel gerne). Im Jahr 1812 stellte Tulla eine Denkschrift zur Begradigung des Oberrheins vor. Diese hatte zum Ziel, »daß dem Rhein ein ungeteiltes, in sanften der Natur angepassten Bögen oder auch [...] da, wo es tunlich, ein in gerader Linie fortziehendes Bett angewiesen wird« (J. G. Tulla, zitiert in BLACKBOURN, 2007: 113f.). Der Rhein würde dadurch deutlich schneller, tiefer und kürzer, die Grundwasserspiegel absinken und die Umwandlung vernässter Standorte in fruchtbare Äcker möglich. Tulla verstarb 1828 lange vor der Vollendung des Projekts. Als Bändiger des Rheins wurde er posthum berühmt. (BLACKBOURN, 2007: 106–114)

Die Eroberung linksrheinischer deutscher Gebiete durch die französische Armee nach der Französischen Revolution änderte die Situation grundlegend. Baden okkupierte rechtsrheinische Fürstentümer, Reichsritterschaften und Freie Reichsstädte. Es verfügte nun über eine geschlossene Fläche von der Landesgrenze zur Schweiz im Süden bis zur Grenze zum Großherzogtum Hessen-Darmstadt im Norden. Die Verwaltung der einverleibten Territorien wurden reorganisiert und zentralisiert, die neuen Gebiete kartiert, das Rechtssystem und die Größenmaße vereinheitlicht. Damit wurden die gesellschaftlichen Voraussetzungen für das Großprojekt einer Rektifikation (Berichtigung) des Rheinlaufs an der westlichen badischen Landesgrenze nach den Plänen von Johann Gottfried Tulla geschaffen.

Die Verlagerung des Rheins durch Hochwasser hatte immer wieder dazu geführt, dass Gemeinden von der badischen auf die französische Rheinseite und umgekehrt gelangten. Das war politisch inakzeptabel und hatte Johann Gottfried Tulla 1812 bewogen, eine erste Denkschrift zur Rheinbegradigung mit dem Ziel der Schaffung eines festliegenden Flussbettes zu verfassen. Nach der französischen Besetzung linksrheinischer Gebiete konnten Frankreich und Baden die Details zur Rheinkorrektion ohne Einbeziehung weiterer Landesherren aushandeln. Tullas Denkschrift wurde dem Magistrat du Rhin in Straßburg vorgelegt, einer Kommission, die für hydrologische und territoriale Grenzfragen zuständig war, und von diesem gebilligt. Der Zusammenbruch des napoleonischen Reichs 1814 verzögerte die Umsetzung des Plans, doch Überschwemmungen beschleunigten dann die Verhandlungen zwischen Bayern (dem nun die Rheinpfalz gehörte) und Baden. Beide Staaten vereinbarten 1817, fünf Rheinmäander zu durchstechen, 1825 vereinbarte man weitere 15. Der 1840 von Frankreich und Baden unterzeichnete Grenzvertrag eröffnete die Möglichkeit der Rheinbegradigung an der gemeinsamen Grenze. (BLACKBOURN, 2007: 98–110, 116–122)

Zwischen jeweils zwei Rheinmäandern gruben Hunderte Arbeiter einen bis zu 24 m breiten Durchstich. Diese Verkürzung des Fließweges erhöhte die Fließgeschwindigkeit, wodurch der Fluss den Graben rasch verbreiterte und vertiefte. Ein solcher Durchstich, der bis über die Mitte des 19. Jh hinaus ausschließlich in Handarbeit ausgeführt werden musste, dauerte zumeist mehrere Jahre. Standen dichte tonige Ablagerungen an, wurde tiefer abgegraben; nach dem Durchstich dauerte es dann gelegentlich mehrere Jahrzehnte, bis sich der Fluss ein breites Bett geschaffen hatte. Die neuen Böschungen wurden mit Hunderttausenden Faschinen gesichert.

Der Oberrhein verlor durch Wasserbaumaßnahmen zwischen Basel und der Grenze zu Hessen 81 km oder 23 % seiner Länge. Ungefähr 5 Millionen m³ Erdaushub (dieser würde einen 750 km langen Güterzug füllen) wurden zwischen Basel und Straßburg auf einer Länge von 240 km zu Deichen aufgeschüttet. Mehr als 2000 Flussinseln verschwanden. Die Absenkung des Grundwasserspiegels machte, wie Tulla prognostiziert hatte, im Süden des badischen Oberrheins aus nassen Standorten trockene. Die Regulierungen führten zu einem Zusammenbruch der früher ertragreichen Goldwäscherei und der Vogeljagd. Der Niedergang der Rheinfischerei, einer wichtigen Erwerbsquelle vieler Dorfbewohner, beruhte allerdings nicht nur auf der Zerstörung der Habitate von Lachsen, Stören, Alsen und Neunaugen durch die Rheinregulierung, sondern auch auf der zunehmenden Gewässerbelastung durch die aufkommende Industrie. Stattdessen wurden Zander mit einigem Erfolg ausgesetzt. Aale gediehen ebenfalls. Städte am Mittel- und Niederrhein waren durch die beschleunigte Wasserführung am Oberrhein stärker von Hochwassern betroffen als zuvor. (BLACKBOURN, 2007: 102–122, 130–135; TÜMMERS, 1994: 145)

Trotz des Einsatzes Tausender Arbeiter und Soldaten konnte das 1817 begonnene Vorhaben erst 1879 abgeschlossen werden. Bewohner einzelner Dörfer, die Nachteile befürchteten, behinderten vereinzelt Arbeiten durch Handgreiflichkeiten. Neben naturräumlichen Besonderheiten verlangsamten die ungeheuren Massen an Boden und Flusssedimenten, die mit der Hand ab- und aufgetragen werden mussten, sowie die auf Durchstiche folgende, lange währende Erosionsarbeit des Flusses das Projekt. Tulla selbst sah in unfähigen oder uneinsichtigen Fachkollegen besonders auf bayerischer Seite und den Meinungen fachfremder badischer Parlamentarier und Finanzbeamter Gründe für Bauverzögerungen. (BLACKBOURN, 2007: 123–127, TÜMMERS, 1994: 147)

Die Französische Revolution und Napoleon bewirkten eine staatliche Neuordnung Mitteleuropas und machten die Korrektur des Rheinverlaufs zur Festlegung der Staatsgrenzen erst möglich. Ein einzigartiges artenreiches Auenökosystem ging seit dem frühen 19. Jh. durch die Rheinbegradigung primär zur Schaffung unveränderlicher Landesgrenzen, also vor allem aus politischen Gründen, weitgehend verloren. Unerwartet starke Tiefenerosion des Rheins hatte die Grundwasserspiegel erheblich gesenkt. Zusammen mit weiteren Meliorationsmaßnahmen wurden bis in die zweite Hälfte des 20. Jh. mehr als vier Fünftel der vielfältigen Auwälder und Feuchtstandorte in eine artenarme agroindustrielle Landschaft verwandelt.

Die Begradigung hatte aber auch positive Wirkungen für die am Oberrhein lebenden Menschen. Viel neues fruchtbares Ackerland war geschaffen worden. Die westliche Landesgrenze lag fest und Hochwasser waren in diesem Abschnitt seltener geworden. Vor der Flussbegradigung hatten Typhus, Ruhr und besonders Malaria viele Menschen dahingerafft. Die meisten Brutstätten der Anophelesmücken waren beseitigt und Malaria wurde Ende des 19. Jh. selten – was die Menschen am Oberrhein auch Tulla zu verdanken hatten.

Durchstich des Mäanders des **KÜHKOPFS** am hessischen Oberrhein. (*Ausschnitt aus einer topographischen Karte um 1729*)

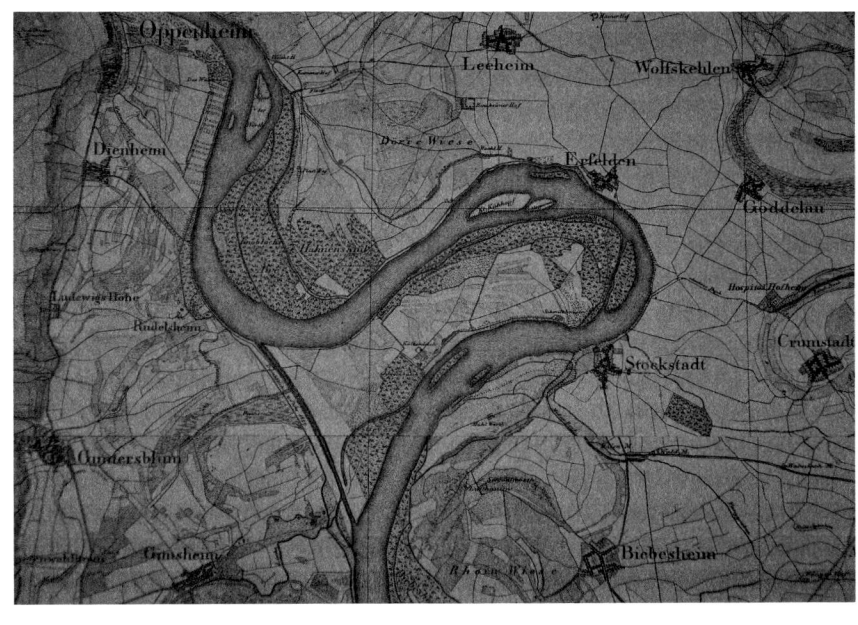

Die Donau als Kriegsschauplatz im 18. Jahrhundert

In einer im Jahr 348 oder 349 gehaltenen Lobrede auf die Kaiser Constantius II. und Constans sprach der berühmte römische Redelehrer Libanios aus Antiochia über ihren siegreichen Kampf gegen die Goten. Diese wären während des Winters über die zugefrorene Donau in die römische Provinz Dakien im heutigen Serbien und Rumänien eingedrungen, aber vernichtend geschlagen worden (THOMPSON, 1956).

Die Donau war nicht nur zur Römerzeit Militärgrenze. Das mittelalterliche ungarische Reich reichte bis an Donau und Save. Die Donau wurde zur Grenze zwischen Osmanischem Reich und Habsburgermonarchie und ist bis heute Grenzfluss, etwa zwischen Rumänien und Bulgarien (AGOSTON, 2009). Immer wieder war sie umkämpft, sei es in der berühmten Schlacht um Belgrad 1717, die von Prinz Eugen für die Habsburger entschieden wurde, sei es die obere Donau im Spanischen Erbfolgekrieg (1701–1714). Bei den Belagerungen von Wien war das nördlich der Stadt ausgebreitete, veränderliche Geflecht aus Flussarmen, Inseln und Auen Teil der Stadtbefestigung, das den Aufmarsch größerer Armeen von Norden verhinderte.

Nicht nur für die Römer waren Witterung und Flusszustand strategisch wichtig. Immer wieder beeinflusste die witterungsbedingte Dynamik der Donau den Ausgang von Schlachten und spielte damit in Kriegen eine aktive Rolle. Ob Niedrigwasser die Verteidigung einer Festung erschwerte oder Nebel die Angreifer zurückhielt, ob Hochwasser den Transport von Verpflegung und Kriegsmaterial verhinderte oder die wertvollen Geschenke eines Gesand-ten auf dem Weg zu Friedensverhandlungen in der Donau versanken, die schwer kontrollierbare Natur des mächtigen Stroms musste berücksichtigt werden, wollte man in den Krieg ziehen.

Anfang März 1698 verhinderte dickes Eis im Krieg gegen die Osmanen habsburgische Truppentransporte auf der Donau. Am 5. Februar 1703 berichteten britische Zeitungen, dass die Truppen im Spanischen Erbfolgekrieg über Land transportiert werden mussten, da der Fluss zugefroren war. Die Leitha, ein Nebenfluss der Donau, war wenige Tage vor dem Jahresende 1704 zugefroren. Das erlaubte den Rebellen des ungarischen Magnatenaufstands, bis vor die Tore Wiens zu ziehen. 10 000 von ihnen überquerten wenig später die Donau bei Komarom. Ein Jahr später gelangten sie über den zugefrorenen Fluss auf die Insel Torsalva und stahlen dort 52 Ochsen.

Je später der Winter, desto riskanter ist das Begehen von Eis. Im Februar 1705 wollte eine Gruppe von 700 Rebellen auf Pferden die gefrorene Donau überqueren. Das Eis brach und 400 Mann ertranken. 5000 Rebellen hatten die gefrorene Donau am 26. Februar 1705 überquert. Dann taute das Eis und verhinderte ihren Rückzug, Ähnliches passierte wenige Wochen später wieder. Im März 1710 wurde die ungarische Rebellenarmee daran gehindert, in Kroatien und in der Steiermark einzufallen, weil das Eis zu tauen drohte, das ihnen den Übergang über die Donau ermöglicht hätte. 30 türkische Schiffe froren im Januar 1715 in der Donau bei Temes Capi ein. Ende 1716 war die Insel in der Nähe von Or-

EISSTOSS in Wien.
(Postkarte, 1929)

Geschichte unserer Umwelt

sawa in türkischem Besitz und die kaiserlichen Truppen bereit, sie anzugreifen, um freie Fahrt auf dem Fluss zu ermöglichen. Aber Eis auf der Donau machte jede Truppenbewegung gefährlich. Ende Februar 1717 wurden die kaiserlichen Truppen vor türkischen Einfällen geschützt, weil das Eis angetaut war, und etwa 400 Türken ertranken, als es unter ihnen brach. Im Januar 1717 verwendeten Türken und Tataren das Eis, um die Donau zu überqueren und weit in das Reichsgebiet einzudringen. Wie der Wind konnte Eis beider Seiten nutzen.

Am 5. Januar 1718 hielten die Verantwortlichen in Buda den britischen Botschafter an, der als Vermittler in den Friedensverhandlungen zwischen dem Osmanischen Reich und dem Habsburgerreich dienen sollte, aus Angst, die gefrorene Donau könne seine Sicherheit gefährden. Die Kälte war in diesem Februar »so schlimm wie seit vielen Jahren nicht, sie zwingt die Wölfe aus den Wäldern, die an vielen Orten Untaten gegen Menschen und Vieh verüben«, wie die britische Zeitung »Daily Courant« am 18. Februar 1718 zu berichten wusste. Den Februar über blieb der Transport von Material, um die Befestigungsanlagen von Belgrad wieder herzustellen, unmöglich. Das war kein Einzelfall. Auch Ende Januar 1739 waren Donau und Save zugefroren, sodass die kaiserlichen Truppen in türkisches Territorium vordringen konnten.

Die Schlacht um Belgrad 1717 zeigt, wie sich die Natur auf die frühneuzeitliche Kriegsführung auswirkte. Brücken über die Donau zu schlagen war immer wieder nötig, um Truppenteile zu verbinden oder in Feindesland vorzudringen. Solche Schiff- oder Pontonbrücken wurden aus Booten gefertigt, die aneinandergereiht und mit Planken versehen, für die Überquerung taugten. Sie zu zerstören, war ein wichtiges Ziel der jeweiligen Gegner.

Schiffmühlen lagen vielerorts am Ufer vertäut und eigneten sich als Waffe gegen Pontonbrücken. Am 22. Juni 1717 hatten die kaiserlichen Truppen oberhalb von Belgrad eine

solche Brücke errichtet. Die Osmanen ließen drei brennende Schiffmühlen auf die Brücke zutreiben, doch konnten sie von den kaiserlichen Truppen abgefangen werden. Am 7. Juli versuchten es die Osmanen erneut. Gegen 10 Uhr abends ließen sie eine mit Balken verstärkte und mit Sprengstoff gefüllte Schiffmühle, an der außen mehrere Anker befestigt worden waren, gegen die Brücke treiben. Der Wind kam den kaiserlichen Truppen zu Hilfe: Ein plötzlicher Windstoß trieb das Schiff an Land, wo es unschädlich gemacht werden konnte. Doch manchmal funktionierte die Strategie: Die osmanischen Truppen schnitten wenige Tage später oberhalb Peterwardein liegende Schiffmühlen los. Diese trieben, von einem starken Wind beschleunigt, mit großer Gewalt gegen die kaiserliche Schiffbrücke, die dadurch schwer beschädigt wurde. (HAYNE, 1783: 261)

Hochwasser war immer gefährlich. Auf dem reißenden Strom konnten dann keine Schiffe verkehren; Nachschub zu organisieren wurde schwierig. Napoleon verlor im Mai 1809 in der Nähe von Wien die Schlacht von Aspern, unter anderem da Hochwasser das Brückenbauen für die Überquerung der Donau erschwerte. Doch auch das Gegenteil konnte kriegswichtig werden. Die Kapitulation der Feste Orsowa oberhalb des Eisernen Tores im Jahr 1783 wurde auf ein plötzlich einsetzendes Niedrigwasser zurückgeführt. Osmanische Truppen konnten über Sandbänke bis an die Festung gelangen. Zeitgenössische Zeitungen beklagten, dass nur zwei Tage nach der Eroberung das Wasser wieder anschwoll. Hätten die Belagerten nur ein wenig länger ausgehalten, so wäre die osmanische Armee ohne Chance gewesen.

War die Dynamik der Donau kriegsentscheidend? Diese Frage ist ex post schwer zu entscheiden, doch spricht vieles dafür, sie stärker als bisher in Erklärungen einzubeziehen. Durch die Quellen aus den Kriegen wird die Dynamik des Naturraums deutlich sichtbar, der als Grenze weit stabiler imaginiert wurde, als er war (HOHENSINNER et al, 2013).

Изглед Београда
Vue de Belgrade

Blick von der **FESTUNG** von Belgrad zur Donau. (Postkarte, um 1920)

Die Geschichte der Salpeternutzung

Kaliumnitrat – ein Salz der Salpetersäure – hatte schon die Alchemisten fasziniert. Das Salz kühlte die Zunge, wenn man es kostete – das war einzigartig. Da es beim Verbrennen verpuffte, lag der Verdacht nahe, dass es sich um die »quinta essentia« – die alchemistische Quintessenz – handeln könnte. Auch später verlor es seine Faszination nicht. Zwei der drei Hauptnährstoffe der Pflanzen sind im Kalisalpeter gebunden: Stickstoff und Kalium. Kalisalpeter war daher ein effektives, konzentriertes Düngemittel, doch gab es schon im 17. Jh. eine konkurrierende Anwendung. Vermischt mit gemahlener Holzkohle und Schwefel wurde er mittels Zündfunken zum explodierenden Schwarzpulver – jenem Stoff, den Chinesen für ihre Feuerwerke entwickelt hatten und der später in Europa mit der Einführung von Schusswaffen kriegswichtig werden würde.

In Europa war Kalisalpeter in geringen Mengen verfügbar. Er bildet sich durch die Zersetzung stickstoffhaltiger Tierexkremente besonders in kalkhaltigen Böden von Ställen; an Stallwänden blühten Kaliumnitratkristalle aus. Salpetersieder zogen von Dorf zu Dorf – bevollmächtigt durch die jeweiligen Landesherren –, um die Kalisalzkristalle von den Stallwänden zu kratzen und die Böden für die Gewinnung von Natriumnitrat rigoros herauszureißen und mitzunehmen. In ihren Hütten wuschen die Salpeterer die Böden aus und erhitzten die entstehende salzhaltige Lösung in Sudpfannen mit kaliumhaltiger Pflanzenasche. Beim Abkühlen kristallisierte als Erstes das Kaliumnitrat, das verkauft wurde. Die Landesherren erhielten ihren Anteil.

Der französische Chemiker Antoine Laurent de Lavoisier (1743–1794) war an der Schaffung von effektiven Salpeterplantagen beteiligt, die die verfügbare Menge an Schießpulver Ende des 18. Jh. massiv vergrößerte. Die Plantagen waren überdachte, offene Plätze, auf denen Erde regelmäßig mit stickstoffhaltigen Substanzen wie Urin, Exkrementen vor allem von Rindern, aber auch mit städtischen Abfällen gemischt wurde. Bodenbakterien, die in Exkrementen vorhandenen Ammoniak zu Nitrat oxidieren können, taten im Lauf von ein bis zwei Jahren ihre Arbeit. Schlussendlich konnte die Erde ausgewaschen, die nitrathaltige Flüssigkeit aufgefangen und eingedampft werden. Allerdings erhielt man überwiegend Natriumnitrat, das sich nicht für Schießpulver eignet, da es schnell feucht wird. Also musste die gereinigte Lauge noch mit Pottasche (Kaliumcarbonat) versetzt werden, um einen Kaliumüberschuss zu erzeugen und Kaliumnitrat auszukristallisieren. Pottasche wurde aus Holz gewonnen und war bereits im 18. Jh. ein wichtiger protoindustrieller Massenrohstoff. Sie war auch für die Glasherstellung unverzichtbar.

Kaliumnitrat und Natriumnitrat

Mit dem Trivialnamen Salpeter (Felsensalz) werden seit Jahrhunderten Salze der Salpetersäure (HNO_3) wie Kaliumnitrat und Natriumnitrat bezeichnet. Eigenschaften und Wirkungen von Kaliumnitrat (KNO_3; Trivialname: Kalisalpeter) wurden vermutlich schon vor fast zwei Jahrtausenden in China entdeckt. Die Expansion der Mongolen machte Kalisalpeter im 13. Jh. in Vorderasien und in Europa bekannt. Abbaugebiete von Kalisalpeter befanden sich früher besonders in Indien und China. Die indischen Lagerstätten sind heute fast vollständig ausgebeutet. Das bei Weitem bedeutendste Vorkommen von Natriumnitrat ($NaNO_3$; Trivialnamen: Natronsalpeter oder Chilesalpeter; als Gestein: Caliche) liegt in der nordchilenischen Atacama. Die Bildung des Natriumnitrats, die sich offenbar über Zeiträume von vielen Jahrhunderttausenden bis mehreren Millionen Jahren vollzog, ist nach wie vor nicht aufgeklärt. Sulfate, Chloride, Natrium, Kalzium, Magnesium und Kalium gelangten im Norden Chiles wahrscheinlich mit dem Oberflächen- und Grundwasser in etwas niederschlagsreicheren Zeiträumen des Pleistozäns von der Kordillere und dem Altiplano in die Atacama. Nach ERICKSEN (1983) reicherten sich in diesen feuchteren Phasen über Stickstofffixierung und Nitrifikation von Ammonium durch Blaualgen und Bakterien Nitrate in den abflusslosen intramontanen Senken der Kordillere und der Vorkordilleren an. Winde verlagerten diese mitsamt Schluffen und Sanden schließlich bis in die Atacama, wo die Salpetersalze allmählich in das oberflächennahe Lockergestein verlagert wurden. Die Oxidation von Ammonium im Spray der Küste wird als eine weitere, wohl weitaus weniger bedeutende Nitratquelle angeführt. Biogeochemische Zersetzungsprozesse von Vogelkot könnten in begrenztem Umfang zur Entstehung des Nitrats beigetragen haben. Die Caliche-Schicht ist in der Atacama bis zu 2 m mächtig.

Die Kalisalpeterproduktion hatte gravierenden Einfluss auf die landwirtschaftlichen und die Waldökosysteme: Nicht nur wurden dem Nährstoffkreislauf zwei Hauptnährstoffe, Stickstoff (aus Exkrementen) und Kalium (aus Holzasche) entzogen; die Herstellung brauchte viel Energie, die ebenfalls aus Holz kam. Es lag nahe, sich nach außereuropäischen Quellen für Salpeter umzusehen.

Zunächst kam Salpeter aus dem britischen Indien. Später wurde Südamerika zum Lieferanten. In der extrem trockenen nordchilenischen Atacama liegt östlich des Küstengebirges in einer etwa 700 km langen tektonischen Senke oberflächennah ein Schatz, der in den 1830er-Jahren geopolitisch bedeutend wurde: Natriumnitrat. Um ihn nutzen

»Krupp-Kanonen u. Knorr-Suppen – auf die können wir uns verlassen«. Deutsche Feldpostkarte gelaufen am 2.8. 1916 (Ausschnitt). **OHNE PULVER** sind **KANONEN** unbrauchbar.

zu können, war die Entwicklung eines Verfahrens zur Umwandlung in Kaliumnitrat erforderlich. Diese Innovation gelang dem in Nordböhmen geborenen Mediziner, Geographen, Chemiker und Botaniker Thaddäus Xaverius Peregrinus Haencke (1761–1816), den mehrere Forschungsreisen in den Pazifischen Raum und nach Südamerika, darunter auch in die Atacama, geführt hatten. Haencke wurde zum Begründer der südamerikanischen Salpeterindustrie.

Das Natriumnitrat der Atacama wurde so wichtig, dass ein Krieg um die Lagerstätten ausbrach. Die Beschlagnahmung der von Chilenen geführten Salpeterwerke durch die bolivianische Regierung nach einem Steuerstreit 1879 war Anlass für den Salpeterkrieg zwischen Bolivien und Peru auf der einen und Chile (mit britischer Unterstützung) auf der anderen Seite. Durch den Friedensvertrag von 1884 wurde die Provinz Tarapacá mit großen Salpetervorkommen chilenisches Staatsgebiet und Bolivien ein Binnenstaat.

1890 exportierte Chile bereits 1 Million Tonnen Salpeter, 1905 waren es mehr als 1,5 Millionen Tonnen (BAUMANN, 2011: 40). Der Salpeterhandel brachte einigen Familien großen Wohlstand. So machte er den Unternehmer Henry Brarens Sloman vor dem Ersten Weltkrieg zu einem der wohlhabendsten Hamburger. Sloman ließ 1922 bis 1924 in Hamburg ein bemerkenswertes Kontorhaus errichten, dem er zur Erinnerung an seine Tätigkeit in der Atacama den Namen ›Chilehaus‹ gab. Um 1900 wurde Chile-Salpeter in Deutschland zu etwa 80 % als Dünger genutzt. Das verbleibende Fünftel verwendete die Industrie vor allem zur Herstellung von Explosivstoffen auf der Basis von Salpetersäure. Längere Kriege erforderten eine gute Planung der Munitionsversorgung und damit verlässliche Salpeterlieferungen aus Chile, das machte Krieg abhängig von Importen. Im frühen 20. Jh. befürchtete die Regierung des Deutschen Reichs eine baldige Erschöpfung des Chile-Salpeters. Jetzt schlug die Stunde einiger bekannter deutscher Chemiker. So forderte der Leipziger Professor Wilhelm Ostwald 1903, unverzüglich Salpetersäure aus dem Ammoniak ein-

heimischer Steinkohle zu gewinnen, um Salpeter für Munition herstellen und eine für möglich gehaltene Blockade umgehen zu können. (BAUMANN, 2011: 13f., 40)

Die Chemiker und späteren Nobelpreisträger Carl Bosch (1874–1940) und Fritz Haber (1868–1934) entwickelten ein Verfahren zur synthetischen Herstellung von Stickstoffdünger aus dem chemisch äußerst trägen, aber in großer Menge vorhandenen Luftstickstoff, das 1910 durch die Badische Anilin-&Soda-Fabrik (BASF) zum Patent angemeldet wurde. Mit dem Aufbau einer synthetischen Produktion verlor der Natursalpeter rasch an Bedeutung. Abbau und Verarbeitung in der Atacama wurden aufgegeben. Heute zeugen eindrucksvolle rostende Anlagen und Geisterstädte von dem Boom, den der Bedarf nach Kriegsmaterial ausgelöst hatte. Bis heute sind organische Stickstoffverbindungen Bestandteil vieler Sprengstoffe. Der Stickstoff dafür kommt allerdings aus der Luft.

Vorschlag zu einer Salpeteranlage

»[...] Zuerst soll man eine reine Erde nehmen, [...]. Von dieser Erde wird gegen Michaelis in einem Schaafstall, [...], ein Salpeterbeet auf 2 Schuhe hoch zubereitet, auf dieses läßt man den Winter über die Schafe hinein pfärchen. Dieses geschieht darum, weil der Schaaf- und Ziegenurin den meisten Salpeter mit sich führt, und hiedurch also der Salpeterstoff mit der Salpeterblurne [sic!] geschwängert wird, welches ein großer Vortheil ist, und weil dieser Urin auf keine andere Art zu bekommen, so ist diese Weise die beste, sich denselben zu verschaffen. – Gehen sodann die Schaafe im Frühjahr aus dem Stall, so läßt man die Oberfläche, worinn die Düngung sich befindet, ganz sauber von der Salpetererde ab, und läßt sie zur Düngung auf die Aekker führen. Aus der zurückgebliebenen Erde wird ein ordentliches Beet formirt; [...] Gleichwie nun dieses Geschäft blos darauf beruht, daß oben beschriebene Erde mit einer Flüssigkeit gesättiget werde, die eine salpetrige Eigenschaft habe, und den Salpeter aus der Luft anziehe, so konnte ich aus dem Naturreich auf kein besseres Mittel denken, als auf den schon von Glauber sogenannten Holzessig, wenn solcher mit thierischem Urin vereinigt zur Befeuchtung der Erde gebraucht wird. Der Holzessig wird durch den Ofen A bereitet und mit Urin von Pferden und Kühen vereinigt, sodann das Salpeterbeet Morgens und Abends aus der Vorlage begossen, aber jedesmal nicht mehr, als das Salpeterbeet einzuschlukken vermag, daß oben keine Nässe bleibt. [...] Ist nun die 3 bis 4 Monat während Fäulniß vorbei, so schreitet man zur Anblümung, worinn es wieder 3 Monate stehen muß; da man hernach den Salpeterstoff in Pyramiden aufthürme, und sodann alle Schaltern aufmacht, damit die Luft desto besser sich eindränge, nur muß man die Mittagsseite wohl verwahren, weil diese Luft allzu räuberisch ist. Ist nun die Erde wohl gefault, so wird man auch eine reiche Ausbeute finden, da die Haufen oder Pyramiden alle Morgen wie überschneiet aussehen werden. Nun folgt die Auslaugung, Versiedung und Kristallisirung, wozu nothwendig Holzasche oder Alkali erfordert wird. [...] P. – o –« (ELWERT, 1786: 202–206).

VOM »EWIGEN WALD« ZUM KONZENTRATIONSLAGER

Nationalsozialismus und Natur

Hunger. Durst. Kälte. Hitze. Krankheiten. Ungeziefer. Appelle, bei denen stundenlanges Stillstehen ohne Möglichkeit, die Notdurft zu verrichten, Teil der täglichen Qual war. Hunde. Peitschen. Schwerstarbeit. Schlafentzug. Medizinische Experimente. Dazu der blaue Himmel oder der Regen, der Schnee, Vogelgezwitscher, Regenwürmer, Löwenzahn. In den Konzentrationslagern der Nationalsozialisten spielte die Natur eine wichtige Rolle. Die menschliche Natur war das Ziel von Folter und Qual, Natur wurde als Folterinstrument eingesetzt. Medizinische Versuche waren ein logischer Teil des nationalsozialistischen Programms der umfassenden Kontrolle über die »Volksgemeinschaft«, deren »arische Reinheit« angeblich jede Gewalt rechtfertigte.

Der industriell organisierte Massenmord wurde nach umfänglichen Versuchen auf Basis moderner Technik bewerkstelligt. Zunächst hatte man Lastwagen zu Mordinstrumenten umgerüstet; die Einleitung von Abgasen in die abgedichteten Wagenkästen führte zur Kohlenmonoxidvergiftung. Die Gaskammern im Lastwagen funktionierte zwar, doch wurde die Tötung technisch weiter entwickelt. Für die Gaskammern der Vernichtungslager wurde Blausäure (HCN) verwendet, die unter dem Namen Zyklon B für die Schädlingsbekämpfung vertrieben wurde. Die erste Massenvergasung von Menschen in Auschwitz-Birkenau fand Ende 1941 statt. Bis Ende November 1944 (zu diesem Zeitpunkt ließ Himmler die Gaskammern von Auschwitz sprengen) perfektionierten die Nationalsozialisten den so möglichen Massenmord, der Munition sparte und das Morden effizienter machte. Die Erfahrungen des Ersten Weltkriegs, in dem sich Giftgas als wirksames Kriegsmittel erwiesen hatte, lieferten die Idee. Neben Juden traf es unter anderem auch die »Zigeuner« genannten Roma und Sinti, Homosexuelle, Kommunisten und Zeugen Jehovas. Die Leichen wurden in eigens gebauten Krematorien verbrannt. So gelang die fast vollständige Vernichtung der Getöteten. Die Tausenden von Menschen, die an jedem einzelnen Tag vergast und verbrannt wurden, sind in der Menschheitsgeschichte ein zutiefst erschütternder Sonderfall. Sie sind aber nicht unerklärbar, sondern passen zur inneren Logik des Nationalsozialismus. Dessen Konzeption von Natur und ihre Nutzung zur Legitimierung von Gewalt spielt eine wichtige Rolle dabei.

Die »nordische Rasse« angeblicher »Übermenschen« von »Verunreinigungen« zu befreien, bedurfte nicht nur der Tötung von Menschen, die von den Nationalsozialisten als unwert erachtet wurden, sondern auch der Kontrolle über die Fortpflanzung. 400 000 Personen (etwa zur Hälfte Männer und Frauen) wurden während der nationalsozialistischen Herrschaft zwangssterilisiert, nur 10 bis 30% der Frauen wurden als fortpflanzungswürdig erachtet, ebenso viele galten als fortpflanzungsunwürdig (BOCK, 1993).

Die ideologische Basis der unfassbaren Gewalttaten war ein mystisches, heidnisches Weltbild (als »Weltanschauung« bezeichnet), in dem Wälder eine wichtige Rolle spielten. Sie wurden als »Naturdome« zum Gegenmodell christlicher Kirchen. Insbesondere Linden und Eichen wurden zu urgermanischen Bäumen stilisiert. Der Weihnachtsbaum bewies, dass das Weihnachtsfest als »Schöpfung unserer arteigenen nordischen Weltanschauung« zu gelten habe, wie die NSDAP-Reichsleitung 1938 in einer Broschüre verkünden ließ. Die Deutschen sollten als angebliche Nachfahren der Germanen als genuines Waldvolk gedacht werden, als tief im Wald verwurzelt und in Kultur und Religion vom Wald geprägt. Mit der Machtübernahme wurden diese Versatzstücke einer Pseudo-Naturreligion zur Grundlage staatlicher Politik (ZECHNER, 2010).

Die auf Zuschreibungen an Natur aufgebaute rassistische Fundierung der nationalsozialistischen Ideologie ist besonders augenfällig in ihrer Nutzung des modernsten Mediums, das damals verfügbar war, des Films. 1936 kam »Ewiger Wald« in die Kinos. Der Film beruhte auf der in den 1920er-Jahren formulierten Ideologie von »Blut und Boden«, die davon ausging, dass das »reine« Blut deutscher Bauern, insbesondere, wenn sie auf »ihnen gemäßer Scholle« saßen, für die wirtschaftliche wie »rassische Gesundheit« der Volkswirtschaft verantwortlich sei. Die Wurzeln einer waldbasierten Ideologie – die als Gegenentwurf zu den Prinzipien der Französischen Revolution auf Ungleichheit und Unveränderlichkeit abzielte – sind im deutschsprachigen Diskurs des 19. Jh. zu verorten. Der Wald wurde von den Nationalsozialisten als »Erzieher« betrachtet, er war Teil des Entwurfs eines idealen Staates, in dem die »germanische Waldnatur« dem »Wüstenvolk« der Juden entgegengestellt wurde. Der Wald wurde damit antisemitisch aufgeladen (ZECHNER, 2006).

Nach fast zehn Minuten einer Eingangssequenz aus Bildern mit Musik erscheint im Film »Ewiger Wald« ein Text, der sich direkt an die Betrachter richtet: »Euch, die ihr kamt, im Bilde das Gleichnis zu schauen/Das die Natur euch lehrt im ›Stirb‹ und ›Werde‹/Volk, dir, das sucht, kämpft und ringt, das unvergängliche Reich zu bauen/Ist dieses Lied gewidmet.« Danach erfolgt die Gleichsetzung, von der der Film handelt: »Ewiger Wald, ewiges Volk«. Der Film erzählt völlig ahistorisch die mystisch aufgeladene Geschichte des imaginierten »germanischen Volkes« seit prähistorischer Zeit als eine Geschichte der Gewalt und der Wiedergeburt des Volkes – nicht des Individuums. Der Film hat eindeutig anti-christliche Tendenzen. Die Natur des Waldes soll sich dem Christentum gegenüber als ideologischer Halt bewähren. Die Wikinger werden wegen ihrer Holzschiffe als Waldmenschen in die germanische Ahnenschar integriert. Mittelalterliche Szenen stellen bäuerliche Waldschützer gegen profitgierige Grundherren. Der Film kulminiert in der Geburt des »Dritten Reichs« aus der Schmach des Ersten Weltkriegs, die von romantischen Szenen eingeläutet wird.

Die Förster der 1930er-Jahre hatten das Managementkonzept des »Dauerwaldes« entwickelt. Es beruhte auf dem Fällen einzelner schwacher oder kranker Bäume und nicht auf Kahlschlägen – in dem Glauben, dass damit die stärksten, besten Bäume übrig blieben und eine dauerhafte Verbesserung der Waldsubstanz erreicht werden könnte. Der Film fordert dazu auf, die kranken und »artfremden« Elemente aus dem Wald zu entfernen, um eine neue, auf den Prinzipien des ewigen Waldes beruhende Gesellschaft zu errichten. Eine Maibaumszene beschließt den Film, der auf der Herstellung einer Analogie von Natur und Gesellschaft beruht und diese in einer eindringlichen Bildsprache transportiert (LEE & WILKE, 2005).

Der zu gründende rassistische nationalsozialistische Staat wollte eine Lebensführung garantieren, die auf einem »Recht der Natur« beruht. Die »nordischen« Menschen seien »von Natur aus« die »Herrenrasse« und damit im »Kampf ums Dasein« mittels des Rechts des Stärkeren legitimiert, Kriege zu führen, qua Naturgesetz zu siegen (SCHMITT, 2010). Es ist legitim, den Nationalsozialismus als mystische Pseudo-Naturreligion aufzufassen, auch wenn die Nationalsozialisten keinen offenen Kampf gegen die christlichen Kirchen führten (POIS, 1986). Adolf Hitler glaubte an strenge Naturgesetze und an deren Anwendung auf Menschen. Natur und ihr imaginiertes Gegenteil, die »Widernatürlichkeit« wurden zu zentralen Legitimierungsfiguren des Regimes. Auf diesen Prämissen beruhte auch die anti-urbane Einstellung, Städte mit ihrer Durchmischung wurden als »Rassengrab« wahrgenommen (SIEFERLE, 1992). Letztlich, in der konsequenten Anwendung eines wahnsinnigen Rassismus, sollten »Naturgesetze« die Vernichtung der Juden ebenso wie die von Homosexuellen, Sinti und Roma rechtfertigen.

Die Zuschreibung gesellschaftlicher Phänomene (von Tischsitten bis zu Sexualpraktiken, von Berufen bis zu Ernährungsgewohnheiten) zu »Natur« oder »Kultur« ist ein politischer Akt. Natürlichkeit – die immer kulturell definiert wird und sich keineswegs aus der Natur ergibt – wird zur Legitimierung gesellschaftlich gewünschter Zustände benutzt. Diese Nutzung hat eine lange Tradition. Sie lässt sich bis in die antike Philosophie zurückverfolgen und findet sich in der Diskussion um das Naturrecht auch in der

Ein **WERBEPLAKAT** für den Film »Ewiger Wald« von 1936.

christlichen Theologie und bei Denkern wie Thomas von Aquin, der alle menschlichen Gesetze nur insoweit als legitimes Recht ansah, als sie dem Naturrecht nicht widersprechen. Für einige mittelalterliche Theologen waren die Ordnungen des Naturrechts dem Menschen eingeschrieben, er musste seine inhärente Neigung zum naturgemäß Richtigen allerdings über den Gebrauch der Vernunft pflegen. Die nationalsozialistische Diktatur berief sich – wie andere totalitäre Regime auch – auf die Natur, um Krieg, Gewalt und Massenmord zu legitimieren. Sie nutzte dabei eine sehr konkurrenzorientierte Lesart der modernen biologischen Theorie des Darwinismus als Argumentationsgrundlage.

Natur taugt nicht zur Blaupause für Gesellschaft. Was immer wir in ihr sehen, haben wir selbst zuvor hineingedacht. Schutz der Natur und legitimatorische Bezüge zwischen Natur und Gesellschaft sind zwei verschiedene Aspekte, deren Vermischung Ideologie ergibt, eine Ideologie, die – in konsequenter Wahnhaftigkeit – bis zum Versuch der Legitimierung von Massenmord gehen kann, wie – hoffentlich einmalig in der Geschichte – die Handlungen der Nationalsozialisten eindringlich zeigen.

In der Volksrepublik China

Ein totalitäres System hat, wie sein Name sagt, die totale Kontrolle des Staates zum Ziel. Kontrolliert werden sollen dabei nicht nur Körper und Geist der Menschen, sondern immer auch die Natur. Das kommunistische China tat sich bei diesem Versuch ganz besonders hervor – mit dramatischen Effekten auf Bevölkerung und Natur. Massenkampagnen prägten das erste Jahrzehnt des jungen Staates. Von 1950 bis 1952 wurden Grundbesitzer, die ihr Land verpachtet hatten, enteignet. Viele wurden in Schauprozessen angeklagt und zumeist zum Tode verurteilt. Wohl weit mehr als 1 Million Menschen wurden hingerichtet. Kampagnen gegen sogenannte Konterrevolutionäre, gegen Korruption, Verschwendung und Bürokratie, gegen Bestechung und Steuerhinterziehung, gegen Veruntreuung von Staatseigentum und gegen Verrat von Staatsgeheimnissen folgten. Die Umerziehung der Intellektuellen hatte eine »Gedankenreform« zum Ziel. (BECKER, 1996; YANG, 1996)

Allen Kampagnen zum Trotz war die Landwirtschaft der Volksrepublik 1957 rückständig, die Erträge gering und die Versorgung der Bevölkerung mit Lebensmitteln in vielen Regionen unzureichend. Gravierende, von Mao Zedong ausgelöste Verstimmungen in den Beziehungen Chinas zur Sowjetunion führten zum Rückzug sowjetischer Experten und zum Ausbleiben sowjetischer Lieferungen. Dadurch blieb China hinter den hochgesteckten Zielen des Fünfjahresplans zum Industrieaufbau zurück.

In dieser ökonomisch wie politisch überaus angespannten Situation propagierte die Führung der Kommunistischen Partei (KP) Chinas 1958 den »Großen Sprung nach vorn«. In den ländlichen Räumen wurden Volkskommunen etabliert, denen die lokale Landwirtschaft, sämtliche Handwerks- und Industriebetriebe, meist neu gebaute Zentralküchen und -kantinen mit Propagandabeschallung sowie Einrichtungen des Erziehungs- und Gesundheitswesens zugeordnet wurden. Das Leben auf dem Land änderte sich binnen weniger Wochen radikal. Millionen Bauern hatten nunmehr in den Bereichen Handwerk oder Industrie der Volkskommunen zu arbeiten; Bäuerinnen mussten die Feldarbeit übernehmen – der Staat »entlastete« sie, in dem er die Verpflegung der Familien der Kommunarden und die Erziehung der Kinder übernahm. Großen Wert wurde auf die politische Bildung im Sinne der KP gelegt; eine Alphabetisierungskampagne lief an. (YANG, 1996; SHAPIRO, 2001)

Das Programm zur Kontrolle der Natur war eines der industriellen Modernisierung. Zur Erhöhung der Agrarproduktion sollten riesige Flächen bewässert und mineralisch gedüngt werden. Die Umgestaltung von Landschaften mit Baggern, Spaten und Schaufel begann, um größere, besser zugängliche, mit Maschinen zu bewirtschaftende und bewässerbare Äcker zu schaffen. Der einsetzende Kampf gegen »Nahrungskonkurrenten« des Menschen hatte die Vernichtung der Spatzen und einiger anderer Vogelarten zum Ziel. Tatsächlich wurden jedoch in einigen Regionen sämtliche Vogelarten fast ausgerottet. Dadurch schwollen die Insektenpopulationen gewaltig an. Im April 1960 musste die Partei diesen Teil der Kampagne beenden: Vögel wurden nunmehr gezüchtet, um der selbst erzeugten Insektenplage Herr zu werden. Weitere neue Züchtungen sollten die Pflanzen- und die Tierproduktion entscheidend steigern. Vielen Verantwortlichen fehlten jedoch Grundkenntnisse in Biologie, Ökologie, Bodenkunde und Agrarwissenschaften. Daher waren viele Maßnahmen unsinnig und schlugen fehl. Kulturpflanzen sollten um ein Vielfaches dichter als üblich gepflanzt und Schweine gezüchtet werden, die vor dem Erreichen der Geschlechtsreife Ferkel werfen sollten. (BECKER, 1996; SHAPIRO, 2001)

Der gleichzeitige Ausbau von Klein- und Großindustrien führte zu einem großen Energiebedarf. Riesige Flächen wurden abgeholzt, unter anderem um Millionen ineffektiver Hinterhofschmelzöfen zu betreiben; meist wurde dort nur minderwertiges Eisen produziert. Selbst die großen Stahlkombinate erreichten häufig nicht die notwendige Effektivität. Die Tücken der Planwirtschaft führten zu weiterer Ressourcenverschwendung, so wurden zum Beispiel Tausende Großpflüge produziert. Sie erwiesen sich im Alltagseinsatz als ungeeignet und mussten wieder eingeschmolzen werden

Die Führung der KP hatte die Landbewohner zu einem Großexperiment mit ungewissem Ausgang zwangsverpflich-

HINTERHOF-SCHMELZÖFEN, die während der Massenkampagne des »Großen Sprungs nach Vorne« errichtet wurden.

Geschichte unserer Umwelt

Im Jahr 1958 im Rahmen der Massenkampagne des »Großen Sprungs nach Vorne« im nordchinesischen Lößplateau bei Yan'an errichteter **ERDDAMM GUZHANGZI**, dessen Reservoir schon 1962 mit Bodensediment verfüllt worden war, das Starkniederschläge auf den steilen Hängen seines Einzugsgebietes erodiert hatten.

tet, in dem die meisten Akteure praktisch keine Korrekturmöglichkeiten hatten. Widerstand führte direkt in Zwangslager oder Gefängnis.

Nach dem in einigen zentral- und südchinesischen Regionen über Jahrtausende bodenschonend erfolgreich Nahrungsmittel produziert worden waren (vgl. S. 34), herrschte nunmehr blankes Chaos. Massive Abholzungen, unangepasste Landbautechniken, unsinnige Maßnahmen und vor allem die unzureichenden Bemühungen um den Erhalt der Bodenfruchtbarkeit ermöglichten während heftiger Niederschläge starke Abflussbildung und eine gravierende Bodenzerstörung durch Erosion. In einigen Gebieten erhöhten sich die Bodenerosionsraten um mehr als das Hundertfache (DAHLKE & BORK, 2004, 2006). Sie konnten zum Teil bis heute nicht entscheidend reduziert werden – und dies in einer Gesellschaft, die den Böden eigene Altäre gewidmet und Opfer gebracht hatte (WINIWARTER & BLUM, 2006).

Obgleich die hier nur zusammenfassend genannten Fehlschläge den politischen Entscheidungsträgern Angst einflößen hätten müssen, geschah das Gegenteil. Da die Maßnahmen von dem für viele Landbewohner (fast) gottgleichen Mao Zedong verordnet oder zumindest maßgeblich unterstützt worden waren, unterblieb Kritik. Parteimitglieder und Journalisten ergingen sich in Lobgesängen. Staatliche Presseorgane verkündeten schon im Herbst 1958, dass der »Große Sprung nach vorn« zu einer Erhöhung der Ernten um mehrere Tausend Prozent geführt haben sollte – die Ernte nach altem Muster war zum Zeitpunkt der Etablierung der Maßnahmen oft schon eingefahren. Die verführten Landbewohner glaubten der Propaganda; doch waren Nahrungsmittel noch rationiert. Diese Rationierung musste gelockert werden, um den Erfolg zu dokumentieren. Qing-shi, der Führer der KP Shanghais, propagierte, dass die Menschen so viel essen sollten, wie ihr Magen fassen konnte. Anfang 1959 waren bereits einige Speicher leer und die größte Hungersnot der Menschheitsgeschichte nahm ihren Lauf. An ihrem Ende waren Millionen Tote zu beklagen. (BECKER, 1996; SHAPIRO, 2001)

Zwar wurden die Entscheidungen der Massenkampagne des »Großen Sprung nach vorn« durchaus mit dieser Katastrophe in Verbindung gebracht. Als wesentlicher Verursacher der Hungersnot wurde jedoch schlechtes Wetter ausgemacht. Kann in einem Land, das 90 % der Ausdehnung Europas und unterschiedliche Klima- und Agrarzonen umfasst, eine derartige Hungersnot durch ungünstige Witterung ausgelöst werden? Wohl kaum. Auch die Wetterdaten weisen keine ausgedehnte extreme Trockenheit in den Hungerjahren 1959, 1960 und 1961 aus.

Der »Große Sprung in den Hunger« mit vielleicht 30 oder gar 40 Millionen Toten ist das Resultat eines fehlgeschlage-

nen gesellschaftlichen Experimentes. Unmittelbar und alleine verantwortlich ist die damalige Führung der KP der Volksrepublik China.

Lokales Expertenwissen zu ignorieren und partizipative Entscheidungsfindung unmöglich zu machen, kann zu Katastrophen führen. Eine breite und konsensuale Nutzung dieses Wissens kann sie verhindern. Totalitäre Regime wie jenes der KP der chinesischen Volksrepublik mit ihrem Anspruch umfassender Kontrolle scheitern früher oder später an ihrem Krieg gegen die Natur – auch deswegen, weil sie differenziertes Wissen zugunsten von Propaganda ignorieren.

Chinesische Propaganda
Propagandaplakate an Hauswänden beschwören den Sieg über die Natur:

»Nicht vom Himmel abhängig«
»Von Dazhai* lernen, Berge zu versetzen«
»Berge versetzen, um Felder zu schaffen«
»Die Köpfe der Berge beugen und den Flüssen Raum schaffen«
»Blüten und Früchte duften im alten Bett des Gelben Flusses«
»Wolken und Regen erzeugen und reiche Ernte erkämpfen«
»Mit vollem Einsatz Küchenwasser sammeln und die Schweinezucht unterstützen«
»Dünger sammeln«
»Alle machen sich an die Arbeit, um gegen die vier Plagen zu kämpfen«
»Alle kommen, um gegen Spatzen zu kämpfen«
»Großer Kampf gegen krumme Täler und Flüsse«
»Hohe Berge werden zu Kornkammern«

*Dazhai war eine Vorzeigevolkskommune
(LANDSBERGER, 1996)

AGENT ORANGE UND DER VIETNAMKRIEG

Die Natur als Gegner

Kurz vor Ende des chemischen Luftkriegs in Vietnam fasste 1971 ein Leitfaden für die Truppen zusammen, was sich das Militärkommando der USA vom taktischen Einsatz von Herbiziden (Unkrautvernichtungsmitteln) versprach. Diese Chemikalien sollten die Sicherheit der US-Truppen steigern, indem sie Hinterhalte ermöglichende Vegetation beseitigen und freie Flächen schaffen würden, die gut zu verteidigen seien. Sie würden damit die militärische Aufklärung und auch die Herstellung besserer Karten erleichtern. Da nach ihrem Einsatz Verstecke des Feindes sichtbar würden, verminderten sie den feindlichen Widerstand. Sie sparten Personal, das sonst mit der mechanischen Schaffung von Wegen beschäftigt wäre, erhöhten die Kampfstärke der Truppe und erleichterten die Logistik, da Nachschub leichter herangeschafft werden könnte. (OATS-VALL, 2008)

Von Januar 1962 bis Februar 1971 hatten Flugzeugbesatzungen der US-Streitkräfte im Rahmen eines »technischen stören. Menschen waren – diplomatisch spitzfindig – »nur« indirektes Ziel.

Die nach der Farbe der Identifizierungsstreifen auf den Fässern benannten Herbizidmischungen »Agent Orange« (eine Mischung der n-Butyl-Ester der 2,4,5-Trichlorphenoxyessigsäure [2,4,5-T] und 2,4-Dichlorphenoxyessigsäure [2,4-D]), »Agent White«, »Agent Green« »Agent Purple«, »Agent Pink« und »Agent Blue« waren mit Dioxin (2,3,7,8-Tetrachlordibenzodioxin) verunreinigt. Dioxin ist eines der langlebigsten Umweltgifte. Die Halbwertszeit des giftigsten Dioxins (2,3,7,8 TCDD) beträgt im Körperfett des Menschen etwa sieben Jahre. Es ist 500-mal giftiger als Strychnin oder das Pfeilgift Curare und schon in winzigen Mengen gefährlich. Als »Sevesogift« erlangte es durch einen Unfall in der zum »Hoffmann-La Roche«-Konzern gehörenden chemischen Fabrik von Meda (Norditalien), bei dem am 10. Juli 1976 einige Kilogramm Dioxin in die Umgebung gelangten, traurige Berühmtheit.

links Fische im Mekong waren nach der Agent-Orange-Vergiftung mit Dioxin belastet. Traditioneller **FISCHFANG**. (*Postkarte, datiert 17.7.1953*)

rechts **MANN DER CHO-MA** auf der Suche nach Honig im Süden von Vietnam. Die tropischen Wälder wurden vielfältig genutzt. Ihre Zerstörung nahm den Menschen die Lebensgrundlage. (*Postkarte, 1923/24*)

Hilfseinsatzes« für die südvietnamesische Regierung über 10 % der Oberfläche des damaligen Südvietnam mit etwa 72 Millionen Liter verschiedener Herbizide besprüht (STELLMAN et al., 2003). Die Regierung der USA klassifizierte ihre Flüge als technische Hilfsmission und achtete darauf, dass immer südvietnamesische Soldaten an Bord waren. Die Entscheidungen trafen aber amerikanische Militärs. Nach Ansicht der amerikanischen Regierung handelte es sich nicht um die geächtete »chemische Kriegsführung«, da die Herbizide nicht gegen Menschen, sondern »nur« gegen die Laubdeckung der Tropenwälder gerichtet seien (MEYERS, 1979). Neben der Entlaubung der Wälder sollte die Vernichtung von Kulturpflanzen die Nahrungsbasis der nordvietnamesischen Guerilla, der Vietcong, zer-

Der Dioxingehalt der in Vietnam eingesetzten Herbizide schwankte. Ehe das weniger stark mit Dioxin belastete Agent Orange, das mit 60 % der Gesamtmenge den Hauptanteil der verwendeten Herbizide stellte, zum Standard wurde, bewirkten die von 1961 bis 1965 verwendeten, hoch verunreinigten »Agent Purple«- und »Agent Pink«-Mischungen eine hohe Freisetzung von Dioxin in die Naturkreisläufe Vietnams, in denen sich das fettlösliche Gift in der Nahrungskette bis heute anreichert. Schätzungen, mit wie viel Dioxin die Umwelt Vietnams insgesamt verseucht wurde, gehen auseinander. Eine in der angesehenen Zeitschrift »Nature« publizierte Arbeit geht von bis zu 366 Kilogramm aus – einer enormen Menge eines so wirksamen Gifts (STELLMAN et al., 2003).

Geschichte unserer Umwelt

Diese Chemikalien wurden euphemistisch als »Entlaubungsmittel« bezeichnet, weil binnen weniger Wochen die Blätter der behandelten Pflanzen abfallen. Mangrovenwälder werden bereits bei einmaliger Anwendung so stark geschädigt, dass sie absterben. Bei mehrfacher Anwendung sterben auch andere Wälder; viele Gebiete wurden mehrfach überflogen und besprüht.

James W. Gibson beschrieb 1986 den Vietnamkrieg als einen »Technokrieg«. Die USA gingen davon aus, dass ihnen ihre technische Überlegenheit gegenüber den scheinbar »primitiven« Vietkong zum Sieg verhelfen würde. Wo immer möglich, substituierten sie Soldaten durch Gerät. Um den technisch weniger avancierten Feind zu treffen, der die Landschaft militärisch zu seinen Gunsten nutzte, von ihren Produkten aber auch mehr abhängig war, wurde die Natur bekämpft. Die Herbizide sollten bei Einhaltung von Vorsichtsmaßnahmen für Menschen und Tiere ungefährlich sein, es handelte sich ja um ursprünglich landwirtschaftlich verwendete Mittel. Die in Vietnam verwendete Konzentration an Herbiziden betrug etwa das 10-Fache der in der Landwirtschaft empfohlenen Menge. Trotzdem machte der Einsatz von Chemikalien, die für den zivilen Gebrauch zugelassen waren, den Krieg scheinbar »sauberer« und damit politisch leichter durchsetzbar. Gegenüber der Öffentlichkeit betonten die USA, dass kein »chemischer Kampfstoff« eingesetzt werde, weil nur Pflanzen das Ziel waren. Doch wurde auch durch wissenschaftliche Arbeiten Anfang der 1970er-Jahre der öffentliche Druck in den USA so groß, dass die Vergiftungsflüge 1971 eingestellt wurden. (WESTING, 1971; BUI, 2003; OATSVALL, 2008)

Da war Vietnam aber bereits langfristig geschädigt. Die unter dem Codenamen »Ranch Hand« (»Landarbeiter«) laufende Aktion sollte nordvietnamesische Kommunisten treffen – Opfer wurden zu einem Gutteil südvietnamesische Zivilisten. Das schnell wachsende Bambusdickicht, das in den zerstörten Wäldern aufwuchs, machte die Landschaft für die dort lebenden Menschen wertlos. Die für das Mekong-Delta wichtigen Mangrovenwälder starben, Erosion war die Folge. Diese veränderte die Fischfauna. Damit ging die Fischerei ebenso zugrunde wie die Landwirtschaft.

Der militärische Eingriff in die Ökosysteme Vietnams war beabsichtigt, die Kontamination weiter Teile des Landes und die chronische Vergiftung vieler Menschen mit Dioxin war eine ungeplante Nebenwirkung. Viele Untersuchungen, etwa der Muttermilch vietnamesischer Frauen, zeigten in den Jahren nach dem Krieg hohe Belastungen. Ein Zusammenhang zwischen der hohen Rate an missgebildeten Kindern in Vietnam und der Dioxinverseuchung ihrer Eltern ist höchst wahrscheinlich und gilt als weitgehend gesichert. Die schleichende humanitäre Katastrophe vollzieht sich jenseits medialer Aufmerksamkeit.

Bei der Beladung der Flugzeuge und Helikopter kam es immer wieder zu Unfällen. Herbizide gelangten dadurch lokal auch konzentriert in den Boden. Eine der größten Havarien passierte auf dem Luftwaffenstützpunkt Bien Hoa nahe Saigon; allein am 1. März 1970 wurden dort mehr als 28 000 Liter »Agent Orange« verschüttet. Böden und Lebewesen an (ehemaligen) Luftwaffenstützpunkten enthalten

Politische Hintergründe

Die politische Geschichte von Agent Orange beginnt mit dem Indochinakrieg (1946–1954). Frankreich kämpfte gegen eine kommunistische Unabhängigkeitsbewegung um die Wiedererlangung seiner Kolonie Französisch-Indochina (heute: Vietnam, Kambodscha, Laos), die im Zweiten Weltkrieg von Japan besetzt worden war. Seit 1950 halfen die USA, zu deren antikommunistischer Politik die Niederschlagung einer solchen Bewegung gut passte, den ehemaligen Kolonialherren. Die Viêt-Minh-Kämpfer hingegen erhielten Unterstützung aus dem inzwischen unter kommunistischer Führung stehenden China. Im Frühling 1954 erlitt die französische Armee eine vernichtende Niederlage. Auf der daraufhin einberufenen Konferenz in Genf wurden am 21. Juli 1954 die drei Staaten als unabhängig anerkannt, Vietnam aber entlang des 17. Breitengrades geteilt, um eine Beruhigung zu bewirken. Der Nordteil (später Nordvietnam) stand unter Führung des Kommunisten Ho Chi Minh, der Südteil (später Südvietnam) wurde von Präsident Ngô Đình Diêm regiert, einem von den USA unterstützten, autoritär regierenden Antikommunisten, der 1963 bei einem Putsch getötet wurde. Die Teilung sollte nur vorübergehend sein. Für 1956 waren gemeinsame Wahlen vorgesehen, die aber nie stattfanden. Stattdessen kam es zum Vietnamkrieg. Seit 1955 gab es kriegerische Auseinandersetzungen zwischen kommunistischen Vietkong-Kämpfern und der südvietnamesischen Regierung, in die ab 1965 immer mehr US-Bodentruppen involviert waren. Am Höhepunkt des Kriegs kämpften Ende 1968 mehr als eine halbe Million amerikanische Soldaten in Vietnam. Am 15. August 1973 endete das militärische Engagement der USA; 1976 wurden Norden und Süden als sozialistischer Staat vereinigt, die Odyssee der Flüchtlinge (boat people) aus dem Süden begann. Die USA hatten ihr Ziel, die Niederschlagung der kommunistischen Bewegung, nicht erreicht.

daher lokal bis heute sehr viel Dioxin (DWERNYCHUK, 2005; DWERNYCHUK et al., 2006). Die USA haben ihre Schuld an der Umweltkatastrophe bislang nicht eingestanden, es gibt weder Entschädigungszahlungen noch eine Dekontamination besonders belasteter Standorte (QUICK, 2008).

Erst nach jahrelangen Rechtsstreitigkeiten wurden Veteranen im Jahr 2006 finanziell dürftig abgefunden – obwohl die amerikanische Umweltschutzagentur bereits im Jahr 2000 in einem Bericht festhielt, dass Dioxine beim Menschen krebserregend sind, das Immunsystem und den Hormonhaushalt schädigen, Effekte auf Reproduktion, Embryonalentwicklung und Nervensystem haben, den Fettstoffwechsel verändern, die Leber schädigen und die berüchtigte Chlorakne verursachen.

Krieg war und ist umweltschädlich. Wie weit dieser Umweltschaden gehen kann, wenn eine demokratisch legitimierte Regierung in bedenkenloser Technikgläubigkeit versucht, Soldaten durch Chemikalien zu ersetzen, zeigt die Geschichte der langfristigen Dioxinverseuchung Vietnams. (OATSVALL, 2008)

EARTH DAY

Umweltschutz als Reaktion auf den amerikanischen Imperialismus

Neapel, Winter 1943: Die Amerikaner hatten die Stadt erobert und die deutsche Wehrmacht vertrieben. Von Läusen übertragenes Fleckfieber (Erreger: *Rickettsia prowazeki*) brach unter der Zivilbevölkerung aus. In und um Neapel erkrankten schließlich etwa 2000 Menschen; die Mortalität lag bei ungefähr 20 %. Im Vergleich zu den ebenfalls im Jahr 1943 gemeldeten 27 340 Erkrankten in Französisch-Nordafrika war dies eine geringe Fallzahl, obwohl die Bedingungen in Neapel für Lausbefall und Übertragung durch seltenen Kleiderwechsel, überfüllte Quartiere und mangelnde Hygienemöglichkeiten günstig waren. Wie war die Eindämmung gelungen? Das Militärkommando der Alliierten hatte sich mit der Bitte an die »International Health Division« der amerikanischen Rockefeller-Stiftung gewandt, für die Entlausung der Bevölkerung zu sorgen. Mit dem recht neuen »Wundermittel« DDT konnten die Amerikaner die Epidemie stoppen.

Postkarte der **ANTI-ATOMKRAFT-BEWEGUNG** von 1980.

(Bildinschrift:) In tiefer Trauer gedenken wir der 27 Menschenopfer, die wir der friedlichen Nutzung der Atomspaltung gebracht haben. Atomwirtschaft & Aufsichtsbehörden.

Japan, August 1945: Das US-Militär warf zwei Atombomben auf Hiroshima und Nagasaki. Mehr als 200 000 Menschen wurden sofort getötet oder verwundet. »The Bomb« wurde im nächsten Jahrzehnt als Metapher Teil des öffentlichen Diskurses. In einem Pamphlet hatte der amerikanische Industrielle Hugh Everett Moore den Begriff »Population Bomb« als Metapher für die drohende Überbevölkerung der Erde mit Menschen erstmals 1954 veröffentlicht. Bis 1967 war seine Streitschrift über die Kontrolle des Bevölkerungswachstums zwölfmal neu aufgelegt worden – 1,5 Millionen Exemplare fanden Abnehmer.

Sardinien, 1946 bis 1950: Rockefeller-Stiftung und Alliierte ließen in einem großen Feldversuch DDT über Sardinien versprühen, um dort durch Vernichtung der Anophelesmücke die Malaria auszurotten, mit zunächst positiver Bilanz.

Bikini-Atoll, 1. Juli 1946: Die USA begannen, das abgelegene Inselparadies für oberirdische Atombombentests zu nutzen. Der »Atompilz« wurde zum Symbol militärischer Überlegenheit. Mit dem Versprechen, in wenigen Monaten zurückkehren zu können, waren die 167 Bewohner der Insel Bikini auf das unwirtliche Rongelak umgesiedelt worden. Diejenigen, die nach einigen Wochen zurückkehrten, mussten nach zehn Jahren, als sie wegen der Strahlenbelastung Krebs entwickelt hatten, wieder evakuiert werden. Bikini kann bis heute nur für Kurzbesuche betreten werden.

USA, Juli 1969: Von 1959 bis 1962 betrieb die NASA das Mercury-Programm mit dem Ziel, einen Mann ins Weltall zu befördern. Die Sowjetunion war um einen Monat schneller. Daraufhin planten die USA, Menschen auf den Mond zu bringen. Der Architekt Buckminster Fuller (1895–1983) hatte schon 1967 den Begrenztheit, Gefährdung aber auch Steuerbarkeit suggerierenden Begriff vom »Raumschiff Erde« (Spaceship Earth) geprägt. Das am 24. Dezember 1968 aus der Apollo-8-Kapsel bei einer Mondumrundung aufgenommene Bild der kahlen, sterilen Mondoberfläche, über der die Erde als blauer mit weißen Wolkenbändern überzogener Planet in einem nachtschwarzen All aufging, visualisierte diesen Begriff eindrucksvoll. Am 20. Juli 1969 betrat der erste Mensch einen anderen Himmelskörper. Die Mondlandung war das erste globale Medienereignis. 93,9 % der 53,5 Millionen amerikanischen Haushalte mit TV die Landung der Apollo-11-Mission.

Was haben diese Ereignisse gemeinsam? Sie sind Teil des Ringens um Hegemonie auf der Weltbühne. Ihre mediale Umsetzung prägte das kollektive Gedächtnis. Die USA verstanden sich als Verteidiger von Freiheit und Demokratie mit allen Mitteln. Sie kämpften auf der Erde und im Weltraum um die Vormachtstellung gegenüber dem Ostblock. Wirtschaftswachstum auf der Basis von Erdöl und Erdgas war für die USA das wichtigste Mittel zur Überzeugung der eigenen Bevölkerung. DDT, neuartige Waschmittel, die reines Weiß verhießen, und eine wachsende Zahl weiterer Haushalts- und Agrarchemikalien und Medikamente versprachen den Sieg über äußere und innere Natur, so wie das Waffenarsenal jenen über die Kommunisten.

Doch bald traten in der schönen neuen Welt der technokratischen Supermacht Risse zutage. 1962 erschien Rachel Carsons »Silent Spring«, ein Buch über die ökologischen Wirkungen von Pestiziden wie DDT. Die Folgen des technischen Fundamentaloptimismus wurden in schäumenden Flüssen ebenso sichtbar wie beim Sommersmog über großen Städten wie Los Angeles, der vom Autoverkehr verursacht worden war.

Als der demokratische Senator Gaylord Nelson (1916–2005) im September 1969 ankündigte, 1970 einen »Earth Day« zu veranstalten, hatte er sich bereits einen Namen als Umweltschützer gemacht. Er war am 1972 in den USA in

Kraft getretenen Verbot von DDT beteiligt, hatte gegen biologisch nicht abbaubare Waschmittel und für die Reinigung der Großen Seen gekämpft. Er fand nur wenige Unterstützer; »Umweltexperten« gab es damals noch nicht. Jedoch begann die Diskussion, ob die von Rachel Carson öffentlich gemachte Umweltkrise ihren Grund in Bevölkerungswachstum, Religion, Kapitalismus, Technologie, Reichtum oder in der menschlichen Natur hatte.

Nelsons Earth Day mobilisierte zur allgemeinen Überraschung mehr Teilnehmende als die Protestmärsche gegen Vietnam oder für die Emanzipation der Frauen. Der 22. April 1970, der eigentliche Earth Day, war Teil von Aktionswochen. Ungefähr 1500 amerikanische Colleges und etwa 10 000 Schulen beteiligten sich. Millionen Amerikanerinnen und Amerikaner waren dabei; 35 000 Vortragende beschäftigten sich mit Umweltthemen; Wissenschaftlerinnen und Wissenschaftler, aber auch Politiker und Politikerinnen, darunter einige Gouverneure, sprachen. Der amerikanische Kongress setzte seine Sitzung aus, um Mitgliedern die Teilnahme an Aktivitäten zu ermöglichen; zwei Drittel von ihnen machten davon Gebrauch. Alle großen Naturschutzorganisationen und eine unüberschaubare Zahl an kleineren, lokalen Gruppen von Umweltaktivisten beteiligten sich an Programm und Organisation. Die Dachorganisation der amerikanischen Kirchen empfahl ihren Mitgliedern, Gottesdienste am Sonntag vor dem Earth Day dem Umweltschutz zu widmen.

Gaylord Nelson betrieb nur ein kleines Koordinationsbüro. Die Aktivitäten wurden nicht »von oben«, sondern von lokalen Komitees geplant und stellten die Umweltprobleme der jeweiligen Region in den Mittelpunkt, dadurch wurde der Earth Day vielerorts zu einem Wendepunkt. Tausende Teilnehmer wurden zu Umweltaktivisten. Studiengänge wurden eingerichtet und erstmals wurde in Washington auch Lobbying für den Umweltschutz betrieben.

Dieser Erfolg kam nicht von ungefähr und ist auch nicht mit der »Gunst der Stunde« allein zu erklären. Die Massenmedien, allen voran das Fernsehen, berichteten nicht nur in den Nachrichten ausführlich über Earth-Day-Aktivitäten. Sogar die Kinderserie »Sesamstraße« widmete dem Umweltschutz Sendezeit. So wurden noch weit mehr Personen erreicht als bei den Veranstaltungen. Die von Nelson eingesetzte Koordinationsgruppe entschloss sich, weiter zusammenzuarbeiten. Die Mitglieder gründeten »Environmental Action«, die das beim Earth Day entstandene Netzwerk lokaler Umweltinteressierter für Lobbying in Washington nutzten. Ihr erster Erfolg war, 1970 den »Clean Air Act« mehrheitsfähig gemacht zu haben. Sie koordinierten ihr Netzwerk auch, als es galt, Überschallflugzeuge zu verhindern, und machten mit einer Kampagne bei allen Wahlen darauf aufmerksam, welche Kandidaten für den Kongress sich besonders wenig um Umweltbelange kümmerten. Ihr riesiges Netzwerk machte vieles möglich: Sieben der von ihnen als »dreckiges Dutzend« öffentlich gemachten Kandidaten verloren 1970 bei den Wahlen gegen Kandidaten mit weißerer (Umwelt-)Weste.

Seit »Silent Spring« war klar, dass Bücher über Umwelt- und Naturschutz wirtschaftlich erfolgreich sein konnten. Diese Chance nutzten viele Verlage, um das Thema in die Buchläden und Regale der Amerikaner zu bringen. Die Umweltschutzorganisation »Friends of the Earth« publizierte zu Beginn des Jahres 1970: »The Environmental Handbook«. Bis Ende April wurden davon mehr als 1 Million verkauft. Im Dezember 1970 richtete Präsident Nixon die amerikanische Umweltbehörde EPA ein und gab damit der Umweltpolitik und dem Umweltschutz eine institutionelle Heimat.

Die grundsätzlichen Probleme eines an Wirtschaftswachstum geknüpften industriellen Lebensstils blieben ungelöst. Die Institutionalisierung von Umweltthemen in der politisch-administrativen Sphäre, in der Erziehung und in den Medien zumindest in Nordamerika und in Europa hat zu einer wesentlichen Minderung vieler Umweltprobleme geführt. Auch für die Umweltgesetzgebung wirkte der Earth Day als Katalysator.

Heute haben viele Industrieunternehmen die Massenproduktion von Gütern einschließlich der resultierenden Umweltschäden in Länder der Tropen und Subtropen mit fehlender oder schwächerer Umweltgesetzgebung verlagert. Dadurch ist die direkte, sichtbare Betroffenheit der in Europa und Nordamerika lebenden Menschen deutlich zurückgegangen. Die globale Umweltbewegung erfuhr dadurch eine (wohl vorübergehende) Schwächung. (ROME, 2010)

»Environmental Action«: Titelseite des Newsletters des Vorbereitungskommittees für den ersten EARTH DAY 1970. Darstellung der Problematik der Überbevölkerung.

3 / AUF DEM WEG ZUR VORSORGENDEN GESELLSCHAFT?

> *»Los! Los«, schrie die Königin. »Schneller! Schneller!« Zuletzt sausten sie so schnell, dass sie beinahe dahinflogen und ihre Füße kaum mehr den Boden berührten. Doch plötzlich, als Alice wirklich nicht mehr konnte, hielten sie an; und Alice plumpste ganz erschöpft und schwindlig auf die Erde. Alice sah sich verblüfft um. »Aber – aber waren wir nicht die ganze Zeit unter dem Baum? Alles ist genau wie vorher.« »Selbstverständlich«, sagte die Königin. »Was hast du denn gedacht?« »Also, bei uns – in unserem Land«, Alice war noch ziemlich außer Atem, »kommt man woanders hin – ich meine, wenn man so lange so schnell läuft – wie wir eben.« »Was für ein langsames Land«, erwiderte die Königin. »Bei uns, verstehst du, muss man laufen, was man kann, nur um auf der Stelle zu bleiben. Wenn du woanders hinwillst, musst du noch zweimal schneller rennen« (CARROLL, Alice im Spiegelland, [1871] 1990)*

Die kleine Alice läuft an der Hand der roten Königin nur, um am selben Fleck zu bleiben, weil das Land sich unter ihr bewegt. Dies erschien dem US-amerikanischen Biologen Leigh van Valen (1935–2010), der 1973 einem von ihm formulierten Gesetz den Namen »Rote-Königin-Hypothese« gab, eine passende Metapher für die Beschreibung der biologischen Evolution. Auch unter uns »bewegt sich das Land«: Unsere Umwelt verändert sich beständig. Nichts hat Bestand, so sehr wir uns dies wünschen. 28 Maler, fünf Helfer und ein Chefmaler sind jahrein, jahraus damit beschäftigt, die Golden-Gate-Brücke über den Einlass der Bucht von San Francisco vor der sonst unvermeidlichen Korrosion zu be-

Die **GOLDEN GATE BRÜCKE** muss beständig vor Korrosion geschützt werden.

wahren, verrät die Internetseite der Brückenmeisterei. Viele der Forschungsreiseberichte dieses Buches erzählen ähnliche Geschichten.

Damit lässt sich eine der eingangs gestellten Fragen beantworten. Waren menschliche Gesellschaften früher jemals anders, hat es die vielbeschworene Harmonie mit der Natur je gegeben, das »Paradies auf Erden«? Die Menschen sind an dem Tag aus dem »Paradies« geschritten, an dem sie begannen, Güter zu produzieren. Schon Werkzeuge urgeschichtlicher Menschen aus Feuerstein mussten oft ersetzt, die Sensen und Sicheln mittelalterlicher Bauern immer wieder nachgeschärft und Wasserräder nach Hochwassern instand gesetzt werden, »Mini-Golden-Gates«, sozusagen. Noch deutlicher wird das Prinzip bei Ackerterrassen, bewässerten Feldern, bei mit Steinmulch bedecktem, kostbarem Gartenboden oder bei der Mischung von Boden mit Holzkohle und Keramik, um sie fruchtbar zu machen. Auch der Kampf gegen Schädlinge oder der Deichbau sind unvermeidliche Begleiterscheinungen menschlicher Güterherstellung.

Eingangs fragten wir, wie es dazu kam, dass zu Beginn des 21. Jhs. über 7 Milliarden Menschen die Erde bevölkern, von denen der überwiegende Teil in Armut lebt, und wie es dazu kam, dass wir die Vielfalt des Lebens mit einer eigenen Biodiversitätskonvention der Vereinten Nationen vor uns selbst schützen müssen. Die Erklärung liegt in einer selbstverstärkenden Dynamik aus Wirtschaftswachstum, technologischer Entwicklung und dem damit möglichen stärkeren Bevölkerungswachstum, die die Forschungsreisen dieses Buches in die Vergangenheit deutlich zeigen. Die globale Dynamik hat niemand unter Kontrolle. Die für sich genommen jeweils plausiblen Handlungen jedes einzelnen Menschen ergeben zusammengenommen eine Entwicklung, die so niemand haben will.

Im 20. Jh. begann eine große Beschleunigung. Viele Parameter zeigen, dass der gesellschaftliche Einfluss auf die Umwelt im 20. Jh. stärker gestiegen ist als je zuvor. Ohne den Einsatz fossiler Energie wären diese extremen Anstiege nicht möglich gewesen. Er ist zwar nicht die alleinige Ursache (das wäre eine viel zu einfache Erklärung), aber ein notwendiger Faktor, ohne den die große Beschleunigung nicht möglich gewesen wäre. Die Vervielfachung der Materialströme geht mit ihrer ungleichen Verteilung einher. Massenarmut ist die Folge. Das Bevölkerungswachstum hat biologische wie soziale Ursachen und ist aus beiden zu erklären. Biologisch ist die Tatsache, dass sehr viele Mütter – selbst bei einer geringen Kinderzahl pro Mutter – zusammen sehr viele Kinder auf die Welt bringen. Je mehr wir sind, desto schneller werden wir noch mehr. Das Bevölkerungswachstum sinkt aber, wenn Frauen gut ausgebildet

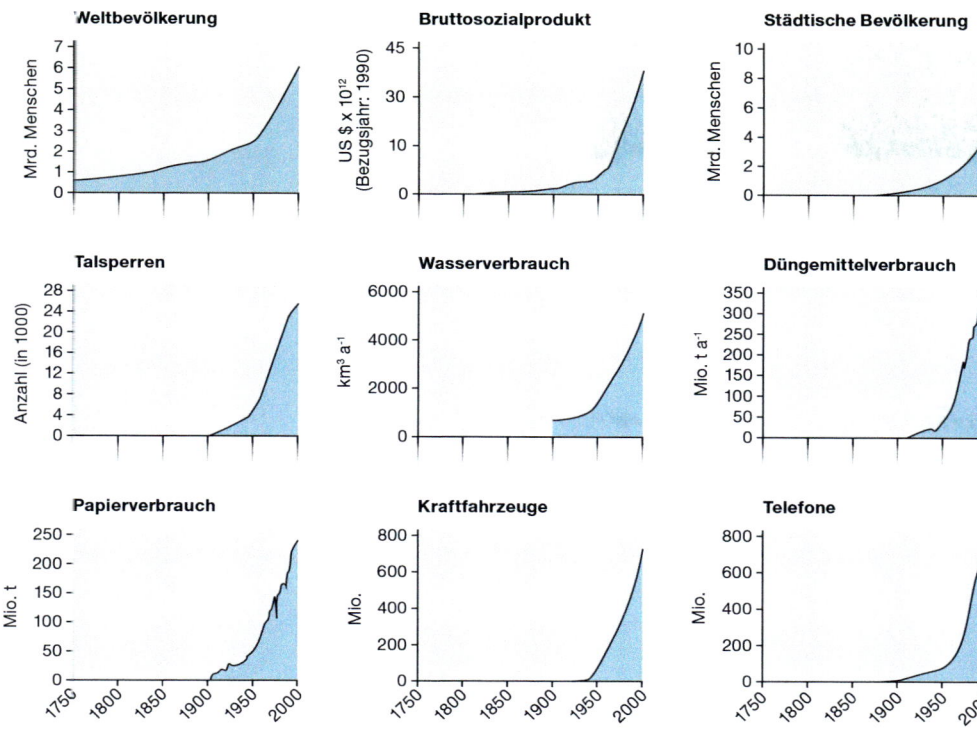

Wichtige Parameter und deren Veränderung in der **GROSSEN BESCHLEUNIGUNG** Mitte des 20. Jahrhunderts (verändert nach STEFFEN et al., 2011).

und vor Gewalt geschützt werden; ebenso, wenn Sozialversicherungssysteme existieren, die Menschen ein gutes Auskommen im Alter ermöglichen. Soziale Steuergrößen sind also wichtig.

Die Bevölkerung wächst auch mit zunehmendem Lebensalter. Dies verdanken wir in großen Teilen Europas nicht nur einer guten Gesundheitsversorgung, sondern auch Technologien, die uns von vielen lebensverkürzenden Gefahren wie Krankheitserregern, Rauchschwaden oder gefährlich belastetem Trinkwasser befreit haben.

Menschen sind nach wie vor auf die Photosyntheseleistung der Pflanzen angewiesen. Sie sind »heterotrophe« Lebewesen, können nicht wie grüne Pflanzen von Sonnenlicht und Kohlendioxid leben, sondern müssen Pflanzen, Pflanzen- oder Fleischfresser essen. Mehr als ein Viertel der gesamten Biomasse der Erde wird von einer einzigen Art, den Menschen, beansprucht. Entweder durch Ernte oder dadurch, dass wir Pflanzenwachstum verhindern – indem wir zum Beispiel fruchtbares Land für den Bau von Gebäuden und Straßen verwenden und damit die dortigen ertragreichen Böden dauerhaft zerstören (HABERL et al, 2007). Seit 1910 hat sich das Ausmaß dieser Aneignung verdoppelt (KRAUSMANN et al, 2013).

Wie viele Arten es gibt, ist nicht genau bekannt. Eine jüngere Schätzung geht von etwa 8,7 Millionen (± 1,3 Millionen) eukaryotischen Spezies aus (das heißt, Bakterien und Archaea sind nicht mit erfasst); etwa 2,2 Millionen (± 0,18 Millionen) leben im Meer. Die Wissenschaft kennt derzeit etwa 1,2 Millionen Arten. Demnach sind 86 % der auf dem Land lebenden und 91 % der marinen Spezies noch nicht bekannt (MORA et al., 2011). Wenn sich eine Spezies, der Mensch, mehr als ein Viertel aller existierenden Nahrung bzw. Energie aneignet, bleibt zu wenig für die restlichen 8 699 999 Arten. Die Aneignung macht sich in der massiven, großflächigen Zerstörung von Habitaten bemerkbar. Daher müssen wir die Biodiversität eigens schützen.

Der Abschnitt des Erdzeitalters, in dem wir leben, wird heute häufig als »Anthropozän« bezeichnet. Dieser vom Chemie-Nobelpreisträger Paul Crutzen populär gemachte Begriff macht deutlich, dass Menschen inzwischen Einfluss auf die globale geologische Entwicklung haben. Wann hat das Anthropozän genau angefangen? Mit dem Beginn der Landwirtschaft, dem Beginn der Industrialisierung oder erst nach dem Zweiten Weltkrieg? Für Geologen ist der Unterschied von ein paar Tausend Jahren unbedeutend. Für Historikerinnen und Historiker wie für Umweltwissenschaftler ist die Frage nicht weiterführend, da sie thematisch differenziert und in hoher räumlicher und zeitlicher Auflösung arbeiten. Als Hinweis, dass die Menschheit heute Einfluss auf das gesamte Erdsystem nimmt, ist der Begriff aber durchaus nützlich.

WIRD UNS EXPERTENWISSEN RETTEN?

Eingangs fragten wir, wie eine lebenswerte Welt für alle geschaffen werden kann. Ob bei den Guano-Inseln vor der Küste Perus oder beim Kampf gegen die Malaria in Panama, bei der Rheinregulierung oder beim Management von Grasland in Kalifornien: Experten machen keine besonders glorreiche Figur bei der Schaffung lebenswerter Welten. Sie sind Kinder ihrer Zeit, von den jeweiligen Auftraggebern getrieben, haben Eigeninteressen und eine zumeist nur sehr spezialisierte Ausbildung. Sie sehen mit Scheuklappen, die der englische Philosoph Francis Bacon (1561–1626) schon 1620 beschrieben hat.

In seinem »Novum Organum« beschreibt Bacon vier Hindernisse wissenschaftlicher Expertise, die er Idole (im

Sinn der Idolatrie, der Anbetung von Götzen) nennt: die Idole des Stammes (Idola Tribus), diejenigen der Höhle (Idola Specus), die des Marktplatzes (Idola Fori) und schließlich die des Theaters (Idola Theatri; BACON, [1620] 1990: 101).

Worin bestehen sie im Einzelnen? Die kognitiven Fähigkeiten der Menschen (des Stammes) sind begrenzt und mit systematischen, allen Menschen gemeinsamen Fehlern behaftet. Die individuell erworbenen Verhaltens- und Urteilsroutinen, die durch Erziehung, Kontakt mit anderen, Bücher aber auch Stimmungen zustandekommen, definieren die »Höhle«, aus der heraus jeder Einzelne seine Welt wahrnimmt und interpretiert. Die Idole des Marktplatzes sind Probleme, die durch das Miteinander der Menschen entstehen. Da Sprache für das Miteinander unvermeidlich ist, ist Sprachverwirrung oder Scheinklarheit zu befürchten: »[...] die Worte [...] verführen die Menschen zu leeren und zahllosen Streitigkeiten und Erdichtungen«, schreibt Bacon (104). Zuletzt macht Bacon auf eine innerwissenschaftliche Problematik aufmerksam. Der universitäre Betrieb, der zu Bacons Zeit in Vorlesungsräumen stattfand, die man Theater nannte, ist ebenfalls Quelle einer Erkenntnisbegrenzung. Dieser Betrieb habe zu falschen Urteilen geführt, weil er an der jeweiligen Schule (Bacon nennt sie auch Sekte) und nicht am Erfordernis der Sache orientiert gewesen sei. Der heute politisch ausgenutzte Expertenstreit um den globalen Klimawandel wäre wohl hier einzuordnen.

Was lernen wir von Bacon? Wissen ist prinzipiellen Beschränkungen unterworfen, die wir nicht verhindern können. Es wird umso robuster, je mehr Personen mit unterschiedlichen Kenntnis- und Erfahrungshintergründen es gemeinsam generieren. Partizipative Verfahren, die das Erfahrungswissen der Personen, die einen Ort und seine Gegebenheiten kennen und dort leben, auf Augenhöhe mit wissenschaftlichem Wissen verbinden, können manche der von Bacon genannten Probleme minimieren. Das ist eine von mehreren Voraussetzungen für die Schaffung einer dauerhaft lebenswerten Welt *für Alle durch Alle*. Der Blick in die Vergangenheit hilft, Fehler zu vermeiden, die schon gemacht wurden. Auch schleichend langsame und daher über kurze Zeiträume unerkennbare (Fehl-)Entwicklungen können nur über Langzeitforschungen erkannt werden.

KULTURELLE GRUNDLAGEN DES UMGANGS MIT DER NATUR

Wie Menschen zur Natur stehen, ist Teil ihres Lebensstils und einer der Faktoren, die sie in einem bestimmten sozialen Milieu verankern. Der französische Soziologe Pierre Bourdieu (1930–2002) hat die Gesamtheit dieser Faktoren im Begriff des »Habitus« zu fassen versucht. Das gesamte Auftreten einer Person, ihre Sprache und Kleidung, ihr Geschmack, aber auch ihr Verhältnis zur Natur signalisieren Rang oder Status in der Gesellschaft. Menschen nehmen wahr, was Bourdieu die »feinen Unterschiede« nannte. Sie

haben auch eine Vorstellung davon, was man von ihnen erwartet. Sie entscheiden dann von Fall zu Fall, ob sie tun, was den Erwartungen entspricht oder nicht. Dabei sind sie, ohne darüber nachzudenken, mit dem Erhalt oder der Steigerung ihres Status beschäftigt. Unser Umgang mit der Natur ist Teil dieser Differenzierungsbemühungen. Das spricht gegen eine rasche Einigung der Menschheit, wie mit Natur umgegangen werden sollte.

Doch es gibt Konsensbereiche. Die Ressourcen und Kapazitäten der Erde sind endlich. Damit hat auch das Wirtschaftswachstum eine natürliche Grenze, denn die Effizienz wirtschaftlichen Handelns kann nicht ins Unendliche gesteigert werden. Darauf können sich die meisten Menschen durchaus verständigen. Der Konsens, der global wirksames Handeln ermöglichen würde, bleibt jedoch aus mehreren Gründen aus. Einen davon haben drei Sozialwissenschaftler in ihrer »Cultural Theory« genannten Theorie gesellschaftlichen Wandels identifiziert. Menschen glauben ihnen zufolge an unterschiedliche »Mythen über Natur«. Entsprechend unterscheiden sich ihre Lebensstile und politischen Überzeugungen (THOMPSON et al., 1990). Der egalitäre Lebensstil ist mit einer als fragil angesehenen Natur verbunden, der individualistische mit einer als nachsichtig angesehenen Natur, der hierarchische mit einer als innerhalb gewisser Grenzen als nachsichtig, aber über diese hinaus als fragil konzeptualisierten Natur. Als vierter Lebensstil wird jener der Fatalisten abgegrenzt, die davon ausgehen, dass aus der zufälligen Bewegung der Natur keine Lehren für die Gesellschaft abzuleiten seien. Damit stehen sie im Gegensatz zu den drei anderen Lebensstilgruppen.

Was ist daran so wichtig? Je nachdem, welche politischen Ziele Menschen haben, konstruieren sie Natur verschieden. Egalitär denkende Aktivisten sind über den Treib-

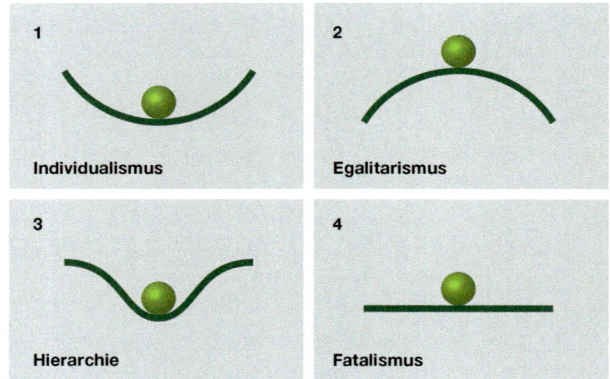

WIE STELLEN SICH MENSCHEN DIE NATUR VOR? Die Natur ist als Kugel dargestellt, die in einer Landschaft beweglich ist. Wird sie angestoßen, so fällt sie entweder zurück in ihren vorherigen Zustand (1), oder sie wird in einen undefinierten Zustand gebracht „zerstört" (2); eine Mischform stellt die auf Grenzwerte setzende hierarchische Naturvorstellung dar (3), während (4) eine Vorstellung symbolisiert, die keinerlei Ursache-Wirkungs-Zusammenhänge zu Grunde legt (verändert nach THOMPSON, ELLIS, WILDAVSKY, 1990).

hauseffekt oder Abholzungen besorgt – nicht nur, weil sie sich um das Schicksal der Erde kümmern, sondern da sie das Zusammenleben der Menschen grundlegend hin zu einer egalitäreren Gesellschaft verändern möchten. Davon auszugehen, dass die Natur zerbrechlich ist und dass der geringste Fehltritt katastrophale Folgen für die menschliche Spezies haben kann, hilft Egalitaristen, eine Politik zu rechtfertigen, die unternehmerische Aktivitäten im Namen des Gemeinwohls drastisch beschneidet. Die Vorstellung, dass Ressourcen nicht erneuerbar sind und schnell abnehmen, ist so attraktiv für Egalitaristen, weil sie ihnen hilft, die Regulierung und Umverteilung begrenzter Ressourcen zu rechtfertigen.

An Wettbewerb orientierte Individualisten konstruieren die Natur als nachsichtig und belastbar, weil es dadurch einfacher für sie ist, Laissez-faire zu rechtfertigen und denjenigen zu widerstehen, die zentrale, staatliche Kontrolle verstärken wollen. Anhänger einer individualistischen Wettbewerbskultur sehen die Fähigkeit der Wirtschaft, Naturgüter zu substituieren, als nahezu unbegrenzt an. Daher erkennen sie auch kein wirkliches Umweltproblem. Ihr Vertrauen in den Markt als Mechanismus der sparsamen Bewirtschaftung knapper Güter ist derart unbegrenzt, dass sie ihn auch für geeignet halten, die Luftverschmutzung durch Verkauf des Rechts darauf (»Emissionszertifikate«) zu regeln.

Hierarchisten konstruieren eine Natur, die in gewissen Grenzen nachsichtig und belastbar, über diese Grenzen hinaus aber zerbrechlich ist. Damit rechtfertigen sie ihren Drang nach Regulierung und Kontrolle. Die Bewachung der Grenzen zwischen nachsichtiger und friedlicher Natur wird zur zentralen Aufgabe, für die ein starker Staat zuständig sein kann, in dem Macht ungleich verteilt sein muss, damit Kontrolle möglich wird.

Diejenigen, denen im Grunde alles egal ist und die im Gegensatz zu anderen meinen, es gäbe wenig zu lernen und vieles müsse man einfach aushalten, machen sich ein Naturbild, das zu ihrem Fatalismus passt. Die Natur ist für sie erratisch und unberechenbar, und damit ebenso wenig eine Leitschnur für das Handeln wie irgendwelche menschliche Hervorbringungen.

Die vielen Menschen, die Leserinnen und Leser dieses Buches auf den Forschungsreisen treffen konnten, könnten jeweils einer dieser Gruppen zugeordnet werden. Blickt man mit der Sicherheit, die Natur sei grundsätzlich gutmütig, auf die Welt, so werden Störfälle zu Normalfällen, Geld kann Natur ersetzen und diese eignet sich als Spielfeld für Machtdemonstrationen. Die hierarchisch denkenden Eliten kommunistischer wie der nationalsozialistischen Diktatur versuchten, Kontrolle über die Natur zu erlangen. Die Schaffung einer neuen, »besseren« Natur beruht auf Messungen, Theorien und Kontrolle von oben. Natur- und Umweltschützer sahen und sehen eine fragile Natur, die es zu schützen gilt, während Konzernchefs eine nachsichtige Natur zu sehen wünschen, um ihre Handlungen zu rechtfertigen. Fatalismus ist uns auf unseren Rechercherereisen durch die Literatur selten begegnet. Amerikanische Soldaten, die hinnahmen, dass sie mit Chemikalien besprüht wurden, die ihnen den Atem nahmen, müssen ebenso wie diejenigen, die nach Three Mile Island, Tschernobyl und nun Fukushima weiterhin Atomkraftwerke bauen, eines gewissen Fatalismus geziehen werden.

Ist also alles, was wir über die Natur zu wissen meinen, abhängig von unseren Präferenzen für die eine oder andere Gesellschaftsordnung? In diesem Buch wird keine so radikale Position vertreten. Denn die geo-bio-chemisch-physikalischen Systeme, deren Teil wir sind, erlauben es nicht, jede dieser Konstruktionen von Natur dauerhaft durchzuhalten. Die Ressourcen der Erde sind begrenzt – egal, durch welche kulturelle Brille wir sie betrachten. Nachhaltigkeit ist eine regulative Idee, ein Vorschlag, wie gesellschaftlich mit dieser Limitierung umgegangen werden sollte. Im Sinne einer Verantwortung für künftige Generationen ist es klüger, sich die natürlichen Systeme als fragil vorzustellen. Es ist besser, auf der sicheren Seite zu irren. Denn der Schaden für die jetzt lebenden Menschen und besonders für deren Kinder und Kindeskinder ist unabsehbar groß, wenn auf der anderen, der riskanten Seite geirrt wird. Das ist ein Plädoyer für das Vorsorgeprinzip und damit auch eine Antwort auf die eingangs aufgeworfene Frage, wie wir a priori wissen können, welche unserer Handlungen die Anzahl der Möglichkeiten vergrößern wird – insbesondere dann, wenn wir akzeptieren, dass das Verhalten von Menschen und Erde nicht vorhersehbar ist: Wir wissen dies nicht a priori und können es nicht wissen. Daher ist es klug, einen vorsorgenden Weg des geringsten Risikos einzuschlagen.

Für die Etablierung nachhaltiger Entwicklung sollte also eine fragile Natur vorausgesetzt werden. Diese Vorstellung geht mit einer egalitären Vision von Gesellschaft einher. Sie ist Voraussetzung für eine nachhaltige Gesellschaft und baut ebenso auf Verteilungsgerechtigkeit auf wie auf einem langfristig respektvollen Umgang mit Natur.

EINSICHT, UMSICHT, VORAUSSICHT, ZUVERSICHT UND RÜCKSICHT

Wissenschaft und Technik haben einigen Menschen ein sehr viel angenehmeres Leben ermöglicht, als es ohne deren Errungenschaften möglich gewesen wäre. Das Ausmaß der Störung natürlicher Systeme, das damit einhergeht, wurde in den Kapiteln zur industriellen Lebensweise eindringlich sichtbar. Eingangs fragten wir, ob wir von der Technik, die uns dahin gebracht hat, wo wir heute stehen, Lösungen erwarten können. Der Blick in die Geschichte bietet auch hier eine Einsicht: Was immer wir tun werden, es wird nicht ohne Wissenschaft und Technik gehen. Wir leben bereits jetzt mit dem Erbe der fossilnuklearen Vergangenheit und werden eine Fülle von Innovationen benötigen, um mit diesem angemessen umgehen und die resultierenden vielfältigen Probleme nachhaltig lösen zu können.

Entscheidend wird sein, Lehren aus der Vergangenheit zu ziehen. Zuversichtliche Menschen, die Neues entwerfen wollen und die sich mutig in unbekanntes Terrain vorwagen, werden gebraucht. Andererseits müssen sie bei jeder

Der **LETZTE WOLF** im niederöster-reichischen Piestingtal wurde 1866 erlegt. Schon im 18. Jahrhundert waren westlich der Oder im Deutschen Reich nur noch Einzelwölfe nachweisbar.

ihrer Handlungen Rücksicht auf Natur und Menschen nehmen. Ein solches Denken erfordert neue Wege der Ausbildung und der Bewertung. Der Wissenschaftliche Beirat für Globale Umweltfragen (WBGU), ein hochrangiges Beratungsgremium der deutschen Bundesregierung, hat das Ausmaß der Herausforderung zutreffend charakterisiert, als er in seinem Jahresgutachten 2011 von der Notwendigkeit einer »großen Transformation« sprach. Er fordert Einsicht, Umsicht und Voraussicht. Der WBGU macht deutlich, dass die freiwillige Beschneidung von Optionen herkömmlichen Wirtschaftswachstums zugunsten der Sicherung von Freiheitsspielräumen für künftige Generationen notwendig ist. Er schreibt der Zivilgesellschaft eine bedeutende Rolle als Mitgestalterin für das Gelingen des Transformationsprozesses zu. Bürgerinnen und Bürger sollen die Transformation in Bewegung setzen und den Prozess durch ihre Partizipation legitimieren. Der WBGU formuliert sehr eindringlich, dass der »fossilnukleare Metabolismus« der Industriegesellschaft keine Zukunft hat. Je länger wir an ihm festhalten, desto höher wird der Preis für die nachfolgenden Generationen sein. Doch der WBGU sieht eine Alternative, die allen Menschen zumindest die Chance auf ein gutes Leben in den Grenzen des natürlichen Umweltraumes eröffnen könnte (WBGU 2011).

Der WBGU setzt auf Einsicht, Umsicht und Voraussicht. Wie aber soll angesichts dieser großen Herausforderungen *Zuversicht* entstehen, die die Voraussetzung für Einsicht, Umsicht und Voraussicht ist? Wir müssen verstehen, dass die notwendige gesellschaftliche Transformation mehr ist als ein Wandel des Energiesystems und damit eine drastische Reduktion des Einflusses von Menschen auf Klima, Wasser- und Stoffhaushalt. Alle Menschen müssen in Denken und Handeln Pioniere des Wandels werden.

Wie aber sollen wir uns diesen Wandel vorstellen? Wir vermögen ausgestorbene Tiere nicht wieder lebendig zu machen; wir vermögen die Natur früherer Zeiten nicht

wiederherzustellen. Können wir wenigstens verhindern, dass weitere Arten aussterben, können wir für natürliche Systeme und damit für unsere Zukunft Vorsorge tragen? Das haben wir eingangs gefragt. Nach den Forschungsreisen in die Vergangenheit stellt sich diese Frage anders – als Frage nach dem »Wie«, nicht nach dem »Ob«. Immer wieder ist es Gesellschaften gelungen, über längere Zeit erfolgreich mit natürlichen Systemen zu interagieren. Ob die Wikinger Wiesen in Grönland mittels ausgeklügelter Bewässerung so produktiv machten, dass sie ihr Vieh über den langen Winter mit Heu zu versorgen imstande waren, oder ob japanische Bauern sorgsam mit kostbaren Pflanzennährstoffen umgingen, ob die Damen des Bürgertums in den verschmutzten amerikanischen Städten für genug Aufruhr sorgten, um Industriebetriebe zu einer Verringerung ihrer Abgase zu bringen oder ob Wissenschaftler lernten, dass Eichen sich positiv auf die Weiden in Kalifornien auswirken – immer wieder haben Menschen langfristig gedacht und klug gehandelt. Davon sollten wir viel lernen.

Doch es geht primär um gesellschaftliches und nicht um individuelles Lernen. Wie aber lernen Gesellschaften? Sie lernen, indem sie neue Organisationen schaffen, die mit Rechten und Pflichten ausgerüstet werden. So waren die Schaffung des Völkerbundes und später der Vereinten Nationen erfolgreiche Versuche, gesellschaftliche Lernprozesse anzustoßen. In seinem bereits erwähnten Gutachten empfiehlt der WBGU, einen globalen Rat für nachhaltige Entwicklung, der dem Sicherheitsrat der Vereinten Nationen ebenbürtig ist, einzurichten. Dies wäre Ausdruck und Voraussetzung eines positiven gesellschaftlichen Lernprozesses. Dieser ist im Gange. Eine Fülle von Nichtregierungsorganisationen beschäftigt sich mit Umwelt- und Nachhaltigkeitsfragen.

Die historischen Wissenschaften spielen allerdings dabei kaum eine Rolle. Das ist problematisch. Denn wie Ärztinnen und Ärzte ihre Diagnose und Therapie auf einer Anamnese, auf der detaillierten Aufnahme der Krankengeschichte aufbauen, so sollten wir alle, wann immer wir mit der Umwelt, zu tun haben, die langfristige Geschichte der Ökosysteme kennen und verstehen, ehe wir daran gehen, sie zu verändern. Über Wirkungen und unerwünschte Nebenwirkungen menschlicher Eingriffe gibt die neue Wissenschaft von der Umweltgeschichte Auskunft und ebnet dadurch den Weg zu einer vorsorgenden Gesellschaft. Doch Wissen allein reicht nicht aus.

AUF DEM WEG ZU EINER VORSORGENDEN GESELLSCHAFT

Eine interdisziplinäre Arbeitsgruppe um den Mathematiker Roland Fischer stelle in einem Grundsatzpapier zu den Bedingungen der Möglichkeit einer vorsorgenden Gesellschaft fest: Wenn wir eine lebenswerte Welt für alle schaffen wollen, müssen wir gemeinsam Entscheidungen treffen, die weit in die Zukunft hinein wirken, obwohl wir stets mit viel Unsicherheit konfrontiert sein werden. Diese Unsicherheit besteht grundsätzlich und kann nicht beseitigt werden. Für eine vorsorgende Gesellschaft ist es nicht ausreichend, dass alle ihre Mitglieder individuell vorsorgen. Eine starke individuelle Vorsorge – etwa durch Anhäufung von Vermögen – könnte sogar gegen eine erfolgreiche kollektive Vorsorge wirken. Es bedarf kollektiver Aktionen, die gemeinsam entschieden und geplant werden. Es geht tatsächlich um eine vorsorgende Gesellschaft und nicht nur um eine Gesellschaft vorsorgender Menschen.

Diese vorsorgende Gesellschaft muss globales, zielorientiertes Handeln mit weit in die Zukunft reichenden Wirkungen ermöglichen. Explizites Wissen ist in argumentierenden, demokratischen, säkularisierten Gesellschaften das wichtigste Motiv für kollektives Handeln. Doch es ist keine hinreichende Determinante für vorsorgendes Handeln, weder auf der individuellen noch auf der kollektiven Ebene. Menschliche Interessen, Organisationsformen und Kulturen haben Einfluss auf Inhalt und Art des Wissens, wie bereits Francis Bacon klar machte. Wissen ist als determinierender Außenhalt für die Gesellschaft im Hinblick auf Entscheidungen nicht ausreichend, bildet allein keine Grundlage für globale Verständigung und die nötigen Entscheidungen.

Doch was hilft, wenn Wissen allein nicht ausreicht? Menschen gehen häufig davon aus, dass das »gesellschaftliche Gute« durch individuelles Gutsein zustandekommt. Darauf beruhen der Kantsche wie der die Maximierung der Wahlmöglichkeiten fordernde Foerstersche Imperativ und viele Glaubensregeln als Regeln des Zusammenlebens zum Wohl aller. Doch analog zum absoluten Wissen kann es kein absolutes Regelsystem geben, das als Grundlage einer vorsorgenden Gesellschaft dienen könnte. Die allgemeine Deklaration der Menschenrechte ist von Menschen gemacht und also ebenso wenig absolut wie alle anderen Deklarationen – wiewohl sie die beste verfügbare Grundlage einer vorsorgenden Gesellschaft darstellt.

Wir leben in einer Entscheidungsgesellschaft, nicht in einer Wissensgesellschaft. Die Zukunft ist nicht berechenbar, aus gegenwärtigem Wissen nicht ableitbar. Gleichzeitig haben wir nichts Besseres als Wissen und Erfahrung, um argumentativ und partizipativ zu gemeinsamen Entscheidungen zu kommen. Die Herausforderung besteht also darin, gemeinsam auf der Basis von Wissen und Erfahrung zu entscheiden, trotz gewusster Ungewissheit und ohne Regelsicherheit. Polemiken, konstruierte Feindbilder, kurzfristige (Heils-)Versprechungen und opportunistische Appelle an den Eigennutz des Augenblicks kennzeichnen das Heute. Davon werden wir uns lösen müssen, um nachhaltige Entscheidungen zu treffen.

Gemeinsam ist nicht immer leichter als alleine. Kollektive tun sich mit der Zumutung von Unsicherheit noch schwerer als Individuen. Sicherheitsbedürfnisse werden oft auf Führungsfiguren projiziert. Das ist keine Lösung. Der gemeinsame Umgang mit Ungewissheit, mit der Unsicherheit von Wissen und der Insuffizienz von Regeln ist umso schwieriger, je geringer der Zusammenhalt in einem sozialen System ist. Dieser nötige Zusammenhalt wird durch den Prozess des immer wieder gemeinsamen, gleichberechtigten Entscheidens hergestellt. Wie dies in selbstregulierten Systemen immer der Fall ist, schafft sich auch dieses System selbst in seinem Handeln.

Zusammenhalt und Gemeinsamkeit lassen sich nirgendwoher ableiten. Sie müssen unmittelbar gewollt werden. Gemeinsamkeit bedeutet, dass Individuen sich als Teil eines größeren Ganzen verstehen, an dem sie teilhaben. Das bringt Rechte und Pflichten mit sich, die sie durch Partizipation ausüben. Dieser Wille ist aus keinem Wissen, aus keiner Regel ableitbar, er ist vielmehr eine Voraussetzung. Unsere Vorsorgefähigkeit und damit unser (Über-)Leben hängen davon ab, ob wir eine Empathiegemeinschaft bilden können. Nächstenliebe ist dafür nicht genug. Wir müssen gemeinsam Entscheidungen treffen, die weit in die Zukunft hinein wirken, obwohl wir mit viel Unsicherheit konfrontiert sind. Fernstenliebe (ein von Hans Jonas 1979 geprägter Begriff) wird nötig, als Empathie zu den noch nicht Geborenen, zu den entfernt Lebenden.

Wir haben dabei stets die Freiheit, zu entscheiden. Wissen, Erfahrung, Regeln und Technologien reichen für die Konstituierung von Gemeinschaft nicht aus. Das heißt, dass die Gemeinschaft auch nicht inhaltlich oder strukturell determiniert ist. Sie hat die Möglichkeit, sich immer wieder grundlegend neu zu gestalten, sie ist in einem sehr fundamentalen Sinn frei.

Eine solche Gesellschaft ist nicht ängstlich bewahrend. Sie muss Visionen positiv gegenüberstehen. Denn das Streben der Menschen, Bestehendes zu überwinden, hinter sich zu lassen, auch selber anders zu werden, ist eine grundlegende menschliche Eigenschaft, die für die Transformation genutzt werden muss. Selbstverständlich muss das Neue als das »Bessere« gesehen werden. Was folgt daraus? Eine vorsorgende Gesellschaft ist eine strebende Gesellschaft mit einer positiven Utopie. Gerade deshalb sollte sie auch das Wissen aus der Vergangenheit nutzen. Daran herrscht gegenwärtig noch großer Mangel.
(FISCHER et al., 2013)

ZEITREISEN

Dieses Buch ist von der Idee einer provisorischen, zuversichtlichen Gesellschaft inspiriert, einer Gesellschaft, die bereit ist, sich eine wünschbare Zukunft vorzustellen. Zeitreisen ermöglichen es, die Vergangenheit der Menschen als Langzeiterfahrungsraum zu nutzen, in dem wir für die Gestaltung unserer Zukunft lernen können. Die Utopie einer nachhaltigen Gesellschaft der Zukunft mit ihrer Umwelt soll ein Vorbild sein, auch wenn es nicht in allen Aspekten verwirklichbar scheint. Wir sollten nicht daran zweifeln, dass dieses Ziel irgendwann doch erreicht werden kann. Der Begriff der Utopie steht für eine weit entfernte, aber grundsätzlich erreichbare Realität.

Sigmund Freud hat 1917 den Widerstand, der sich gegen Neuerungen in der Wissenschaft erhebt, mit der damit verbundenen Kränkung des menschlichen Narzissmus zu erklären versucht. Die kosmologische Kränkung, dass der Mensch nicht im Zentrum des Universums befindlich sei, rührt von Nikolaus Kopernikus und dem heliozentrischen Weltbild. Charles Darwin fügte der Menschheit die nächste Kränkung zu, indem er sie in eine Abstammungsreihe mit allen anderen Lebewesen stellte. Weder im Kosmos noch in der Lebenswelt der Erde waren sie etwas Besonderes. Die dritte Kränkung ist jene, deren Urheber Freud selbst ist. Das »Ich« ist nicht Herr im eigenen Haus, das »Es«, das Unterbewusste, hat über viele menschliche Handlungen Kontrolle. Sich mit der eigenen Theorie in eine Reihe von Größen wie Kopernikus und Darwin zu stellen, war für Freud attraktiv und blieb weiterhin reizvoll für Wissenschaftler. Die Computerwissenschaften, die künstliche Intelligenz schaffen, und die Neurobiologie, die den Geist auf Biochemie zurückführt, werden als weitere Kränkungskandidaten genannt (VOLLMER, 1994). Wir sehen auch eine »Kränkung« durch die systemtheoretische Soziologie. Der deutsche Soziologe Niklas Luhmann (1927–1998) argumentierte, dass Gesellschaft aus Kommunikation aufgebaut sei. Menschen seien bloß eine Umwelt der Gesellschaft. Sie hätten daher nur geringe Verfügungsmacht über die Entwicklung von Gesellschaft, was sich in der Einschätzung der unüberschaubaren »Komplexität« der heutigen Gesellschaft ja auch widerspiegelt (WEISZ, pers. Komm., 2002).

Welche Empfehlung für das Handeln jedes Einzelnen lässt sich daraus ableiten? Menschen haben sich selbst nicht unter Kontrolle und können Gesellschaft nur wenig beeinflussen. Sie haben als kurzlebige Spezies keine Einsicht in langfristige Zusammenhänge und üblicherweise misslingt ihnen mehr als ihnen gelingt – gerade, wenn es um ihre Umwelt geht. Könnten wir uns also alle im Lehnsessel einrichten und durch Nichtstun wenigstens keine Fehler machen? Diese Option steht nicht offen, denn Sitzen im Lehnstuhl in einem beheizten Haus mit einem Supermarkt nahebei, aus dem die Nahrung kommt, ist keine Passivität, sondern fatalistische Handlungsverweigerung. Diese Art des Nichthandelns hat ebensolche Konsequenzen wie Handeln. Das daoistische Prinzip des Wu-Wei, des Handelns durch Nichthandeln meint denn auch keinesfalls, die Hände in den Schoß zu legen und nichts zu tun. Handlungen sollten vielmehr nicht von Übereifer und Machtbegierde getragen werden, sondern im Einklang mit den Prinzipien des Dao (der Natur) stehen. Die Geschichten dieses Buches bieten vielerlei Anregung für vorsichtiges, reflektiertes Handeln, aber auch für das Gegenteil. Letzteres bietet immerhin Lernchancen.

Der Weg, der vor uns liegt, ist nicht einfach. Wir sollten trotzdem zuversichtlich sein und ihn mit Umsicht und Voraussicht gehen, wie die ersten **GLETSCHERBERGSTEIGER** dies taten. *(Postkarte, gelaufen am 23.8.1917)*

12254 Nägelisgrätli. Uebergang über den Rhonegletscher

SPÄTES LERNEN AUS FRÜHEN WARNUNGEN

»Es ist etwas grundlegend falsch an der Art, wie wir heute leben. Die Ungleichheit überall um uns ist eine aggressive Krankheit (Pathologie), ob es nun um eine sichere Umwelt, um das Gesundheitssystem, um Bildung oder um Zugang zu sauberem Wasser geht. Diese Ungleichheiten werden durch kurzfristige politische Maßnahmen und eine sozial spaltende Sprache, die auf der Verklärung von Reichtum beruht, verstärkt. Eine fortschrittliche Antwort erfordert nicht nur mehr Wissen über den Zustand des Planeten und seiner Ressourcen, sondern auch ein Bewusstsein darüber, dass viele Aspekte unbekannt bleiben werden. Wir brauchen eine stärker ethisch bestimmte Form der öffentlichen Entscheidungsfindung in einer Sprache, in der unsere moralischen Bedürfnisse und Anliegen besser ausgedrückt werden können.« (EEA, 2013) Diese Worte stammen nicht aus der Feder radikaler Ökofundamentalisten mit einem Hang zu Gleichmacherei. Sie sind eine Übersetzung des ersten Absatzes eines Berichtes der Europäischen Umweltagentur (EEA) aus dem Jahr 2013. Sein Titel hätte auch derjenige dieses Buches sein können: »Spätes Lernen aus frühen Warnungen.«

Der Bericht handelt von Beryllium, das den in der Atomwaffenindustrie beschäftigten Arbeitern eine chronische Lungenkrankheit beschert, von Tetrachlorethen, das als giftige, organische Chlorverbindung in vielen Kunststoffwasserleitungen vorkommt, von Blei, das Benzin zwecks höherer Klopffestigkeit seit 1925 zugesetzt wurde und von DDT, Bisphenol A und weiteren Substanzen, deren Gefährlichkeit wesentlich früher hätte erkannt werden können. Klimawandel, gentechnisch veränderte Organismen, die Wirkung künstlicher Hormone im Wasser auf Fische, Hochwasser und die Frage des Hirntumorrisikos bei Handynutzung bilden weitere Schwerpunkte. Das Kapitel des Berichts über die Quecksilbervergiftungen im japanischen Minamata bildet die Grundlage für die Geschichte »Vergiftet im Namen des Fortschritts – die Minamata-Krankheit« in diesem Buch.

Eine ethische Entscheidungsfindung, wie sie die Umweltbehörde fordert, bedarf allgemeinverständlicher Informationen. Wie der Bericht der EEA liegt die meiste Forschungsliteratur, die in diesem Buch verarbeitet wurde, versteckt in englischsprachigen wissenschaftlichen Journalen oder Büchern vor. Diese Geschichten sind viel zu lehrreich und zu wichtig, um dort zu schlummern. Wir haben sie mit Bildern versehen, die wichtigsten Ergebnisse zusammengefasst und selbst viel recherchiert. Ausgewiesen sind die zitierten Quellen im ersten Teil des Literaturverzeichnisses. Wer darüber hinaus neugierig geworden ist, wird in der Liste weiterführender Literatur noch manche interessante Leseempfehlung finden.

»So stemmen wir uns voran, in Booten gegen den Strom, und werden doch immer wieder zurückgeworfen ins Vergangene«
(SCOTT FITZGERALD, *Der Große Gatsby*, [1925] 2012)

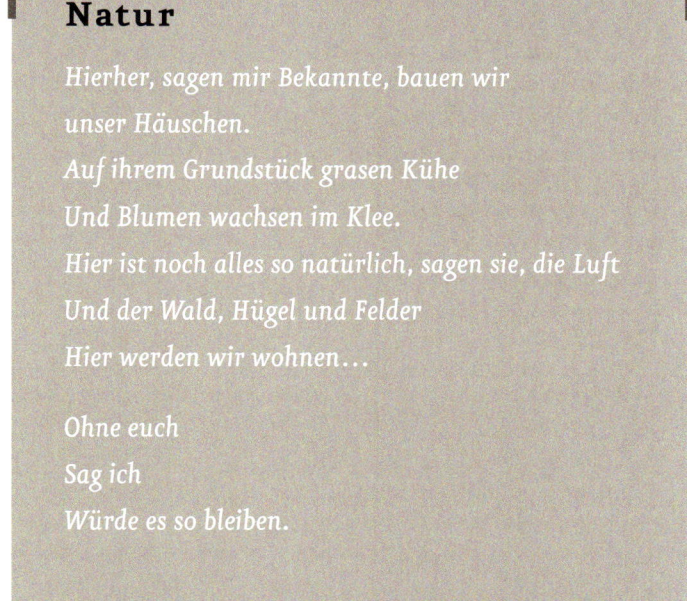

Natur

Hierher, sagen mir Bekannte, bauen wir
unser Häuschen.
Auf ihrem Grundstück grasen Kühe
Und Blumen wachsen im Klee.
Hier ist noch alles so natürlich, sagen sie, die Luft
Und der Wald, Hügel und Felder
Hier werden wir wohnen…

Ohne euch
Sag ich
Würde es so bleiben.

Ludwig Fels

LITERATUR- UND QUELLENVERZEICHNIS

1. Ein Zeitreiseführer

ANDERS, G. (1956): Die Antiquiertheit des Menschen. Bd.1: Über die Seele im Zeitalter der zweiten industriellen Revolution. München (C.H. Beck).

BÖHME, G. (1996): Das Natürliche und das Künstliche. In: P. Janich & C. Rüchardt (Hrsg.): Natürlich, technisch, chemisch: Verhältnisse zur Natur am Beispiel der Chemie. 80–89. Berlin, New York (de Gruyter).

COLLINGWOOD, R. (1945): The idea of Nature. Oxford (Clarendon Pr.).

COLLINGWOOD, R. (2005): Die Idee der Natur. Frankfurt am Main (Suhrkamp).

COMMONER, B. (1972): The environmental cost of economic growth. In: R. G. Ridker (Hrsg.): Population, Resources and the Environment, 339–363. Washington D.C. (U.S. Government Printing Office).

DOUGLAS, M. (1985): Reinheit und Gefährdung. Eine Studie zu Vorstellungen von Verunreinigung und Tabu. Berlin (Suhrkamp).

FELDECK, J. V. (1718): Kern Einer vollständigen Hauß- und Landes-Wirthschafft, Oder Der Wohlerfahrne Böhmisch- und Oesterreichische Haußhalter: Welcher alles auffrichtig zeiget, Was in gemeldten, auch sonst andern Orten und Landen zu einer wohlbestalten Land- und Hauß-Wirtschafft nöthing und nützlich ec. mit darzu dienlichen vielen Tabellen und Register, von einem Liebhaber der Haußhaltungs-Kunst. Leipzig (Boetio).

FISCHER-KOWALSKI, M. & H. WEISZ (1999): Society as a hybrid between material and symbolic realms. Toward a theoretical framework of society-nature interaction. Advances in Human Ecology, 8, 215–251.

VON FOERSTER, H. (1985): Über das Konstruieren von Wirklichkeiten. [Neue Übersetzung von W.K. Köck]. In: H. von Foerster: Sicht und Einsicht. Versuche zu einer operativen Erkenntnistheorie. 25–41. Braunschweig/Wiesbaden (Vieweg). Wiederabgedruckt in: von Foerster, H. (1993): Wissen und Gewissen. Versuch einer Brücke. [Hrsg. von S. J. Schmidt]. 25–49. Frankfurt am Main (Suhrkamp).

VON FOERSTER, H. (1993): KybernEthik. [Autoris. Übers. aus dem Amerikan. von B. Ollrogge]. Berlin (Merve).

GRILLPARZER, F. (2012): Selbstbiografie. Paderborn (Outlook Verlag).

HAZELRIGG, L. (1995): Cultures of Nature. An Essay on the Production of Nature. Gainsville u.a. (Univ. Press of Florida).

JACOBSEN, T. & R.W. ADAMS (1958): Salt and silt in ancient Mesopotamian agriculture. Science New Series, 128.3334, 1251–1258.

KANT, I. (1802): Physische Geographie. [Hrsg. von D.F.T. Rink]. Königsberg (Göbbels u. Unzer).

KRISTENSEN, P. (2004): The DPSIR Framework. National Environmental Research Institute. Department of Policy Analysis. Dänemark.

SIEFERLE, R.P. (1997): Rückblick auf die Natur. Eine Geschichte des Menschen und seiner Umwelt München (Luchterhand).

SIEFERLE, R.P. & U. MÜLLER-HEROLD (1996): Überfluß und Überleben – Risiko, Ruin und Luxus in primitiven Gesellschaften. GAIA, 5.3–4, 135–143.

SIEMANN, W. & N. FREYTAG (2003): Umweltgeschichte. Themen und Perspektiven. München (C.H. Beck).

STAUBER, R. (1995): Natur und Politik. Aufklärung und nationales Denken im italienischen Tirol 1750–1820. In: D. Albrecht , K.O. von Aretin & W. Schulze (Hrsg.): Europa im Umbruch 1750–1850. 103–123. München (Oldenbourg).

STEINBERG, T. (2002): Down to Earth: Nature, Agency, and Power in History. The American Historical Review, 107.3, 798–820. http://www.historycooperative.org/journals/ahr/107.3/ah0302000798.html [11.01.2010].

WELTKOMMISSION FÜR UMWELT U. ENTWICKLUNG (World Commission on Environment and Development) (1987): Unsere gemeinsame Zukunft (dt. Brundtland-Bericht). [Übersetzung aus d. Engl. von B. von Bechtolsheim]. In: V. Hauff (Hrsg.). 339–362. Greven (Eggenkamp).

WINIWARTER, V. (1994): Umwelten. Begrifflichkeit und Problembewußtsein. In: G. Jaritz & V. Winiwarter (Hrsg.): Umweltbewältigung. Die historische Perspektive. 130–159. Bielefeld (Verl. für Regionalgeschichte).

WINIWARTER, V. & M. KNOLL (2007): Umweltgeschichte. Eine Einführung. Köln, Weimar, Wien (Böhlau).

WORSTER, D. (1995): The shaky ground of sustainability. In: G. Sessions (Hrsg.): Deep ecology for the 21st century. Readings on the Philosophy and Practice of the New Environmentalism. 417–427. Boston (Shambhala).

2. Sechzig Reisen durch die Zeit

2.1 LEBEN MIT DER DYNAMIK DER NATUR

»Heut bin ich über Rungholt gefahren«

BEHRE, K.–E. (2008): Landschaftsgeschichte Norddeutschlands. Umwelt und Siedlung von der Steinzeit bis zur Gegenwart. Neumünster (Wachholtz).

VON BOSAU, H. (2008): Slawenchronik. [Neu übertragen und erläutert von H. Stoob]. Bd. XIX. Buch II, 97. Von Bischof Konrad, 337–340. Ausgewählte Quellen zur Deutschen Geschichte des Mittelalters. Darmstadt (WBG).

MEIER, D. (2005): Land unter! Die Geschichte der Flutkatastrophen. Ostfildern (Jan Thorbecke Verlag).

Das Magdalenenhochwasser

BORK, H.-R. (1988): Bodenerosion und Umwelt: Verlauf, Ursachen und Folgen der mittelalterlichen und neuzeitlichen Bodenerosion. Bodenerosionsprozesse. Modelle und Simulationen. Landschaftsgenese und Landschaftsökologie 13. Braunschweig (Techn. Universität, Habil.-Schr.).

BORK, H.-R. & A. BEYER (2010): Die Landschaftsgeschichte des Solling. In: H.-G. Stephan: Der Solling im Mittelalter. 566–571. Dormagen (Archaeotopos-Verlag).

BORK, H.-R., H. BORK, C. DALCHOW, B. FAUST, H.-P. PIORR & TH. SCHATZ (1998): Landschaftsentwicklung in Mitteleuropa. Wirkungen des Menschen auf Landschaften. Gotha (Klett-Perthes).

BORK, H.-R., C. RUSSOK, S. DREIBRODT, M. DOTTERWEICH, S.

KRABATH, H.-G. STEPHAN & H. BORK (2006): Die Spuren des tausendjährigen Niederschlags von 1342. In: H.-R. Bork, Landschaften der Erde unter dem Einfluss des Menschen. 115–121. Darmstadt (WBG und Primus Verlag).

Umweltwandel durch den Schwarzen Tod

BORK, H.-R., H. BORK, C. DALCHOW, B. FAUST, H.-P. PIORR & T. SCHATZ (1998): Landschaftsentwicklung in Mitteleuropa. Wirkungen des Menschen auf Landschaften. Gotha (Klett-Perthes).

COHN, S.K. (2002): The Black Death. End of a paradigm. The American Historical Review, 107.3, 703–738.

GRASSL, H. (1982): Zur »norischen Viehseuche« bei Vergil. Rheinisches Museum für Philologie (N.F.), Bd. 125. 67–77. Frankfurt am Main (Sauerländer).

HOFFMANN, R.C. (2010): Bugs, Beasts and Business: Some Everyday and Long-Term Interactions between Biology and Economy in Preindustrial Europe. In: S. Cavaciocchi (Hrsg.): Le interazioni fra economia e ambiente biologico nell'Europa preindustriale secc. XIII–XVIII. Economic and biological interactions in pre-industrial Europe from the 13th to the 18th centuries. Atti della »Quarantesima Settimana di Studi«. 26. – 30.04.2009. 137–164. Florenz (LeMonnier).

SCHÜNEMANN, V.J., K. BOS, S. DEWITTE, S. SCHMEDES, J. JAMIESON, A. MITTNIK, S. FORREST, B.K. COOMBES, J.W. WOOD, D.J.D. EARN, W. WHITE, J. KRAUSE & H.N. POINAR (2011): Targeted enrichment of ancient pathogens yielding the pPCP1 plasmid of Yersinia pestis from victims of the Black Death. PNAS, 108.38, E746–E752.

UNICEF (1992): A UNICEF policy review. Strategy for improved nutrition of children and women in developing countries. 38 S. New York (UNICEF).

WINIWARTER, V. & M. KROLL (2007): Umweltgeschichte. Köln (Böhlau UTB).

Tod und Verderben in Europa

BORK, H.-R., H. BORK, C. DALCHOW, B. FAUST, H.-P. PIORR & T. SCHATZ (1998): Landschaftsentwicklung in Mitteleuropa. Wirkungen des Menschen auf Landschaften. Gotha (Klett-Perthes).

BRÁZDIL, R., G.R. DEMARÉE, M. DEUTSCH, E. GARNIER, A. KISS, J. LUTERBACHER, N. MACDONALD, C. ROHR, P. DOBROVOLNÝ, P. KOLÁ & K. CHROMÁ (2009): European floods during the winter 1783/1784: scenarios of an extreme event during the »Little Ice Age«. Theoretical and Applied Climatology, 100.1–2, 163–189.

CLASEN, H. (1898): Aufzeichnungen von Pastor Schrödter in Schönberg. In: H. Clasen (Hrsg.): Die Probstei in Wort und Bild. 121–130. Schönberg in Holstein (Druck und Verlag von H. Clasen).

GLASER, R. (2008): Klimageschichte Mitteleuropas. 1200 Jahre Wetter, Klima, Katastrophen. Darmstadt (WBG und Primus Verlag).

NEBEL, B. (2011): Die Brückeneinstürze im Jahre 1784. http://www.bernd-nebel.de/bruecken/4_desaster/1784/1784.html [06.07.2012].

STEINGRÍMSSON, J. (1998): Fires of the earth. The Lakieruption 1783–1784. [Übersetzung der handschriftlichen Aufzeichnungen von 1788 und des Erstdrucks in isländischer Sprache von 1909 mit einer Einführung von G.E. Sigvaldson]. Reykjavik (Univ. of Iceland Press).

STOTHERS, R.B. (1996): The great dry fog of 1783. Climate Change, 32.1, 79–89.

THORARINSSON, S. (1969): The Lakagigar eruption of 1783. Bulletin of Volcanology, 33.3, 910–929.

THORDARSON, T. & S. SELF (2003): Atmospheric and environmental effects of the 1783–1784 Laki eruption: A review and reassessment. J. of Geophysical Research, 108.D1, 7–29.

WITHAM, C.S. & C. OPPENHEIMER (2004): Mortality in England during the 1783–4 Laki Craters eruption. Bulletin of Volcanology, 67.1, 15–26.

Die Herrscher im Sahel und die Dürre

BALLARD, C. (1986): Drought and Economic Distress: South Africa in the 1800s. J. of Interdisciplinary History, 17.2, 359–378.

CASAJUS, D. (Hrsg., 1997): Chants touaregs. Recueillis et traduits par Charles de Foucauld. Paris (Albin Michel). [Auswahl aus: C. de Foucauld, »Poesies touaregues«, 2 Bde., Paris 1925–30]

MCCANN, J.C. (1999): Climate and Causation in African History. The International Journal of African Historical Studies, 32.2–3, 261–279.

MEIER, A. (2007): Natural Disasters? Droughts and Epidemics in Pre-colonial Sudanic Africa. The Medieval History Journal, 10.1–2, 209–236.

SCOONES, I. (1992): Coping with Drought: Responses of Herders and Livestock in Contrasting Savanna Environments in Southern Zimbabwe. Human Ecology, 20.3, 293–314.

SPITTLER, G. (2000): Die Bewältigung von Todesangst. Krieg und Hungerkrisen bei den Tuareg. In: F. Bosbach (Hrsg.): Angst und Politik in der europäischen Geschichte. 29–51. Dettelbach (Röll).

2.2 MENSCH UND NATUR IN AGRARGESELLSCHAFTEN

LEO TOLSTOI (1878 [2009]): Anna Karenina. Übersetzt aus dem Russischen von Hermann Röhl. Frankfurt a. M. (S. Fischer Taschenbuch Verlag).

Aus Gärten und Bergen: Salz

BAMBERGER, R. & F. MAIER-BRUCK (1967): Österreich-Lexikon. Bd. 2. Stichwort Salz. Wien, München (Österreichischer Bundesverlag).

DENHEZ, F. (2006): Der Weg des weißen Goldes. Eine Kulturgeschichte des Salzes. Kehl (Kubik RvR).

EMONS, H.-H. & H.-H. WALTER (1984): Mit dem Salz durch die Jahrtausende. Geschichte des weißen Goldes von der Urzeit bis zur Gegenwart. Leipzig (VEB Verlag für Grundstoffindustrie).

FRIES-KNOBLACH, J. (2002): Gerätschaften, Verfahren und Bedeutung der eisenzeitlichen Salzsiederei in Mittel- und Nordwesteuropa. Leipziger Forschungen zur Ur- und Frühgeschichtlichen Archäologie. Bd. 2. Leipzig (Professur für Ur- und Frühgeschichte der Universität Leipzig).

HELMCKE, F. (1930): Neuzeitliche Gewinnung von Industrie- und Speisesalz auf dem Kali- und Steinsalzbergwerk der Bergwerksgesellschaft Mariaglück in Höfer. In: F. Helmcke & H. Hohls (Hrsg.), Der Speicher. Heimatbuch für den Landkreis Celle. S. 584–603. Celle (Selbstverlag d. Kreisausschusses Celle).

MIETH, A. & H.-R. BORK (2009): Inseln der Erde. Landschaften und Kulturen. Darmstadt (WBG und Primus Verlag).

MONTESQUIEU, C.-L. DE SECONDAT, BARON DE LA BRÈDE ET DE MONTESQUIEU (1994): Vom Geist der Gesetze. [Auswahl, Übersetzung und Einleitung von K. Weigand]. Stuttgart (Reclam); zitiert nach: Montesquieu, C.-L. de Secondat, Baron de la Brède et de Montesquieu (1804): Der Geist der Gesetze. [Neue Übersetzung aus dem Französischen des Herrn von Montesquieu und mit berichtigenden Anmerkungen versehen von A.W. Hauswald]. Bd. 2. Görlitz (Anton).

STADLER, P. (1999): Aktueller Stand der Absolutdatierung der verschiedenen Gruppen des urgeschichtlichen Bergbaus und eines Blockbaus in Hallstatt aufgrund von C14-Daten. Annalen des Naturhistorischen Museum in Wien, 101 A, 69–80.

SONNLECHNER, C. & V. WINIWARTER (2002): Räumlich konzentrierter Verbrauch von Holz. Das Beispiel der Saline Hallein und der Stadt Salzburg vom 16. bis zum 19. Jahrhundert. In: W. Siemann, N. Freytag & W. Piereth (Hrsg.): Städtische Holzversorgung. Machtpolitik, Armenfürsorge und Umweltkonflikte in Bayern und Österreich (1750–1850). Zeitschrift für Bayerische Landesgeschichte, Beiheft 22, Reihe B, 55–77.

3500 Jahre nachhaltige Bodennutzung

BORK, H.-R., C. DAHLKE & Y. LI (2006): Entdeckungen in einer 4750 Jahre alten Gartenterrasse im nordchinesischen Lößplateau. In: H.-R. Bork, Landschaften der Erde unter dem Einfluss des Menschen. 25–29. Darmstadt (Primus Verlag).

DAHLKE, C. & H.-R. BORK (2012): Soil erosion and soil organic carbon storage on the Chinese loess plateau. In: R. Lal et al. (Hrsg.): Recarbonization of the biosphere: Ecosystems and the global carbon cycle. 83–99. Dordrecht (Springer Sience + Business Media).

DEARING, J.A. (2008): Landscape change and resilience theory: a palaeoenvironmental assessment from Yunnan, SW China. The Holocene, 18.1, 117–127.

HUANG, C.C., J. PANG & P. HUANG (2002): An early Holocene erosion phase on the loess tablelands in the southern Loess Plateau of China. Geomorphology, 43.3–4, 209–218.

HUANG, C.C., J. PANG & P. HUANG (2002): High-resolution studies of the oldest cultivated soils in the southern Loess Plateau of China. Catena, 47.1, 29–42.

LIU, F. & Z. FENG (2012): A dramatic climatic transition at ≈4000 cal. yr BP and its cultural responses in Chinese cultural domains. The Holocene, 22.10, 1181–1197.

REARDON-ANDERSON, J. (2000): Land Use and Society in Manchuria and Inner Mongolia during the Qing Dynasty. Environmental History, 5.4, 503–530.

ROSEN, A.M. (2008): The impact of environmental change and human land use on alluvial valleys in the Loess Plateau of China during the Middle Holocene. Geomorphology, 101.1–2, 298–307.

YANG, D.L. (1996): Calamity and reform in China: State, rural society, and institutional change since the Great Leap Famine. Palo Alto (Stanford Univ. Press).

Umweltschonende Landnutzung

BUTZER, K.W. (2005): Environmental history in the Mediterranean world: cross-disciplinary investigation of cause-and-effect for degradation and soil erosion. J. of Archaeological Science, 32.12, 1773–1800.

CLÉMENT, V. (2008): Spanish wood pasture: origin and durability of an historical wooded landscape in Mediterranean Europe. Environment and History, 14.1, 67–87.

PLIENINGER, T., F.J. PULIDO & W. KONOLD (2003): Effects of land-use history on size structure of holm oak stands in Spanish dehesas: implications for conservation and restoration. Environmental Conservation, 30.1, 61–70.

PLIENINGER, T., F.J. PULIDO & H. SCHAICH (2004): Effects of land-use and landscape structure on holm oak recruitement and regeneration at farm level in Quercus ilex L. dehesas. J. of Arid Environments, 57.3, 345–364.

SCHAICH, H., T. PLIENINGER & W. KONOLD (2004): Die Bedeutung alter Kulturlandschaftselemente in den spanischen Dehesas für Naturschutz und Regionalentwicklung. Ber. Naturf. Ges. Freiburg i. B., 94, 93–125.

STEVENSON, A.C. & R.J. HARRISON (1992): Ancient forests in Spain: a model for land-use and dry forest management in Southwest Spain from 4000 BC to 1900 AD. Prehistoric Society, 58, 227–247.

Terra Preta do Índio im Amazonastiefland

BALLIETT, A. (2007): Terra preta. Magic soil of the lost Amazon. Acres U.S.A., 37.2. http://www.acresusa.com/toolbox/reprints/Feb07_TerraPreta.pdf [10.03.2013].

CLEARY, D. (2001): Towards an environmental history of the Amazon. From prehistory to the nineteenth century. Latin American Research Review, 36.2, 65–96.

DENEVAN, W.M. (1998): Comments on prehistoric agriculture in Amazonia. Culture and Agriculture, 20.2, 54–59.

DENEVAN, W.M. & W.I. WOODS (2007): Discovery and awareness of anthropogenic Amazonian dark earths (Terra Preta). http://www.eprida.com/eacu/PDF%20Files/BDenevan.pdf [10.03.2013].

FRASER, J.A. & C.R. CLEMENT (2008): Dark earths and manioc cultivation in Central Amazonia: a window on pre-Columbian agricultural systems? Bol. Mus. Para. Emílio Goeldi. Ciências Humanas, 3.2, 175–194.

GLASER, B. (2007): Prehistorically modified soils of central Amazonia: a model for sustainable agriculture in the twenty-first century. Philos Trans R Soc Lond B Biol Sci., 362.1478, 187–196.

GLASER, B., L. HAUMAIER, G. GUGGENBERGER & W. ZECH (2001): The Terra Preta phenomenon: a model for sustainable agriculture in the humid tropics. Naturwissenschaften, 88.1, 37–41.

GLASER, B. & W.I. WOODS (Hrsg., 2004): Amazonian dark earths: Explorations in space and time. Berlin (Springer).

LEHMANN J., J. GAUNT & M. RONDON (2006): Bio-char sequestration in terrestrial ecosystems – a review. Mitigation and Adaptation Strategies for Global Change, 11.2, 403–427.

MARRIS, E. (2006): Putting the Carbon back: Black is the new green. Nature, 442.7103, 624–626.

PIEPLOW, H. (2010): Terra Preta: Modell für regionale Stoffströme. J. für Terroirwein, Biodiversität und Klimafarming. http://www.ithaka-journal.net/terra-preta-ein-modell-fur-regionales-stoffstrommanagement [11.03.2013].

ROOSEVELT, A. (1996): Paleo-indian cave dwellers in the Amazon: the peopling of the Americas. Science, 272.5260, 373–384.

SMITH, N.J.H. (1980): Anthrosols and humans carrying capacity in Amazonia. Annals of the Association of American Geographers, 70.4, 553–566.

SOMBROEK, W. (1966): Amazon soils. A reconnaissance of the soils of the Brazilian Amazon region. Wageningen (Centre for Agricultural Publications and Documentation).

SOMBROEK, W., D. KERN, T. RODRIGUES, M. CRAVO, T.C. JARBAS, W. WOODS & B. GLASER (2002): Terra Preta and Terra Mulata: pre-Columbian Amazon kitchen middens and agricultural fields, their sustainability and replication. 17th WCSS, Symposium 18, Paper 1935. http://www.sswm.info/library/709 [10.03.2013].

STEINER, C., W.G. TEIXEIRA & W. ZECH (2004): Slash and char: an alternative to slash and burn practised in the Amazon basin. In: B. Glaser & W.I. Woods (Hrsg.): Amazonian dark earths: Explorations in space and time. 183–193. Berlin (Springer).

WOODS, W.I. (2005): Die dunklen Erden Amazoniens. In: Handbuch der Bodenkunde. Erg. Lfg. 8/05. 1–4. Landsberg (Ecomed).

WOODS, W.I. & J.M. MCCANN (1999): The Anthropogenic Origin and Persistence of Amazonian Dark Earths. Yearbook Conf. Latin Am. Geogr., 25, 7–14.

Die Teichwirtschaft in Europa

BORK, H.-R., H. BORK, C. DALCHOW, B. FAUST, H.-P. PIORR & T. SCHATZ (1998): Landschaftsentwicklung in Mitteleuropa unter dem Einfluss des Menschen. Gotha (Klett-Perthes).

Geschichte unserer Umwelt

HOFFMANN, R.C. (1996): Economic Development and Aquatic Ecosystems in Medieval Europe. The American Historical Review, 101.3, 631–669.

SCHMÖLCKE, U. & E.A. NIKULINA (2008): Fischhaltung im antiken Rom und ihr Ansehenswandel im Licht der politischen Situation. Schriften d. Naturwiss. Vereins f. Schleswig-Holstein, 70, 36–55.

Die Wässerwiesen von Grönland

BEHRE, K.-E. (1976): Beginn und Form der Plaggenwirtschaft in Nordwestdeutschland nach pollenanalytischen Untersuchungen in Ostfriesland. PANGAEA, 10, 197–224.

BUCKLAND, P.C., K.J. EDWARDS, E. PANAGIOTAKOPULU & J.E. SCHOFIELD (2009): Palaeoecological and historical evidence for manuring and irrigation at Garðar (Igaliku), Norse Eastern Settlement, Greenland. The Holocene, 19.1, 105–116.

DIAMOND, J. (2011): Kollaps: Warum Gesellschaften überleben oder untergehen. Frankfurt a. M. (Fischer TB).

DUGMORE, A.J., C. KELLER & T.H. MCGOVERN (2007): Norse Greenland Settlement: Reflections on Climate Change, Trade, and The Contrasting Fates of Human Settlements in the North Atlantic Islands Arctic Anthropology, 44.1, 12–36.

PANAGIOTAKOPULU, E., M.T. GREENWOOD & P.C. BUCKLAND (2012): Insect Fossils and Irrigation in Medieval Greenland. Geografiska Annaler, Series A, Physical Geography, 94.4, 531–548. http://www.geos.ed.ac.uk/research/globalchange/group5b/QuatEnt/Panagiotakopuluetal2012g.pdf [19.02.2013].

PANAGIOTAKOPULU, E. & P.C. BUCKLAND (2012): Late Holocene environmental change in southwest Greenland – fossil insect assemblages from Tasiusaq. Boreas, 42.1, 160–172. http://www.geos.ed.ac.uk/research/globalchange/group5b/QuatEnt/PanagiotakopuluBoreas.pdf [19.02.2013].

PERREN, B.B., C. MASSA, V. BICHET, E. GAUTHIER, O. MATHIEU, C. PETIT & H. RICHARD (2012): A paleoecological perspective on 1450 years of human impacts from a lake in southern Greenland. The Holocene, 22.9, 1025–1033.

SEAVER, K.A. (2010): The Last Vikings. The Epic Story of the Great Norse Voyages. London, New York (Tauris).

1000 Jahre Kampf gegen nasse Füße

TEBRAKE, W.H. (2002): Taming the Waterwolf. Hydraulic Engineering and Water Management in the Netherlands during the Middle Ages. Technology and Culture, 43.3, 475–499.

VAN DAM, P.J.E.M. (2001): Sinking Peat Bogs. Environmental Change in Holland, 1350–1550. Environmental History, 6.1, 32–45.

VAN ASSELEN, S., E. STOUTHAMER & T. W. J. VAN ASCH (2009): Effects of peat compaction on delta evolution: A review on processes, responses, measuring and modeling. Earth-Science Reviews, 92, S. 35–51.

VAN TIELHOF, M. & P.J.E.M VAN DAM (2006): Waterstaat in stedenland. Het hoogheemraadschap van Rijnland voor 1857. Utrecht (Matrijs).

WOLFF, W.J. (1992): The End of a Tradition: 1000 Years of Embankment and Reclamation of Wetlands in the Netherlands. Ambio, 21.4, 287–291.

Steine gegen den Kollaps

BORK, H.-R., A. MIETH & B. TSCHOCHNER (2004): Nichts als Steine? Auslöser, Verbreitung und technischer Aufwand der prähistorischen Steinmulchtechnik auf Rapa Nui (Osterinsel). GeoÖko, 25.1–2, 113–126.

MIETH, A. & H.-R. BORK (2004): Easter Island – Rapa Nui. Scientific pathways to secrets of the past. Man and Environment 1. Kiel (Schmid und Klaunig).

MIETH, A. & H.-R. BORK (2012): Die Osterinsel. Berlin, Heidelberg (Springer Spektrum).

Schaden durch Schutz

APPUHN, K. (2000): Inventing Nature: Forests, Forestry, and State Power in Renaissance Venice. The J. of Modern History, 72.4, 861–889.

In den Nachttopf geblickt

COOPER, M. (1973): Rodrigues the Interpreter: An Early Jesuit in Japan and China. New York (Weatherhill).

HANLEY, S.B. (1987): Urban Sanitation in Preindustrial Japan. J. of Interdisciplinary History, 18.1, 1-26.

HANLEY, S.B. (1999): Everyday Things in Premodern Japan: the hidden legacy of material culture. Berkeley, London (Univ. of California Press).

MATSUI, A., M. KANEHARA & M. KANEHARA (2003): Palaeoparasitology in Japan - Discovery of toilet features. Memórias do Instituto Oswaldo Cruz, 98.1, 127–136. http://www.scielo.br/scielo.php?pid=S0074-02762003000900019&script=sci_arttext [19.2.2013].

STEELE, M.W. (2000): The History of the Tama River: Water and Rocks in Modern Japanese Economic Growth. Asian Cultural Studies 26, 39–50.

TAJIMA, K. (2007): The Marketing of Urban Human Waste in the Early Modern Edo/Tokyo Metropolitan Area. Environment Urbain/Urban Environment vol 1, 13–20.

2.3 TRANSPORT, HANDEL UND UMWELT

Baumwolle erobert die Welt

BAINES, E. (1835): History of the cotton manufacture in Great Britain: With a notice of its early history in the east, and in all the quarters of the globe. A description of the great mechanical inventions, which have caused its unexampled extension in Britain. And a view of the present state of the manufacture and the condition of the classes engaged in its several departments. London (Fisher, Fisher & Jackson). (http://archive.org/details/historyofcottonmoobainrich [20.05.2013].

IPBES (2013): Even farm animal diversity is declining as accelerating species loss threatens humanity. Intergovernmental Science-Policy Platform on Biodiversity and Ecosystem Services (IPBES). http://www.eurekalert.org/pub_releases/2013-05/ispo-efao52313.php [08.06.2013].

LANGE, F., A.L. OLMSTEAD & P. W. RHODE (2009): The Impact of the boll weevil, 1892–1932. J. of Economic History, 69.3, 685–718.

MEYERS GROSSES KONVERSATIONS-LEXIKON (1909): Stichwort Textilindustrie. Bd. 19. Leipzig (Directmedia). (www.zeno.org/Meyers-1905/B/Textilindustrie [25.05.2013].

SMITH, R.H. (2007): History of the boll weevil in Alabama 1910–2007. Alabama Agricultural Experiment Station, Bulletin 670. Auburn. (http://www.aaes.auburn.edu/comm/pubs/bulletins/bull670.pdf [08.06.2013].

WENDEL, J.F., C.L. BRUBAKER & T. SEELANAN (2010): The origin and evolution of Gossypium. In: J. M. Stewart, D, Oosterhuis, J. J. Heitholt & J. R. Mauney (Hrsg.): Physiology of cotton. 1–18. Dordrecht (Springer).

Viehhandel und Viehseuchen

APPUHN, K. (2010): Ecologies of Beef: Eighteenth-Century Epizootics and the Environmental History of Early Modern Europe. Environmental History, 15.2, 268–287.

HÜNEMÖRDER, K.F. (2007): Zwischen »abergläubischem Abwehrzauber« und der »Inokulation der Hornviehseuche«. Entwicklungslinien der Rinderpestbekämpfung im 18. Jahrhundert.

In: K. Engelken, D. Hünniger & S. Windelen (Hrsg.): Beten, Impfen, Sammeln. Zur Viehseuchen- und Schädlingsbekämpfung in der Frühen Neuzeit. 21–56. Göttingen (Univ.-Verl. Göttingen).

OLOFSON, O. J. V. (1790): Ein Mittel wider die Viehseuche. In: Nordische Miscellaneen. 1781-1791. 20.21.St., S. 476 – 478. http://www.ub.uni-bielefeld.de/diglib/aufkl/nordmisc/032901/00000479.tif [10.02.2014].

VERGIL (Publius Vergilius Maro), Georgica, 3, 551–559, Übersetzt von Johann Heinrich Voß, bearbeitet und mit Anmerkungen versehen von Otto Güthling, Reclam, 1927, aus Projekt Gutenberg, http://gutenberg.spiegel.de/buch/2622/7 [10.02.2014].

Vögel, Fische und Experten

CUSHMAN, G.T. (2005): »The most valuable birds in the world«: International conservation science and the revival of Peru's guano industry, 1909–1965. Environmental History, 10.3, 477–509.

OLINGER, J.P. (1980): The Guano Age in Peru. History Today, 30.6. http://www.historytoday.com/john-peter-olinger/guano-age-peru [19.02.2013].

Galapagos: Tourismus und invasive Arten

BARNETT, B.D. (1986): Eradication and control of feral and free-ranging dogs in Galápagos islands. In: Univ. of California: Proceedings of the Twelfth Vertebrate Pest. 258–368. Davis (Univ. of California).

BUNDESAMT FÜR NATURSCHUTZ (2005): Gebietsfremde Arten – Positionspapier des Bundesamtes für Naturschutz. BfN-Skript 128. Bonn-Bad Godesberg.

CARRIÓN, V. (2009): Especies invasoras en Galápagos. Santa Cruz, Ecuador. Parque Nacional Galápagos. http://www.galapagospark.org/desarollo_sustentable_especies_invasoras.html [11.01.2010].

CAUSTON, C.E., C.R. SEVILLA & S.D. PORTER (2005): Eradication of the little fire ant, Wasmannia auropunctata (Hymenoptera: Formicidae), from Marchena Island, Galápagos: On the end of success? The Florida Entomologist, 88.2, 159–168.

CRUZ MARTÍNEZ, D. & C.E. CAUSTON (2007): Análisis del Riesgo asociado a las Operaciones y Rutas Aéreas al Archipiélago de Galápagos. Charles Darwin Foundation. Puerto Ayora, Santa Cruz.

DIRECCIÓN DEL PARQUE NACIONAL GALÁPAGOS (2013): Estadísticas e visitantes a Galápagos. http://www.galapagospark.org/onecol.php?page=turismo_estadisticas&set_lang=es [09.03.2013].

DIRECCIÓN DEL PARQUE NACIONAL GALÁPAGOS (2013): Informe anual de visitantes que ingresaron a las áreas protegidas de Galápagos 2012. http://www.galapagospark.org/documentos/turismo/pdf/Informe_anual_de_visitantes_2012.pdf [10.03.2013].

FESSL, B. & S. TEBBICH (2002): Philornis downsi – a recently discovered parasite on the Galápagos archipelago – a threat for Darwin's finches? Ibis, 144.3, 445–451.

INSTITUTO NACIONAL DE ESTADÍSTICA Y CENSOS (o.J.): Resultados del censo 2010 de población y vivienda en el Ecuador. Fascículo Provincial Galápagos. http://www.inec.gob.ec/cpv/descargables/fasciculos_provinciales/galapagos.pdf [10.03.2013].

SCHMANDT, F. (2010): Bedrohung endemischer Tierarten der Galápagos Inseln durch biologische Invasoren – Ursachen, Folgen und Gegenmaßnahmen. Kiel (Christian-Albrechts-Universität, Staatsexamensarbeit).

Schutz und Vertreibung im Nationalpark

BINNEMA, T. & M. NIEMI (2006): »Let the Line Be Drawn Now«: Wilderness, Conservation, and the Exclusion of Aboriginal People from Banff National Park in Canada. Environmental History, 11.4, 724–750.

Importe nach Australien mit Nebenwirkung

AUSTRALIAN GOVERNMENT, DEPARTMENT OF HEALTH AND AGEING, OFFICE OF THE GENE TECHNOLOGY REGULATOR (Hrsg., 2004): The Biology and Ecology of Sugarcane (Saccharum spp. hybridis) in Australia. http://www.ogtr.gov.au/internet/ogtr/publishing.nsf/content/sugarcane-3/$FILE/biology-sugarcane.pdf [19.02.2013].

BROWN, G.P., B.L. PHILLIPS, J.K. WEBB & R. SHINE (2006): Toad on the road: Use of roads as dispersal corridors by cane toads (Bufo marinus) at an invasion front in tropical Australia. Biological Conservation, 133.1, 88–94.

FENNESSY, B.V. & R. MYKYTOWYCZ (1974): Rabbit Behavior Research in Australia and its Relevance in Control Operations. In: Vertebrate Pest Conference Proceedings collection. Proceedings of the 6th Vertebrate Pest Conference, Univ. of Nebraska. 184–187. Lincoln.

GRIGGS, P. (2007): Deforestation and Sugar Cane Growing in Eastern Australia, 1860–1995. Environment and History, 13.3, 255–283.

MARKULA, A., S. CSURHES & M. HANNAN-JONES (2010): Pest animal risk assessment. Cane toad – Bufo marinus. Brisbane (Biosecurity Queensland, Department of Employment, Economic Development and Innovation).

PHILLIPS, B.L. & R. SHINE (2006): An invasive species induces rapid adaptive change in a native predator: cane toads and black snakes in Australia. Proceedings of the Royal Society B, 273.1593, 1545–1550.

RATCLIFFE, F.N. (1959): The Rabbit in Australia. In: A. Keast, R.L. Crocker & C.S. Christian (Hrsg.): Biogeography and Ecology in Australia. 545–564. Den Haag (Junk).

SCHLAEPFER, M.A., P.W. SHERMAN, B. BLOSSEY & M.C. RUNGE (2005): Introduced species as evolutionary traps. Ecology Letters, 8.3, 241–246.

URBAN, M.C., B.L. PHILLIPS, D.K. SKELLY & R. SHINE (2008): A Toad More Traveled: The Heterogeneous Invasion Dynamics of Cane Toads in Australia. The American Naturalist, 171.3, E134–E148.

Transformation des Victoriasees

FORD, V.C.R. (1955): The Trade of Lake Victoria. East African Studies No. 3. Nairobi, London (East African Institute of Social Research).

GEHEB, K., S. KALLOCH, M. MEDARD, A.-TH. NYAPENDI, C. LWENYA & M. KYANGWA (2008): Nile perch and the hungry of Lake Victoria: Gender, status and food in an East African fishery. Food Policy, 33.1, 85–98.

GOUDSWAARD, K.P.C., F. WITTE & E.F.B. KATUNZI (2008): The invasion of an introduced predator, Nile perch (Lates niloticus, L.) in Lake Victoria (East Africa): chronology and causes. Environmental Biology of Fishes, 81.2, 127–139.

GRAHAM, M. (1929): The Victoria Nyanza and Its Fisheries: A Report on the Fishing Survey of Lake Victoria, 1927–1928, and Appendices. London (Crown Agents for the Colonies). (zitiert nach Pringle, 2005a)

HECKY, R.E., R. MUGIDDE, P.S. RAMLAL, M.R. TALBOT & G.W. KLING (2010): Multiple stressors cause rapid ecosystem change in Lake Victoria. Freshwater Biology, 55 Suppl. 1, 19–42.

JOOST BEUVING, J. (2010) Playing pool along the shores of Lake Victoria: fishermen, careers and capital accumulation in the Ugandan Nile perch business. The J. of the International African Institute, 80. 2, 224–248.

MEMON, P.A. (1973): The spatial dynamics of trade and urban development in Kenya during the early colonial period up to 1951. Institute for Development Studies, Univ. of Nairobi, Working Paper 78. http://opendocs.ids.ac.uk/opendocs/bitstream/handle/123456789/1000/wp78-324875.pdf?sequence=1 [12.7.2013].

OGUTU-OHWAYO, R., R.E. HECKY, A.S. COHEN & L. KAUFMAN (1997): Human impacts on the African Great Lakes. Environmental Biology of Fishes, 50.2, 117–131.

PRINGLE, R.M. (2005a): The Origins of the Nile Perch in Lake Victoria. BioScience, 55.9, 780–787.

PRINGLE, R.M. (2005b): The Nile Perch in Lake Victoria: Local Responses and Adaptations. Africa, 75.4, 510–538.

Ballast und blinde Passagiere

ANDERSON, E.S. (1952): Plants, Man and Life. Boston (Little, Brown & Co).

BRIGHT, C. (1999): Crawling out of the pipe. The hazardous waste that makes more of itself. World Watch, 12.1, 22–33.

COHEN, A.N. & J.T. CARLTON (1998): Accelerating invasion rate in a highly invaded estuary. Science, 279, 555–558.

CROSBY, A.W. (1991): Die Früchte des weißen Mannes (Ecological Imperialism). Ökologischer Imperialismus 900–1900. Darmstadt (WBG).

DURAND, A. & L. MAGGIORI (2007): Plantes exploitées, plantes cultivées. Cultures, techniques et discours. Études offertes à Georges Comet, éd. Cahier d'Histoire des Techniques 6. Aix-en-Provence (Presses de l'Université de Provence).

EWEL, J.J. et al. (1999): Deliberate Introductions of Species: Research Needs Benefits can be reaped, but risks are high. BioScience. 49.8, 619–630.

VAN DRIESCHE, J. & R. VAN DRIESCHE (2001): Guilty Until Proven Innocent. Preventing Nonnative Species Invasions. Conservation Biology in Practice, 2.1, 2–10.

HARRIS, C.J., B.R. MURRAY, G.C. HOSE & M.A. HAMILTON (2007): Introduction history and invasion success in exotic vines introduced to Australia. Diversity and Distributions, 13.4, 467–475.

LOWE, S., M. BROWNE, S. BOUDJELAS. & M. DE POORTER (2004): 100 of the World's Worst Invasive Alien Species. A selection from the Global Invasive Species Database. Auckland (The Invasive Species Specialist Group - ISSG).

PIMENTEL, D. (2005): Environmental and Economic Costs of the Application of Pesticides primarily in the Unites States. In: Environment, Development and Sustainability, 7, 229–252.

2.4 KOLONIALE WIRTSCHAFT UND UMWELT

KUMSTELLER, B. (1938): Werden und Wachsen. Ein Geschichtsatlas auf völkischer Grundlage. 60 S. Braunschweig (Westermann).

Fiebrige Süße

HIGMAN, B.W. (2000): The sugar revolution. Economic History Review, 52.2, 213–236.

MCNEILL, J.R. (1999): Ecology, Epidemics and Empires: Environmental Change and the Geopolitics of Tropical America, 1600–1825. Environment and History, 5.2, 175–184.

MCNEILL, J.R. (2010): Mosquito Empires: Ecology and War in the Greater Caribbean, 1620–1914. New Approaches to the Americas Series. Cambridge/Mass. (Cambridge Univ. Press).

SCHOMBURGK, R.H. (1848): The History of Barbados, London (Cass).

Die Mine des Todes

BROWN, K.W. (2001): Workers' Health and Colonial Mercury Mining at Huancavelica, Peru. The Americas, 57.4, 467–496.

HYLANDER L. D. & M. MEILI (2003), 500 years of mercury production: global annual inventory by region until 2000 and associated emissions. The Science of the Total Environment 304, 13–27.

NRIAGU, J.O. (1994): Mercury pollution from the past mining of gold and silver in the Americas. The Science of the Total Environment, 149.3, 167–181.

ROBINS, N.A., N. HAGAN, S. HALABI, H. HSU-KIM, R.D. ESPINOZA GONZALES, M. MORRIS, G. WOODALL, D. DE B. RICHTER, P. HEINE, T. ZHANG, A. BACON & J. VANDENBERG (2012): Estimations of historical atmospheric mercury concentrations from mercury refining and present-day soil concentrations of total mercury in Huancavelica, Peru. The Science of the Total Environment, 426, 146–154.

ROBINS, N.A. & N.A. HAGAN (2012): Mercury Production and Use in Colonial Andean Silver Production: Emissions and Health Implications. Environmental Health Perspectives, 120.5, 627–631.

ROBINS, N. A., N. HAGAN, S. HALABI, H. HSU-KIM, R. D. ESPINOZA GONZALES, M. MORRIS, G. WOODALL, D. RICHTER, P. HEINE, T. ZHANG, A. BACON & J. VANDENBERG (2012): Estimations of historical atmospheric mercury concentrations from mercury refining and present-day soil concentrations of total mercury in Huancavelica, Peru. Science of the Total Environment, 426, S. 146–154.

WHITAKER, A.P. (1941): The Huancavelica Mercury Mine. A Contribution to the History of Bourbon Renaissance in the Spanish Empire. Cambridge/Mass. (Cambridge Univ. Press).

Silbernes Waldsterben in Mexiko

GARNER, R.L. (1988): Long-Term Silver Mining Trends in Spanish America: A Comparative Analysis of Peru and Mexico. The American Historical Review, 93.4, 898–935.

STUDNICKI-GIZBERT, D. & D. SCHECTER (2010): The Environmental Dynamics of a Colonial Fuel-Rush: Silver Mining and Deforestation in New Spain, 1522 to 1810. Environmental History, 15.1, 94–119.

WHITE, R. (1983): The roots of dependency : subsistence, environment, and social change among the Choctaws, Pawnees, and Navajos Lincoln (University of Nebraska Press).

Langfristige Folgen der Ausbeutung

MANN, M. (1995): Ecological Change in North India: Deforestation and Agrarian Distress in the Ganga-Jamna Doab 1800–1850. Environment and History, 1.2, 201–220.

MANN, M. (2001): Timber Trade on the Malabar Coast, c. 1780–1840. Environment and History, 7.4, 403–425.

MANN, M. (2003): Forestry and Famine in the Chambal-Jamna Doab, 1879–1919. Studies in History, 19.2, 253–277.

Wie eine Insel auf den Hund kam

BOYCE, J. (2006): Canine Revolution: The Social and Environmental Impact of the Introduction of the Dog to Tasmania. Environmental History, 11.1, 102–129.

BOYCE, J. (2008): Return to Eden: Van Diemen's Land and the Early British Settlement of Australia. Environment and History, 14.2, 289–307.

Unterseekabel und Tropenwald

HEADRICK, D.R. (1987) Gutta-Percha: A Case of Resource Depletion and International Rivalry. IEEE Technology and Society Magazine, 6.4, 12–16.

PRAKASH, R., V. GOPIKRISHNA & D. KANDASWAMY (2005): Gutta-Percha – An Untold Story. Endodontology, 17.2, 32–36.

TULLY, J. (2009): A Victorian Ecological Disaster: Imperialism, the Telegraph, and Gutta-Percha. J. of World History, 20.4, 559–579.

Monokultur und Massengeschmack

MAILLARD, J.-C. (1983): Le Marché international de la banane: étude géographique d'un »système commercial«. Dissertation. Bordeaux (Université de Bordeaux III).

MARQUARDT, S. (2001): »Green Havoc«: Panama Disease, Environmental Change, and Labor Process in the Central American Banana Industry. The American Historical Review, 106.1, 49–80.

PLOETZ, R.C. (2005): An Old Nemesis Rears its Ugly Head. Part 1: The Beginnings of the Banana Export Trades. Part 2: The Cavendish Era and Beyond. St. Paul (The American Phytopathological Society, APSnet). http://www.apsnet.org/publications/apsnetfeatures/Documents/2005/PanamaDisease2.pdf [19.02.2013].

SOLURI, J. (2002): Accounting for Taste. Export Bananas, Mass Markets, and Panama Disease. Environmental History, 7.3, 386–410.

Reis im Südosten Nordamerikas

CARNEY, J.A. (1993): From Hands to Tutors: African Expertise in the South Carolina Rice Economy. Agricultural History, 67.3, 1–30.

CARNEY, J.A. (1996a): Landscapes of Technology Transfer: Rice Cultivation and African Continuities. Technology and Culture, 37.1, 5–35.

CARNEY, J.A. (1996b): Rice Milling, Gender and Slave Labour in Colonial South Carolina. Past & Present, 153, 108–134.

CARNEY, J.A. (2001): African Rice in the Columbian Exchange. The Journal of African History, 42.3, 377–396.

ELTIS, D., P. MORGAN & D. RICHARDSON (2007): Agency and Diaspora in Atlantic History: Reassessing the African Contribution to Rice Cultivation in the Americas. American Historical Review, 112.5, 1329–1358.

SHLASKO, E. (1997): Carolina Gold: Economic and Social Change on a South Carolina Rice Plantation, 1760–1820. Yale (Univ. of Yale, Ph.D. dissertation).

SOUTH CAROLINA DEPARTMENT OF ARCHIVES AND HISTORY / STATE HISTORIC PRESERVATION OFFICE (2011): Rice Fields and Section 106. SHPO Guidance for Federal Agencies and Applicants. http://dc.statelibrary.sc.gov/bitstream/handle/10827/6982/DAH_Rice_Fields_and_Section_106_2011.pdf?sequence=1 [19.02.2013].

STEWART, M.A. (1991): Rice, Water, and Power: Landscapes of Domination and Resistance in the Lowcountry, 1790–1880. Environmental History Review, 15.3, 47–64.

STEWART, M.A. (1991): »Whether Wast, Deodand, or Stray«: Cattle, Culture, and the Environment in Early Georgia. Agricultural History, 65.3, 1–28.

Naturwald oder Savanne?

EKBLOM, A. (2008): Forest savanna dynamics in the coastal lowland of southern Mozambique since c. AD 1400. In: The Holocene, 18, 1247–1257.

FAIRHEAD, J. & M. LEACH (1996): Enriching the Landscape: Social History and the Management of Transition Ecology in the Forest. Savanna Mosaic of the Republic of Guinea. J. of the International African Institute, 66.1, 14–36.

KULL, C.A. (2000): Deforestation, Erosion, and Fire: Degradation Myths in the Environmental History of Madagascar. Environment and History 6.4, 423–450.

Kakaoanbau auf São Tomé und Príncipe

BAPTISTA, J.L. (1996): The history of malaria in São Tomé. Considerations on an epidemic. Acta Médica Portuguesa, 9.7–9, 259–65.

CADBURY, W.A. (1910): Labour in Portuguese West Africa. London (G. Routledge and sons).

CHATTERJEE, S. & J. ELIAS (2008): Cadbury. An ethical company struggles to insure the integrity of its supply chain. Yale Case 07.039. mba.yale.edu/news_events/pdf/cadburycase.pdf [05.01.2013].

CLARENCE-SMITH, W.G. (1990): The hidden costs of labour on the cocoa plantations of São Tomé and Príncipe, 1875-1914. Portuguese Studies, 6, 152–172.

KIESOW, S. (2011): Kakaokultur auf São Tomé. Kiel (Universität Kiel, Masterarbeit).

MENDES FERRÃO, J.E. (2002): O ciclo do cacaueiro nas Ilhas de São Tomé e Príncipe. Centro de Estudos Africanos e Orientais. Universidade Portucalense Africana, 25, 7–48.

RUF, F. (2001): Tree crops as deforestation and reforestation agents: the case of cocoa in Côte d'Ivoire and Sulawesi. In: A. Angelsen & D. Kaimowitz (Hrsg.): Agricultural technologies and tropical deforestation. 291–316. Wallingford, New York (CABI).

2.5 DIE VIELEN GESICHTER DER INDUSTRIELLEN LEBENSWEISE

FISCHER-KOWALSKI, M. (1997): Wie erkennt man Umweltschädlichkeit? In: M. Fischer Kowalski et al. (Hrsg.), Gesellschaftlicher Stoffwechsel und Kolonisierung von Natur. Ein Versuch in Sozialer Ökologie. S. 13–24. Amsterdam (G+B Facultas).

HOHLS, H. (1930): Aus der Werkstatt der ältesten Druckfarbenfabrik des europäischen Festlandes. In: F. Helmcke & H. Hohls (Hrsg.), Der Speicher. Heimatbuch für den Landkreis Celle. S. 548-556. Celle (Selbstverlag d. Kreisausschusses Celle).

Der wahre Preis der Metalle

NEWELL, E. (1990): »Copperopolis«: The Rise and Fall of the Copper Industry in the Swansea District, 1826–1921. Business History, 32.3, 75–97.

NEWELL, E. (1997): Atmospheric Pollution and the British Copper Industry, 1690–1920. Technology and Culture, 38.3, 655–689.

NEWELL, E. & S. WATTS (1996): The Environmental Impact of Industrialisation inSouth Wales in the Nineteenth Century: »Copper Smoke« and the Llanelli Copper Company. Environment and History, 2.3, 309–336.

Vergiftet im Namen des Fortschritts

KITAMURA T., K. IMAMURA, T. NINOMIYA & S. EKINO (2007): Minamata disease revisited: An update on the acute and chronic manifestations of methyl mercury poisoning. J. of the Neurological Sciences, 262.1–2, 131–144.

YORIFUJI, T., T. TSUDA & M. HARADA (2013): Minamata disease: a challenge for democracy and justice. In: Europ. Env. Agency (Hrsg.): Late lessons from early warnings: science, precaution, innovation. EEA Report 1, 124–152. Kopenhagen, Luxembourg (Publications Office of the European Union).

Die Gefahr lauert im Dunkeln

BALDWIN, P.C. (2003): How night air became good air 1776–1930. Environmental History, 8.3, 412–429.

BEECHER, C.E. & H. BEECHER STOWE (1869): *The American Woman's Home. Principles of Domestic Science. Being a Guide to the Formation and*

Geschichte unserer Umwelt

Maintenance of Economical, Healthful, Beautiful, and Christian Homes. New York (J. B. Ford).

CERMAK, H. (1850): Über die Natur, Behandlung der Lungenschwindsucht u.s.w. In: Memorabilien. Organ für practische und wissenschaftliche Mitteilungen rationeller Aerzte. Heilbronn. Bd. 4. 12–13.

FRANKLIN, B. (1744): An Account Of the New Invented Pennsylvanian Fire-Places. Philadelphia (Franklin).

GRASSI, B. (1901): Studi di uno zoologo sulla malaria. Rom. (R. Accademia dei lincei).

KOUSOULIS, A.A., K. P. ECONOMOPOULOS, E. POULAKOU-REBEL-AKOU, G. ANDROUTSOS, & S. TSIODRAS (2012): The Plague of Thebes, a Historical Epidemic in Sophocles' Oedipus Rex. Emerging Infectious Diseases Journal, 18.1, 153–157.

VAN DE WATER, V.T. (1910): From Kitchen to Garret. New York (Sturgis and Walton company).

Der Kampf gegen den Kohlerauch

STRADLING, D. & P. THORSHEIM (1999): The Smoke of Great Cities: British and American Efforts to Control Air Pollution, 1860–1914. Environmental History, 4.1, 6–31.

Heilbutt im Atlantik

GRASSO, G.M. (2008): What Appeared Limitless Plenty: The Rise and Fall of the Nineteenth-Century Atlantic Halibut Fishery. Environmental History, 13.1, 66–91.

Von der Anbetung zur Ausbeutung

BARNES, A.J. & N.S. BRIGGS (2003): The Caspian oil reserves. The political, economical and environmental implications of »Black Gold« in the world market. EDGE. http://www.stanford.edu/class/e297a/Caspian%20Oil%20Reserves.pdf [02.05.2013].

VON EICHWALD, K.E. (1834): Reise auf dem Caspischen Meere und in den Caucasus. Bd. 1. Stuttgart, Tübingen (Cotta).

GHAMBASHIDZE, D. (1917): Die Ölfelder und die Petroleumindustrie Kaukasiens. In: Weltwirtschaftliches Archiv. Zeitschrift für Allgemeine und Spezielle Weltwirtschaftslehre. 178–192. Jena (Fischer). http://openlibrary.org/books/OL14048104M/Weltwirtschaftliches_Archiv [06.09.2013].

GMELIN, S. G. (1770): Doctors der Arzney Gelartheit, der Kayserl. Academie der Wißenschaften, der Königl. Großbritannischen zu London, der Holländischen Societät der Wißenschaften zu Harlem, und der freien Oeconomischen Gesellschafft zu St. Petersburg Mitgliedes, Reise durch Rußland zur Untersuchung der drey Natur-Reiche. St. Petersburg (Kaiserl. Akademie d. Wiss.). http://gdz.sub.uni-goettingen.de/dms/load/img/?PPN=PPN63264902X&DMDID=DMDLOG_0011&LOGID=LOG_0015&PHYSID=PHYS_0275 [24.08.2013].

HENRY, J.D. (1905): Baku. An Eventful History. London (Archibald Constable & Co).

MADUREIRA, N.L. (2010): Oil in the age of steam. J. of Global History, 5.1, 75–94.

MIRBABAYEV, M. (2010): Concise History of Azerbaijani Oil. 3rd edition, revised and supplemented. Baku.

TOLF, R.W. (1976): The Russian Rockefellers: The saga of the Nobel Family and the Russian oil. Stanford (Hoover Inst. Press).

ZOEPFL, G. (1899): Der Wettbewerb des russischen und amerikanischen Petroleums. Eine weltwirtschaftliche Studie. Berlin (Siemenroth & Troschel).

Der brennende Fluss von Cleveland

STRADLING, D. & R. STRADLING (2008): Perceptions of the Burning River: Deindustrialization and Cleveland's Cuyahoga River. Environmental History, 13.3, 515–535.

Wessen Versagen?

BARLEY, S. (2012): Exxon Valdez laid to rest. Nature. http://www.nature.com/news/exxon-valdez-laid-to-rest-1.11141 [19.03.2013].

BORK, H.-R. , E.D. LAPSHINA & K. DIERSSEN (2006): Folgen der Erdöl- und Erdgasgewinnung in Nordwest-Sibirien (Russland). In: H.-R. Bork (Hrsg.): Landschaften der Erde unter dem Einfluss des Menschen. 40–42. Darmstadt (WBG und Primus Verlag).

GOODBODY-GRINGLEY, G., D.L. WETZEL, D. GILLON, E. PULSTER, A. MILLER & K.B. RITCHIE (2013): Toxicity of Deepwater Horizon source oil and the chemical diespersant, Corexit® 9500, to coral larvae. PLoS ONE, 8.1. http://www.plosone.org/article/info%3Adoi%2F10.1371%2Fjournal.pone.0045574 [08.09.2013].

HAYCOX, S. (2012): «Fetched-up»: unlearned lessons from the Exxon Valdez. J. of American History, 99.1, 219–228.

HERTSGAARD, M. (2013a): Giftige Kosmetik. In: Die Zeit, 18.04.2013, 23–24. Hamburg.

HERTSGAARD, M. (2013b): What BP doesn't want you to know about the 2010 Gulf spill. Newsweek. www.thedailybeast.com/newsweek/2013/04/22/what-bp-doesn-t-want-you-to-know-about-the-2010-gulf-spill.html [19.04.2013].

KUJAWINSKI, B., M.C. KIDO SOULE, D.L. VALENTINE, A.K. BOYSEN, K. LONGNECKER & M.C. REDMOND (2011): Fate of dispersants associated with the Deepwater horizon oil spill. Environ. Sci. Technol., 45.4, 1298–1306.

PETERSON, C.H., S.D. RICE, J.W. SHORT, D. ESLER, J.L. BODKIN, B.E. BALLACHEY & D.B. IRONS (2003): Long-term ecosystem response to the Exxon Valdez oil spill. Science, 302.5653, 2082–2086.

Die Baustelle als Habitat

SUTTER, P.S. (2007): Nature's Agents or Agents of Empire? Entomological Workers and Environmental Change during the Construction of the Panama Canal. Isis, 98.4, 724–754.

VANDER HOOK, S. (2010): Building the Panama Canal. (The Essential Library) North Manakato, Minnesota (ABDO).

Stalins »Großbauten des Kommunismus«

BRAIN, S. (2010): The Great Stalin Plan for the Transformation of Nature. Environmental History, 15.4, 670–700.

GESTWA, K. (2004): Technik als Kultur der Zukunft. Der Kult um die Stalinschen Großbauten des Kommunismus, Geschichte und Gesellschaft, 30.1, 37–73.

GESTWA, K. (2010): Die Stalinschen Großbauten des Kommunismus: Sowjetische Technik- und Umweltgeschichte, 1948–1967. Studien zur Ideengeschichte der Neuzeit, 30. München (R.Oldenbourg).

SCHATTENBERG, S. (2004): Stalinismus in den Köpfen. Ingenieure konstruieren ihre Welt. In: Geschichte und Gesellschaft 30.1, 94–117.

UNEP GRID-Arendal (2012): Vital Caspian Graphics 2: Opportunities, Aspirations and Challenges. http://www.grida.no/publications/vg/caspian2 [10.02.2014].

Megatalsperren

ABU-ZEID, M.A. & F.Z. EL SHIBINI (1997): Egypt's High Aswan Dam. Water Res. Development, 13.2, 209–217.

ANONYMOUS (2012): Earthquake hazards and large dams in western China. A Probe International Study. http://probeinternational.org/library/wpcontent/uploads/2012/04/JohnJackson-FinalReport.pdf [29.04.2013].

CROSS, W.F., C.V. BAXTER, K.C. DONNER, E.J. ROSI-MARSHALL, T.A. KENNEDY, R.O. HALL, H.A.W. KELLY & R.C. ROGERS (2011): Ecosystem ecology meets adaptive management: food web response to a controlled flood on the Colorado River, Glen Canyon. Ecological Applications, 21.6, 2016–2033.

GARBRECHT, G. (1987): Der Sadd-el-Kafara. Die älteste Talsperre der Welt. In: DVWK (Hrsg.), G. Garbrecht (Bearbeiter): Historische Talsperren. 97–109. Stuttgart (Konrad Wittwer).

GOLDSMITH, E. & N. HILDYARD (1984): The social and environmental effects of large dams. San Francisco (Sierra Club Books). http://www.edwardgoldsmith.org/books/the-social-and-environmental-effects-of-large-dams/ [27.04.2013].

GRAF, W.L. (2005): Geomorphology and American dams: the scientific, social, and economic context. Geomorphology, 71.1, 3–26.

LIEDTKE, C. & M.J. WELFENS (Hrsg., 2008): Mut zur Nachhaltigkeit. Vom Wissen zum Handeln. Didaktische Module. Wasser, Ernährung, Bevölkerung. Wuppertal (Stiftung Forum für Verantwortung, ASKO Europastiftung, Europäische Akademie Otzenhausen, Wuppertal Institut für Klima, Umwelt, Energie). www.wupperinst.org/uploads/tx_wuppertalinst/MzN_Module_Flyer1.pdf [15.03.2013].

MAUSER, W. (2010): Wie lange reicht die Ressource Wasser? Vom Umgang mit dem blauen Gold. Frankfurt am Main (Fischer TB).

POFF, N.L., J.D. ALLAN, M.A. PALMER, D.D. HART, B.D. RICHTER, A.H. ARTHINGTON, K.H. ROGERS, J.L. MEYER & J.A. STANFORD (2003): River flows and water wars: emerging science for environmental descision making. Front Ecol. Environ, 1.6, 298–306.

ROSENBERG, D.M., F. BERKES, R.A. BODALY, R.E. HECKY, C.A. KELLY & J.W.M. RUDD (1997): Large-scale impacts of hydroelectric development. Environ. Rev., 5.1, 27–54.

STRZEPEK, K.M., G.W. YOHE, R.S.J. TOL & M. ROSEGRANT (2008): The value of the high Aswan Dam to the Egyptian economy. Ecological Economics, 66.1, 117–126.

WCD (2000): Dams and development: A new framework for decision-making. The report of the World Commission on Dams. London (Earthscan).

Das ökologische Erbe der Menschheit

CHORLEY, G.P.H. (1981): The Agricultural Revolution in Northern Europe, 1750–1880: Nitrogen, Legumes, and Crop Productivity. The Economic History Review, 34.1, 71–93.

ERB, K.-H., S. GINGRICH, F. KRAUSMANN & H. HABERL (2008): Industrialization, fossil fuels and the transformation of land use: an integrated analysis of carbon flows in Austria 1830–2000. J. of Industrial Ecology, 12.5–6, 686–703.

KRAUSMANN, F. (2004): Milk, manure, and muscle power. Livestock and the transformation of preindustrial agriculture in Central Europe. Human Ecology, 32.6, 735–772.

Die Plagen agroindustrieller Lebensweisen

AURIVILLIUS, P.O.C. (1909): Carl von Linné als Entomolog. Jena (Fischer).

CARSON, R. (1962): Silent Spring. Boston, New York (Houghton Mifflin).

DIRLINGER, H. ET AL. (1998): Bodenfruchtbarkeit und Schädlinge im Kontext von Agrargesellschaften. Social Ecology Working Paper 51. Wien.

HERRMANN, B. (2007): Ein Beitrag zur Kenntnis von Schädlingsbekämpfungen und ihren Konzepten im 18. und frühen 19. Jahrhundert an Beispielen aus Brandenburg-Preußen. In: K. Engelken, D. Hünninger & S. Windelen (Hrsg.): Beten, Impfen, Sammeln. Zur Viehseuchen- und Schädlingsbekämpfung in der Frühen Neuzeit. 135–189. Göttingen (Univ.-Verl. Göttingen).

KOLB, R.T. (2007): Kurze Einführung in die Bekämpfung agrarischer Schadinsekten im spätkaiserzeitlichen China, 1368–1911. In: K. Engelken, D. Hünninger & S. Windelen (Hrsg.): Beten, Impfen, Sammeln. Zur Viehseuchen- und Schädlingsbekämpfung in der Frühen Neuzeit. 191–230. Göttingen (Univ.-Verl. Göttingen).

KRÜNITZ, J.G. (1849): Oekonomische Encyclopädie oder allgemeines System der Staats-, Stadt-, Haus- und Landwirtschaft in alphabetischer Ordnung. Bd. 198, 579. http://www.kruenitz1.unitrier.de [30.04.2013].

PIMENTEL, D. ET AL. (1993): Environmental and economic effects of reducing pesticide use in agriculture. Agriculture Ecosystems & Environment, 46.1–4, 273–288.

PIMENTEL, D. (2005): Environmental and Economic Costs of the Application of Pesticides Primarily in the United States. Environment, Development and Sustainability, 7.2, 229–252.

PIMENTEL, D. (2009): Environmental and economic costs of the application of pesticides primarily in the United States. In: P. Rajinder & A. Dhawan (Hrsg.): Integrated Pest Management: Innovation-Development Process. Bd. 1. 88–111. Dortrecht (Springer).

RELYEA, R.A. (2009): A cocktail of contaminants: How pesticide mixtures at low concentrations affect aquatic communities. Oecologia, 159.2, 363–376.

RUSSELL III, E.P. (1999): The Strange Career of DDT: Experts, Federal Capacity, and Environmentalism in World War II. Technology and Culture, 40.4, 770–796.

WAGENITZ, J. (o.J.): Schwefel das vielseitige Element - aus dem Weinbau nicht weg zu denken. Historie und allgemeiner Überblick. [http://www.dlr-rheinpfalz.rlp.de/internet/global/themen.nsf/ALL/5E9593830C67A116C125702E00385D10/$FILE/Schwefel_Text.pdf [19.2.2013].

»Zurück zur Natur!«

HUERKAMP, C. (1986): Medizinische Lebensreform im späten 19. Jahrhundert. Die Naturheilbewegung in Deutschland als Protest gegen die naturwissenschaftliche Universitätsmedizin. Vierteljahrschrift für Sozial- und Wirtschaftsgeschichte, 73.2, 158–182.

KRABBE, W.R. (1974): Gesellschaftsveränderung durch Lebensreform: Strukturmerkmale einer sozialreformerischen Bewegung im Deutschland der Industrialisierungsperiode. Studien zum Wandel von Gesellschaft und Bildung im neunzehnten Jahrhundert, 9. Göttingen (Vandenhoeck & Ruprecht).

ROHKRAMER, T. (2001): Lebensreform als Reaktion auf den technisch-zivilisatorischen Prozess. In: Die Lebensreform: Entwürfe zur Neugestaltung von Leben und Kunst um 1900. 71–74. Darmstadt (Hausser).

VON SALDERN, A. (1994): Wie säubere ich einen Linoleumboden? In: Berliner Geschichtswerkstatt (Hrsg.), Alltagskultur, Subjektivität und Geschichte: zur Theorie und Praxis von Alltagsgeschichte, 235–253. Münster (Westfälisches Dampfboot).

Wertstoffe am falschen Ort

AMULREE, L. (1973): Hygienic conditions in ancient Rome and modern London. Medical History, 17.3, 244–255. http://europepmc.org/articles/PMC1081473/pdf/medhist00122-0039.pdf [16.04.2012].

BAUER, H. (1989): Die Cloaca Maxima in Rom. Mitt. Leichtweiß-Inst. f. Wasserbau (TU Braunschweig), 103, 45–67.

CHILD, L.M. (1832): The American frugal housewife. Dedicated to those who are not ashamed of economy. The Project Gutenberg eBook. http://www.gutenberg.org/files/13493/13493-h/13493-h.htm [16.04.2013].

HOPKINS, J.N.N. (2007): The Cloaca Maxima and the monumental manipulation of water in archaic Rome. The Waters of Rome, 4, 1–15. http://www3.iath.virginia.edu/waters/Journal4Hopkins.pdf [17.04.2013].

KUCHENBUCH, L. (1988): Abfall. Eine Stichwortgeschichte. In: H.-G. Soeffner (Hrsg.): Kultur und Alltag. Soziale Welt. Sonderband 6. 155–170. Göttingen (Schwartz).

VON LIEBIG, J. (1878): Chemische Briefe. Siebenundvierzigster Brief Leipzig, Heidelberg (Winter'sche Verlagsbuchhandlung). http://www.liebig-museum.de/justus_liebig/chemische_briefe/ [16.04.2013].

NEISSER, M. (1919): Der Milzbrand. In: E. Friedberger & R. Pfeiffer (Hrsg.): Lehrbuch der Mikrobiologie. Bd. 2 (Spezieller Teil). 421–433. Jena (Fischer).

STRASSER, S. (2000): Waste and want: A social history of trash. New York (Metropolitan Books – Henry Holt).

SURA, A. (2010): The Cloaca Maxima: Draining disease from Rome. Vertices. http://classicalstudies.duke.edu/uploads/assets/08_CloacaMaxima.pdf [16.04.2013].

WINIWARTER, V. (2002): History of Waste. In: K. Bisson & J. Proops (Hrsg.): Waste in Ecological Economics. Current Issues in Ecological Economics. 38–54. Cheltenham, Northampton MA (Elgar).

Beherrschbare Kernkraft?

DEUTSCHES ATOMFORUM E.V. (2011): Der Reaktorunfall in Tschernobyl: Unfallursachen. Unfallfolgen und deren Bewältigung. Sicherung und Entsorgung des Kernkraftwerks Tschernobyl. Berlin. http://www.kernenergie.de/kernenergie-wAssets/docs/service/025reaktorunfall_tschernobyl2011.pdf [22.03.2013].

DEUTSCHES ATOMFORUM E.V. (2012): Der Reaktorunfall in Fukushima Daiichi: Folge fehlerhafter Auslegung und unzureichender Sicherheitstechnik. Berlin. http://www.kernenergie.de/kernenergie-wAssets/docs/service/024reaktorunfall_fukushima.pdf [22.03.2013].

HAMBLIN, J.D. (2008): Poison in the well. Radioactive waste in the oceans at the dawn of the nuclear age. New Brunswick, New Jersey, London (Rutgers Univ. Press).

MALMSHEIMER, L.M. (1986): Three Mile Island: Fact, Frame, and Fiction. American Quarterly, 38.1, 35–52.

ÖKO-INSTITUT (Hrsg., 2011a): Streitpunkt Kernenergie. Eine neue Debatte über alte Probleme. Freiburg i. B. (Öko-Institut e.V.). http://www.streitpunkt-kernenergie.de/fileadmin/user_upload/pdf2011/streitpunkt_kernenergie.pdf [22.03.2013].

ÖKO-INSTITUT (Hrsg., 2011b): Ein Unfall mit Folgen – 25 Jahre Tschernobyl. Freiburg i. B. (Öko-Institut e.V.). http://www.oeko.de/oekodoc/1156/2011-030-de.pdf [25.04.2013].

ÖKO-INSTITUT (2011c): Fachliche Hintergrund-Informationen zum Reaktorunfall in Tschernobyl. Berlin (Öko-Institut e.V.). http://www.oeko.de/dokumente/hintergrund_tschernobyl.pdf [25.04.2013].

PRESIDENT'S COMMISSION TMI (1986): The need for change: the legacy of TMI. Report of The President's Commission on the Accident at Three Mile Island. Washington D. C. http://www.threemileisland.org/downloads/188.pdf [23.03.2013].

ROGOVIN, M. & G.T. FRAMPTON (Hrsg., 1980): Three Mile Island. A report to the commissioners and to the public. Nuclear Regulatory Commission Special Inquiry Group. Vol. I. http://www.threemileisland.org/downloads/354.pdf [23.03.2013].

RUBNER, J. (2011): Chronik einer Kernschmelze. USA: Atomunfall in Harrisburg 1979. Süddeutsche Zeitung, 30.03.2011. http://www.sueddeutsche.de/wissen/usa-atomunfall-in-harrisburg-chronik-einer-kernschmelze-1.1079098 [22.03.2013].

SOVACOOL, B.K. (2008): The costs of failure: A preliminary assessment of major energy accidents, 1907–2007. Energy Policy, 36.5, 1802–1820.

SOVACOOL, B.K. (2011): Questioning the Safety and Reliability of Nuclear Power: An Assessment of Nuclear Incidents and Accidents. GAIA, 20.2, 95–103.

WALKER, J.S. (2004): Three Mile Island: A Nuclear Crisis in Historical Perspective. Berkeley (Univ. of California Press).

2.6 NATUR UND POLITIK

Warum schützen wir Natur?

BFN (Bundesamt für Naturschutz, 2006): Hintergrundinfo. 100 Jahre Naturschutz als Staatsaufgabe (1906–2006). http://www.bfn.de/fileadmin/MDB/documents/hintergrund_100_jahre.pdf [16.04.2013].

CONVENTZ, H. (1904): Die Gefährdung der Naturdenkmäler und Vorschläge zu ihrer Erhaltung. Denkschrift, dem Herrn Minister der geistlichen, Unterrichts- und Medizinal-Angelegenheiten überreicht. Berlin (Gebr. Borntraeger).

KNAUT, A. (1993): Zurück zur Natur! Die Wurzeln der Ökologiebewegung. Jahrbuch. f. Naturschutz u. Landschaftspflege, Suppl. 1. Greven (Kilda).

RADKAU, J. (2011): Die Ära der Ökologie. Eine Weltgeschichte. München (C.H. Beck).

RADKAU, J. & F. UEKÖTTER (Hrsg., 2003):, Naturschutz und Nationalsozialismus. Frankfurt am Main (Campus).

RÖSCHEISEN, H. (2005): Der Deutsche Naturschutzring – Geschichte, Interessensvielfalt, Organisationsstruktur und Perspektiven des Dachverbandes der Natur- und Umweltschutzverbände. Bochum (Ruhr-Universität Bochum, Dissertation). http://www-brs.ub.ruhr-uni-bochum.de/netahtml/HSS/Diss/RoescheisenHelmut/diss.pdf [07.04.2013].

RUDORFF, E. (1880): Ueber das Verhältniß des modernen Lebens zur Natur. Preußische Jahrbücher, 45.3, 261–276. Nachdruck in Natur und Landschaft, 65.3, 68–71.

SCHMOLL, F. (o.J.): Einleitung zu Hugo Conventz, Die Gefährdung der Naturdenkmäler und Vorschläge zu ihrer Erhaltung. Denkschrift, dem Herrn Minister der geistlichen, Unterrichts- und Medizinal-Angelegenheiten überreicht. 100(0) Schlüsseldokumente zur deutschen Geschichte im 20. Jahrhundert. Bayerische Staatsbibliothek. http://www.1000dokumente.de/index.html?c=dokument_de&dokument=0082_con&object=context&st=&l=de [24.04.2013].

SCHNEIDER, G. (2004): Mutter Natur und Vater Staat. Über die Reproduktion gesellschaftlicher Unbewusstheit durch Naturschutz. Stiftung Natur und Umwelt Rheinland-Pfalz. Denkanstöße 1. Mainz. http://www.studgen.uni-mainz.de/manuskripte/schneider.pdf [07.04.2013].

STEINER, D. (2011): Die Universität der Wildnis. John Muir und sein Weg zum Naturschutz in den USA. München (oekom).

UEKÖTTER, F. (2003): Sieger der Geschichte? Überlegungen zum merkwürdigen Verhältnis des Naturschutzes zu seinem eigenen Erfolg. Schr.-R. d. Deutschen Rates für Landespflege, 75, 34–38.

WORSTER, D. (2005): John Muir and the modern passion for nature. Environmental History, 10.1, 8–19.

Bau einen Zaun, so wird Natur daraus!

YEH, E.T. (2009). From wasteland to wetland? Nature and nation in China's Tibet. Environmental History, 14.1, 103–137.

Von bösen zu guten Eichen

ALAGONA, P.S. (2008): Homes on the Range: Cooperative Conservation and Environmental Change on California's Privately Owned Hardwood Rangelands. Environmental History, 13.2, 325–349.

HOLLAND, V. L. (1973): A study of soil and vegetation under Quercus douglasii H. & A. compared to open grassland. Dissertation. University of California, Berkeley.

SPEECE, D. (2009): From Corporatism to Citizen Oversight: The Legal Fight over California Redwoods, 1970–1996. Environmental History, 14.4, 705–736.

Diplomatische Verwicklungen unter Wasser

HERKLOTS, G. A. S. & S. Y. LIN (1940): Common marine food-fish in Hong Kong. Hong Kong (Hong Kong Univ. Press). Kap. 32, Yellow Croaker.

MUSCOLINO, M. (2008): The Yellow Croaker War: Fishery Disputes between China and Japan, 1925–1935. Environmental History, 13.2, 305–24.

»Kein Strom oder Fluß, also auch nicht der Rhein, hat mehr als ein Flußbett nötig«

BLACKBOURN, D. (2007): Die Eroberung der Natur. Eine Geschichte der deutschen Landschaft. München (DVA).

HÖLSCHER, G. (1926): Das Buch vom Rhein. 416 S. Köln (Hoursch & Bechstedt).

TÜMMERS, H.J. (1994): Der Rhein. Ein europäischer Fluss und seine Geschichte. München (C.H. Beck).

Kampf auf dem Wasser gegen Eis und Wind

AGOSTON, G. (2009): Where Environmental and Frontier Studies Meet: Rivers, Forests, Marshes and Forts along the Ottoman-Hapsburg Frontier in Hungary. In: A.C.S. Peacock (Hrsg.): The Frontiers of the Ottoman World. Proceedings of the British Academy, 156. 57–79. Oxford (Oxford Univ. Press).

HAYNE, J.C.G. (1783): Abhandlung über die Kriegskunst der Türken von ihren Märschen, Lagern, Schlachten und Belagerungen etc.; desgleichen derjenigen Völker, welche unter dem Osmannischen Schutze stehen, als Griechen, Armenier, Araber, Drusen ... . Berlin u. a. (Nicolai).

HOHENSINNER, S., B. LAGER, C. SONNLECHNER, G. HAIDVOGL, S. GIERLINGER, M. SCHMID, F. KRAUSMANN & V. WINIWARTER (2013): Changes in water and land: the reconstructed Viennese riverscape 1500 to the present. International J. of Water History, 5.2, 145–172.

THOMPSON, E.A. (1956): Constantine, Constantius II, and the Lower Danube Frontier. Hermes, 84.3, 372–381.

Dünger im Frieden

BAUMANN, T. (2011): Giftgas und Salpeter. Chemische Industrie, Naturwissenschaft und Militär von 1906 bis zum ersten Munitionsprogramm 1914/15. Düsseldorf (Heinrich-Heine-Universität, Dissertation 2008).

ELWERT, J.P. (Hrsg., 1786): Vorschlag zu einer Salpeteranlage. Magazin für Apotheker, Materialisten und Chemisten. Nürnberg (Valentin Bischoffische Kunst- und Buchhandlung).

ERICKSEN, G.E. (1983): The Chilean nitrate deposits. American Scientist, 71.4, 366–374.

GICKLHORN, J. (1940): Thaddäus Haenkes Rolle in der Geschichte des Chile-Salpeters und der Chile-Salpeterindustrie. Sudhoffs Archiv für Geschichte der Medizin und der Naturwissenschaften, 32.6, 337–370.

KUNNAS, J. (2007): Potash, Saltpeter and Tar. Scandinavian Journal of History, 32.3, 281–311.

MAUSKOPF, S. (1995): Lavoisier and the improvement of gunpowder production/Lavoisier et l'amélioration de la production de poudre. Revue d'histoire des sciences, 48.1–2, 95–122.

ÖSTERREICHISCHE AKADEMIE DER WISSENSCHAFTEN (1959): Österreichisches Biographisches Lexikon 1815–1950 (ÖBL). Bd. 2. Stichwort Haenke Thaddäus Peregrinus. Wien (Verlag der Österreichischen Akademie der Wissenschaften). http://www.biographien.ac.at/oebl_2/137.pdf [06.09.2013] und http://www.biographien.ac.at/oebl_2/138.pdf [06.09.2013].

Vom »Ewigen Wald« zum Konzentrationslager

BOCK, G. (1993): Gleichheit und Differenz in der nationalsozialistischen Rassenpolitik. Geschichte und Gesellschaft, 19.3, 291–310.

LEE, R.G. & S. WILKE (2005): Forest as Volk: Ewiger Wald and the Religion of Nature in the Third Reich. J. of Social and Ecological Boundaries, 1.1, 21–46.

POIS, R.A. (1986): National Socialism and the religion of nature. London, Sydney (Croom Helm).

SCHMITT, J. (2010): Der Bedrohte »Arier«: Anmerkungen zur Nationalsozialistischen Dramaturgie der Rassenhetze. Beiträge zur Medienästhetik und Mediengeschichte, 30. Münster (LIT).

SIEFERLE, R.P. & C. ZIMMERMANN (1992): Die Stadt als Rassengrab. In: Smuda, Manfred (Hrsg.): Die Großstadt als »Text«. München (Fink).

ZECHNER, J. (2006): »Ewiger Wald und ewiges Volk«: Die Ideologisierung des deutschen Waldes im Nationalsozialismus. Beiträge zur Kulturgeschichte der Natur, 15. Freising.

ZECHNER, J. (2010): Wald, Rasse und Religion. Zur Re-Konstruktion eines germanischen Wald- und Baumglaubens durch das SS-Ahnenerbe. In: R. Faber & C. Holste (Hrsg.): Arkadische Kulturlandschaft und Gartenkunst: Eine Tour d'Horizon. 239–248. Würzburg (Königshausen & Neumann).

Der »Große Sprung« in den Hunger

BECKER, J. (1996): Hungry ghosts. China's secret famine. London (Murray).

DAHLKE, C. & H.-R. BORK (2004): Der »Große Sprung nach Vorne« – Chinas verschwiegene Gesellschafts- und Umweltkrise. PGM, 148.2, 54–63.

DAHLKE, C. & H.-R. BORK (2006): »Nicht vom Himmel abhängig«: Chinas »Großer Sprung nach Vorne«? Landschaften der Erde unter dem Einfluss des Menschen. Darmstadt (WBG und Primus Verlag).

HO, P. (2003): Mao's War against Nature? The Environmental Impact of the Grain-First Campaign in China. The China Journal, 50, 37–59.

LANDSBERGER, S. (1996): Chinesische Propaganda. Kunst und Kitsch zwischen Revolution und Alltag. Köln (DuMont).

MIN, A., D. DUO & S. LANDSBERGER (2008): Chinese propaganda posters 1921–1971. Köln (Taschen).

MULDAVIN, J. (2000): The Paradoxes of Environmental Policy and Resource Management in Reform-Era China. Economic Geography, 76.3, 244–271.

SHAPIRO, J. (2001): Mao's war against nature: Politics and the environment in revolutionary China. Studies in Environment and History. Cambridge/Mass. (Cambridge Univ. Press).

WINIWARTER, V. & W. E.H. BLUM (2006): Souls and soils: A survey of worldviews. In: B. P. Warketin (Hrsg.): Footprints in the soil – people and ideas in soil history. 107–122. Amsterdam, Oxford (Elsevier).

YANG, D.L. (1996): Calamity and reform in China: State, rural society, and institutional change since the Great Leap Famine. Palo Alto (Stanford Univ. Press).

Agent Orange und der Vietnamkrieg

BLOMQUIST, R.F. (1992): American Toxic Tort Law: An Historical Background, 1979–1987. Pace Environmental Law Review, 10.1992, 85–173.

BOIVIN T.G. et al. (2011): Agent Orange Dioxin Contamination in the Environment and Food Chain at Key Hotspots in Vietnam: Da Nang, Bien Hoa and Phu Cat. pdf.usaid.gov/pdf_docs/PNADW139.pdf [20.02.2013].

BUI, L.T.P. (2003): When the Forest Became the Enemy and the Legacy of American Herbicidal Warfare in Vietnam. Harvard (Harvard Univ., Dissertation).

DWERNYCHUK, L.W. (2005): Dioxin Hotspots in Vietnam. Chemosphere, 60.5, 998–999.

DWERNYCHUK, L.W. et al. (2006): The Agent Orange Dioxin Issue in Vietnam: A Manageable Problem. Organohalogen Compounds, 68, 312–315.

GIBSON, J.W. (1986): The Perfect War: Technowar in Vietnam. Boston (Atlantic Monthly Press).

MEYERS, B.F. (1979): Soldier of Orange: The Administrative, Diplomatic, Legislative, and Litigatory Impact of Herbicide Agent Orange in South Vietnam. Boston College Environmental Affairs Law Review, 8.2, 159–199.

OATSVALL, N.S. (2008): War on Nature, War on Bodies: The United States' Chemical Defoliant Use During the Vietnam War and Its Consequences. Raleigh (North Carolina State Univ., Masterarbeit).

QUICK, B. (2008): The Boneyard: Agent Orange, A Chapter of History That Just Won't End. Orion, 27, 16–23.

STELLMAN J.M., S.D. STELLMAN, R. CHRISTIAN, T. WEBER, C. TOMASALLO (2003): The extent and patterns of usage of Agent Orange and other herbicides in Vietnam. Nature, 422.17, 681–687.

WESTING, A.H. (1971): Ecological effects of military defoliation on the forests of South Vietnam. In: BioScience, 21.17, 893–898.

Earth Day

ROME, A. (2010): The Genius of Earth Day. Environmental History, 15.2, 194–205.

3. Auf dem Weg zur vorsorgenden Gesellschaft?

BACON, F. (1990): Neues Organon, lat.-dt. Aphorismen. Bd. 2. Hamburg (Neiner. ed. Krohn Wolfgang).

BOURDIEU, P. (1982). Die feinen Unterschiede – Kritik der gesellschaftlichen Urteilskraft. Frankfurt am Main (Suhrkamp).

CAROLL, L. ([1871] 1990): Alice im Spiegelland. Hamburg (Cecilie Dressler Verlag).

EEA (European Environmental Agency (2013): Late lessons from early warnings: science, precaution, innovation. Report No 1.

FELS, L. (1985):Natur. In: M. Kluge (Hrsg.) Flurbereinigung München (Heyne).

FISCHER, R., G. SCHENDL, M. SCHMID, O. VEICHTLBAUER & V. WINIWARTER (2012): Grundsätzliche Überlegungen zu einer vorsorgenden Gesellschaft und der Rolle von Wissenschaft. In: H. Egner & M. Schmid (Hrsg.): Jenseits traditioneller Wissenschaft? Zur Rolle von Wissenschaft in einer vorsorgenden Gesellschaft. 49–70. München (oekom).

FITZGERALD, F. S. ([1925] 2012): Der große Gatsby. Übersetzt von Rainer Kaiser. Berlin (Insel).

GLACKEN, C.J. (1967): Traces on the Rhodian Shore. Nature and Culture in Western Thought from Ancient Times to the End of the Eighteenth Century. Berkeley, Los Angeles, London (Univ. of California Press).

GLACKEN, C.J. (1988): Zum Wandel der Vorstellungen über den menschlichen Lebensraum. In: R. P. Sieferle: Fortschritte der Naturzerstörung. 158–190. Frankfurt am Main (Suhrkamp).

HABERL, H., K.-H. ERB, F. KRAUSMANN, V. GAUBE, A. BONDEAU, C. PLUTZAR, S. GINGRICH, W. LUCHT & M. FISCHER-KOWALSKI (2007): Quantifying and mapping the human appropriation of net primary production in earth's terrestrial ecosystems. Proceedings of the National Academy of Sciences of the USA, 104.31, 12942–12947.

KRAUSMANN, F., K.-H. ERB, S. GINGRICH, H. HABERL, A. BONDEAU, V. GAUBE, C. LAUK, C. PLUTZAR & T.D. SEARCHINGER (2013): Global human appropriation of net primary production doubled in the 20th century. Proceedings of the National Academy of Sciences of the USA, 110.25, 10324–10329.

LUHMANN, N. (1990): Die Wissenschaft der Gesellschaft, Frankfurt am Main (Suhrkamp).

MORA, C., D.P. TITTENSOR, S. ADL, A.G.B. SIMPSON & B. WORM (2011): How many species are there on earth and in the ocean? PLoS Biol, 9.8. http://www.plosbiology.org/article/info%3Adoi%2F10.1371%2Fjournal.pbio.1001127 [07.07.2013].

STEFFEN, W., J. GRINEVALD, P. CRUTZEN & J.R. MCNEILL (2011): The Anthropocene: conceptual and historical perspectives. Phil. Trans. R. Soc. A, 369, 842–867.

THOMPSON, M., R. ELLIS & A. WILDAVSKY (1990): Cultural Theory. Boulder, San Francisco, Oxford (Westview Press).

VOLLMER, G. (1994): Die vierte bis siebte Kränkung des Menschen. Gehirn, Evolution und Menschenbild. In: Aufklärung und Kritik, 1, 81–92 http://www.gkpn.de/auk1_94.pdf [12.2.2014]

WBGU (2011): Welt im Wandel: Gesellschaftsvertrag für eine große Transformation. Berlin (WBGU).

Weiterführende Literatur

ACKERMAN, F. & M. SUMREEN (2000): Waste in the Inner City: Asset or Assault? G-DAE Working Paper 00.08. http://www.ase.tufts.edu/gdae/publications/working_papers/innercity.pdf [19.02.2013].

ANGELSEN, A. & D. KAIMOWITZ (Hrsg., 2001): Agricultural Technologies and Tropical Deforestation. New York, Wallingford (CABI).

APPUHN, K. (2009): A Forest on the Sea: Environmental Expertise in Renaissance Venice. Baltimore (Johns Hopkins Univ. Press).

AUSTIN, G. (1996): Mode of Production or Mode of Cultivation: Explaining the Failure of European Cocoa Planters in Competition with African Farmers in Colonial Ghana. In: W.G. Clarence-Smith (Hrsg.): Cocoa Pioneer Fronts since 1800. The Role of Smallholders, Planters and Merchants. 154–175. London, New York (MacMillan).

AWK NRW (2011): Zur Sicherheit der Kernkraftwerke nach dem Unfall von Fukushima. Nordrhein-Westfälische Akademie der Wissenschaften und der Künste (NRWAWK). Düsseldorf. http://www.awk.nrw.de/uploads/media/Stellungnahme_zur_Sicherheit_der_Kernkraftwerke_nach_dem_Unfall_von_Fukushima.pdf [22.03.2013].

BAND, S., S. BORGHOFF, U. BÜTTNER, J. KAULARD, Y. KILIAN-HÜLSMEYER, M. MAQUA, O. MILDENBERGER, T. SCHIMPFKE, M. SONNENKALB, T. STAHL, S. WEISS & N. WETZEL (2013): Fukushima Daiichi – Unfallablauf, radiologische Folgen. GRS-S-53. Köln (Gesellschaft für Anlagen- und Reaktorsicherheit mbH). http://www.grs.de/sites/default/files/pdf/GRS-S-53_0. pdf [22.03.2013].

BEATTIE, J. (2004): Rethinking Science, Religion and Nature in Environmental History: Drought in Early Twentieth Century New Zealand. Historical Social Research, 29.3, 82–103.

BECK, U. (1987): The Anthropological Shock: Chernobyl and the Contours of the Risk Society. Berkeley Journal of Sociology, 32, 153–165.

BEHRE, K.-E. (2008): Landschaftsgeschichte Norddeutschlands. Umwelt und Siedlung von der Steinzeit bis zur Gegenwart. Neumünster (Wachholtz).

BELOW, R., E. GROVER-KOPEC & M. DILLEY (2007): Documenting Drought-Related Disasters: A Global Reassessment. J. of Environment & Development, 16.3, 328–344.

BERGIER, J.-F. (1989): Die Geschichte vom Salz. Frankfurt am Main (Campus Verlag).

BfS (o.J.): Asse II. Bundesamt für Strahlenschutz. http://www. endlager-asse.de/DE/1_Home/home_node.html [22.04.2013].

BLAIKIE, P. & H. BROOKFIELD (1987): Land degradation and society. London, New York (Methuen).

BLEICHER, N. (2009): Altes Holz in neuem Licht. Materialhefte zur Archäologie in Baden-Württemberg, 83. Stuttgart (Theiss).

BLUME, H.-P. (2004): Handbuch des Bodenschutzes. Landsberg a. L. (ecomed).

BOGNER, T. (2004): Zur Bedeutung von Ernst Rudorff für den Diskurs über Eigenart im Naturschutzdiskurs. In: L. Fischer (Hrsg.): Projektionsfläche Natur. Zum Zusammenhang von Naturbildern und gesellschaftlichen Verhältnissen. 105–134. Hamburg (Hamburg Univ. Press). http://hup.sub.uni-hamburg.de/opus/volltexte/2008/74/chapter/HamburgUP_Projektionsflaeche_Bogner.pdf [24.04.2013].

BORK, H.-R: (2006): Landschaften der Erde unter dem Einfluss des Menschen. Darmstadt (WBG).

BORK, H.-R., H. BORK, C. DALCHOW, B. FAUST, H.-P. PIORR & T. SCHATZ (1998): Landschaftsentwicklung in Mitteleuropa. Gotha (Klett-Perthes).

BORK, H.-R:, H. MELLER & R. GERLACH (2011): Umweltarchäologie. Tagungen des Landesmuseums für Vorgeschichte Halle, 6. Halle/S. (Landesamt f. Denkmalpflege u. Archäologie Sachsen-Anhalt).

BOWLER, P.J. (1997): Viewegs Geschichte der Umweltwissenschaften. Braunschweig, Wiesbaden (Vieweg).

BRIMBLECOMBE, P. (2011): The Big Smoke. London (Routledge).

BURGHERR, P., S. HIRSCHBERG & J. GRAWE (2006): In welchem Umfang sind im Energiebereich während der letzten 30 Jahre schwere Unfälle aufgetreten? www.energiefakten.de [22.03.2013].

CARSE, A. (2012): Nature as infrastructure: Making and managing the Panama Canal watershed. Social Studies of Science, 42.4, 539–563.

CLARENCE-SMITH, W.G. (1993): Cocoa Plantations and Coerced Labor in the Gulf of Guinea, 1970–1914. In: M.A. Klein (Hrsg.): Breaking the Chains. Slavery, Bondage and Emancipation in Modern Africa and Asia. 150–170. Madison/Wisc., London (Univ. of Wisconsin Press).

CLARENCE-SMITH, W.G. (1996): Cocoa Pioneer Fronts: The Historical Determinants. In: W.G. Clarence-Smith (Hrsg.): Cocoa Pioneer Fronts since 1800. The Role of Smallholders, Planters and Merchants. 1–22. London, New York (MacMillan).

CLARENCE-SMITH, W.G. (2000): Cocoa and Chocolate 1765–1914. London (Routlege).

CLARKE, L. (1985): The origins of nuclear power: A case of institutional conflict. Social Problems, 32.5, 474–484.

COOPER, J. (2001): Waste: striving for a more sustainable future. Local Environment, 6.2, 109–111.

CUMBLER, J.T. (1995): Whatever happened to Industrial Waste? Reform, Compromise and Science in Nineteenth Century Southern New England. J. of Social History, 29.1, 149–171.

CUSHMAN, G. (2013): Guano and the Opening of the Pacific World: A Global Ecological History. Studies in Environmental and History. Cambridge/Mass., New York (Cambridge Univ. Press).

DAVIDSON, A. (1990): In the wake of the Exxon Valdez: the devastating impact of the Alaska oil spill. San Francisco (Sierra Club Books).

DEMHARDT, I.J. (2011): Aufbruch ins Unbekannte. Legendäre Forschungsreisen von Humboldt bis Hedin. Darmstadt (WBG).

DIKAU, R. & J. WEICHSELGARTNER (2005): Der unruhige Planet. Der Mensch und die Naturgewalten. Darmstadt (WBG).

DILLINGER, T.L., P. BARRIGA, S. ESCÁRCEGA, M. JIMENEZ, D. SALAZAR LOWE & L.E. GRIVETTI (2000): Food of the Gods: Cure for Humanity? A Cultural History of the Medicinal and Ritual Use of Chocolate. J. of Nutrition, 130.8, 2057–2072.

DU VAL, M.P. (1947): And the Mountains Will Move: The Story of the Building of the Panama Canal. Stanford, London (Stanford Univ. Press).

DVWK (Hrsg., 1994): Historische Wasserwirtschaft im Alpenraum und an der Donau. [Bearbeitet von W. Konold.] Stuttgart (K. Wittwer).

EHLERS, J. (2011): Das Eiszeitalter. Heidelberg (Spektrum).

EIBL-EIBESFELDT, I. (2004): Die Biologie des menschlichen Verhaltens. Grundriss der Humanethologie. Vierkirchen-Pasenbach (Buch Vertrieb Blank).

EKBLOM, A. (2008): Forest savanna dynamics in the coastal lowland of southern Mozambique since c. AD 1400. The Holocene, 18.8, 1247–1257.

ELLRICH, M. (2012): Infoblatt Nasser-Stausee. Geographie Infothek. Leipzig (Klett). http://www2.klett.de/sixcms/list.php?page=geo_infothek&article=Infoblatt+Nasser-Stausee+(Assuan-Staudamm) [15.03.2013].

ENDFIELD, G. & S.L. O'HARA (1997): Conflicts over Water in the »Little Drought Age« in Central México. Environment and History, 3.3, 255–272.

ENGELKEN, K., D. HÜNNINGER & S. WINDELEN (Hrsg., 2007): Beten, Impfen, Sammeln. Zur Viehseuchen- und Schädlingsbekämpfung in der Frühen Neuzeit. Göttingen (Univ.-Verl. Göttingen).

EPA (o.J.): EPA response to the BP spill. US Environmental Protection Agency. http://www.epa.gov/bpspill/index.html [22.04.2013].

EYZAGUIRRE, P.B. (1996): The Ecology of Swidden Agriculture and Agrarian History in São Tomé. Cahiers d'études africaines, 26.101–102, 113–129.

FISCHER-KOWALSKI, M. & H. HABERL (Hrsg., 2007): Socioecological Transitions and Global Change. Trajectories of Social Metabolism and Land Use. Cheltenham (Edward Elgar).

FRANK, M.C. (2006): Kulturelle Einflussangst. Inszenierungen der Grenze in der Reiseliteratur des 19. Jahrhunderts. Bielefeld (transcript).

FRÖMMING, U.U. (2005): Naturkatastrophen. Kulturelle Deutung und Verarbeitung. Frankfurt am Main, New York (Campus).

GILL, D.A. , J.S. PICOU & L.A. RITCHIE (2012): The Exxon Valdez and BP oil spills. A comparison of initial social and psychological impacts. American Behavioral Scientist, 56.1, 3–23.

GILLE, Z. (2007): From the Cult of Waste to the Trash Heap of History. The Politics of Waste in Socialist and Postsocialist Hungary Bloomington (Indiana Univ. Press).

GLASER, R. (2008): Klimageschichte Mitteleuropas. 1200 Jahre Wetter, Klima, Katastrophen. Darmstadt (Primus).

GLASER, R. (2013): Klimageschichte Mitteleuropas: 1200 Jahre Wetter, Klima, Katastrophen. Sonderausgabe. Darmstadt (Primus Verlag).

GOSNELL, H. & E.C: KELLY (2010): Peace on the river? Social-ecological restoration and large dam removal in the Klamath basin, USA. Water Alternatives, 3.2, 361–383.

GRAEBER, D. (2012): Schulden. Die ersten 5000 Jahre. Stuttgart (Klett-Cotta).

GRAWE, J. (2006): Was wissen wir heute über die Folgen des Reaktorunfalls von Tschernobyl vor 20 Jahren? www.energiefakten. de [22.03.2013].

GREENPEACE (o.J.): Der Fall Asse II. http://www.greenpeace.de/fileadmin/gpd/user_upload/themen/atomkraft/asseii.pdf [22.04.2013].

GROBER, U. (2010): Die Entdeckung der Nachhaltigkeit. Kulturgeschichte eines Begriffes. München (Kunstmann).

GRIGGS, P. (2006): Soil Erosion, Scientists and the Development of Conservation Tillage Techniques in the Queensland Sugar Industry, 1935–1995. Environment and History, 12.3, 233–268.

GRIGGS, P. (2007): Deforestation and Sugar Cane Growing in Eastern Australia, 1860–1995. Environment and History, 13.3, 255–283.

GUTERMAN, L. (2009): Exxon Valdez turns 20. Conservation Biology, 323.5921, 1558–1559.

HAINES, A., R.S. KOVATS, D. CAMPBELL-LENDRUM & C. CORVALAN (2006): Climate change and human health: impacts, vulnerability, and mitigation. The Lancet, 367.9528, 2101–2109.

HAMBLIN, J.D. (2008): Poison in the Well. Radioactive waste in the oceans at the dawn of the nuclear age. New Brunswick, New Jersey, London (Rutgers Univ. Press).

HAWKINS, G. & S. MUECKE (Hrsg., 2003): Culture and Waste. The Creation and Destruction of Value. Lanham, Boulder, New York, Oxford (Rowman & Littlefield).

HERRMANN, B. (2013): Umweltgeschichte: eine Einführung in Grundbegriffe. Berlin u.a. (Springer Spektrum).

HOLLSTEN, L. (2008): Controlling Nature and Transforming Landscapes in the Early Modern Caribbean. Global Environment, 1, 80–113.

HOSSAIN, F., I. JEYACHANDRAN & R. PIELKE SR. (2009): Have large dams altered extreme precipitation patterns? EOS, 90.48, 453–454.

IPCC – Intergovernmental Panel on Climate Change: Assessment Reports / Sachstandsberichte. Übersicht der Sachstandsberichte online unter: http://www.ipcc.ch/publications_and_data/publications_and_data_reports.shtml#.Uimrpz_otgi [06.09.2013]-

IPCC Fourth Assessment Report: Climate Change 2007 (AR4): Solomon, S., D. Qin, M. Manning, Z. Chen, M. Marquis, K.B. Averyt, M. Tignor & H.L. Miller (Hrsg., 2007): Contribution of Working Group I to the Fourth Assessment Report of the Intergovernmental Panel on Climate Change. Cambridge/Mass, New York (Cambridge Univ. Press).

JAEGER, F. (Hrsg., 2005): Enzyklopädie der Neuzeit. Bd. 2: Beobachtung - Dürre. Stuttgart, Weimar (Metzler).

JÄGER, H. (1994): Einführung in die Umweltgeschichte. Darmstadt (WBG).

KURTZ, R.S. (2005): Lessons to be learned: the National Park Service administrative history and assessment of the Exxon Valdez oil spill. National Park Service, Alaska Regional Office. http://www.nps.gov/history/history/online_books/akro/exxon_valdez.pdf [20.03.2013].

KÜSTER, H. (2008): Geschichte des Waldes. Von der Urzeit bis zur Gegenwart. München (C.H. Beck).

LANGSTON, N. (1995): Forest dreams, forest nightmares. The paradox of old growth in the inland west. Seattle, London (Univ. of Washington Press).

LASZLO, P. (2001): Salt: Grain of Life. New York (Columbia Univ. Press).

LEACH, M. & J. FAIRHEAD (1996): Misreading the African Landscape: Society and Ecology in a Forest – Savanna Mosaic. Cambridge/Mass. (Cambridge Univ. Press).

LEIGHLY, J. (1958): John Muir's image of the west. Annals of the Association of American Geographers, 48.4, 309–318.

LEITER, J. & S. HARDING (2004): Trinidad, Brazil, and Ghana: three melting moments in the history of cocoa. J. of Rural Studies 20.1, 113–130.

LEOPOLD. A. (1982): Am Anfang war die Erde. Sand County Almanac. Plädoyer zur Umwelt-Ethik. München (Knesebeck).

LESER, H. (2003): Geomorphologie. Braunschweig (Westermann).

LÉVI-STRAUSS, C. (1978): Traurige Tropen. Berlin (Suhrkamp Taschenbuch).

LUTON, L.S. (1996): The Politics of Garbage. A Community Perspective on Solit Waste Policy Making. Pittsburgh (Univ. of Pittsburgh Press).

MELLER, H. & K.W. ALT (2010): Anthropologie, Isotopie und DNA. Tagungen des Landesmuseums für Vorgeschichte Halle, 3. Halle/S. (Landesamt f. Denkmalpflege u. Archäologie Sachsen-Anhalt).

MELOSI, M.V. (1981): Garbage in the Cities. Refuse, Reform, and the Environment, 1880–1980. Chicago (Dorsey Press).

MENARD, R.R. (2007): Plantation Empire: How Sugar and Tobacco Planters Built their Industries and Raised an Empire. Agricultural History, 81.3, 309–332.

METZ, B., O.R. DAVIDSON, P.R. BOSCH, R. DAVE & L.A. MEYER (Hrsg., 2007): Contribution of Working Group III to the Fourth Assessment Report of the Intergovernmental Panel on Climate Change. Cambridge/Mass., New York (Cambridge Univ. Press).

MOHILLA, P. & F. MICHLMAYR (1996): Donauatlas Wien: Geschichte der Donauregulierung mit Karten und Plänen aus vier Jahrhunderten. Atlas of the Danube river Vienna: A history of river training on maps and plans of four centuries. 117 Tafeln. Wien, Salzburg (Österreichischer Kunst- u. Kulturverlag).

MONGA, Y.D. (1996): The Emergence of Duala Cocoa Planters under German Rule in Cameroon: A Case Study of Entrepreneurship. In: W.G. Clarence-Smith (Hrsg.): Cocoa Pioneer Fronts since 1800. The Role of Smallholders, Planters and Merchants. 119–136. London, New York (MacMillan).

MSGF (Hrsg., 2009): Zur Sicherheit von Kernkraftwerken. Ministerium für Soziales, Gesundheit, Familie, Jugend und Senioren des Landes Schleswig-Holstein (MSGF). Kiel.

MUIR, J. (1912): My first summer in the sierra. Boston, New York (Houghton Mifflin). [Nachdruck 1988, San Francisco (Sierra Club Books)]. http://www.yosemite.ca.us/john_muir_writings/my_first_summer_in_the_sierra/ [23.04.2013].

NASH. R. (1967): John Muir, William Kent, and the conservation shism. Pacific Hist. Rev., 36.4, 423–433.Nilsson, C., C.A. Reidy, M. Dynesius & C. Revenga (2005): Fragmentation and flow regulation of the world's largest river systems. Science, 308. 5720, 405–408.

NÜSSER, M. (2003): Political ecology of large dams: a critical review. Petermanns Geogr. Mitteilungen, 147.1, 20–27.

OEKOM E. V. (Hrsg., 2013): Baustelle Zukunft. Die Große Transformation von Wirtschaft und Gesellschaft. München (oekom).

ÖKO-INSTITUT E.V. (Hrsg., 2011): Streitpunkt Kernenergie. Eine neue Debatte über alte Probleme. Freiburg i. B. (Öko-Institut e.V.). http://www.streitpunkt-kernenergie.de/fileadmin/user_upload/pdf2011/streitpunkt_kernenergie.pdf [22.03.2013].

ORTH, K. (2001): Welche Folgen hatte der Reaktorunfall von Tschernobyl 1986? www.energiefakten.de [22.03.2013].

ORTH, K. (2010): Ist ein Reaktorunfall wie in Tschernobyl auch in Deutschland möglich? www.energiefakten.de [22.03.2013].

OWEN, B.M., D.A. ARGUE, H.W. FUCHTGOTT-ROTH, G.J. HURDLE & G. MOSTELLER (1995): The economics of a disaster: The Exxon Valdez oil spill. Westport/Conn. (Quorum).

PACHAURI, R.K. & A. REISINGER (Hrsg., 2007): Contribution of Working Groups I, II and III to the Fourth Assessment Report of the Intergovernmental Panel on Climate Change. Genf (IPCC).

PARRY, M.L., O.F. CANZIANI, J.P. PALUTIKOF, P.J. VAN DER LINDEN & C.E. HANSON (Hrsg., 2007): Contribution of Working Group II to the Fourth Assessment Report of the Intergovernmental Panel on Climate Change. Cambridge/Mass., New York (Cambridge Univ. Press).

PFISTER, C. (1999): Wetternachhersage: 500 Jahre Klimavariationen und Naturkatastrophen (1496–1995). Bern, Wien u.a. (Haupt).

Pistner, C. & G. Schmidt (2011): Fukushima – Unfallablauf und -folgen. Freiburg i. B. (Öko-Institut e.V.). http://www.oeko.de/oekodoc/1279/2011-411-de.pdf [22.03.2013].

PURSEGLOVE, J. (1989): Taming the flood. A history and natural history of rivers and wetlands. Oxford, New York (Oxford Univ. Press).

RADKAU, J. (2000): Natur und Macht. Eine Weltgeschichte der Umwelt. München (C.H. Beck).

RADKAU, J. (2011): Die Ära der Ökologie. Eine Weltgeschichte. München (C.H. Beck).

REDAKTION ATW (2012): Kernenergie Weltreport 2011. Atw, 57.4, 271–276. http://www.kernenergie.de/kernenergie-wAssets/docs/fachzeitschrift-atw/2012/atw2012_04_kernenergie-welt-report-2011.pdf [22.03.2013].

RENN, O. (1990): Public responses to the Chernobyl accident. J. Environmental Psychology, 10.2, 151–167.

RESTORE COUNCIL (o.J.): Restore the gulf. Environment. http://www.restorethegulf.gov/environment [22.04.2013].

RICHTER, M. (2001): Vegetationszonen der Erde. Gotha (Klett-Perthes).

ROME, A. (2013): The Genius of Earth Day. How a 1970 Teach-In Unexpectedly Made the First Green Generation. New York (Hill and Wang).

RUDDIMAN, W.F. (2005): Plows, plagues, and petroleum. How humans took control of climate. Princeton, Oxford (Princeton Univ. Press).

SCHENK, G.J. (Hrsg., 2009): Katastrophen. Vom Untergang Pompejis bis zum Klimawandel. Ostfildern (Thorbecke).

SCHMIDT, M. (2000): Hochwasser und Hochwasserschutz in Deutschland vor 1850. Eine Auswertung alter Quellen und Karten. München (Oldenbourg).

SCHNITTER, N.J. (1987): Verzeichnis geschichtlicher Talsperren bis Ende des 17. Jahrhunderts. In: DVWK (Hrsg.), G. Garbrecht (Bearbeiter): Historische Talsperren. 9–20. Stuttgart (Konrad Wittwer).

SCHOLTEN, T. & S. SCHÖNBRODT-STITT (Hrsg., 2012): Umweltforschung im Drei-Schluchten-Ökosystem in China. Tübinger Geographische Studien, 151. Tübingen (Selbstverlag des Geographischen Instituts der Universität Tübingen).

SCHÖNWIESE, C.-D. (2003): Klimatologie. Stuttgart (Ulmer).

SCHULTZ, J. (2008): Die Ökozonen der Erde. Stuttgart (Ulmer).

SEN, A. (2000): Ökonomie für den Menschen. Wege zu Gerechtigkeit und Solidarität in der Marktwirtschaft. München, Wien (Carl Hanser).

SEN, A. (2010): Die Identitätsfalle. Warum es keinen Krieg der Kulturen gibt. München (DTB).

SHEAIL, J. (1996): Town Wastes, Agricultural Sustainability and Victorian Sewage. J. of Urban History, 23.2, 189–210.

SIEFERLE, R.P. (1982): Der unterirdische Wald: Energiekrise und Industrielle Revolution. Die Sozialverträglichkeit von Energiesystemen. München (C.H. Beck).

SIEFERLE, R.P. (1997): Rückblick auf die Natur. Eine Geschichte des Menschen und seiner Umwelt München (Luchterhand).

SIEFERLE, R.P. (Hrsg., 1988): Fortschritte der Naturzerstörung. Frankfurt am Main (Suhrkamp).

SIEFERLE, R.P., F. KRAUSMANN, H. SCHANDL & V. WINIWARTER (2006): Das Ende der Fläche. Zum gesellschaftlichen Stoffwechsel der Industrialisierung Umwelthistorische Forschungen. Bd. 2. Köln, Weimar, Wien (Böhlau).

SINGH, S.J., H. HABERL, M. CHERTOW, M. MIRTL & M. SCHMID (Hrsg., 2012): Long-Term Socio-Ecological Research. Studies in Society: Nature Interactions Across Spatial and Temporal Scales. Berlin (Springer).

SMIL, V. (2001): Enriching the earth. Fritz Haber, Carl Bosch, and the transformation of world food production. Cambridge, London (MIT Press).

SOLURI, J. (2005): Banana Cultures: Agriculture, Consumption, and Environmental Change in Honduras and the United States. Austin (Univ. of Texas Press).

SQUATRITI, P. (Hrsg., 2000): Working with water in medieval Europe. Technology and resource-use. Leiden, Boston, Köln (Brill).

STEWART, M.A. (1996): What Nature Suffers to Groe. Life, Labor, and Landscape on the Georgia Coast, 1680–1920. Athens/Ga., London (Univ. of Georgia Press).

SZEJNWALD BROWN, H. et al. (2001): Reassessing the History of U.S. Hazardous Waste Disposal Policy - Problem Definition, Expert Knowledge and Agenda-Setting. http://storage.globalcitizen.net/data/topic/knowledge/uploads/20120111111471705.pdf [09.09.2013].

THEOBALD, W. (2003): Mythos Natur. Die geistigen Grundlagen der Umweltbewegung. Darmstadt (WBG).

TREML, M. (Hrsg., 1995): Salz, Macht, Geschichte. Veröffentlichung zur Bayerischen Geschichte und Kultur 29/30. Augsburg (Haus d. Bayerischen Geschichte).

TREPL, L. (1998): Die Natur der Landschaft und die Wildnis der Stadt. http://www.wzw.tu-muenchen.de/loek/publikationen/abstracts/224.pdf [22.04.2013].

UEKÖTTER, F. (2007): Umweltgeschichte im 19. und 20. Jahrhundert. München (Oldenbourg).

USDA-Klamath (2013): Klamath basin water issues. http://klamathrestoration.gov/home [29.04.2013].

CUNFER, G. (2004): Manure Matters on the Great Plains Frontier. J. of Interdisciplinary History, XXXIV.4, 539–567.

VAN DER HOEK, S. (2010): Building the Panama Canal. North Manakato/Minn. (ABDO).

VISSER, J. (2010): Down to earth. A historical-sociological analysis of the rise and fall of 'industrial' agriculture and of the prospects for the re-rooting of agriculture from the factory to the local farmer and ecology. Wageningen (Wageningen Univ., Thesis).

WAHL, J. & A. ZINK (2013): Karies, Pest und Knochenbrüche. Was Skelette über Leben und Sterben in alter Zeit verraten. Archäologie in Deutschland Sonderheft 03. Stuttgart (Theiss).

WALKER, B.L. (2004): Meiji modernization, Scientific Agriculture, and the Destruction of Japan's Hokkaido Wolf. Environmental History, 9.2, 248–274.

WALTER, F. (2010): Katastrophen. Eine Kulturgeschichte vom 16. bis ins 21. Jahrhundert. Stuttgart (Reclam).

WATTS, D. (1987): The West Indies: Patterns of Development, Culture, and Environmental Change Since 1492. New York, Cambridge/Mass. (Cambridge Univ. Press).

WBGU, Wiss. Beirat d. Bundesregierung Globale Umweltveränderungen (2011): Welt im Wandel. Gesellschaftsvertrag für eine Große Transformation. Hauptgutachten. Berlin (WBGU). http://www.wbgu.de/fileadmin/templates/dateien/veroeffentlichungen/hauptgutachten/jg2011/wbgu_jg2011.pdf [02.06.2013].

WEICHSELGARTNER, J. (2013): Risiko – Wissen – Wandel. Strukturen und Diskurse problemorientierter Umweltforschung. München (oekom).

WHITE, R. (1996): The Organic Machine. The Remaking of the Columbia River. New York (Hill and Wang).

WILKINSON, R. & K. PICKETT (2009): Gleichheit ist Glück. Warum gerechte Gesellschaften für Alle besser sind. Berlin (Tolkemitt).

WINIWARTER, V. (2001): Where Did All the Waters Go? The Introduction of Sewage Systems in Urban Settlements. In: C. Bernhardt (Hrsg.): Environmental Problems in European Cities in the 19th and 20th Century. Cottbuser Studien zur Geschichte von Technik, Arbeit und Umwelt. 105–119. Münster, New York, München, Berlin (Waxmann).

WINIWARTER, V. & M. KNOLL (2007): Umweltgeschichte: eine Einführung. Köln, Wien (Böhlau).

ZEITBILD WISSEN (2012): Kernenergie. Die Situation in Deutschland. Ausstieg, Sicherheit, Rückbau, Endlagerung. Berlin (Zeitbild Verlag in Zusammenarbeit mit dem Deutschen Atomforum e.V.). http://www.kernenergie.de/kernenergie-wAssets/docs/service/ZB_Kernenergie.pdf [24.08.2013].

ABBILDUNGSNACHWEISE

Hier nicht genannte Postkarten sind im Besitz der Autorin bzw. des Autors. Wenn nicht anders angegeben, stammen die Fotos von Hans-Rudolf Bork. Verlag und Autoren haben sich bemüht, die Abbildungsrechte zu klären. Sollte dies nicht in allen Fällen gelungen sein, bitten wir die Rechteinhaber sich beim Verlag zu melden. Die Abdruckrechte werden dann nach branchenüblichen Konditionen vergütet.

S. 9: *Graphik*: Doris Kramer; eigene Darstellung

S. 10: Feldeck (1718). Mit freundlicher Genehmigung des Benediktinerstiftes Melk

S. 11: *Graphik*: Doris Kramer; verändert nach Umweltbundesamt 2013, http://www.umweltbundesamt-daten-zur-umwelt. de/umweltdaten/public/theme.do?nodeIdent=2700; Zugriff am 15.05.2013

S. 12: *Graphik*: Doris Kramer; eigene Darstellung. Nach National Geographic 2011

S. 17: http://commons.wikimedia.org/wiki/File:Theosakamain-ichi-earthquakepictorialedition-1923-b2-page29. jpg?uselang=de, Zugriff am 22.02.2014

S. 22: *Graphik*: Doris Kramer; verändert nach: UNICEF, 1992, S. 22, Fig. II, http://www.ceecis.org/iodine/01_global/01_pl/01_01_other_1992_unicef.pdf, Zugriff am 15.05.2013

S. 25: *Foto*: Helga Bork, 2009

S. 27: NASA Earth Observatory. http://earthobservatory.nasa. gov/IOTD/view.php?id=1240, Zugriff am 11.05.2013

S. 36/37: *Fotos*: Helga Bork, 1977

S. 38/39: *Fotos*: Bill Woods

S. 42/43: *Fotos*: Andreas Mieth, 2013

S. 45 unten: *Graphik*: Doris Kramer; verändert nach van Asselen et al. (2009), Fig. 4

S. 48: Archivio di Stato di Treviso. CRS, S, Bona di Vidor, b.2. *Foto*: Mauro Agnoletti

S. 54: *Graphik*: Doris Kramer; verändert nach IEG-maps, Leibniz-Institut für Europäische Geschichte, Hrsg. A. Kunz, http://www.iegmaps.de/map5.htm, Zugriff am 20.05.2013

S. 55: *Graphiken*: Doris Kramer; verändert nach: Natural History Museum, http://www.nhm.ac.uk/nature-online/life/ plants-fungi/seeds-of-trade/page.dsml?section=crops, Zugriff am 20.05.2013

S. 56: *Graphik*: Doris Kramer; verändert nach: Natural History Museum, http://www.nhm.ac.uk/nature-online/life/ plants-fungi/seeds-of-trade/page.dsml?section=crops, Zugriff am 20.05.2013

S. 61: http://commons.wikimedia.org/wiki/File:Guano_adver-tisement_1884.jpg, Zugriff am 22.02.2014

S 64: http://commons.wikimedia.org/wiki/File:Bankhead-Lamphouse.jpg, Zugriff am 22.02.2014, DI Florian Fuchs, 2010

S. 65: Wikimedia commons: http://de.wikipedia.org/wiki/ Bankhead_%28Alberta%29, Zugriff am 20.05.2013

S. 67: Collections of the State Library of Western Australia mit freundlicher Genehmigung des Library Board of Western Australia

S. 68: *Graphik*: Doris Kramer; eigene Darstellung

S. 69: *Fotos*: Zoriah/www.zoriah.com

S 74: Kumsteller, B. (1938): Werden und Wachsen: ein Geschichtsatlas auf völkischer Grundlage. Braunschweig (Westermann), S. 41

S. 78: Königliche Bibliothek von Kopenhagen, GKS 2232 4°, fol. 1047 [1055]

S. 79 oben: España. Ministerio de Educación, Cultura y Deporte. Archivo General de Indias. AGI, MP-Perú y Chile, 225 – »Vista de la villa de Huancavelica 1790«.

S. 79 unten: *Graphik*: Doris Kramer; verändert nach Robins et al., 2012, S. 150

S. 81: *Graphik*: Doris Kramer; verändert nach Studnicki-Gizbert & Schecter (2010), S. 103

S. 85: National Library of Australia, an2273973, NLAref75758, PICT407 NK1303 LOC Drawer 991

S. 86/87: Originalrechnung: Verena Winiwarter

S. 90: *Graphik*: Doris Kramer; verändert nach Carney (2001), S. 383

S. 91: National Maritime Museum, Greenwich, UK, E0065

S. 95 oben: *Graphik*: Doris Kramer; verändert nach Natural History Museum, http://www.nhm.ac.uk/nature-online/ life/plants-fungi/seeds-of-trade/page.dsml?section=crops, Zugriff am 20.05.2013

S. 96 oben rechts: Jahrweiser deutsches Wandern 1961, DJH-Verlag

S. 99: Hohls, H. (1930): Aus der Werkstatt der ältesten Druckfarbenfabrik des europäischen Festlandes. In: F. Helmcke & H. Hohls (Hrsg.), Der Speicher. Heimatbuch für den Landkreis Celle. S. 548–556. Celle (Selbstverlag d. Kreisausschusses Celle). S. 556.

S. 101 unten: Wikimedia commons: http://commons.wikimedia. org/wiki/File:Account_of_the_new_invented_Pennsylvania_fire-places_by_Benjamin_Franklin.jpg, Zugriff 22.02.2014

S. 102: http://japanfocus.org/data/592-3.jpg, Zugriff am 09.06.2013

S. 103: *Foto*: Jung Jingho, Hyolee2, 2011; http://commons. wikimedia.org/wiki/File%3AMinamata_memorial_01. JPG, Zugriff 09.06.2013

S. 104: Grassi (1901), Tafel 5a, https://commons.wikimedia.org/ wiki/File:Studi_di_uno_zoologo_sulla_malaria_plate5a. jpg, Zugriff am 22.02.2014

S. 105 unten: Wikimedia commons: http://upload.wikimedia. org/wikipedia/commons/b/b2/Account_of_the_new_ invented_Pennsylvania_fireplaces_by_Benjamin_ Franklin.jpg, Zugriff 20.05.2014

S. 110: Niedersächsische Staats- und Universitätsbibliothek Göttingen, 4 H Nat III. 1508:4 RARA

S. 112: *Foto*: James Thomas; Cleveland Memory Project, © Cleveland Press Collection, http://images.ulib.csuohio.edu/ cdm4/item_viewer.php?CISOROOT=/press&CISOPTR=605 &CISOBOX=1&REC=14, Zugriff am 11.05.2013

S. 113: *Foto:* Fred Bottomer; Cleveland Memory Project, © Cleveland Press Collection, http://images.ulib.csuohio.edu/cdm4/item_viewer.php?CISOROOT=/press&CISOPTR=600&CISOBOX=1&REC=15, Zugriff am 11.05.2013

S. 114 Fotos mit freundlicher Genehmigung des Exxon Valdez Oil Spill Trustee Council

S. 118: http://upload.wikimedia.org/wikipedia/commons/a/a9/Сталинградская_ГЭС.jpg), Zugriff am 20.03.2013

S. 119: *Graphik:* Doris Kramer; verändert nach Philippe Rekacewicz, UNEP/GRID-Arendal; http://www.grida.no/graphicslib/detail/regulation-in-the-volga-river-1934-compared-to-1999_e433, Zugriff am 15.03.2013

S. 131: *Fotos:* Michael Brombacher, 2013

S. 134 oben rechts: Quakkarte zur Kernenergie von Wilfried Zeckai (1980)

S. 134 oben links: http://commons.wikimedia.org/wiki/File:Rainbow-Warrior-Genova-2006.jpg, Zugriff am 16.08.2013

S. 135 oben rechts: http://upload.wikimedia.org/wikipedia/commons/8/82/Defoliation_agent_spraying.jpg, Zugriff am 22.02.2014

S. 135 unten: http://commons.wikimedia.org/wiki/File:Auschwitz_tower.png, Zugriff am 16.08.2013

S. 138: *Foto:* Emily T. Yeh, 2002

S. 139: *Foto:* Emily T. Yeh, 2004

S. 140/141: Juli-Ausgabe des California Agriculture Magazine; Mit freundlicher Genehmigung der Hopland Field Station

S. 142: Herklots & Lin (1940), Kap. 32, Yellow Croaker

S. 143 oben: *Foto:* Tabea Bork, 2013

S. 144: Hölscher (1926, S. 182)

S. 145: Wikimedia commons: http://upload.wikimedia.org/wikipedia/commons/0/07/K%C3%BCkopfDurchstich.JPG, Zugriff am 09.05.2013

S. 151: http://image.tmdb.org/t/p/original/8zg7O95SxjTfHRMNWetvFzqzxYb.jpg, Zugriff am 22.01.2014

S. 152: http://upload.wikimedia.org/wikipedia/commons/a/a7/Backyard_furnace4.jpg, Zugriff am 22.01.2014

S. 157: Mit Genehmigung der Wisconsin Historical Society, WHS-80854

S. 158: *Foto:* Wilfried Winiwarter, 2003

S. 159: *Graphik:* Doris Kramer; verändert nach Steffen et al., 2011

S. 160: *Graphik:* Doris Kramer; verändert nach Thompson, Ellis & Wildavsky (1990)

S. 162: *Foto:* Wilfried Winiwarter, 2013

DANKSAGUNG

Dieses Buch hat einen langen Reifungsprozess hinter sich. Administrativ unterstützten uns Birgit Heinzle, Robert Groß und vor allem Friedrich Hauer, der die dynamische Endphase betreute und die Bildrechte recherchierte. Sophia Dazert scannte sorgfältig viele Postkarten. Abbildungen stellten uns zur Verfügung: Mauro Agnoletti, Peter Alagona, Helga Bork, Tabea Bork, Michael Brombacher, Andreas Mieth, Bill Woods, Emily T. Yeh und Wilfried Zekai sowie das Benediktinerstift Melk, der Exxon Valdez Oil Spill Trustee Council, die Königliche Bibliothek von Kopenhagen, das Library Board of Western Australia, die National Library of Australia, das National Maritime Museum Greenwich und www.zoriah.com. Literatur erhielten wir von Wayne Dwernychuk, James Gibson, Anneli Ekblom, Martin Schmid und Judith Carney. Gerd Spittler erlaubte uns, seine Übersetzung des Gedichts der Tuareg abzudrucken. Roland Fischer, Richard Hoffmann und Herwig Weigl lasen und kommentierten Teile des Buchmanuskripts, Bernhard Hammer, Wilfried Winiwarter und Anna Winiwarter das Ganze. Ihre Kommentare haben uns sehr geholfen. Helga Bork unterstützte uns bei vielen Schreibphasen in Kiel. Doris Kramer gestaltete zahlreiche Abbildungen liebevoll und klar. Unsere Lektorin Christiane Martin half uns, den Text noch lesbarer zu machen. Jens Seeling von der Wissenschaftlichen Buchgesellschaft betreute das Buch als Lektor und hatte dabei ein offenes Ohr für unsere besonderen Wünsche. Allen gebührt unser herzlicher Dank.

Wir widmen dieses Buch unseren Kindern und Enkeln: Es ist für Anna und Lukas Winiwarter, für Tabea und Sebastian Bork mit Béla und Mara.

KURZGLOSSAR

Ein ausführliches Glossar zu diesem Buch finden Sie im Internet unter *www.wbg-wissenverbindet.de* und hier im Bereich Service → Downloads

Anthrakologie → Paläoökologie

Archäozoologie → Paläoökologie

Datierung, Datierungsverfahren Bestimmung des absoluten Alters einer Schicht oder eines Artefaktes (wie Keramik, Holz oder Holzkohle) durch physikalische Methoden der Altersbestimmung (→ Radiokohlenstoffkalender) oder durch die vergleichende Untersuchung des Typus und der Chronologie von Artefakten.

Gregorianischer Kalender Der Gregorianische Kalender ist das Resultat einer Reform des Julianischen und anderer Kalender durch die päpstliche Bulle *Inter gravissimas* aus dem Jahr 1582. Zuletzt stellte China 1949 seine Zeitrechnung auf den Gregorianischen Kalender um. In diesem Buch werden die Alter des Gregorianischen Kalenders wie üblich in Jahren v. Chr. bzw. n. Chr. angegeben, Radiokohlenstoffalter hingegen kursiv in Jahren *v. Chr.* bzw. *n. Chr.* (→ Radiokohlenstoffkalender).

n. Chr. nicht- kursive Datumsangaben → Gregorianischer Kalender

n. Chr. kursive Datumsangaben → Radiokohlenstoffkalender

Paläoökologie Die Paläoökologie rekonstruiert die Geschichte der Lebewesen und ihrer Umwelt. Die Paläobotanik untersucht u.a. Bohrkerne aus Mooren und Seeablagerungen, da sich unter permanenter Wassersättigung Pflanzenreste (wie Pollen, Früchte, Blätter, Teile von Ästen und Stämmen von Gehölzen) über lange Zeit erhalten. Die Veränderung ihrer Zusammensetzung über die Zeit lässt Rückschlüsse auf Vegetations-, Landnutzungs- und Klimaänderungen zu.

An trockenen Standorten erhalten sich vorwiegend nur verkohlte Pflanzenreste, die von der Anthrakologie untersucht werden. Aus den Formen und Strukturen verkohlter Pflanzen wird auf Art, Nutzungsform und Witterung geschlossen.

Viele Pflanzen enthalten im Zellmaterial winzige Kieselsäurekörperchen. Diese Phytolithe haben eine charakteristische Form und erlauben die Bestimmung einiger Pflanzenarten.

Die Archäozoologie bestimmt mit Hilfe erhaltener Hautreste, Knochen, Zähne, Schuppen u.a.m. Tierart und Charakteristika (Alter, Verwendung). So geben die Anteile von Wild- und Haustierknochen Auskunft zum Speiseplan von Menschen.

Bodenkunde, Quartärgeologie, Geoarchäologie und Geomorphologie analysieren die Eigenschaften und die Bildungsbedingungen von Böden (die sich an Ort und Stelle durch Verwitterungsprozesse langsam bilden) und von Schichten, die z.B. durch Wasser, Wind, Eis oder den Menschen oft rasch abgelagert werden sowie die Veränderungen der Geländeoberfläche.

Durch die Kombination der Methoden der genannten Disziplinen kann ein umfassender Einblick in den Wandel der ökologischen Bedingungen der Vergangenheit gewonnen werden, insbesondere, wenn die Funde mit verschiedenen Methoden datiert wurden.

Quellen Aus der Vergangenheit überliefertes Material wird in den Geschichtswissenschaften als „Quelle" bezeichnet. Jede schriftliche Quelle liefert uns Informationen aus der Sicht eines oder mehrerer historischer Personen. Wir erhalten daher immer Information über die Wahrnehmung der (Um-)Welt und nicht direkt über diese. Umweltrekonstruktion muss daher auf der Basis verschiedener Quellen erfolgen, oder durch Kombination mit Informationen aus Naturarchiven oder archäologischen Quellen.

Zu den besonders wichtigen Typen von Quellen zählen Aufzeichnungen über Landnutzung, wie sie etwa in Urbaren (grundherrschaftlichen Besitzverzeichnissen) und Abgabenverzeichnissen enthalten sind. Aufzeichnungen über Infrastruktur, wie sie etwa aus Zollregistern oder Brückenreparaturrechnungen gewonnen werden können, sind ebenso wichtig wie alle Arten erzählender Quellen, etwa Reiseberichte oder Tagebücher, sowie der große Bereich des Verwaltungsschriftguts, etwa Regelungen über Ressourcennutzung oder Dokumentationen von Konflikten über Umweltnutzung, wie wir sie etwa in Gerichtsakten finden. Auch die gelehrte Literatur der jeweiligen Zeit bildet eine wichtige Quelle. Weiterhin stehen Zeitungen und Zeitschriften für umwelthistorische Auswertungen zur Verfügung. Bereits seit der Antike gibt es landwirtschaftliche und wasserbauliche Literatur, die uns viel über die agrarische Organisation und die technischen Möglichkeiten verrät, woraus Schlüsse über den Umweltzustand und den Umgang mit der Umwelt gezogen werden können.

Bildliches Material (wie Fotos, Filme, Gemälde, Karten und Pläne) erlaubt oftmals eine umwelthistorische Interpretation. Für die unmittelbare Vergangenheit können zusätzlich lebende Personen befragt werden.

Radiokohlenstoffkalender Der Radiokohlenstoffkalender beruht auf der Radiokohlenstoffmethode (Synonym: »^{14}C-Methode«). In einer charakteristischen Zerfallszeit, der Halbwertszeit, halbiert sich die Konzentration des instabilen radioaktiven ^{14}C-Isotops gesetzmäßig. Nach dem Tod eines Organismus nimmt die Konzentration der radioaktiven Isotope entsprechend der Halbwertszeit ab. Durch die Messung der ^{14}C-Konzentrationen an Überresten von Menschen, Tieren, Pflanzen und Kleinstlebewesen wie Plankton kann deren Radiokohlenstoffalter ermittelt werden. Der bestimmbare Altersbereich beträgt bei der ^{14}C-Methode maximal etwa 60 000 Jahre, etwa das zehnfache der Halbwertszeit von 5730 Jahren. Ursprünglich ging man davon aus, dass die Verteilung der Isotope in der unbelebten Natur konstant sei. Dies ist beim Kohlenstoffisotop 14 nicht der Fall, was zunächst als Fehlerquelle erkannt und dann zur Verfeinerung der Datierung benützt wurde. Die gemessenen ^{14}C-Konzentrationen müssen für die Umrechnung in den Gregorianischen Kalender geeicht werden. Die sehr genaue Dendrochronologie (Baumringaltersmethode) liefert Alter mit einem sehr geringen Fehler von ± 1 Jahr. Sie wird daher zur Eichung der Radiokohlenstoffalter genutzt. Da eine statistische Unsicherheit bleibt, werden Radiokohlenstoffalter in einem Altersintervall angegeben, das eine bestimmte Eintrittswahrscheinlichkeit ausdrückt. Nicht geeichte Radiokohlenstoffalter werden üblicherweise in Jahren vor 1950 angegeben (Jahre BP), geeichte in cal BC bzw. cal AD (in ^{14}C-kalibrierten Jahren before christ und anno domini, vor und nach Christus). Zur Verbesserung der Lesbarkeit werden in diesem Buch geeichte Radiokohlenstoffalter in Jahren *v. Chr.* bzw. *n. Chr.* in kursiver Schrift angegeben.

v. Chr. nicht-kursive Datumsangabe → Gregorianischer Kalender

v. Chr. kursive Datumsangabe → Radiokohlenstoffkalender

Aal 45, 145
Aalfang 45
Abbrennen 140
Abertawe 100
Abfall 128
Abfallgesetz der Bundesrepublik
  – Deutschland 129
Abgase 101, 107
Abholzung 76, 82, 92, 153
Ablagerungen, alluviale 90
Aboriginals 73
Abu Simbel, Tempel von 121
Abwasser 128
Abwasserentsorgung 100
Acetaldehydproduktion 103
Ackerbau 29, 36, 84, 93
Ackerbaugesellschaften 26
Ackerland 139
Adams John 104, 105
Afrika 90, 92, 93
  – Kolonialkarte 74
Afrikanische Schweinepest 37
Aga-Kröte 67
Agent Blue 154
Agent Green 154
Agent Orange 154, 155
Agent Pink 154
Agent Purple 154
Agent White 154
Agra 82
Agrarbetrieb, staatlich 95
Agrargesellschaften 29, 58, 126
Agrarökosysteme 89
Agrarproduktion 152
Agrartechnologie 36
Agricola, Georg 80, 97
Agrikulturchemie 127
Ägypten 121
Ägyptische Tigermücke 76
Akklimatisationsgesellschaft,
  – australische 66
Alaska 114
Alaska-Tanker 115
Alchemisten 148
Alkalisierung 119
Alsen 40
Altägyptische Kultur 121
Altar 110
Amalgamierung 78, 80
Amazonastiefland 38
Amerika, Kolonisation 70, 80
Amerikanischer Bürgerkrieg 109
Amerikanische Umweltbehörde
  – EPA 113
Amerikanische Verkehrssicher-
  heitsbehörde 115
Amoco Cadiz 115
Amudarja 57, 118
Anchoveta-Fischerei 61
Andalusien 36
Anden, peruanisch 56
Anders, Günter 11
Andhi 82
Aneignung 159
Angola 94

Anophelesmücke (*Anopheles
  albimanus*) 76, 104, 105, 117, 145
Ansteckungsrisiko 117
Ansteckungstheorie, miasma-
  tisch 105
Anthrazit 106
Anthropozän 159
Antibiotikagabe 23
Antike 123
Apollo-8 156
Apollo-11 156
Äquatorialafrika 94
Arabische Bauern 75
Arabische Halbinsel 55
Aralsee 57
Arbeitskräfte 29
Armut 158
Arsen 100
Arsenrauch 100
Arten, invasiv 62, 63
Aserbeidschan 110
Asiatische Tigermücke 71
Assuan 121
Atacama 149
Atembeschwerden 24
Atemwegserkrankung 106
Äthiopien 121
Atlantik 97
Atlantischer Heilbutt 108
Atmosphäre 106
  – Kohlendioxidkonzentration
  39
Atombombe 156
Atombombentests, oberirdische
  156
Atompilz 156
Aufforstung 46, 92
Augenbohne 90
Auschwitz-Birkenau 150
Ausrottungen 69
Austin, Thomas 66
Australien 66, 67, 70, 100
  Strafkolonie 73
Australische Wollschildlaus 63
Automatisierung 113
Autoreifen 71
Auwälder 145
Azteken 94

Bacon, Francis 159
Bad, radioaktiv 127
Baden 144, 145
Badische Anilin- & Soda-Fabrik
  (BASF) 149
Bakterium *Yersinia pestis* 22
Baku 97, 110
Balakhany-Ölfeld 111
Ballastwasser 71
Baltra 62
Bamberg 25
Bananen 12, 88, 89
Bananenanbau 89
Bananenkonzerne 88
Bananenschalen 89
Banff National Park 64

Barbados 76
Basel 145
Bâthie, Henri Perrier de la 92
Bäuerinnen 152
Baumwollanbau, 82
Baumwollanbaugebiete 57
Baumwollarten 56
Baumwolle 53, 56
Baumwollernte 57
Baumwollfäden, -fasern 56
Baumwollkapselkäfer 57
Baumwollpflanzungen 118
Baumwolltuch 56
Baumwollverarbeitung 56
Bayern 145
Beecher, Harriet 104
Beethoven, Ludwig van 25
Belgrad 147
Beluga-Stör 119
Benzin 111
Bergbau 33, 78
  – trocken 33
Bergrutsch 14
Berkeley 141
Beschleunigung, große 158, 159
Besitzrechte 141
Beuteltier 84
Beutelwolf 85
Bevölkerung 23, 159
  – indigene Nordamerika 70
  – indigene Mexiko 81
Bevölkerungsdichte 15, 22, 122
Bevölkerungswachstum 15, 26,
  50, 158
  – Kontrolle 156
Bewaldungsgrad 22
Bewässerung 43, 119
Bewässerungssysteme 37
Bewässerungstechniken 122
Bewässerungswasser 121
Bewirtschaftung, nachhaltige 35
Bien Hoa (Luftwaffenstütz-
  punkt) 155
Bikini-Atoll 156
Binnenfischerei 41
Binnen-Nassreisanbau 90
Biodiversität 71
Biodiversitätskonvention der
  Vereinten Nationen 158
Biomasse der Erde 159
Biosphäre 78
Bison 108
Bisonherden 64
Bitumen 111
Black Canyon 120
Blaufußtölpel 60, 62
Blausäure (HCN) 150
Blaushild, David 113
Blei 100
Bligh-Riff 114
Boden 23, 29, 38, 46, 119, 122, 124
  – Entsalzung 91
  – Humusgehalt 123
  – Kontamination 79
  – Vergiftung 80

  – Verlust 97
  – Versalzung 121
Bodenbakterien 148
Bodenbearbeitung, mechanisch
  122
Bodenentwicklung (Pedogenese)
  122
Bodenerosion 20, 35, 36, 68
Bodenerosionsrate 153
Bodenfruchtbarkeit 43, 82, 120,
  123, 153
Bodengare 123
Bodenmikroorganismen 122
Bodenökosysteme 122
Bodenorganismen 122, 123
Bodenschutz 35
Bodenschutzmaßnahmen 47
Bodenzerstörung 35, 153
Bolivien 149
Borneo 87
Bosau, Helmold von 18
Bosch, Carl 149
Boserup, Ester 15
Bos, Kirsten 23
Bourdieu, Pierre 160
Brabant 18
Brache 15
Brancati, Laurentius 94
Brandenburg 25
Brandt, Willy 137
Brasilien 94
Bratsk 119
Brennholz 48
Brennmaterial 104
Brennstoff 110, 138, 139
Brennstoffmangel 139
Brett, Jacob 86
Briten 85
Britische Krone 84
Britische Ostindien-Kompanie
  82
British Petroleum (BP) 115
Bronzezeit 33, 36, 80
Brotgetreide 29
Brückenkopfpopulation 62
Brundtland-Bericht 8
Brunnen 27, 83
Brunswick 19
Brutplätze, geschützte 117
Buchenholz 48
Buchenwald 49
Bucht von San Francisco 158
Bundesnaturschutzgesetz 137
Bundesrepublik Deutschland 137
Bund Heimatschutz 136
Buntbarsche 63, 68
Burchardiflut 19
Büro für Grasmanagement 138
Busc, August 116
Bushranger 84

Cadbury, William 95
Cadmium 103
Calais 86
Canadian Pacific Railway 65

Carboneros 80
Carlowitz, Carl von 136
Carson, Rachel 105, 113, 125, 156, 157
Cartagena 77
Carvajal, Caspar de 38
Cash crops 73, 82
»Cavendish«-Sorten 89
Chemisierung der Landwirtschaft 123
Chile 149
Chilehaus 149
Chile-Salpeter 149
China 22, 55, 133, 142, 143
– Regierung 143
– Feudalsystem 34
– Fischereiflotte 142
Chinaseuche 66
Chinesen 148
Chiquita® 89
Chisso 102, 103
Chlorwasserstoff 24
Cholera 51
Christentum 150
Christianisierung 40
Clean Air Act 157
Clemensflut 18
Cleveland 112, 113
Coker, Robert E. 60
Colón 116
Colorado 120
Columbian Exchange 70
Commoner, Barry 11, 12
Computerwissenschaften 164
Conwentz, Hugo 136
Corexit 115
Cornaro, Marco 48
Cornwall 100
Costa Rica 88
Côte d'Ivoire 93
Cousins, Gregory 114
Crassus, Marcus Licinius 40
Crosby, Alfred 53, 70
Cultural Theory 160
Cuyahoga 112, 113

Dalai Lama 138
Dakien, römische Provinz 146
Damm 45
Dampfmaschine 110
Dao 164
Daoismus 34
Darling, Samuel 116
Darwin, Charles 164
Davis 140, 141
DBCP 89
DDR 129
DDT 57, 105, 125, 156, 157
Deepwater-Horizon 115
Dehesa 37
Deich 18, 44, 45
Deichgenossenschaften 44
Deindustrialisierung 113
Deklaration der Menschenrechte 163
De re metallica 80
Deutsches Reich 129, 149
Deutschland 20, 149
Dhak-Wald 82
Diamond, Jared 42, 47
DIE GRÜNEN 137
Diktaturen 133
– Eliten in 161
Dingo 84
Dioxin 154, 155

Dioxinverseuchung 155
Dnjepr 118
Doab 82
Donau 20, 33, 133, 146, 147
Doppelhüllentanker 114
Douglas, Mary 10
Dover 86
DPSIR-Konzept 11
Drainage 116
Dreieckshandel 76
Dreischluchtenstauwerk am Yangtse 121
Dresden 25
Dromedar 66
Druckfarbe 99
Dünger 51, 53, 121
Düngemittel, synthetisch 123
Dünge- und Schädlingsbekämpfungsmittel 97
Düngung 43, 122
mit Holzkohle 38
Düngungsempfehlungen 31
Durchforstung 33
Durchmischung, biologische 71
Dürre 26, 27, 82
große 83
Dürrekatastrophe 27
Dynamik der Natur 15
Dynamik des Naturraums 147

Earth Day 115, 156, 157
East India Company 82
Echter Mehltau 124
Ecuador 94
Edelmetall 80
– Gier nach 73
Edelmetallabbau 78
Edo 50, 51
Edomsharde 18
Effizienz 160
Egalitaristen 161
EIC 82
Eiche 140, 141, 150
Eichenertrag 49
Eichenkataster 49
Eichenwälder 36, 37, 49
Eiderstedt 19
Eindeichung, mittelalterlich 44
Einsicht 161
Einwohner, indigen 64
Eisenbahn 64, 65
Eisenbahngesellschaft 65
Eisenbahnnetz 54
Eisenerztagebau 96
Eisenofen 104
Eisenzeit, vorrömisch 33
Elbe 20
Elb-Klondyke 16
El Dorado 38
Elektrifizierung 118
Elektrizitätsversorgung 112
Elfenbeinküste 93
Elite, politisch 26
El-Niño-Ereignis 60, 61, 62, 63
Emissionszertifikate 161
Empathiegemeinschaft 163
Emu 85
Energie, fossile 12, 97, 123
Energiebedarf 152
Energieknappheit 119
Energiesektor 130
Energieträger, fossile 11, 97, 126
England 56, 60, 97
Entlaubung 154
Entlaubungsmittel 57, 155

Entlausung der Bevölkerung 156
Entomologen 116
Entscheidungsfindung, ethische 165
Entscheidungsgesellschaft 163
Entwaldung 73, 80, 92
– Mexiko 73
Entwässerung 82
Entwässerungssysteme 128
Entwicklung, technologisch 158
Entwicklungsländer 15
Environmental Action 157
Environmental Protection Agency 113
Erbe, ökologisch 122
Erdbeben 17, 120
Erddamm 35
Erdgas 97, 110
Erdöl 97
Erdölfeld 132
Erdöllagerstätten 75
Erdölprodukt 110
Erdölraffination 110
Erdsystem 159
Erdzeitalter 159
Erfahrungswissen 93
Eriekanal 71
Ernährungsgewohnheiten 22, 23
Ernährungsindustrie 123
Ernährungslehre 126, 127
Ernährungssicherheit 36
Ernährungsweise 127
Eroberung, koloniale 64
Erosion 25, 29, 76, 141, 155
Erreger von Viehseuchen 53
Erster Weltkrieg 107
Esel 63
Española 63
Ethik, egozentrische 97
Eukalyptus 46, 92
Europa 124, 148
– vorindustriell 48
Europäische Union 9
Eutrophierung 68, 69
Evakuierungsmaßnahme 130
Evolution 125
»Ewiger Wald« 150
Ewigkeitslasten der industriellen Lebensweise 97
Exkremente 50, 51
Experte 159
– ausländischer 60
Expertenempfehlungen 61
Expertenwissen 153, 159
Explosivstoffen 149
Extremadura 36, 37
Extremniederschläge 20
Exxon Valdez 114, 115
– Havarie 114
Eyjafjallajökull 25

Fabrikabwässer 102
Fairhead, Melissa 93
Fäkalien 50
Falle, evolutionäre 67
Fallensteller 65
Fallenstellerei 85
Fangmenge 143
Farmen, gebrauchsfertige 52
Fatalismus 161
Fatalist 160
Fernstenliebe 163
Feste Orsowa 147
Feuchtgebiet 139
Feuchtstandort 145

Feuer 92, 112
Feuerameisen 63
Feuerholz 48, 92
Feuerstein 158
Feuertempel 111
– Baku 110
Feuerung, automatische 107
Fisch 40, 41, 70, 71, 115
Fischabfälle 102
Fischarten, endemische 68
Fischbestände 143
Fischen 71
Fischer 60, 108, 109, 114
Fischerboote 142
Fischerei 68, 69, 102, 108, 109, 119, 142, 155
Fischereiabkommen 143
Fischereiflotte 109
Fischfahrstühle 120
Fischfauna 68
Fischkanal 119
Fischkonsum 40
Fischmehlfabrik 69
Fischmehlindustrie, peruanisch 61
Fischschwärme 60
Fischteiche 29
Fischtreppen 120
Fischwanderung 120
Fischwirtschaft 142
Fischzucht 41
Flachs 45
Flandern 18
Fleckfieber 156
Fleisch 23, 29, 140
Fleischkonsum 23
Fleischversorgung 84
Flinders Island 85
Floh 22
Floreana 63
Fluorwasserstoff 24
Flureinteilung 21
Flussbarsche 40
Flussbegradigung 145
Flussbrand 112
Flutkontrolle 121
Flutwelle 21
Foerster, Heinz von 9
Forbes, Henry O. 60
Forelle 40
Forschungsreiseführer 12
Forschungsreise 8, 158
Forstordnung 33, 49
Forstwirtschaft, nachhaltige 136
Fortschrittswahn 121
Frachtschiff 112
Franken 20
Franklin, Benjamin 104
Frankreich 33, 59, 144
Französische Revolution 145
Fraßfeinde
– Schadorganismen 124
Frauen, Mittelschicht 126
Frauenrechte 113
Frauenverein 106
Freizeitjäger 65
Freud, Sigmund 164
Freytag, Nils 13
Friaul 58
Friends of the Earth 157
Fruchtfolge 123
Fruchtfolgewahl 21
Frühmittelalter 40
Yanshao-Kultur 34
Fuchs 66

Fukushima Daiichi 131
Fusarien 88
Fusarium-Krankheit 88

Galapagos-Archipel 62
Galapagos-Pinguine 62
Gambia 90
Gambiafluss 90
Ganges 82, 83
Gartenbau 34, 35, 47
Gartenböden 46
Gasbeleuchtung 105
Gaskammern 150
Gaswolke, überriechend 24
Geburtenrate 15
Gefälle, prometheisch 11
Gelber Fluss 35
Gelbes Meer 35
Gelber Quakfisch 142
Gelbfieber 71, 73, 76, 77, 91, 95, 116
Gelbfiebermücke 76
Gelbfiebervirus 76
Gemeinsamkeit 163
Gemeinschaft, Konstituierung 163
Gemüse 23
Georgia 90
Gerbereiabwässer 129
Gerberei 129
Gerechtigkeit, internationale 8
    inter-generationale 8
Gesellschaft 162
    – strukturiert 36
    – urban 128
    – vorsorgend 163
    – zuversichtlich 164
Gesetz gegen Ölverschmutzung 114
Gestwa, Klaus 118
Gesundheit, menschliche 100
Gesundheitsrisiko 79
Gesundheitsversorgung 159
Getreide 29, 36, 125
Getreideprodukte 23
Gewalt, Geschichte der 73
Gewässerbelastung 145
Gießerei von Morales 80
Gift 97
Giftgas 150
Giftköder 63
Gigantomanie, Philosophie der 119
Gletscherbergsteiger 164
Globaler Rat für nachhaltige Entwicklung 162
Globalisierung 11
Gold 80
Golden-Gate-Brücke 158
Goldstandard 80
Goldsucher 16
Goldwäscherei 145
Golf von Kalifornien 120
Golf von Mexiko 115
Gorgas, William C. 116
Göring, Hermann 137
Gottesdienst 24
Goyen, Jan van 44
Granitsteinbruch 139
Grasland 92, 140, 141
Grauer Baumfrosch 125
Great Plains 64, 120
Grenzwert 107
Griechenland 36
Grillparzer, Franz 8
Grönland 42, 43
»Gros Michel«-Bananen 89

Großbritannien 100, 106, 107, 125, 127
Große Seen 71
Große Pest von London 23
Großer Sprung nach vorn 35, 152, 153
»Großer Sprung« in den Hunger 152, 153
Großherzogtum Baden 144
Großindustrie 119
Großstadtbildung 126
Großtalsperre 120
Grote Mandränke 18
Grubengas 79
Grubenunglück 78
Grundeigentümer 100
Gründüngung 123
Grundwasserspiegel 83
    – Absenkung 145
Guachichites 81
Guadeloupe 76, 77
Guano 60
Guanoarbeiter 60
Guanoindustrie 61
Guanoproduktion 60, 61
Guanovögel 60, 61
Guanovorkommen 60
Guatemala 88
Guinea, Republik 90, 92, 93
GULAG-System 118
Gummi 53, 86
Guttapercha 73, 86, 87
Guttaperchabaum 86, 87
Guttaperchaprodukte 86

Haarlemermeer 45
Haber-Bosch-Verfahren 123
Haber, Fritz 149
Habitus 160
Habsburg 146
Habsburgermonarchie 146
Habsburgerreich 147
Hacke 122
Haencke, Thaddäus Xaverius Peregrinus 149
Hafen 112
Haiti 77, 94
Hakenpflug 122
Hal 32
Halligen 32
Hallstatt 33
    – Salzberg 33
Hamburg 19, 72
Hamburger Hafen 53
Handel 26, 36
Handelsembargo 59
Handelsschiffe 77
Handelsunternehmen 73
Handwerks- und Industrie-betriebe 152
Hannoversch-Münden 25
Hartt, Charles Frederic 38
Hauptnährstoffe 148
Hausmaus 22, 63
Hausratte 22, 63
Havanna 77
Hazelwood, Joseph 114
Hecht 40, 41
Heidelandschaft 29
Heilbäder 127
Heilbutt 97, 108, 109
Heilbutthähnchen 109
Heimat 13, 136
Heizmaterial 44
Herbizid 140, 154, 155

Herbizid (Glyphosat) 125
Heringsfischerei 45
Herrauch 24
Heuwirtschaft 42, 43
Hierarchisten 161
Hinterhofschmelzöfen 152
Hiroshima 156
Historiker, -innen 159
Hitler, Adolf 151
Hitze 26
Hochertragsweiden 140
Hochland, südäthiopisch 55
Hochmittelalter 40
Hochmoor 44
Hochofen 110
Hochseefisch 109
Hochseetüchtige Schiffe 73
Hochtechnologiestaaten 131
Hochwasser 16, 20, 21, 23, 25, 48, 120, 144, 145, 146, 147
Höhennebel 24
Höhenrauch 24
Holland 18, 44
Hollands, Loies 141
Holz 48, 80, 148
Holzkohle 122, 148
Holzkohleproduktion 81
Holzkohlepulver 38
Holzpreis 48
Honigpalmen 46
Hoover Dam 120, 121
Hopland-Versuchsfarm 140
Hornviehseuche 58
Houten, Coenraad Johannes van 94
Huancavelica 78, 79
Hudson 71, 112
Hülsenfrüchtler 123
Humbert, Jean-Henri 92
Humboldtstrom 60
Humus 123
Hunde 63, 84, 85
    – verwildert 62
Hunger 22, 26
Hungersnot 27, 121, 153
Husum 19
Hutewälder 37, 137
Hüttenabgase 100, 101
Hüttenbesitzer 100
Hüttenindustrie 100
Hüttenrauch 97
Hüttenwerke 100
Hygienemaßnahmen 59

Iberische Halbinsel 36
Idole 159
Ieyasu, Shogun 50
Imperialismus, amerikanischer 156
Indian Act 65
Indien 56, 110, 148
Indigo 82
Indikatoren 11
Indios 79
Individualisten 161
Industrialisierung 126
    – Landwirtschaft 123
Industrie 106
Industriegesellschaft 126, 162
Industrielle Revolution 11, 97
Industriestädte 152
Infektionskrankheiten 128
Ingenieur, -in 107, 118
Innovationen 161
Insekten 116

Insektenbekämpfung 116, 124
Insektenforscher 117
Insektenplage 95
Insektenpopulation 27
Insektenvernichtungsmittel 117
Insektizid 70
    – natürlich 124
Inselökosysteme 62
Instandsetzung 128
Interaktionsmodell 13
International Health Division 156
Investitionsmacht, koloniale 76
IPAT-Formel 11, 12
Irland 86
Isabela 63
Island 24, 42
Isolator, elektrischer 86
Itai-Itai-Krankheit 103
Itaipú-Talsperre 121

Jáchymov (Joachimsthal) 127
Jagd 65
Jagdgesetz 65
Jagdhund 84, 85
Jagdmonopol 84
Jagdrecht 65
Jagdregeln 85
Jäger 84, 85
Jahresgutachten 2011 162
Jamaika 76, 94
Jams 47
Japan 50, 102, 103, 142, 143, 156
Java 87
Johnson, Samuel 77
Jordan & Timaeus 94
Juan de Prado 77
Julianenflut 18
Justinianische Pest 22

Kabeljau 42
Kabeljaufang 108
Kachovsker Stausee 118
Kaffee 53, 55
Kaffeeplantage 72
Kahlschlag 140
Kairo 120
Kakao 73
Kakaobohne 94, 95
Kakaopflanze 94, 95
Kakaoplantage 94
Kakaopresse 94
Kakaoproduktion 95
Kakaounternehmen, koloniale 95
Kali 31
Kalifornien 61, 114, 137, 140
    – Goldrausch 137
    – Weidelandschaft 141
Kalisalpeter 148
Kalium 60, 61, 123, 124, 148
Kaliumnitrat 148, 149
Kalk 122
Kalziumkarbonat 122
Kamel 75
Kamelhaltung 27
Kanada 70
    – Alberta 64
Kanal 45
Kanalverwaltung 117
Kanda-System 50
Känguru 84, 85
Kaninchen 66
Kaninchenpest 66
Kaninchenplage 66
Kaninchensperrzaun 67

Kant, Immanuel 8
Kapverden 94
Karakumwüste 118
Karibik 88
Karibische Inseln 76
Karlsruhe 144
Karpfen 41
Kasachstan 57
Kaspisches Meer 71, 110
Kaspische Tiefebene 118
Katastrophe, demographische 70
– Ölplattformen 115
Katze 63, 103
Katzer, Friedrich 38
Kautschukbaum 53, 55
Kernkraftwerk 130
– Three Mile Island 130
Kernreaktor 131
Kernschmelze 130
Kerosin 105, 111, 116, 117
Kinderkrankheiten 70
Kir 110
Kirkjubæjarklaustur 24
Kissidougou, Präfektur 93
Kleeanbau 123
Kleidung, indanthrenfarbig 99
Klima 23, 27
– Sahel 27
Klimaextreme 26
Klimaveränderung 92
Klimawandel 68
– globaler 160
Kohle 97, 100, 106, 111
Kohlebergbau 98, 126
Kohlefelder, südwalisisch 100
Kohlendioxid 104
Kohlenmine 64
Kohlenmonoxidvergiftung 150
Kohlenstoff 39
Kohlenstoffsenke 39
Kohlerauch 106, 107
Kollaps 47
– Gesellschaften 42
Kolonialbeamte, britische 68
Kolonialgeschichte 73
Kolonialherren, europäisch 73
– spanisch 81
Kolonialismus 73
Kolonialmächte 73
Kolonialpolitik 26
Kolonialverwaltung 82
Kolonialwaren 94
Kolonialwarenläden 73
Kommunismus 118
– Großbauten 97, 118
Kommunist, nordvietnamesisch 155
Kommunistische Partei Chinas 35, 152
Komplexität 9, 10, 164
Konflikte 26
Konfuzianismus 34
Konsummuster 76
Kontraktarbeiter 94
Konzentrationslager 150
Konzernchefs 161
Konzernpolitik 115
Kopernikus, Nikolaus 164
Koralle 115
Korkeiche 37
Korrosion 158
Eisen und Stein 106
Kraftwerk 120
Kraftwerksbau 119

Krankheit der tanzenden Katzen 102
Krankheitserreger 39, 71, 105, 116, 124, 129
Kreml 118
Kreolisierung, agrarische 91
Krieg 133
Kriegsführung, chemische 154
Kriegsschiff 48, 77
Kühlwasser 131
Kujbyšev, Flusskraftwerke 118
Kultur 10, 13, 151
Kulturgeschichte 34
Kulturlandschaft 38
Kulturpflanze 56, 124
Kunststofffragment 129
Kunststoffherstellung 102
Kunststoffpartikel 129
Kupfer 97, 100
Kupferhütte 100, 101
Kupferleitung 86
Kupferrauch 100
Küstenfischer 60
Küstenlinie 44
Küstenmarsch 91
Küstenschutz 19
Kyichu-Fluss 138
Kyushu 102

»Lacatan«-Banane 88
Ladurie, Emmanuel Le Roy 70
Laichgründe 119
Lake Mead 120
Laki-Eruption 24
Laki-Spalte 25
Lancashire 56
Landesausbau 20
Landkauf 136
Landmangel 44
Landnutzungswandel 68
Landschaftsarchitekt 65
Landschaftswandel 92
Landpflanzen 70
Landwirtschaft 27, 123, 124, 125, 126, 152, 155
– Handbücher 122
– intensive 43
– Produktivität 123
Langsdorf, Karl Christian von 144
Langzeiterfahrungsraum 164
Lateinamerika 100
Laubholz-Weide-Management-Programm 141
Laubwälder, grasreiche 141
Lavaka 92
Lavastrom 24
Lavoisier, Antoine Laurent de 148
Leach, James 93
Lebensqualität 9
Lebensreformbestrebung 97
Lebensreformbewegung 126
Lebensstil 160
Lebensstilgruppe 160
Lebensweise, industriell 97, 161
Lebewesen, heterotroph 159
Leguminose 123
Lehmann, Johannes 39
Leinen 45
Leitha 146
Lenin 118
Leopardenfrosch 125
Lhalu-Feuchtgebiet 138
Lhasa 138

Libanios (römischer Redelehrer) 146
Liebig, Justus von 60, 123, 127
Lilienchron, Detlef 19
Lindan 125
Linde 150
Linné, Carl von 124
Linoleumboden 127
Linz 25
London 23, 86, 106, 107
Long Beach 114
Löns, Herrmann 137
Löss 34, 35
Lösslandschaften 20
Lössplateau 34
Louisiana 115
Lu 82
Luftkrieg, chemischer 154
Luftkurort 127
Luftqualität 106
Luftreinhaltung 107
Luftstickstoff 123, 149
Luftverschmutzung 106, 126, 161
Luhmann, Niklas 164
Lüneburger Heide 29, 136

Mäander 144
Maas 44
Macht, politisch 133
Machtverhältnisse 13
Madagaskar 92, 93
Magdalenenflut, -hochwasser 20
Mais 53, 55
Malabar-Lackbaum 82
Malaiische Halbinsel 87
Malaria 76, 77, 83, 91, 95, 105, 116, 117, 125, 156
Malariainfektion 128
Malaya 55
Malaysia 55
Mali 33
Malthus, Thomas Robert 15
Mangelernährung 26
Mangrovengebiet, westafrika-nisch 91
Mangrovenwald 155
Maniok 38
Marcellusflut 19
Marienkäfer 63
Markgrafschaft Durlach 144
Marschland 18, 50
Martinique 77, 88, 94
Masern 70, 77
Massenarmut 158
Massenkampagne 152
Massenmord, industriell
– organisierter 150
Massensterben 22
Massenvergasung 150
Massenvergiftung 102
Masut 110
Mayas 94
McAlpine, Douglas 102
McNeill, William 70
Mechanisierung 123
Medikalisierung 126
Medina, Bartolomé de 78
Medizinische Versuche 150
Meerechse, -leguan 62, 63
Meeresfische 40
Meeresmüll 129
Meeresspiegel 44
Meeresspiegel, steigend 45
Meeresspiegelanstieg 15
Meerwalnuss 71

Meerwasser 32
Meganesia 66
Megatalsperren 97, 121
Meißen 25
Mekong-Delta 155
Meliorationsmaßnahme 145
Mellon, Richard B. 107
Mendoza, Antonio de 81
Mendoza, Luis Jerónimo Fernández de Cabrera Bobadilla Cerda y 79
Mercury-Programm 156
Mergel 122
Mesquite 81
Metabolismus, fossilnuklearer 162
Metall 80
Metropolitan Edison 130
Mexiko 55, 73, 80, 121
Miasma 105
Migration 26
Mikroorganismen 70
Milchertrag 24
Milchsaft 87
Milchschokolade 94
Militär 27, 76, 136
Milzbrand 122
Minamata 102, 103
Minamata-Konvention 103
Mineraldünger 39, 60
Mineraldüngergabe 121
Mineralöl-Raffinerie 97
Mita 79
Mittelalter 80
Mittelamerika 77, 88, 94
Mitteleuropa 21, 23, 32, 58, 70
Mittelgebirge 20, 21
Mittelmeer 71
Mittelmeerraum 36
Mittelneolithikum 32
Mittelrhein 20, 145
Moderne 117
Modernisierung 127
Modernisierungsnarrativ 26
Mollusken 71
Mondlandung 156
Monokultur 57, 76, 88, 89, 125
Montado 37
Montevideo 66
Moor 44, 45
Morse, Samuel F. B. 73
Mortalität 24
Mosambik 94
Moskau 119
Moskitofisch 70
Moskitonetz 105
Mücke 105
Mückenlarve 117
Mühlenstaue 41
Mühlteich 41
Muir, John 137
Müll 129
Mülldeponie 129
Müllsammlung 129
Munition 149
Murenabgang 33
Muschelfischer 40
Muttermilch 155
Myxomatose 66

Nachhaltige Entwicklung 8, 9, 161
– Gesellschaft 161
– Nutzung 35
– Zukunft 29
Nachhaltigkeitstrichter 9

Nachtluft 104, 105
Nagasaki 156
Nährstoff 29, 51
Nährstoffkreislauf 148
Nahrungsmangel 61
Nahrungsmittel 153
– Preise 51
Nahrungsnetz 70, 97, 125
– marin 129
Naphta 110, 111
Napoleon 145, 147
NASA 156
Nasser, Gamal Abdel 121
Nasser-Stausee 121
Nassreisanbau 28
Nationaler Krisenstab der USA 115
National Geographic 113
Nationalsozialismus 150, 151
Nationalsozialist 129, 150
Nationalsozialistische Diktatur 133
Natriumchlorid 32
Natriumnitrat 148, 149
Natur 11, 13, 150, 151
– fragile 161
– gestaltete 136
– kontrollierte 161
– konzeptualisierte 160
– Mythen 160
– ursprüngliche 136
Naturaliensammlung 52
Naturdenkmal 136
Naturdeterminismus 13
Naturdome 150
Naturgeschichte 66
Naturgewalt 118
Naturgummi 55
Naturheilkunde 126
Naturkatastrophe 20
Naturkonzept 13
Naturrecht 151
Natursalpeter 149
Naturschutz 64, 93, 133, 137, 139
Naturschützer 136
Naturschutzgebiete 137
Naturschutz in Deutschland 136
Naturschutzverband 137
Naturschutzverein 136
Natur und Gesellschaft 118
Natur und Politik 133
Natur- und Umweltschutz 133
Neandertal 137
Neapel 156
Nebel 106
Nelson, Gaylord 113
Nelson, Senator Gaylord 156
Neobiota 71
Neo-Europa 70
Neolithikum 36, 123
Netzwerk, sozial 107
Neufundland 86
Neuseeland 70
New Deal 120
New Jersey 104
Newman, Randy 113
New York 112
Niederlande 19, 44, 45
– Küstenlandschaften 44
Niederländisch-Indien 87
Niederrhein 20, 41, 145
Niederschlag, schwefelreich 24
– stark 20
Niger 90
Nil 57, 121

Nilbarsch 68, 69
Nildelta 121
Niltal 56
Nistplatz 61
Nixon, Richard 157
Nobel-Brüder 111
Nordamerika 70
Nordargentinien 56
Nordatlantik 109
Norddeutschland 21, 58
Nordfriesland 20
Nordindien 82
Norditalien 59
Nordostafrika 56
Nordseeküste 18
Nordtansania 69
Northern Territory 67
Norweger 43
Novum Organum 159
NSDAP 150
Nuclear Regulatory Commission (NRC) 130
Nukleartechnologie 97
Nützling 124
Nutzpflanze 70
Nutztier 58, 70
Nutzungskonflikt 119

Oberrhein 144, 145
Obsoleszenz, geplante 129
Oder 20
Ohio 110, 112, 113
Oil Pollution Act 112
Ökologie 93
– Zuckerrohrplantage 76
– Victoriasee 69
Ökosystem 15, 29, 62, 70, 81, 84, 125, 141
– aquatisch 71
– Geschichte 163
– Homogenisierung 71
– tropisch 88
– Vietnam 155
Ökosystemdegradation 97
Öl 112
– corexitverseuchtes 115
Ölbohrplattform Deepwater Horizon 115
Ölbohrung 111
Ölfelder 110, 111
Ölförderung 110
Ölindustrie 97
Olivenöl 36
Ölpest 115
Öltanker 114
Ölunfall 114, 115
Ölverladestation Valdez 114
Orangenernte 52
Orcas 114
Organochlorverbindungen 125
Orkans Capella 19
Ornithologe 61
Orton, James 38
Osaka 51
Osmanisches Reich 146,147
Osterinsel 29, 46, 47
Österreich, Anna von 94
Ostwald, Wilhelm 149
Ozeanien 46

Paläobotanik 92
Palmenwald 47
Palmsaft 47
Panama 88
Panama City 116

Panamakanal 97, 116, 117
Panamakrankheit 88
Banane 73
Paradies 158
Paraná 121
Parasit 68,51, 61, 70, 71
Parasitenkontrolle 61
Parkland 118
Partizipation 8
Pazifik 62
Pennsylvania (USA) 110, 111, 130
Peru 60, 73, 78, 149
Pest 22, 70
Pestbakteriums Yersinia pestis 23
Pestepidemien 22, 23
Pestizid 125
– synthetisch-chemisch 124
Pestpandemie 22, 23, 70
Pestsäule 23
Pferde 66
Pflanzen, gentechnisch verändert 125
Pflanzenasche 123
kaliumhaltig 148
Pflanzenkrankheit 124
Pflanzennährstoff, mineralisch 123
Pflanzensamen 56
Pflanzenschädling 70
Pflanzenwachstum 159
Pheromonfalle 57
Phosphat 61, 123
Phosphor 60, 123
Phosphoreintrag 69
Pilgerfahrt 26
Pilz 70
Pipeline 111
Plaggen, -wirtschaft 43
Plantagenbesitzer, portugiesisch 95
Plantagenmonokultur 95
Plantagenwirtschaft 77
Planwirtschaft 153
– sowjetisch 118
Plastikabfall 129
Plattfisch 108
Pleistozän 34
Pocken 70, 77
Pocock, George 77
Polder 45
Polen 32
Politik, Gemeinwohlorientierung 97
Politisierung 133
Pollenanalysen 92
Polynesier 46
Population Bomb 156
Populationsmodell 61
Portugal 95
Potosí 79
Pottasche 148
Prag 25
Predator 67
Prinz-William-Sund 114
Propaganda 118
Propagandakampagne 118
Provinz Tarapacá 149
Pyrethrum 124

Quakfische 142, 143
Qualle 71
Quarantäne 58
Quarzstaublunge 78
Quecksilber 78, 79, 80, 97, 102, 103
Quecksilber, anorganisch 103

Quecksilberverbindung 102
– organisch 103
Quecksilberabbau 78
Quecksilberdampf 79
Quecksilbergewinnung 79
Quecksilberkonvention 103
Quecksilberkonzentration 79
Quecksilbermine 78
Quecksilberofen 79
Quecksilbervergiftung 102, 103

Radioaktivität 127
Radionuklide 127
Radonbad 127
Raffinerie 98
Raffiniere 112
Rapa Nui 46, 47
– Kultur 47
Rastatt 144
Ratgeberliteratur 127
Raubbau, kolonialer 83
Raubinsekt 124
Rauch 106
Rauchkrankheit 100
Rauchplage 106
Rauchschwaden 100, 107, 111
Raumschiff Erde 156
Reaktorgebäude 131
Reaktorkern 130
Reaktorruine 131
Reaktorunfall, Eintrittswahrscheinlichkeit 131
– katastrophaler 130
Recyclingwirtschaft 129
Reederei Exxon 114
Reformbewegungen 106, 127
Reformdiskurs 127
Reformhaus 127
Reformkost 127
Reformprojekt 126
Regenfeldbau 27, 90
Regensburg 25
Regenwald 39, 92
Regulierungsentscheidung 115
Reichsnaturschutzgesetz 137
Reichsviehseuchengesetz 129
Reichsvogelschutzgesetz 137
Reinigungsversuch, chemisch 114
Reis 90
Reisanbau, traditionell 90
Reisbauern, westafrikanisch 90
Reisfeld 73, 90, 91
Reisfeldratten 63
Reisplantage 91
Rektifikation 144
Releya, Rick 125
Reproduktionsfähigkeit 62
Resistenz 125
Ressourcen 160
Ressourcenmangel 129
Ressourcen, Übernutzung von 97
Ressourcenverbrauch 97
Ressourcenverfügbarkeit 15
Ressourcenverschwendung 153
Reststoffe, organisch 128
Restwälder 20, 49, 82
Retentionsräume 21
Rhein 20, 44, 144
Rheinbegradigung 144, 145
Rheinfischerei 145
Rheinkorrektion 145
Rheinlauf 144
Rheinmäander 144, 145
Rheinregulierung 145
Richards, Paul 91

Richmond, William Blake 107
Riedgras 138
Riednutzung 139
Riesenschildkröte 63
Rind 23, 84
– verwildert 63
Rinderhaltung 27
Rinderkrankheit 59
– -pest 58, 59
Ringelmann, Maximilien 107
Ringens um Hegemonie 156
Risiko 161
Risikospirale 10
Robert-Nobel-Raffinerie 111
Rocky Mountains 64
Rodung 80, 82
Rohöl 110, 115
Rolle der Wissenschaft 73
Rom 128
Römische Antike 40, 123
Römische Kaiserzeit 40
Roosevelt, Franklin Delano 120
Roosevelt, Theodore 137
Rote, Erik der 42
Rote-Königin-Hypothese 158
Rotes Meer 71
Rotmeerqualle 71
Rousseau, Jean Jaques 127, 133
Rudorff, Ernst 136
Rumänien 132
Rungholt 18, 19
Ruß 106
Russische Revolution 111
Rutschung 35

Sachsen-Anhalt 32
Sadd-el-Ali, Sperrwerk 121
Sadd-el-Kafara, Talsperre 120
Sahel 26, 27
Sahul 66
Salpeter 148,149
Salpeterkrieg 60, 149
Salpeterplantage 148
Salpetersäure 149
– Salz der 148
Salpeterwerk 149
Salz 32, 148
– Auswaschung 121
Salzabbau 33
Salzbergbau 33
Salzbergwerk 33
Salzgarten 29, 32
Salzgewinnung 32
Salzhandel 33
Salzmangel 32
Salzsäureabgas 107
Salzsiederei 32, 33
Salzsteuer 33
Salzstraße 33
Salztorfgewinnung 32
Salzverarbeitung 33
Samara 118
Sampson, Arthur 140
Sandstrand 114
San Francisco 71
San Luis Potosí 80
Santiago 63
Santo Domingo 77
– Sklavenrevolte 77
São Tomé 95
São Tomé und Príncipe 94
Sardinien 156
Säugetier 70
Save 147
Schadinsekt 124, 125

Schädling 124
Schädlingsbekämpfung 57
– chemische 125
Schadstoff 101
Schaefer, Milner B. 61
Schaf 66, 84
Schafzüchter 37
Schelde 44
Schelde-Delta 18
Schießpulver 148
Schifffahrt 116, 119
Schiffmühle 147
Schiffsbau 48, 49
Schiffsbauholz 49
Schistomatose (Bilharziose) 121
Schlacht von Aspern 147
Schlafkrankheit 26, 27, 95
Schlange 67
Schleppnetze 109
Schluchtensystem 20
Schmied 129
Schmieröl 111
Schneehöhe 25
Schoenichen, Walther 137
Schornsteine, hohe 101
Schottland 41
Schuldenfalle 82
Schünemann, Verena 23
Schwarzes Gold 111
Schwarzes Meer 71
Schwarzer Tod 22, 70
Schwarzhalskranich 139
Schwarzotter 67
Schwarzpulver 148
Schwefeldioxid 100
Schwefel 148
– Pilzbefall 124
Schwefelsäure 101, 106
Schwein 23, 63, 152
Schweinfurth, Georg August 120
Schwermetall 78, 97,100, 102
Schweröl 110
Sedimentabscheider 138
Sedimentfrachten 138
Seebeben 131
Seebrasse 143
Seehund 114
Seekabel 86
Seelöwe 60
Seeotter 114
Seevogel 60, 63, 102, 114
Seifert, Alwin 137
Sensen 158
Serullas, Eugène 87
Sesamstraße 157
Seuchen, Ausbreitung 53
Seuchenzüge 22
Sevesogift 154
Shanghai 143
Sicheln 158
Sicherheits- und Überwachungs-
maßnahm, technisch 115
Siebenjährige Krieg 77
Siedepfannen 32
Siedewasserreaktoren 131
Sieferle, Rolf Peter 10
Siemann, Wolfram 13
Siemens, Werner von 86
Sierra Club 137
Sigatoka 89
Silber 79, 80
Silberbergbau 73, 81
– Neu-Spanien 81
Silbererz 78
Silbergehalt 79

Silbergewinnung 78, 80
Silbermine 78, 79, 81
– Mexiko 80
Silberproduktion 80
Silent Spring 156, 157
Silikose 78
Singapur 72, 86, 87
Singvogel 125
Skaftáfeuer 24
Sklave 47, 91
Sklavenarbeit 76
Sklavenglocke 74
Sklavenhandel 27
– atlantischer 76
Sklavenhändler 76
Sklavenimporte 91
Sklaverei 27, 76, 90, 94
Sloman, Henry Brarens 149
Smith, Herbert 38
Smog 97, 106
Sodaproduktion 107
Sojabohnen 55
Solling 20
Sommermonsun 82
Sophokles 105
Sorte »Gros Michel« 88
South Carolina 56, 90
Sowjetunion 57, 118
– Disziplinierung, soziale 127
Soziale Steuergrößen 159
Spanien 36, 80
Spanische Grippe 15, 70
Spanischen Erbfolgekrieg 146
Spatz 152
Speisefisch 142
Speisesalz 32
Sperrbauwerk 120
Spezies 159
eukaryotisch 159
invasiv 70
Sportfischer 28
Sprengstoff 140
Staatliche Stelle für Naturdenk-
malpflege 137
Staatliche Stelle für Naturdenk-
malpflege in Preußen 136
Stahlkombinat 152
Stalin 118
Stalingrad 118
– Kraftwerk 118, 119
Stalinismus 118
Stämme 75
Standard Fruit 89
Standard Oil 112
Starkniederschlag 47
Starkregen 34, 35
Staubbelastung 79
Staudamm 119
Steineichen 37
Steingrímsson, Jón 24
Steinkohle 149
Steinmulchung 47
Stewart, George 65
Stickstoff 60, 61, 123, 148
Stickstoffbilanz 123
Stickstoffkreisläufe 122
St.-Lawrence-Kanal 71
St. Lucia 94
Stoney 64, 65
Stör 40
Stowe, Catherine 104
Strafkolonie, britisch 84
Sträflinge, entlaufene 84
Strahlenbelastung 156
Strahlenkrankheit 127

Strahlung, radioaktiv 127
Straßburg 145
Streu 48
Stromerzeugung 121
Stromlieferung 119
Strong, George Templeton 104
Studentenproteste, 1968 113
Stummer Frühling 113
Sturm 44
Sturmflut 19
Sturmfluten 18, 44
Sturmflutmarke 14
Subsistenz 65
Subsistenzfischerei 68
Subsistenzjagd 65
Subsistenzlandwirtschaft 91
Subsistenzstrategie 36
Subtropen 56
Südafrika 100
Sudan 57
Südchinesisches Meer 142
Südosteuropa 32, 56
Südvietnam 154
Südwestdeutschland 25
Suezkanal 71
Sumatra 87
Sümpfe 76
Surinam 88
Susquehanna 130
Süßhülsenbaum 81
Süßwasserkrokodil 67
Süßwassersee 68
Swansea 100, 101
Syrdarja 57
System, geo-bio-chemisch-
physikalische 161
System, Selbstregulation 21
System, sozial 163

Talsperre 121
Tanker 111
Tankerunfall 115
Tannenwald 49
TAR Environmental Protection
Bureau (EPB) 139
Taro 46, 47
Tasman, Abel J. 84
Tasmanien 84, 85
Tasmanischer Beutelwolf 84
Tataren 147
tavy (Wanderfeldbau Mada-
gaskar) 92
Technik 161
Technokrieg 155
Technologie 159
Technologie- und Wissens-
transfer 91
Teerernte 73
Teepflückerin 75
Teichwirtschaft 40
Telegrafendraht 86
Telegrafie 86, 87
Tempel 110
Tephra 24
Terraferma 48
Terra firme 38
Terra Mulata 38
Terra Preta 38, 39
Terrasse 34, 35
Textilindustrie, englisch 56
Tharandt 136
Theater 160
Theobroma cacao 95
Thüringen 20
Tiber 128

Geschichte unserer Umwelt

Tibet 138, 139
 – Kulturgeschichte 139
 – Wildnis 138
Tidenhochwasser 18
Tiefdruckgebiete 20
Tiefenerosion 145
Tierarten, Einführung fremder
 62, 68
Tierexkremente 148
Tierfutter 140
Tierhaltung 36
Tierkrankheit 58
Tierseuche 58
Tilapias 68
Time Magazine 112
Toilettenanlagen 50
Tokio 50
Tokugawa-Dynastie 50
Torf 44, 138, 139
Torfseen 44, 45
Torftransport 45
Torfzehrung 19
Torfziegeln 45
Torsalva 146
Tourismus 62, 126, 127, 136
Tourismusinfrastruktur 62
Tourismusprojekte, elitär 65
Touristen 63, 64
Touristenattraktion 65
Toxizität 125
Traktat über Öfen 104
Trans-Alaska-Pipeline 114
Transformation 162
Transocean 115
Transporttechnologie 53
Trinidad 94
Trinkwasser 50, 51
 – Verbrauch und Vergiftung 97
Trockengebiete 32
Trockenheit, extreme 26
Trockenjahre 27
Trockenlegung, Mückenhabitate
 105
Tropen 56
 – westafrikanisch 26
Trophäenjagd 65
Tschadsees 27
Tschernobyl 130, 131
Tsetse-Fliege 26, 27, 95
Tuberkulose 78, 95
Tuberkuloseheilanstalt 127
Tulla, Johann Gottfried 144,145
Türken 147
Turkmenistan 57

Überbevölkerung 15
Überfischung 109, 142
Überschwemmung 14, 16, 45, 82
Überschwemmen, kontrolliertes
 122
Überschwemmungskatastrophen
 25
Überzeugung , politisch 160
Uganda 69
Ugandabahn 68
Ulmenkrankheit 71
Umwelt 13
Umweltaktivist 157
Umweltbehörde, EPA 157
Umweltbewegung 113
Umweltbewegung 107
Umweltdeterminismus 13
Umweltflüchtling 69
Umweltgeschichte 8, 13, 126, 163
Umweltgift 154

Umwelthistorikerinnen 8
Umweltkatastrophe 155
Umweltkrise 157
Umweltpolitik 137
Umweltproblem 161
Umweltschäden 89
Umweltschutz 157
Umweltschutzorganisationen 93
Umwelt- und Naturschutz 157
Umweltveränderungen 65
Umweltwissenschaftler 159
Unfall 130
Ungarischer Magnatenaufstand
 146
Ungleichheit 9, 164
United Fruit 88, 89
University of California 140,141
Unkraut 31, 70, 124
Unkrautbekämpfung 124
Unterernährung 23
Unternehmenspolitik 115
Unterseekabel 86
Unwetterkatastrophe 14
Upland Cotton 56
Uppsala 124
Urbanisierung 36
Urin 51
Ursache-Wirkung-Beziehungen 11
USA 57, 88, 104, 106, 108, 114, 115,
 125, 133, 137, 154, 155, 156
USA, Südosten 56
Usbekistan 57
US-Küstenwache 114
US-Militär 156
US-Streitkräfte 154
Uttar Pradesh 82

Valen, Leigh van 158
Van-Diemens-Land 84
Várzea 38
Vb-Großwetterlage 20
Vb-Zugbahn 20
Vegetation 122
Venedig, Republik 48, 58, 59
Venezianer 48
Vereinigten Staaten von Amerika
 70
Vergiftung 100, 102
Vergiftungsflug155
Verhüttung 78
Vernässung 119
Vernichtung der Juden 151
Vernichtungslager 150
Versalzung 82, 119
Verschmutzung 100
Versklavung 95
Verständigung, globale 163
Verteilungsgerechtigkeit 161
Vertrag von Tordesillas 73
Vervielfachung, Materialströme
 158
Vesuv, Ausbruch 25
Veteranen 155
Victoriabarsch 68, 69
Victoriasee 53, 68, 69
Vieh 29, 124
Viehbeschau 59
Viehdiebstahl 85
Viehhalter 140
Viehhaltung 29
Viehhandel 58
Viehkrankheit 70
Viehseuche 58, 59
Viehzucht 27

Viehzüchter 84
Vielfalt des Lebens 158
Vietkong 155
Vietnam 72, 154, 155
Virus 66
Vögel 70
Vogelguano 53
Vogt, William 61
Volkskommunen 35, 152
Volksrepublik China 34, 152, 153
Voraussicht 161
Vorsorgeprinzip 161
Vulkanausbruch 24, 25
Vulkanit 25

Wadi Garawi 120
Wahrnehmungswandel 104
Walcheren 18
Wald 48, 150
 – Entlaubung 154
 – kommunaler 49
 – Zerstörung 80, 155
Waldanteil, Mitteleuropa 22
Waldbedeckung 22
Waldfläche 20
Waldinseln 93
Waldnatur, germanische 150
Waldnutzung 136
Waldökosysteme 82, 148
Waldsavanne 93
Waldvegetation 36
Waldweide 37, 48
Waldzerstörung 80, 155
Walknochen 30
Wallaby 84
Walrosselfenbein 43
Wanderfeldbau 92, 93
Wanderheuschrecken 124
Wanderratte 22, 63
Wanderweidesystem 37
Warften 44
Warmlufteinbrüche 25
Warnungen, frühe 164
Wasser, brennendes 112
Wasseraufnahmevermögen 122
Wasserbaumaßnahmen 144, 145
Wassererosion 82
Wasserhyazinthe 68
Wasserknappheit 29
Wasserkraftwerke 119
Wasserleitungen 50
Wassermangel 47
Wassermühlen 41
Wasserpflanzen 70
Wasserräder 29, 158
Wasserrückhaltevermögen 122
Wasserstoffexplosionen 131
Wasserversorgung 50
Wasserwolf 45
Water, Virginia Terhune Van De
 104
Watkins, John 86
Webb, Daniel C. 100
Wegerich 70
Weideland 139, 140
Weiden 140
Weilburg 25
Wein 36
Weißkopfseeadler 114
Weißrussland 131
Weltkakaoproduktion 94
Weltkommission für Talsperren
 120
Weltseehandel 53, 71
Wendepflug 122

Werkzeuge 158
Weser 20
Westafrika 56, 90
Westkenia 69
Wettbewerbskultur, individualis-
 tische 161
Wetter 26
Wiederbewaldung 23, 81
Wiepking-Jürgensmann,
 Heinrich 137
Wikinger 42, 151
Wild 85
Wilde Ziege 63
Wildnis 13, 64, 65, 93, 118, 139
 – unberührt 65
Wildtierbestand 23
Wind 45
Winderosion 82
Windmühlen 45
Wirbellose 70
Wirbellosen 63, 71
Wirte 70
Wirtschaft, kolonial 73
Wirtschaftswachstum 158, 160, 162
Wissenschaft 140, 161
Wissenschaftler, Expertise
 ausländischer 93
Wissenschaftlicher Beirat für
 Globale Umweltfragen (WBGU)
 162
Wissensgesellschaft 163
Witterung 26
Witterungsbedingte Ernteaus-
 fälle 26
Wölbäcker 20, 21
Wolf 162
Wolga 119
Wolga-Don-Kanal 118
Wolgograd 118
Wollmilchschweinekuh 31
World Commission on Dams
 (WCD) 120
Wünschelrute 75
Wurten 44
Wüstungsprozess 81
Wüstenrennmaus 22
Wüstungsprozess 81
Wu-Wei, daoistisches Prinzip 164

Yamuna 82, 83
Yndios Carboneros 81
Yosemite 137
Yucatán-Halbinsel 56

Zander 145
Zebramuschel 71
Zechstein 32
Zedong, Mao 152, 153
Zeitgeist 113
Zeitreisen 8, 15
Zentralafrika 68
Zentralamerika 88
Zierfisch 40
Ziergewächs 70
Zink 100
Zinkhütte 101
Zuckermühle 74
Zuckerrevolution 76
Zuckerrohr 72
Zuckerrohrkäfer 67
Zuckerrohrplantage 73, 76, 77
Zugvogel 139
Zumutbarkeit 100
Zuversicht und Rücksicht 161
Zwangsarbeit 79, 95
Zyklon B 150

Beaufortsee

Baffin Bay

Grönland

Europäisches
Nordmeer

114

*Golf von
Alaska*

Hudson
Bay

42

24

ISLAND

100

44

64

NORDAMERIKA

140

112 104
130

108

144

EUROPA

120

36

90

114

*Atlantischer
Ozean*

80

*Golf von
Mexiko*

76

*Pazifischer
Ozean*

*Karibisches
Meer*

90

88 116

93

*Golf von
Guinea*

62
Galápagos

38

78

SÜDAMERIKA

60

Leben mit der Dynamik
der Natur

S. 18 – 26

Mensch und Natur
in Agrargesellschaften

S. 32 – 50

46 *Osterinsel*

*Atlantischer
Ozean*

Transport, Handel
und Umwelt

S. 56 – 70

Koloniale Wirtschaft
und Umwelt

S. 76 – 94

Die vielen Gesichter der
industriellen Lebensweise

S. 100 – 130

Natur und Politik

S. 136 – 156

Zeitreisen nach China
und Australien:

━ ━ ━ ━   ━ ━ ━   66, 152

Überregionale Zeitreisen
auf den Seiten:

■ 56, 58, 70
■ 106, 122, 124, 126, 128
■ 148, 156